《演讲的艺术》被称为"演讲全球第一书",是全美高校同类课程的首选教材,自1983年出版以来,发行超过五百万册。本书是第八版中文版。

该书极为全面系统。三大部分——演讲的流程设计(话题选择、听众分析、资料搜集、论点支持、内容设计等),演讲的表达原则(道德标准、表述语言、传达方式、辅助材料、倾听技巧等),各类演讲的技巧(告知型演讲、说服型演讲、特殊场合演讲、小团体演讲等),都在书中得到了充分且翔实的论述。

实用、操作。是本书经久不衰的另一原因。在全书18章上百小节中,都是通过实际案例来阐述演讲原则。这些案例一些来自于课堂,更多的取自全真的社会情境。每章后精心设计的案例分析、批判性思考题、情境模拟等辅助材料则致力于提升学生的实战能力。

丰富多元的学习材料,包括学习光盘(书后附赠)、教师手册、教学课件、网络资源(词汇表、章节测试题、排名前一百位的美国演讲),是《演讲的艺术》(第八版)最为独特之处。尤其是数百例经典演讲视频,为教师和学生提供了非常直观、生动、形象的材料。

《演讲的艺术》(第八版)面向大学通用基础课程,适用面很广。尤其是新闻传播、经济管理、政治法律等人文社会学科更是必修课程。实际上,那些致力于用语言获得影响力的人们,都应该成为本书的读者。

演　讲　全　球　第　一　书

现·代·沟·通·力·系·列

The Art of Public Speaking
演讲的艺术

(第 8 版)

[美] 史迪芬·E·卢卡斯 /著

俞振伟 /译

复旦大学出版社

演 讲 全 球 第 一 书

中文版序言

《演讲的艺术》第八版能在复旦大学出版社翻译出版，我非常荣幸。2001年，我第一次来中国，发现这里已经形成了大学生演讲比赛的良好传统了。也正是从这一年开始，每年由央视国际、《中国日报》、《21世纪》和外语教学和研究出版社联合举办的英语演讲大赛，我都会以评委或是提问者的身份参加。这些竞赛，在大学生中引起了巨大反响，越来越多的人认识到，在全球化的今天，公共演讲对于中国是多么重要的一项能力。

不管用英语或是汉语，演讲能力都至关重要。越来越多的中国大学的传播系在开设公共演讲课程，《演讲的艺术》的翻译，更是市场需求的直接反映。在美国，不仅传播学专业，经济管理和工程专业都会开设这样的课程。而且，研究显示，雇主在招聘人才或者提拔员工的时候，总是更加看重传播能力，而不是技术知识。由此可见，无论一个人选择哪一行，在群体前自信、清楚地表达自己的观点，都是极为重要的能力。

除了参加中国的英语演讲大赛，我还去过一些中国的大学做演讲，为公共演讲课程的老师演示教学技巧。这些机会，都是由《演讲的艺术》英文版的出版者——外语教学与研究出版社安排的。我真诚地希望，复旦大学出版社的中文版，能够增进人们对大学开设公共演讲课程的理解和兴趣。

本书为学生们提供了关于公共演讲全面、系统的知识。本书为美国学生撰写，但是其中的绝大多数有效演讲的原则在世界各地都适用。尽管国家和文化间存在差异，但是有效演讲的要求都是一致的，无论演讲人在北京还是纽约，上海还是伦敦，香港还是巴黎。无论在哪里演讲，无论受众的国籍如何，听讲人都期盼演讲者能言之有物、精益求精、充满激情。《演讲的艺术》已经帮助数以百万计的说英语的学生达成了目标,对中文演讲者来说,本书具备同样的价值,对此我有充分的自信。

史迪芬·E·卢卡斯

原版序言

沃尔特·帕特说过:"和人一样,一本书也有自己的运气。"此话不假,运气的确在向《演讲的艺术》微笑。众多的大学生和教师使这本书成为全美国高校同类课程中的首选教材,在本书第八版出版之际,我本人对此深表感激。

在编写本书第八版中,我将前几版中读者认为的精华部分悉数保留下来,使本书既保持传统与现代修辞学理论的特色,又自始至终密切关注公共演讲的实用技巧,涵盖了演讲的准备与表达各个方面的主要内容。

大卫·休谟曾言:"授人善辩之术,莫过于由范例入手。"在本书的编著过程中,本人所遵循的正是这位先哲的箴言。只要有可能,笔者在讲解公共演讲的原则时,总是力求通过演讲的实际案例来说明这些原则。读者会在书中读到很多选自实际演讲的章节段落,这些内容在书中都用不同字体编排。此外,本书还提供了很多演讲提纲和示范性演讲。其目的,是要让学生明白如何形成具体的目标论点,如何分析和适应听众,如何组织思想并撰写提纲,如何评估论据及推理,以及,如何有效地利用语言,等等。

对一个学生来说,最实在的需求就是在班上发表一个成功的演讲。因此,在很大程度上,我尽量借助与学生的课堂需求和学生的经验有直接联系的案例来说明我的观点。演讲课可以帮助学生提高演讲技巧,并受益终身。此外,我还列举了大量学生在毕业后可能面对的演讲范例,例如在他们的职业生涯与社区生活中可能需要用到的演讲。

  本书的读者都希望自己能更有效地演讲。但是我相信,我们永远都不能漠视这样一个事实:演讲成功与否关键在于思考。在当今世界,名声与表象往往掩盖了思想和实质,严谨思考,尤其显得重要。《演讲的艺术》一书的使命是:帮助学生成为更有能力和更负责任的演讲者,与此同时,还要努力帮助学生成为更有能力和更负责任的思考者。

史迪芬·E·卢卡斯
于威斯康星大学

目　录

中文版序言 /1

原版序言 /1

第一部分　演讲与倾听

➡ **第一章　公共演讲** /2
　　公共演讲的力量 /3
　　公共演讲的传统 /4
　　公共演讲与日常对话的相似点 /4
　　公共演讲与日常对话的区别 /6
　　树立信心:你的演讲课 /7
　　公共演讲与批判性思维 /13
　　演讲交流过程 /15
　　跨文化世界中的公共演讲 /20
　　小结 /25

➡ **第二章　公共演讲的道德观** /28
　　道德规范的重要性 /29
　　符合道德规范的演讲指南 /31
　　剽窃 /37
　　符合道德规范的听众指南 /42
　　小结 /45

➡ **第三章　倾听** /49
　　倾听的重要 /49
　　倾听与批判性思维 /51
　　倾听能力不强的四个原因 /52

如何成为更好的倾听者 /57
小结 /65

附录一　发表你的第一次演讲 /67

第二部分　演讲准备:起始部分

➡ **第四章　话题选择与目标设定** /80
话题的选择 /80
确定总体目标 /86
确定具体目标 /87
中心思想的表达 /93
小结 /97

➡ **第五章　听众分析** /101
以听众为中心 /102
把同学当听众 /103
听众心理 /104
听众统计分析 /106
听众情境分析 /113
收集听众信息 /118
适应听众 /121
小结 /124

➡ **第六章　资料收集** /128
利用自身的知识和经验 /128
到图书馆查资料 /129
网上查询 /134
访谈 /143
有关资料查询工作的提示 /148
小结 /153

➡ **第七章　支持你的观点** /157
论证材料与批判性思维 /158

事例 /159
　　数据 /164
　　证言 /173
　　演讲案例与点评 /178
　　小结 /182

第三部分　演讲准备:组织和设计

第八章　组织好主体内容 /188
　　组织演讲稿的重要性 /188
　　要点 /189
　　论证材料 /197
　　衔接 /199
　　小结 /203

第九章　开头与结尾 /206
　　开头 /206
　　结尾 /219
　　小结 /224

第十章　演讲提纲 /228
　　准备提纲 /228
　　演讲提纲 /236
　　小结 /243

第四部分　演讲的传达

第十一章　演讲语言 /248
　　语言的重要性 /248
　　语言的意义 /250
　　准确地使用语言 /251
　　使用生动的语言 /257
　　使用合适的语言 /263

使用公正的语言 /265
小结 /268

➡ 第十二章　传达方式 /272
什么是好的传达方式 /273
传达方式 /274
演讲人的声音 /277
演讲人的形体语言 /284
练习传达 /288
回答听众提问 /289
小结 /293

➡ 第十三章　巧用视觉辅助 /297
视觉辅助的优点 /297
视觉辅助的种类 /299
视觉辅助准备须知 /307
视觉辅助展示须知 /311
小结 /315

附录二　使用演示文稿 PowerPoint /318

第五部分　各类公共演讲技巧

➡ 第十四章　告知型演讲 /338
告知型演讲的分类：分析和组织 /339
告知型演讲指南 /347
演讲案例与点评 /355
小结 /360

➡ 第十五章　说服型演讲 /363
说服的重要性 /363
说服中的伦理问题 /364
说服的心理学 /365
有关事实问题的说服型演讲 /369

有关价值问题的说服型演讲 /371
有关政策问题的说服型演讲 /374
演讲案例与点评 /383
小结 /388

➡ **第十六章　说服的方法** /393
建立可信度 /394
强化可信度 /396
利用证据 /399
推理 /403
情感诉求 /413
演讲案例与点评 /417
小结 /422

➡ **第十七章　特殊场合演讲** /427
介绍性演讲 /427
颁奖演讲 /430
受奖演讲 /431
纪念演讲 432
餐后演讲 /435
小结 /438

➡ **第十八章　小团体演讲** /441
什么是小团体 /442
小团体领袖 /442
小团体的责任 /445
互动思考法 /450
陈述团队意见 /454
小结 /456

附录三　供分析讨论的演讲材料 /459

译后记 /482

第一部分

演讲与倾听

第一章

公共演讲

威尔玛·舒拉从没想过要当演说家。在大学毕业拿到化学和微生物学两个学位后,她进入路易斯安那州新伊比利亚的南部海湾研究所从事环境有毒物质领域的研究。她发现,某些靠近工业污染区的社区中,有许多家庭被暴露在高度的,有时甚至是死亡性的化学品和其他有毒物质的危险中。但是,她却被禁止把自己的发现公之于众。

舒拉在1981年辞去了工作,并创办了自己的公司,致力于帮助人们对那些工业巨头的环境污染发起还击。二十年来,她与社区和环境组织携手工作,进行环境测试,解释试验结果,推进组织变革。通过她的不懈努力,遍布全国的许多有毒物质场所被清理掉了,一位化学工业的发言人称她打响了"环保运动的第一枪"。

威尔玛·舒拉是靠什么获得这么大的成就呢?靠她所接受的科学训练,还有她保护环境的责任感。另外,更重要的一点便是她通过公共演讲与人沟通的能力。"公共演讲,"她说,"是我接触人群的最主要途径。当你有一个重要的信息时,公共演讲是让人们参与进来并影响他们的最佳途径。"

如果你在1981年以前问舒拉,"你觉得自己会成为一名重要的演说家吗?"她一定会对这个想法大笑起来。但是,今天,她一年要进行一百多场次的演讲,还不包括电台、电视台和报纸采访。她曾经到哈佛大学演讲,到国会大厦公布实验结果,除了面对40多个州的听众,还有来自墨西哥、加拿大和日本的听众。舒拉说:"读大学时,我从未想过我会面对这么多的公众演讲,但是现在,我几乎每天都离不开它了。"

公共演讲的力量

公共演讲,顾名思义,即将你个人的观点通过与他人分享并影响他人的态度从而达到公共化的一种途径。

当今世界,有许多人通过演讲传播了他们的思想,扩大了他们的影响。在美国,这个名单可以包括富兰克林·罗斯福、比利·格雷厄姆、塞萨尔·查维茨、芭芭拉·乔丹、罗纳德·里根、马丁·路德·金、杰西·杰克逊和伊丽莎白·多尔。在其他一些国家,我们也可以看到公共演讲的巨大力量,比如英国前首相玛格丽特·撒切尔、南非前总统纳尔逊·曼德拉、危地马拉人权活动家哥贝塔·门楚和缅甸民主运动领袖昂山·素基。

看看这些人的名字,你可能会说,"好极了。对,他们是不错。可是这与我有什么关系?我不准备当总统,也不准备当布道者,也不大可能成为某一项事业的改革者。"不过,在你一生的某一刻,也许是明天,也许是五年之后,你一定会有公共演讲的强烈需求。

最近一项针对480家公司和组织进行的调查结果显示,沟通技巧包括公共演讲,是用人单位录取大学毕业生考察个人素质的首要条件。沟通技巧的重要性对任何职业都极其重要:会计或建筑师、教师或工程师、科学家或股票经纪人。哪怕在某些专业领域,土木工程或机械工程,在决定雇用谁或提拔谁时,用人单位通常会把沟通能力放在专业素养之上来加以考虑。

不管是互联网还是其他新技术的发展,都没有能够削弱公共演讲的重要性。正如一位传播学者所说的那样:现在,信息可以到达人群的途径比以往任何时候都要多,但是面对面的沟通却是无可替代的。商界领袖米基·柯斯坦萨说,要超过别人,你必须"有即兴演讲的本领,不管是一对一的交谈,还是面向一个群体讲话,其实都是在做一个有说服力和容易让人信服的报告"。

公共演讲在职业发展中非常重要,在日常生活中同样如此。关键在于,公共演讲是一种能量赋予的形式。它有可能促使人们十分关心的一些事情产生变化,实际情况的确经常如此。这里的关键词是"产生变化"。大多数人都希望在工作和生活中实现自己的愿望,产生一个变化,哪怕是很小的一个变化,都有可能从某个方面改变自己、改变世界。作为一种能量赋予的形式,公共演讲可以提供给你一个机会,使自己关心的某些事"产生变化"。

公共演讲的传统

我们把公共演讲看得如此之高,你千万不必惊讶。其实,在这个地球上,公共演讲的传授和学习已经有几千年的历史了。几乎所有文化中都有一个和英语对应的词来指称那些具有公共演讲特殊才能的人。最早的有效演讲手册是 4 500 年前写在古埃及的草纸上的。无论是古印度、非洲和中国,还是北美和南美的前欧洲文化,都给予雄辩术很高的评价。

在古希腊和古罗马,公共演讲在教育和平民生活中发挥了关键的作用,并得到了广泛的研究。亚里士多德的《修辞学》早在公元前3世纪完成,至今仍被公认为演讲领域最重要的著作,其中许多原则至今仍被演说家和作家奉为经典。

在过去的几个世纪里,许多著名的思想家,像罗马教育家奎因提兰、基督教传教士圣·奥古斯汀、中世纪作家克里斯汀·德·毕赞、英国哲学家培根和美国批评家肯尼斯·伯克,无不关注修辞、演说和语言。近年来,更有大量的传播学者通过研究证明有效演讲的方法和策略具有科学的基础。

你的直接目标是在演讲课上掌握这些方法和策略。然而,你在课堂所学到的知识,可能要在你离开学校很长时间以后才能真正发挥作用。就像你读这本书,先把这些条条框框牢记在心,这些条条框框历经久远,不断积淀和锤炼。你掌握得越多,对你自己演讲越有效,你听别人演讲也就越有效。

公共演讲与日常对话的相似点

你每天花多少时间与人们讲话?成人醒着的时候,平均要花30%的时间与人对话。大家会看到,日常对话与公共演讲之间有很多类似之处。

儿童是通过试错法学会讲话艺术的。牙牙学语的婴孩说"饼干!",来要求父亲给点饼干吃。五岁的儿童讲一个小故事给奶奶听,可以得她的夸奖。如果这些办法都不管用,饼干就不会来,奶奶也没有被逗乐,那好,画画去吧。下次,这个孩子会采取稍稍不同的办法来做尝试。

大家来开始读这本书时,一定已经花了相当长的时间来完善讲话的艺术了。大家可能还没有意识到,实际上,在你与人讲话时,已经开始在运用相当宽的知识范畴内的技能了。这些技能包括——

(1) 逻辑清晰地组织自己的思想。比如,你要告诉别人如何到你家去。你会按这样的方式讲吗:

出了高速公路转弯后,你会看到左边有家很大的餐馆。离开高速公路前,请务必找到第67号出口。邻居的几条狗经常会在街上溜达,因此,当你闪着转向灯转弯时,你应该慢慢走。如果你从你家出来的话,必须要经过枫树街上高速公路。如果你经过了玉米饼铺子,那就走过了。那房子是蓝色的。

不会这样讲。你会系统地引导你的客人,一步一步讲解,从他(她)家到你家路怎么走,你会组织好你要说的话。

(2) 根据不同对象剪裁自己的话。你是学地质学的,有两个人问你珍珠是如何形成的,其中一位是你的室友,另一位是你九岁的表妹。你的答案如下:

对室友:"当任何一种外来质点,比如一粒沙子,透过牡蛎的壳进入牡蛎体内,牡蛎就会自动分泌出一种物质,称为珠母质,其主要成分是霰石,霰石附着在质点上,并一层一层围绕着质点积累起来,从而形成同心的珍珠层。"

对你的表妹:"想象一下,你是海底的一只牡蛎。一粒沙子钻进了你的壳内让你十分难受。你便用一种称为珠母质的材料将它包裹起来。包裹的东西围绕那粒沙子积累起来,就变成了珍珠。"

(3) 讲故事要达到最好效果。假如你要告诉朋友上星期橄榄球赛上的一件有趣的事。你不会从最后一句有趣的话讲起("凯萨从看台上走来,径直朝场上冲过去。事情就这样发生了……"),反过来,你会仔细地一步一步地讲,不断地调整自己的用词和语调,以便获得最佳效果。

(4) 接受听众的反馈。任何时候,当你跟人交谈时,你会意识到那个人语言、面部和身体的反应。

你在课堂上解释生物学的一个兴趣点。听你说话的学生开始露出困惑不解的面容,有人举起手来似乎准备打断你的话。你马上意识到必须回过头来更清晰地再解释一遍。

你在听一个朋友练习演讲,最后你说:"只有一个部分我真的很不喜欢,就是你引用的那位司法部长的话。"你的朋友很不以为然,还说:"那正是我最喜欢的一部分!"你补充说:"如果你稍稍修改一下那段话,效果会很好。"

你每天都在看似随意的谈话中做所有这些事情,每天都做了好多次,你根本没有意识到,自己已经具备这些沟通技巧了。所有这些都是你做公共演讲时必不可少的重要技巧。

从很多方面来说,公共演讲都需要使用日常讲话中所使用的技巧。很多人在日常对话中一点问题也没有,但是在公共演讲中却难以发挥出同样的水平。不用担心,经过这方面的训练,你可以在很多场合成为演讲高手,不管是个人交谈,还是课堂讨论,不管是业务会议,还是接受媒体采访。

公共演讲与日常对话的区别

尽管有很多相似之处,但是,公共演讲与日常对话之间毕竟不完全一样。想象一下你正在给一个朋友讲一个故事,然后接着想象你正把这个故事讲给七八个朋友听,现在想象一下你正在把同一个故事讲给二三十个人听。随着听众规模的不断扩大,你讲故事的方式也将发生变化。你会发现必须适应公共演讲和日常对话之间的三大差别。

(1) 公共演讲结构更严谨。一般来说,公共演讲对演讲人有很严格的时间限制。多数情况下,演讲时不允许听众提问或发表评论打断演讲。演讲人必须通过演讲本身实现自己的传达目标。在准备演讲稿时,演讲人必须预计哪些部分有可能在听众中产生疑问,需要在演讲中回答这些疑问。因此,公共演讲需要事先做精心的准备。

(2) 公共演讲要求更正式的用语。俚语、行话和不规范的表达在公共演讲中站不住脚。当威尔玛·舒拉就工业污染问题在国会慷慨陈词时,她可不能说:"我们真他妈的得阻止那些为了赚几个臭钱就污染整个社区的贪婪的家伙!"尽管美国生活的各个方面都冒出了越来越多的不正式用语,但是,听众仍然会对公共演讲时不提炼语言的演讲人产生消极的反应。公共演讲必须是"不同一般的"。

(3) 公共演讲要求用"演讲"的说话方式。非正式谈话时,人们都会小声地说话,插入很多中间语,比如,"你知道……"、"我的意思是……"等等,人们会保持闲散的姿势,使用很多语气词、做许多停顿(嗯、啊、这么、那么,等等)。而有效的演讲人会调整自己的嗓音,以便让所有听众都能清晰地听到;站得直挺,避免出现让人走神的个人习惯动作和习惯用语。

通过学习和训练,大家都有能力掌握这些本领,并将自己的日常讲话技巧运用到公共演讲中去。我们的演讲课将会提供这种学习和训练的机会。

树立信心:你的演讲课

在每一个演讲班上,学生最怕的就是怯场。大家其实都一样,许多在日常生活中谈笑风生的人,一想到要站在一群人面前演讲,就会感到害怕。

怯场
stage fright
由于即将面对听众发表演说而产生的焦虑和紧张。

如果你担心怯场,这没什么,要知道并不是你一个人才这样。1973年进行了一项调查,请2 500多位美国人列出他们最担心的是什么。让研究人员大跌眼镜的是,高达41%的人把当众演讲列为最让他们担心的事情。看来,许多美国人真的是把演讲看得比死亡还可怕。

最近又进行了一项调查,研究人员重点研究在不同的社交场合人们最担心的事情。下面是受试者列出的清单:

最担心的事情	所占百分比
和陌生人聚会	74
发表演讲	70
当众被问及私人问题	65
见约会对象的父母	59
第一天上班	59
成为恶作剧的受害人	56
跟权威人士谈话	53
求职面试	46
出席正式晚宴	44
与从未曾谋面的人约会	42

这一次,演讲又名列前茅,成为引发焦虑感的最重要原因之一。

☐ 紧张纯属正常

事实上,大多数人要在公众面前做某件重要事情之前都会感到焦虑。演员演出前会心神不定,政治家演说前会紧张,运动员在重大比赛时会焦虑不安。关键在于,成功的人学会了把自己的紧张状态转化成一种优势。

调查显示,在有经验的演讲人中,76%的人在走上讲台前也会怯场。可是,他们的紧张是一个健康的信号,表明他们在"心理上做好了准备",准备让演讲取得成功。小说家和演说家 A·怀利这样解释:"经过了多年磨炼,我可以自称已经是一名久经沙场的演讲人了。但是,每次站起来准备讲话时,我很少有不担心的时候,心里总是乱跳。奇怪的是,当我因为某个原因而很镇定,觉得很有把握时,那场演讲也就注定失败了。"

> **肾上腺素**
> adrenaline
> 面临生理或心理紧张时荷尔蒙释放到血液中。

换句话说,在演讲开始时产生紧张情绪是很正常的,甚至是一件值得期待的好事情。你的身体正在产生反应,就像处在任何一个紧急情形中一样,你的身体会产生更多的肾上腺素,肾上腺素水平急剧上升,使你心跳加快、双手颤抖、额头冒汗。或许某种程度上,每个演讲人都会体验到这些反应。问题在于,你是否能够控制自己的紧张,并使其朝着有利于演讲顺利进行的方向发展。

☐ 消除紧张

> **积极紧张**
> positive nervousness
> 控制紧张有助于为演讲人的表现增加活力。

你应该努力把紧张从消极因素变成某位专家所说的"积极紧张"——"活跃、热情、生动的一种感觉……紧张还是紧张,但是感觉不一样。你不再是怯场的受害者,相反,你因为怯场反而充满活力。你在控制着它。"下面六条经验可以帮助你把紧张由消极因素转变为积极因素。

获取演讲经验

你已经迈出了第一步。你已经选修了一门公共演讲课,你会在这里学到演讲的知识,获取演讲的经验。想想你第一天上幼儿园吧,再想想你的第一次约会、第一天上班。在那些情况下,你都有可能感到紧张,因为你面临新的和未知的东西。一旦你熟悉了,也就不再可怕了。公共演讲也是一样。对大多数学生来说,怯场最大的问题就在于对未知事物的担心。你对演讲了解得越多,你做的演讲越多,演讲也就变得没什么可怕了。

演讲课会提供给你一些知识和经验,帮助你树立信心。学会做演讲跟学会其他的技巧并无两样,也要通过试错的过程。演讲课的目的就是要缩短这个过程,把错误减少到最低水平,给你一个舞台,也是实验室,你可以在这里进行"试验"。

你的老师知道你是个新手,就会给予你开始之初所需要的指导。你的同学都是富有同情心的听众,他们会提供有价值的反馈,帮助你改进演讲技巧。随着课程的发展,你对公共演讲的担心会慢慢减退,直到完全被一种上台演讲前的"积极紧张"所代替。

准备、准备、再准备

树立信心的另一个关键是挑选你真正感兴趣的话题,并认真做准备,这样的话,你的演讲非成功不可。下面的案例介绍一个学生如何把自己对某个话题的热情与细致的准备工作结合在一起,在这次演讲中获得到了很大的成功。

迪娅·贝坦斯正考虑上演讲班。她没有任何经验,想到要当众演讲就心里发毛。但是,当轮到迪娅做第一次演讲时,她下定决心要成功。

迪娅选择"特殊奥林匹克运动会"作为演讲的题目。她的弟弟患唐氏综合征,最近五年里,迪娅一直在当地的特殊奥林匹克比赛中当志愿者。她想在演讲中介绍特殊奥林匹克的起源、运动项目和原则。

迪娅开始演讲了。很显然,她非常关心和熟悉这一话题,诚恳地希望与听众沟通,希望听众也来关心特奥会。因此,她讲得很清楚,很流畅,也很有力量。全班都被她的演讲吸引住了。

迪娅承认,连她自己都吃了一惊,"没想到,自我介绍完了以后,我就一点都不紧张了。我只是关心自己到底想说什么。这可真是有意思的事。"

准备演讲到底需要花多长时间?一般的原则是,演讲一分钟,要求有一两个小时的时间准备,也许更长,这取决于寻找资料所花费的时间。看起来似乎要花很长的时间,但是这很值得。就像一个演员反复练习自己担任的角色,直到自己完全满意为止一样。你会发现,当你做好了充分准备时,你作为演讲人的信心就会得到极大的提高。一位职业演讲咨询专家估计,充分的准备工作可使怯场的可能性降低75%。

如果你按照教师所建议的方法去做了,也参考了本书其他部分的内容,那么,你就能够为每一个有充分准备的演讲勇敢地站起来。想象一下,你做第一次演讲的日子就要到了。你研究过自己的听众,也选好了一个他们一定会感兴趣的话题。你为此次演讲做了充分的准备,进行过无数次练习了,直到演讲让你感觉很舒服。你还在两三个值得信赖的朋友面前试讲了一次。如此这般,除了感觉绝对有把握以外,你还能够有什么别的感受?

积极思考

信心是积极思考的力量。如果你觉得自己能行,你就能行;如果你预想会出现灾难和末日,那你多半会遇到灾难和末日。在公共演讲中,同样如此。对自己抱着消极态度的演讲人,和抱有积极态度的人相比,更有可能被怯场弄得不知所措。这里有一些方法,可以帮助你在准备演讲的过程中,将消极的念头转变成积极态度。

消极念头	积极态度
但愿我可以不做这个演讲。	这次演讲是一个表达自己想法的机会,还可以让我得到作为一个演讲人的经验。
我不是一个很好的演讲人。	没有人是完美的,但每讲一次我都会进步一次。
做演讲时,每次我都很紧张。	谁都会紧张。如果其他人能处理好此事,我也能。
没有人会对我说的话感兴趣的。	我有一个很好的话题,我也为此做好了充分的准备。他们当然会感兴趣的。

心理学专家相信,涉及公共演讲等伴有心理压力的活动时,积极态度与消极念头的比例至少应该是五比一。也就是说,相对每一个消极的念头,你至少应该有五个积极的想法。紧张并不会彻底消除,但会帮助你将它们置于控制之下。这样的话,你就可以集中精力与听众交流自己的思想,而不是总在那里想着自己的担心与焦虑。

形象化的力量

形象化与积极思维有密切的关系。运动员、音乐家、演员、演讲人和其他许多人,都善于利用这一技巧在伴有心理压力的活动中强化自己的表现能力。形象化的力量怎么作用呢?听听奥运会长跑运动员维姬·胡伯是怎么说的:

> 大赛前,我会幻想自己一直在跑,我会努力把所有其他的参赛对手放进我的脑海里。然后,我会努力想象自己可能进入的每一种情形——落在某人后面,被某人逼到角落里,有人推搡、有人挤撞、有人做假动作。我处在跑道的不同位置上,还剩下最后几圈,当然还有最

形象化
visualization
演讲人主动地去想象一次成功演讲的生动画面。

后的冲刺。我总是想象自己赢得了比赛的胜利,不管在比赛期间到底发生了什么事。

胡伯当然不是每跑必赢,但是,研究显示,她所描述的那种在自己脑海中形象化的力量会极大地提高运动员的表现水平。研究还显示,同样的技巧在帮助演讲人控制怯场、稳定情绪时也有很大的好处。

形象化的关键是要形成一个鲜明的图像,看见自己演讲成功了。想象自己在课堂里站起来,看到自己走上讲台,站姿不错,很有自信,还与听众保持视线接触,以坚定、清晰的声音作自我介绍。听众越来越为你的演讲所吸引,你的自信心越来越增强。想象你在做总结时,知道自己做了了不起的事,你会有怎样的成就感。

当你在内心里形成这些图像的时候,既需要有现头的态度,但要突出演讲的积极意义,不要让消极念头使积极的形象黯然失色。确认自己的紧张,但应该想象自己正在克服紧张,并拿出了响亮的、流畅的一份演讲稿。如果演讲的某一部分总让你感到麻烦,应该想象自己在没有任何故障的情况下解决了这一部分。而且,还需要具体一些。你脑海里的图像越清晰,你越有可能成功。

至于实际进行的预演,应该在你讲话的头几天里进行多次演练。无法保证每一次演讲都正好是你想象的样子——而且这样做也并不能够替代彻底认真的准备工作。但是,如果跟其他克服怯场的方法结合起来使用,这个方法就一定能够帮助你控制自己的紧张情绪,并构成一次成功的演讲,这是已经得到验证的。

大多数紧张都是看不出来的

除了担心演讲,许多新手还担心被听众看出自己的紧张来。如果你总是担心自己看上去很紧张,那就很难镇定自若地进行演讲。当你的演讲课继续下去时,你就能学到最有价值的一课,那就是,当你内心里正七上八下时,只有极少数人能察觉出来。"你的神经系统也许在向你发起无数次进攻,"一位老资格的演讲人这样说,"但是,听众只能看出其中极少一部分。"

哪怕你手心出汗,心脏狂跳,但听众也许不会意识到你有多么紧张。如果你尽了最大努力表现得很镇定,从外表看起来你会显得很有信心。很多学生在演讲后都会承认"我好紧张啊,感觉快要死了",但同学们都不相信,好像演讲的人看上去很平静、很有信心呀。

明白了这个道理后,你会很容易在听众面前表现出信心来。一位同学看了她第一次课堂演讲的录像之后说:"我真奇怪,自己看上去那么镇定。我还以为人人都会看出来我心里怕得要命。现在我明白了,他们其实看不出来。我以后再不会那么紧张了。这可真是太有用了。"

别指望完美

还需要告诉你的是,世界上并不存在完美的演讲这回事。有时候,一个演讲人会说错什么或做错什么,不管多么细小,都不是演讲人本意想要传达给别人的。所幸的是,正如人的紧张情绪不是人人都看得出来一样,这样的小差错大多数听众一般都看不出来。为什么?因为听众事先并不知道演讲人计划说什么,听众只能听到演讲人说出来了什么。如果你一时失误,把几句话的顺序颠倒了,或者忘了在某个地方停顿一下,没有人会知道。一旦出现这样的情况,不必惊慌,照常进行下去,只当什么事都没发生。

哪怕在演讲中的确犯了一个明显的错误,那也没什么大不了的。如果你听过马丁·路德·金著名的《我有一个梦想》,你也许还记得,在那次演讲中,他有两次说话失误。但是,大多数情况下,听众都记不得了。为什么?因为人们的注意力集中在金要说的话上面,而忽略了他在说的过程中犯的一些小错误。

人们担心在演讲时犯错误,最重要一个原因是,他们把演讲看成是一种表演而不是交流。他们觉得,听众正以绝对完美的尺度在衡量自己,因此,说错一句,或做出一个不当的手势都会害了自己。然而,听众并不是小提琴或溜冰比赛的裁判。他们不是在欣赏一场艺术表演,而是在听一次经过思考的演讲,演讲人要将其思想准确而直接地传达给听众。有时候,犯一两个小错误反倒会增强演讲人的吸引力,这些小错误使他更有人情味。

准备演讲时,要确保进行充分的准备,并尽一切努力把自己想说的话传达给听众。不要担心不完美,也不要担心万一犯了错会带来什么后果。一旦让自己的思想摆脱了这些心理负担,你会发现,信心百倍又热情高涨地走上演讲台还是很容易的事。

除了强调上述六条以外,老师还会给你好多提示,告诉你如何应付最初几次演讲时可能出现的紧张。这些提示包括:

- 精神上和生理上都要保持轻松。演讲前一天的晚上,因为和朋友聚会或者因为复习迎考而一直熬到早晨四点可就太糟糕了。美美睡上一觉对你更有利。
- 等待上场演讲时,悄悄地绷紧和放松大腿肌肉,或者两手用力握紧再放松。这有助于舒缓紧张情绪。

第一章 公共演讲

- 开始讲话前,先慢慢做一两次深呼吸。大多数人紧张时都会出现呼吸急促,这只会更加剧他们的焦虑。深呼吸有助于舒缓神经,打破紧张。
- 自我介绍部分要特别用心。研究显示,演讲人的焦虑水平在最初的三十秒过后会大幅下降。一旦完成了自我介绍部分,你会发现,余下的部分变得容易很多。
- 与听众保持视线接触。请记住,听众是一个个的人,而不是一团模糊的脸。听众是你的朋友。
- 把注意力集中在与听众交流上,不要担心自己会不会怯场。如果你讲话时"卡壳",听众也会卡住。
- 使用视觉辅助物。视觉辅助物会使听众产生兴趣并把注意力从你身上移开,让你感觉更自在些。

你会和大多数同学一样,发现演讲课是一种非常积极的体验。有一位同学课程结束时,在课程评估表上写下了这样一段话:

我原来挺害怕这门课,想到要做那么多演讲就吓坏了。可是现在,真高兴我坚持下来了。这是一个小班,同学之间可以充分交流。此外,在这个班上,我有机会表达自己的思想,而不是所有时间都是在听别人讲话。我甚至慢慢喜欢多做演讲了。有时候我发现,很多人也喜欢听我讲,这是多么奇妙的感受啊!

多年来,数以千计的学生通过演讲课提高了对自己的演讲能力的自信。只有当你的自信心增强了,你才会坦然站在众人面前,告诉他们你在想什么、你在感受什么,以及你了解什么,并使听众想到、感受和了解同样的一些东西。自信心让人感觉良好的最大原因就是,自信心会滋养自信。第一次成功以后,你便自信下次也会成功。当你成了一个有自信心的演讲人后,你也可能在生活的其他方面感觉更自信了。

公共演讲与批判性思维

昨天晚会上和那人讨论时,可真气死我了。我知道自己的观点是正确的,我能肯定他的论点在什么地方出了错,但我就是没有办法指出到底是哪里出了问题。

我要挑选一台计算机,但所有广告都说自己的品牌是新潮的。那我该买哪一种才好呢?

批判性思维
critical thinking
集中地、系统地思考演讲内容的逻辑关系、证据的明白无误,以及事实与观点的区别。

我在学期论文上花了很大的工夫,但还是不满意。感觉不太连贯,可又说不出到底是哪里出了毛病。

政治演讲通常是一边倒的。竞选者讲啊,讲啊,把一切都描绘得那么美好。但是,我仍然不知道到底该投谁的票。

你熟悉上述这些情况吗?你也曾经处于类似的情形中吗?假如是,你也许会在演讲课上得到一些帮助。除了帮助树立自信,公共演讲课还能够帮助你变成一名严谨的思考者。成为严谨的思考者需要技巧,这些技巧决定了你究竟是流畅的雄辩者还是勉为其难的演讲人,是谨慎的消费者还是漫无目的的采购者,是优等生还是差生,是有思想的投票者还是抛硬币的人。

什么是批判性思维?在某种程度上它关乎逻辑,就是能在别人的论点中捕捉到差错,而在自己演讲时加以避免;它还涉及相关的技能,比如区分事实与观点,判断一些说法的可信度,评估证据是否可靠。

广义上来说,批判性思维就是集中和有组织的思维能力——能够清楚地看出各种观点之间的关系的能力。人们常说,世界上很少有什么新思想,仅仅是一些重新组织的想法。伟大的思想家、科学家和发明家经常从众所周知的信息中获取信息,并将它重新组织起来以形成新的思想,这也是一种批判性思维。

如果你表示怀疑,不相信批判性思维与公共演讲课有什么关系?回答是,关系太大了。随着课程的深入,你会花很多时间来准备你的演讲。这看起来像是一种纯粹机械性的练习,但是,里面却包含着很多批判性思维的内容。如果你的演讲结构混乱,那么你的思想内容也不会连贯。反之,如果你的演讲结构清晰又连贯,你的思路也会清晰又连贯。准备一篇演讲稿和理清思路虽然并不完全是一回事,但是,准备演讲的过程的确是理清思路的关键步骤。

只要结构是有条理的,那么你的演讲很大程度也会是条理清晰的。在演讲课上学到的很多技巧,可以帮助你在很多方面成为给人印象深刻的思考者。当你用精心准备的语言清晰表达自己的思想时,你会增强清晰和准确地思考的能力。当你在准备演讲稿时研究证据和推理的作用时,你会明白它们还可以用于其他形式的交流。当你学会对班上同学的演讲进行正确的评判时,你就会有更强的能力分析评判演讲者或作者的思想。

我们再回到上面几个例子。

昨天晚会上那人: 敏锐的批判性思维能够帮助你直击对方论点

中的差错吗?

购买计算机:广告是信息的可靠来源吗?也许你应该更多考虑自己可以接受的价位和想要的功能?

学期论文:完整的结构和清晰的大纲可以使你的论文更连贯吗?

政客:把他们的话过滤一遍,他们是根据可靠的证据得出有效结论的吗?

如果你能充分利用演讲课,你就会增强自己批判性思维的技能。这也是公共演讲从古希腊开始一直都被认为是教育的一个至关重要部分的原因。

演讲交流过程

在你第一次演讲时,你或许会发现,了解一个人对另外的人讲话时将会发生什么是很有帮助的。不管用哪种语言交流,其中都会包含有七大要素:讲话的人、要说的话、渠道、听众、反馈、干扰和说话的场合。在这里,我们依次来看看,一位演讲人对一群听众发表演讲时,这七大要素是如何起作用的。

☐ 演讲人

交流是从讲话的人开始的。如果你拿起电话给朋友打电话,你就是在当演讲者(当然,你的朋友讲话的时候,你也会是个听众)。在公共演讲中,你一般会在没有中断的情况下完成全部演讲。

作为演讲者,你的演讲能否成功与否取决于自己——你所做的准备工作、你的讲话方式、你对听众的敏感程度,还有演讲的场合。但是,成功的演讲不仅取决于演讲技巧,它还要求有热情。除非你自己首先对你讲的话有兴趣,否则你别指望人们对你的讲话产生兴趣。如果你真正为自己的话题很激动,那么,可以肯定,听众也会跟着你一起激动。你可以学习到所有有效演讲的技巧,但是,要使这些技巧真正发挥作用,你必须首先有话要说——迸发出你自己的热情火花。

演讲人
speaker
正在向听众传达口头信息的人。

☐ 信息

信息是指演讲人想跟听众交流的内容。你给朋友打电话说:"今晚可能会晚点来接你。"这就是信息,但也许不是唯一的信息。也

信息
message
演讲人和别人沟通的内容。

许你的声音里暗含着某种勉强和犹豫,潜在的信息可能是:"我实在不想去参加那个聚会。你要我去,我没办法才答应,哦,我尽量推迟。"

你在公共演讲中的目的,是要把你想要传达出去的信息成为实际交流出去的信息。要达到这个目标取决于你说什么(语言信息)以及如何说(非语言信息)。

恰当地传达出语言信息是很不容易的。你必须压缩话题,在允许的时间里进行充分的讨论;你必须做一些资料编辑工作,选择具体事例来表达思想、增强说服力;你必须理清自己的思想,使听众顺着你的思路而不走神;你还必须用语言表达出来,遣词造句必须准确、清晰、生动和恰当。

除了用语言表达信息外,你还必须依靠嗓音、姿态、手势、面部表情和眼神发出一个个信息。设想一下,你的一个同学准备谈一谈学生贷款。可在她全部演讲过程中,她一直在讲台后面情绪不高,花很长时间思考她想要说什么,看着天花板,并不停地摆弄手上的东西。她想说的是"我们必须为学生贷款提供更多的资金",但她实际传达出来的信息却是"我没有做好演讲的准备"。演讲者的任务之一,是确保非语言信息不得对语言信息造成损害。

☐ **渠道**

渠道
channel
信息得以沟通的管道。

渠道是信息得以沟通的通道。当你拿起电话给朋友打过去时,电话就是渠道。公共演讲者可以利用一个或多个渠道,每一个渠道都会对听众接收信息施加影响。

美国总统在国会山发表演讲,通过广播和电视的渠道传播到全国。对广播听众来说,信息完全是通过总统的声音传播出来的。他们可以听到总统的声音,但看不到他的姿势。对电视观众来说,信息是通过总统的声音、电视形象以及他周围的环境两方面传播出来的。而国会山里的听众则更直接,不仅可以现场听到总统通过麦克风放大的声音,还可以看到他本人并感受演讲现场的气氛。

☐ **听众**

听众
listener
演讲人信息的接受者。

听众就是接受演讲者信息的人,没有听众,就谈不上交流。你在电话里和朋友聊天,就有了一个听众。在公共演讲中,你会有一群听众。

演讲人所说的一切,都会在听众的思维框架里得到过滤。听众

第一章　公共演讲

的思维框架,就是指其知识、经验、目标、价值观和态度的总和。因为演讲者和听众是不同的个体,他们不可能具有完全相同的思维框架。同样,因为听众的思维框架不可能和演讲者的思维框架完全相同,一样的信息,其含义对听众和演讲者来说也不可能是完全一致的。

你可以很容易就验证出不同的思维框架造成的影响。请班上的同学来描述一把椅子。如果有二十个同学,你会得到二十种不同的描述。一个同学会说那是一把柔软又舒服的大椅子,另一个说是一把优雅别致的直背椅,而另一个同学可能会把它描述成一把办公椅,第四个同学或许会描绘成一把摇椅,等等。一把"椅子"是一个相当简单的概念,那么,"爱国主义"或"自由"这样的概念呢?

参照框架
frame of reference
人的知识、经验、目标、价值观和态度的总和。参照框架因人而异。

因为人们有不同的思维框架,一个演讲人就必须认真地调整自己的信息,使其适合特别的听众。要成为一名有效的演讲人,你必须以听众为中心,必须为听众尽一切努力。你不能假定听众会对你说的任何东西都感兴趣。你在准备演讲的时候就必须了解他们的观点,还必须尽量使他们跟你的演讲产生联系。如果你的报告太简单或太复杂,听众很快会失去注意力。如果不能使你的演讲和听众的经验、兴趣、知识和价值观产生联系,你就会失去听众。当你所作的演讲使听众感觉到"这对我很重要"时,你就成功了。

□ 反馈

总统向全国发表电视演说时,他所进行的是单向交流。你可以对着电视机发表一通评论,总统听不到你在说什么。但是,在大多数情况下,人们进行的是双向交流。你的听众不会跟海绵一样仅仅是吸收你的信息,他们也在发出自己的信息,我们称之为反馈。

反馈
feedback
信息,通常以非语言的形式,从听众传达给演讲人。

例如,当你给朋友打电话说你会迟到一会时,你可能会听到:"啊,不,你不能迟到!我不管你有什么问题,你必须准时过来!"这就是反馈。

这种口头上的直接交流,在公共演讲中是很少有的。但是,仍然有很多种反馈是可以让你知道自己的信息是如何被人所接受的。听众是否前倾身体听你说话,似乎在给予密切的关注?他们是否因为赞同而鼓掌?他们是否在你开玩笑的时候放声大笑?他们脸上是否流露出揶揄的表情?他们是否不停变换两腿的姿势,还不时地看表?这些反应传递的信息可能是"听得真带劲","我烦透了","我同意你的看法","我不同意你的看法",或者其他任何一种信息。作为演讲人,你要关注这些反应,并做出相应的反应,及时调整自己发出的信息。

和任何一种交流一样,反馈同样受思维模式的影响。如果演讲结束后,同学们都敲桌子,那你会有什么样的感受?你会绝望地冲出教室吗?如果在欧洲的大学里,你不会。在欧洲的很多地方,学生们以敲打书桌表示极喜欢你的课堂演讲。你应该懂得反馈的内涵才能做出合适的应对。

干扰

干扰
interference
阻碍信息交流的各种障碍。对听众来说,干扰可能来自内部,也可能来自外部。

干扰是对信息交流的阻碍。当你打电话时,有时会出现杂音或串线,就是一种干扰。公共演讲中有两种干扰。一种像电话杂音或串线一样,这种干扰对于听众来说是外部的。许多教室会受到这种形式的干扰,有楼外的交通,有空调散热片发出的噪音,有学生在大厅里说话的声音,一个教室也许会太热或太冷。所有这些都会使听众分神,从而无法认真听你演讲。

另外两种干扰是内在的,来自听众自身,而不是外部。也许你的一位听众被蚊子咬了一口,因为挠痒痒而无法专心听你说话;另一位听众或许在担心下一节课要进行的测验;还有一位正想着刚刚与女朋友的一场争吵。

作为演讲人,你必须努力保持住听众的注意力,哪怕出现了这样一些干扰。在接下来的几章里,大家会找到很多处理此类情况的办法。

场合

场合
situation
演讲交流活动发生的时间和地点。

场合指的是演讲的时间和地点。对话总是在某种场合当中发生的。有时候,说话的场合很有利,比如在烛光晚宴的餐桌上求婚;有时候,场合可能不利于你说话,比如你想盖过吼叫的立体声音乐说一番求爱的话。记住,当你要向某人说一番动情的话时,必须要等到合适的场合才说。

公共演讲同样对场合很敏感。有些时候——葬礼、教堂举行的仪式、毕业典礼——都要求有某种形式的正式演讲。演讲的环境也很重要。一次演讲在户外还是在室内进行,是在小房间里还是在体育馆里进行,是对一群人还是对少数几位人士讲,这些都有很大区别。可以这样理解,当你调整方案,使一次演讲更适应当时的场合时,你不过是在较大的规模上进行日常对话罢了。

现在,我们来完整地看一看演讲交流过程的模式,如图 1.1

18

所示。

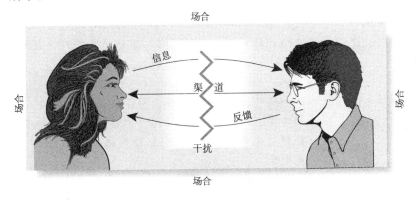

图 1.1

演讲过程：举例与评点

下面的案例显示演讲交流过程中不同要素之间是如何相互影响的：

场合	一个星期二的晚上，下雨，时间 21 点 30 分。例行报告已经拖了很长时间，居民协会的会议已经开到很晚了。
演讲人	安吉娜·周有点担心。她是一家非营利机构"路径"的创始人，该机构旨在为有发育障碍的成年人提供团体之家，她是今晚会议日程上最后一名演讲者。当安吉娜站起身来对这个协会讲话时，她希望解释路径组织的宗旨，并希望大家能支持该组织在附近为有发育障碍的人找到团体之家的场所。
渠道和干扰	安吉娜走到麦克风前开始演讲，她看见听众当中有些人在看表了。他们担心在这样一个下雨的晚上如何回家。有些人甚至开始穿外衣和拿伞了。

调整自己以适应干扰	"晚上好,"安吉娜开始说,"谢谢大家再留一小会儿。我保证只花五分钟不到的时间。有人愿意为我计时吗?"看到有些人开始对表并开口笑起来,然后回到座位上,她感到安心一点了。
信息	现在,她已经引起大家注意了,安吉娜很快勾勒出了"路径"的起源,也讲了有发育障碍的人需要特别关爱。最后,她希望能够在以后的会议中为大家讲得更详细一些。
反馈	她很高兴地看到有很多人对此建议点头表示同意,有位女士问到"路径"的电话号码,她更宽心了。有好几个人记下了电话号码。 安吉娜说话算话,她在五分钟内讲完了。"时间到了,"她微笑着说,"谢谢大家,各位别忘了雨伞!" 事后,该协会的会长赞扬安吉娜,说她在如此难堪的情形中处理得极好。"以后再开会,我们会把你安排在最前面讲话,"会长说,"我知道人们都急于听到你说话。"

跨文化世界中的公共演讲

☐ 现代世界的文化多样性

美国是一个多元化的社会。1673 年,也就是三个多世纪以前,一位到现在称为纽约的地方去参观的人惊异地发现,这个城市 8 000 个居民竟然使用 18 种语言。

到了 19 世纪中期,世界各地成千上万的人蜂拥而来,小说家赫尔曼·麦尔维尔惊叹道:"美国人若流出一滴血,整个世界也流了一滴血。"

倘若麦尔维尔今天还在人世,人们无法想象他会发出怎样的感慨了!美国已经成为地球上最多元化的一个社会了。在一个多世纪的时间里,大多数到美国来的移民都是欧洲人——爱尔兰人、德国人、英国人、斯堪的纳维亚人、希腊人、波兰人、意大利人和其他欧洲人。这些人跟非裔美国人一起使美国成为一个世界"熔炉"。今天,另一股移民潮重新涌起——大多是亚洲人和拉丁美洲人——使美国变成了一位著名作家所谓的"第一个大同之国",是一个多样化程度无可比拟的跨文化社会。

美国生活的多样化可以在大小城镇、学校和公司、居民团体和全国各地的宗教场所里看出来。请看下面的资料:

- 世界上共有215个民族,每个民族都有人生活在美国;
- 纽约市有170个明显不同的种族团体;
- 休斯敦有两家用中文播音的电台和一家用中文印刷的日报;
- 迈阿密有61%的人是在美国以外出生的;
- 美国有3 200万人在家里并不讲英语;
- 加州伯克利大学的大一学生中有45%的亚裔美国人。

这一类的变化不仅限于美国。我们生活在一个跨文化的时代;互联网让全球各地的人保持几乎是即时的联系;CNN在超过200个国家和地区广播;空中国际旅行使国家的边界几乎失去了意义;新的全球经济正在重新定义商业和贸易的本质,所有的国家、所有的民族、所有的文化都成为一个庞大的地球村的一部分。例如:

- 全世界共有6万家跨国公司,这些公司占了世界经济总量的四分之一;
- 澳大利亚昆士兰沿岸城市的餐馆用日语和英语来印菜单;
- 麦当劳在国外销售的汉堡和薯条要超出在本国的销售量,吉列公司出口占到了销售的70%;
- 在瑞士日内瓦,由于众多人口来自世界各地以至于学校中近60%的学生都不是瑞士人;
- 在法国,穆斯林比天主教徒还要多。加拿大多伦多的CHIN电台用32种语言进行广播。
- 美国每5个新增就业机会中有4个是由国际贸易提供的。

公共演讲与文化多样性

"这一切真是太有趣了,"你可能会这样说,"但是,跟我的演讲课有什么关系呢?"答案是,文化多样性已经成为基本的生活事实,它在你发表的几乎所有的演讲中都在起作用。考虑一下这样的情形:一位经理正在向员工介绍跨国公司的情况;一位律师正在向一个由多种族人组成的陪审团做最后的陈诉;一位牧师正在向一群多种文化背景的教民布道;一位留学生正在美国一所大学解释他们祖国的习俗；一位教师正在一所多种族的学校向学生父母作报告。这些只是少数几个例子，说明数不清的演讲会受到现代生活中文化多样性的影响。

正如多文化社团方面的专家长期以来明确指出的那样，演讲会随着文化多样性的增强而变得越来越复杂。这种复杂性部分来自于从一种文化到另一种文化之间的语言差别。如同我们会在第十一章指出的一样，语言和思想是彼此紧密关联的；因此，语言和文化也是密不可分的。没有什么东西比语言更容易使一种文化与另一种文化有所不同了，不仅是用词会有变化，而且思维方式和看待世界的方式也会有所变化。语言和文化的联系是如此紧密，"我们之所以用某种方式交流，是因为我们在这种特定的文化环境中长大，我们学会了这种文化中的语言、规则和习俗"。

同样的身体姿势、面部表情和其他非语言信息的意义，在两种不同的文化中也会有所不同。哪怕是表示"是"和"不是"，"你好"和"再见"这样一些基本信息的姿势，一种文化与另一种文化也有所不同。在美国，人们上下点头表示"是"，左右摇头表示"不"。而在泰国，同样的行为意思正好相反。还有，北美表示"再见"的摇手在欧洲和南美很多地区会被解释为"不"，而在意大利和希腊表示"再见"的手势，跟美国人表示"请过来"的手势是一样的。

有很多演讲人没有注意到自己的文化与听众文化之间的差异，因此犯了很多错误，这样的故事不胜枚举。请看下面的案例：

一家美国电子公司的销售经理正与巴西一家公司洽谈一笔大宗计算机销售业务。经过三天的谈判，这位销售经理特意为巴西公司的三位主管举办一场酒会，以增进两家公司之间的良好关系。

在酒会这样的场合当中安排相互祝词是必不可少的。轮到销售经理讲话时，他赞扬了巴西公司的杰出成就，并谈到他对公司总裁和其他经理人员的尊敬。演讲极其流畅和完美，销售经理得意地看到听众露出了满意的微笑。

接着，灾难发生了。当销售经理结束讲话的时候，他举起手来做了一个传统的美国 OK 手势，表达他对谈判的进程极其满意。节日的气氛顿时为沉默所替代，微笑变成了冷漠的注视。销售经理在巴西听众面前做的那个手势，相当于在美国伸出中指表达出来的意思。

第二天，那家巴西公司宣布，它将从另外一家公司采购计算机。

可见，演讲人如果忽视听众的文化和习俗，会造成多么严重的后果。不管你是在国内讲话还是在国外讲话，在亚特兰大还是在里约

第一章 公共演讲

热内卢,在大学课堂还是在社区志愿者会议上。因为现代生活的多样性不断增强,许多听众,也许是大多数听众,都来自于不同的文化背景。

大家在本书的稍后部分会看到,有效的公共演讲有很多不同的方法,几乎所有这些方法都会帮助你面向具有文化多样性背景的听众发表演讲。在这里,我们需要强调的是,要避免民族优越感,因为这样的感情流露会阻碍不同文化、种族和民族背景的演讲人与听众之间的交流。

消除民族优越感

民族优越感是这样一种信仰,认为自己的团体或文化比别的团体或文化优越。因为民族优越感,我们会认同自己的团体或文化,并视其价值观、信仰和习惯是"正确的"或"自然的"——而对其他团体或文化的价值观、信仰和习惯,我们会倾向于觉得他们的这些内容是"错误的"或者是"不自然的"。

民族优越感是一种文化的组成部分。如果你出生并生长在美国,你可能会觉得奇怪,不知道为什么印度的大多数人认为母牛是圣物,并不准拿母牛当食物;另一方面,如果你出生并生长在印度,你也许会极其震惊地看到美国人拿母牛当食物、衣物和其他消费品的来源。如果你是基督徒,你多半会觉得星期天是礼拜的"正常"日子;但是,如果你是犹太人,你也许会觉得星期六才是"正确的"安息日。

民族优越感会在增强团体自豪感和忠诚度方面扮演积极的角色。但是,它也可能形成一股毁灭性的力量——尤其是当它引发偏见和不同种族、民族或文化之间的敌意的时候。要在一个跨文化的世界里成为一名有效的公共演讲人,你需要时时记住,所有人都有特别的信仰和习惯。

回避民族优越感,并不是说你就必须同意所有团体和文化的价值观和行为。有时候,你不妨尝试说服不同文化背景的人们,让他们改变传统的行事习惯。比如来自美国的演讲人可以想办法说服非洲的农民采纳更高效的农作方式;或,在美国的穆斯林家长敦促公共学校的官员为信仰伊斯兰教的儿童提供合乎穆斯林习俗的食宿条件,或者,美国和日本的代表试图影响其他国家的贸易政策。

一个成功的演讲人,一定会显示出对演讲听众的民族文化的充分尊敬。他不能够假定他的文化和做法会为所有的听众接受甚至明白,他需要稍稍改变自己的信息,以便适应听众的文化价值与期

> 民族优越感
> ethnocentrism
> 即认为自己的族群
> 或文化优越于别的
> 族群或文化。

23

望值。

当你准备演讲稿的时候,必须记住,现代世界的社会生活的多样性正不断增强,还要小心文化因素可能会影响听众对你的演讲做出何种反应。我们会在第五章看到,要在课堂上做一次演讲,你可以先做一个听众问卷调查,以便了解同学的文化背景和他们对某个具体的演讲主题的意见。而在校园外做演讲,邀请方一般会提供关于听众的基本信息。

一旦掌握了可能会影响听众对演讲产生反应的文化因素之后,你便可以着手对演讲做一些改进工作,使其尽量有效果,尽量合适一些。准备演讲的时候,应该让自己处在听众的角度,站在听众的立场来听听自己的演讲。如果你与听众之间存在语言上的差别,应该避免使用有可能会引起误解的语汇。做资料收集工作时,多注意收集好的事例,与其他材料多做比较,使其适应范围广泛的听众。另外,考虑好演讲中使用直观的视觉辅助材料。我们在第十三章会看到,这些可视的辅助物有助于填补语言或文化背景上的隔阂。

演讲时应该注意听众的反馈,观察他们接受你的观点是否有困难。如果发现听众脸上流露出困惑的表情,应该重新阐述一遍自己的观点,以确保听众对你的观点明白无误。某些情况下,你还可以通过提问鼓励听众做出反馈。比如"不知道我说清楚了没有?"或者"这个观点我解释得清楚不清楚?"

当然,如果你提出这样的问题,应该意识到,不同文化背景的听众可能会做出不同的反应。大多数阿拉伯人、北美人和欧洲人会给你直接的反馈,假如你要求他们这样做的话。而来自亚洲和加勒比海地区的听众却可能不会直截了当地做出反应,他们担心这么做会显示出对演讲人的不敬。

最后,我们还应该注意到听演讲的时候同样必须回避民族优越感。如我们将在第二章和第三章看到的一样,听众有责任做到有礼貌的倾听。当你从不同的文化背景听一个演讲人演讲的时候,应该提醒自己不要因为演讲人的外貌或演讲的姿势而形成偏见,盲目判断一个人的演讲水平。我们太容易根据人们的长相或说话方式而对一些人产生成见,而不是根据他们所说的内容作出判断。不管演讲人的文化背景是什么,你都得认真地听他讲下去,正如你也希望听众认真听自己演讲一样。

第一章 公共演讲

小结

　　人人会有公共演讲的需求。每逢这时候,你都希望自己早已经做好了准备。演讲课会给你很多训练,让你学会如何选择演讲主题,组织观点,流畅地表达你的思想。这样的训练对任何一种类型的交流来说都有极大的价值。

　　公共演讲与日常会话之间存在很多类似之处。在日常会话中,几乎不用思考,你就可以利用多种技巧,有逻辑地组织自己的思想;你会剪裁自己的信息以适应听众;你会讲一个故事以获得最佳效果;你会根据听众的反馈及时调整自己的演讲内容。这些都是你进行公共演讲时需要的最为重要的一些技巧。

　　公共演讲又跟日常会话有区别。首先,比日常会话结构更严谨。通常有严格的时间要求,要求做详细的准备工作;其次,使用更为正式的语言;第三,要求采用不同的演讲方法。有效的演讲人会调整自己的声音以便让尽可能多的听众听清楚,而且会想办法避免容易让人分心的形体动作或语言习惯。

　　演讲班上,学生最担心的便是怯场。实际上,成功的演说家演讲前也是很紧张的。演讲班给你机会,让你获得信心,让你把紧张变为有利而不是有害的因素。如果你做了积极的思考,充分的准备,如果你在脑海里想象自己成功演讲的情形,那你就能克服怯场,迈出很大一步。你会在脑海里记住,大多数紧张都是听众看不见的,他们会把你的演讲当作是一种交流而不是表演,因为只有在表演当中,人们才要求你尽善尽美。和其他许多学生一样,你也会对自己的演讲能力充满自信。

　　除了树立自信心,公共演讲课还可以帮助你养成批判性思维的能力。批判性思维的能力就是感知各种思想之间的相互关系的能力。它可以帮助你立即找出别人推理过程中的差错,并在自己的演讲中加以回避。严谨的思维会在你生活的许多方面产生变化。

　　演讲交流过程作为一个整体来说包括七大要素——演讲人、信息、渠道、听众、反馈、干扰和场合。演讲人是启动一次语言交流过程的人。不管演讲人说的什么,都可以算作是信息,而信息是通过一种特别的渠道表达出来的。听众接收到传达出来的信息,并提供反馈给演讲人。干扰是妨碍信息交流的障碍,而场合就是语言交流发生的时间和地点。这七大要素的相互作用决定了演讲交流的效果。

因为现代生活的多样性不断增强,听众中许多或是大多数人都会具有不同文化、民族和种族背景。当你准备演讲时,一定要注意这些因素会影响听众的反馈,并应该采取步骤对自己的演讲做出相应的调整。最重要的是,应该回避民族优越感,不要以为自己的文化或团体,优于其他任何一种文化或团体。另外,听众也必须记住,应该回避民族优越感。对每一位演讲人都应给予同样的礼貌和认真态度,就如同你演讲时也希望听众做到的一样。

◘ 关键术语

怯场	stage fright
肾上腺素	adrenaline
积极紧张	positive nervousness
形象化	visualization
批判性思维	critical thinking
演讲人	speaker
信息	message
渠道	channel
听众	listener
参照框架	frame of reference
反馈	feedback
干扰	interference
场合	situation
民族优越感	ethnocentrism

◘ 复习题

阅读本章后,请回答下列问题:

1. 公共演讲通过什么方式改变你的生活?
2. 公共演讲与日常交流的相似点有哪些?
3. 公共演讲与日常交流有何区别?
4. 演讲时为什么会感到紧张?
5. 怎样控制你的紧张情绪并让紧张有利于你的演讲?
6. 演讲交流的七大要素是什么?它们是怎样影响演讲的成败的?
7. 什么是民族优越感?为什么公共演讲者在面对不同民族、种族或文化背景的听众时必须克服自己的优越感?

◪ 批判性思考练习题

1. 想一想你最近参加的一次重要会谈,你希望在那次会谈中达到一个特别的结果。例如:努力说服自己的父母,告诉他们你应该住在校外的公寓里而不是学生宿舍;请求雇主改变你的上班时间;向一位朋友解释如何换汽车机油和过滤器;说服一位教授,请他晚一个星期接受你的学期论文;试图说服自己的配偶购买你喜欢而不是他或她喜欢的那种计算机。对那次会谈进行一个简短的分析。

在分析中,尝试解释下面几个事项:1)你谈话的目的是什么,为达到目的你选择的信息传达策略;2)谈话中利用的交流渠道以及它们如何影响到了谈话的结果;3)你在谈话期间遇到的干扰——内部的和外部的;4)你根据反馈进行调整而采取的步骤;5)如果再次进行谈话,你将做什么准备并采取什么策略性的变化。

2. 将一页纸分成两栏。一栏标上"有效的公共演讲者的特点",另一栏标上"效率不高的公共演讲者的特点"。在这两栏里分别填上有效和效率不高的公共演讲者最重要的五大特点并简要解释。准备好在课堂上讨论这些想法。

3. 根据你在第二个练习题中列出的内容,坦率地评估自己作为一名演讲人的强项与弱点,并找出你最希望在演讲中改善的三个方面。

◪ 运用公共演讲的力量

你大学毕业三年了,在一家大型出版公司当助理,积累了一些经验,刚被提升为负责儿童系列读物的市场推广经理。虽然你以前曾给工作小组的成员作过一些简要的报告,但是,这次你要面对众多的听众做报告。在公司的年度销售会议上,你将对整个销售部门作报告,介绍公司新版图书,讲解如何将这些图书推销给批发商和零售书店。

你很高兴有这样一次机会,这说明公司对你的能力很有信心。但是,越是接近演讲的日子,就越是难以控制自己的紧张情绪。将有150人参加会议,包括高级编辑和地区经理,还有本部门的销售人员,所有的眼睛都在盯着你。你必须传达出自信和胸有成竹,但是,你又担心自己会怯场,把相反的信息传递出去。你将用什么样的策略来控制自己的紧张情绪,并把紧张情绪转化为动力?

第二章

公共演讲的道德观

  凯瑟琳·卢韦克是州政府开发及自然资源部的一位经理人,她负责在州西北边的河边筹建一个用做商业及教育、休闲的多功能中心。只有一个不利因素。头一年,当地一家环保组织筹集了一些资金,准备在这个选址的一个角落上建立一座小型野生动物公园。虽然该中心最后的方案尚未确定,但是,凯瑟琳知道这个公园必须关闭才能保证中心进出的通道。

  就在该方案最后完成前夕,凯瑟琳应邀在当地那家环保组织的一次会议上讲话。该组织的成员意识到这个中心会对当地社区经济发展产生积极的影响,因此,他们愿意支持该方案,但不能影响野生动物公园的建立。凯瑟琳心想这个团体很小,而且远离州媒体中心,因此,她告诉这个组织说,公园会得到保护。于是,这个团体就投票赞成她的计划。

  该中心的计划送呈立法部门两天之后,和当地环保组织有联系的一位记者给凯瑟琳打电话,质问她为什么事先承诺过不牺牲那个公园,而报送计划时却做出相反的事情。凯瑟琳试图说服对方,但又没有为自己辩护的理由。立法部门收回了为多功能中心拨出的款项,一家全国性环保组织将凯瑟琳列入了该组织的年度"撒谎者名单",她最后被州政府开发及自然资源部解除公职。

  这不是一个令人愉快的故事,但是,却说明了为什么公共演讲需要诚实精神的引导。凯瑟琳·卢韦克在当地的环保组织讲话时很有说服力,但是,她没有讲出真情,没有把开发项目会对野生动物公园产生不良影响的实情说出来,做了不合职业道德的事情。结果,该项目还是被停止,她本人丢了工作,她的声望也一落千丈。

  你可能在想:"是啊,这可真是一件不幸的事情。但是,很多人都在撒谎,都在欺骗,也没有被揭穿呀。"你说得也是,的确有很多人

第二章 公共演讲的道德观

说假话没有被揭穿。但是,这并不意味着他们的行为就是正确的。在公共演讲中,就像在生活的其他许多方面一样,总还是有一个符合道德规范的行为标准。

公共演讲的目的,是要从听众那里得到自己希望的反馈——但是,不能不惜一切代价达到这个目的。演讲是一种力量,因此也带有很重的道德责任。罗马修辞学家昆提利安在两千多年前就说过,值得赞美的演讲理想,就是好人进行流畅的演讲。在这一章里,我们将探索这个理想,看看公共演讲中的道德规范到底有何重要性,看看演讲人和听众各有哪些道理要讲,也看看剽窃这个实际问题以及如何回避它。

道德规范的重要性

道德规范是哲学的一个分支,分析人类众多事务对错的问题。我们每每谈到一系列行为是不是合乎道德、是不是公平、是不是正义、是不是诚实的时候,实际就是在提出一个道德规范的问题。

差不多在生活的每一方面,我们都会面临这样的问题。父母必须决定如何处理因为调皮捣蛋而被学校遣送回家的孩子。研究人员必须决定是否可以"稍稍"隐瞒自己的资料,以便获取重大科学突破的声誉。在杂货店里,如果收银员多找了五元零钱,顾客必须决定怎么办。如果一个学生看见一个朋友考试作弊,他必须决定是否要去报告。

公共演讲人面对一群听众的时候,也会面临这样的道德规范问题。在一个理想世界里,所有公共演讲人都应该为了社会的利益而讲真话,都应该为社会作出贡献,这是希腊哲学家柏拉图曾经说过的。但是,历史告诉我们,时常会有人滥用语言的力量,有时候还会带来灾难性的后果。阿道夫·希特勒无疑是个极富煽动力的演讲人。他的演讲天才刺激了德国人民,使他们去追求一个理想,追随一位领导人。但是,他的目的极其可怕,他的伎俩也是十分可憎的。到今天为止,他仍然是一个极端的例子,说明为什么语言的力量必须受强烈的道德良知的引导。

作为公共演讲人,你还必须面临演讲过程中每一个阶段的道德问题,从最初的演讲主题酝酿到最终的消息传递。不管是在教室里还是在法庭上,不管是参加商务会议还是参与宗教活动,不管是对两

道德观
ethics
是哲学的一个分支,用于判断人类事务的对与错的问题。

个人谈话,还是在对两千人演讲。我们来看看下面这个例子:

费莉夏·鲁宾逊竞选东部一个大区的学校委员会成员。她的对手采用了不道德的手段。除了扭曲关于学校税务方面的事实以外,那个对手还迎合种族偏见,让人们对非裔美国人和新近到来的移民产生越来越深的抱怨。

选举开始的前五天,费莉夏在民意测定中稍稍落后,她得知,地方检察官准备以暗箱操作的罪名起诉对手。但是,要等到选举结束以后才会提出这项起诉。而且,还不能成为一个证据,说明她的对手就一定有罪。和所有公民一样,他也有无罪假定权,直到证据能证明他有罪。

尽管如此,起诉的消息仍然会使选举朝有利于费莉夏的方向发展,她的顾问催促她在竞选演讲中借机发挥,大谈起诉风波。费莉夏能听他们的吗?

费莉夏面临在道德上的两难境地,两边都有说得通的理由。她一直都希望以诚实的态度进行竞选活动,但是,她又尽力避免不公平地攻击竞争对手,尽管对手对她没有这方面的顾忌。然而,她明白,即将到来的起诉可能是她赢得选举的最后一次机会,她还相信,如果对手成功,那会使该市的学校蒙受灾难。一方面要保持公平竞争,一方面自己又希望选举获胜,为社区谋利益,就这样,她又面临着古老的两难矛盾,这就是目的是否能够证明手段的合理性。

你们可能会想,"那么,费莉夏的两难矛盾如何解决呀?"在如此复杂的情形中,并没有一成不变的答案。理查德·约翰尼森是交际道德学的权威,他说过:"我们应该制订有意义的道德指导原则,而不是一成不变的规则。"合乎道德的决定取决于各人的价值观、良心和是非观。

但是,这并不意味着这样的决定只与个人有关,可以由着各人的念头随机应变。合理的道德决定,涉及权衡自己潜在的行为与一套道德标准或指导原则。生活的其他领域都有合乎道德的行为准则,公共演讲也是一样,也有一套道德行为指导原则。或许这些指导原则并不能够自动地解决你作为演讲人遇到的所有道德困境,但是,了解这些指导原则却可以提供可靠的指南,帮助你找到正确的方向。

合乎道德的决定
ethical decisions
符合道德规范的决定,涉及权衡潜在行为与一系列道德标准或指导原则。

第二章 公共演讲的道德观

符合道德规范的演讲指南

☐ 确保你的目标符合道德规范

不久前,我和一位老同学交谈,我们且称她为麦利莎。她刚刚放弃了美国烟草协会公关部的一份工作。为什么?不是因为工资低,那儿的工资很高,也不是因为上班时间不合适。麦利莎拒绝了那份工作,是因为需要她代表烟草业做游说工作。她知道烟草是危害美国人健康的头号杀手,她不相信自己能够在符合道德原则的前提下去推广这一产品,因为她相信,每年造成数以千计的人死亡和生病,烟草是罪魁祸首。

鉴于麦利莎所持有的对抽烟危害健康的观点,毫无疑问,她拒绝去美国烟草协会工作的决定是有根有据、合乎情理和道德的。但是,另外一方面,如果有人对抽烟的危害持不同观点,这个人就有可能接受这份工作。关键不在于判断麦利莎的决定(或对抽烟危害的看法)是对还是错,而在于要说明道德方面的考虑会影响演讲人对目标的选择。

作为演讲人的第一个责任,是要问自己的目标从道德上看是否站得住脚。二战期间,希特勒煽动德国人民,使他们默许战争、侵略和种族灭绝活动。最近,我们也看到一些政客牺牲公众利益而获取个人利益,看到一些商界领袖诈骗投资人数以百万计的美元,还有一些牧师利用宗教职务过着穷奢极欲的生活。毫无疑问,这些人孜孜以求的目标完全不道德。

我们回头来看看第一章里所列举的那几个关于演讲的例子。那几位演讲人希望达到什么目的?就一个商业计划做报告;改进教育质量;致一位同事的感谢词;保护社区免于工业污染;支持特殊奥林匹克运动会。没有人会怀疑这些演讲目标的道德可靠性。

和其他一些道德问题一样,评估演讲人的目标时,会出现一个灰色区域,在这一区域有明确是非观念的人都可能产生意见分歧。但是,这不是拒绝提出道德问题的理由。如果你是一位有责任心的演讲人,那就无法避免评判自己的目标是否合乎道德。

精心准备每次演讲

金肯·劳埃德·琼斯曾说过:"演讲是庄严的责任。"每次站在听众面前,你都有责任做好充分的准备,对自己和对别人都是一样。你对自己的责任很明显:准备越充分,演讲越成功。但是,对听众的责任就不重要吗?试想对200人的听众发表30分钟演讲,演讲很差,这个演讲人只不过浪费了自己半个小时。但是,他却浪费了听众的100个小时——整整四天多时间!琼斯说,这"可是杀头之罪啊"!

当然,在你演讲生涯的目前阶段,也许还没有面对过200人的听众。也许你还没有机会对仅仅为听你演讲而来的一大批听众演讲。但是,听众的规模和构成都不能够改变你做好充分准备的责任。演讲课上的同学值得你做好最佳准备,正如你对一个陪审团演讲,或在一次商务会议上、在工会大会、在教会、在当地的彩票俱乐部,甚至在美国参议院演讲一样。

为演讲做准备涉及方方面面,从听众分析、设计视觉辅助,到组织思想、试讲。不过,从道德角度看,最重要的是,一定要对自己所讲的话题有充分的研究。这一点什么为何这么重要?看看下面这个故事。

几年前,加利福尼亚一所规模很大的大学里有一名学生,叫曼纽尔·希格拉,他在课堂上作了一次演讲,说明如何利用海姆利克氏操作法取出卡在气管里的食物。曼纽尔是从他在红十字会工作的母亲那得知海姆利斯急救法的,但是,他并没有完全依靠这单独的一个来源进行演讲准备。他看了好多篇讲海姆利克氏操作法的杂志文章,他还从当地一个消防队取来了解释如何操作海姆利克氏操作法的宣传材料。

除进行这样的研究之外,曼纽尔还认真思考了如何组织并发表演讲的问题。他甚至还找到一位朋友来当志愿者,为班上的同学表演如何实施海姆利克氏操作法。到了演讲的这一天,曼纽尔已经做好了充分的准备,并进行了完美无缺的演讲。

演讲过后不到一个星期,曼纽尔的一位同学艾丽丝·巴莱特在公寓里吃晚饭,发现室友吃东西卡住了。艾丽丝还记得曼纽尔的演讲,因此采取了行动,实施了海姆利希法。她先让室友站起来,之后两只胳膊抱住室友的腰,一手捏拳按住室友的腹部,向上猛地推动几把,直到食物吐出为止。艾丽丝救了室友的命,就是因为她听了曼纽尔的演讲。

第二章　公共演讲的道德观

这是特别有戏剧性的一个例子,但是,也能够说明演讲如何能够对听众的生活产生实际有效的影响。作为演讲人,我们有道德上的责任,要考虑到这样的影响,并且确保自己做好了充分的准备,这样就不会传达错误或容易误导的信息。如果曼纽尔没有进行充分的演讲准备,想想那会发生什么样的后果吧。他也许会在同学面前错误地讲解海姆利希法,也许会把有致命后果的错误消息传达给同学。

不管是什么话题,不管听众是谁,我们都有必要认真充分地准备演讲材料。应该调查全部的事实,掌握一个问题涉及的多个层面,找到有竞争力的观点,把准确的事实讲出来。你不仅仅会进行更好演讲,而且还有可能履行自己的道德责任。

说话要诚实

在合乎道德的演讲中,没有任何东西比诚实更重要。公共演讲有这么一个不言而喻的假定:"演讲人所说的话是可以相信的,演讲人是值得信任的。"没有这样的假定,那就没有交流的基础,失去了相互信任的理由。公共演讲人与听众之间的信任纽带断裂之后,再想恢复是难上加难。

这不意味着每一个演讲人总是在讲"真话,全部的真话,除开真话以外别的都不说"？我们所有人都会有一些例子证明这么做是不可能的(因为我们并不了解全部的真相),或者是不明智的(因为幼稚或轻率)。我们来设想一位充当新闻发言人的总统秘书的情况吧。她否认有秘密的外交谈判在进行,因为她不知道这样的谈判确实正在进行。或者我们来考虑一位父母,他对两岁的女儿说,她拉的声音尖利的小提琴独奏"美极了"。或者我们来设想一下做了虚假陈述的公共演讲人,他之所以没有说真话,是因为如果透露真情,会立即引起一批暴民投入暴力活动。没有人会认为这样的行为是不道德的。

对照而言,我们再来看看前面所说的凯瑟琳·卢韦克的例子。她要建造的那个多功能中心会迫使野生动物公园关门,但她却对那个环保组织说不会妨碍野生动物公园。那个环保组织相信了她,也投票支持那个中心。他们无法原谅凯瑟琳的行为,因为她撒了一个弥天大谎,根本没有考虑到这个谎言会对听众造成的恶果。

公然蔑视真相,还只是公共演讲中的不诚实表现之一。还有更微妙的不诚实行为,同样是不道德的。这些不诚实行为包括篡改统计数字、断章取义、假造事实及数据来源,将尝试性的发现当作确切的结论,以偏概全、引述罕见例子作为典型例子,把轶闻趣事和半假半真的事情当作证据。这些行为都违反了演讲人务求诚实和公平表述真相的职责。

谈到演讲中的诚实问题,我们还应该注意到,有道德责任感的演讲人并不会把别人的话当成自己的话。他们不会剽窃别人的言论。这个主题非常重要,我们会在本章专门拿出一节篇幅加以论述。

□ 避免谩骂和其他形式的词语滥用

"棍棒和石头能伤害我的身体,但语言却不能。"这是流行一首的儿歌,但意思却是极其错误。语言虽然不能实际伤害人的身体,但是,语言也是锐利的武器,它可能留下的心理创伤,就跟棍棒和石头能留下生理创伤一样。有位作家解释说:"我们的身份,我们是谁,是干什么的人,都会受到人们是怎样称呼我们的名字极大影响,还会受到给我们贴上标签的那些文字的影响。"正是这个原因,差不多所有交际道德学家都警告公共演讲人,一定要避免谩骂与其他形式的语言滥用。

谩骂与个人尊严

谩骂
name-calling
用语言诽谤、贬低或咒骂个人或组织。

谩骂就是用语言来诽谤、贬低或咒骂个人或组织。应用到美国的各个团体,这样的词包括"屁精"、"犹太佬"、"黑鬼"、"南欧黑鬼"、"日本佬"、"中国佬"、"西班牙佬"等。这样的一些词语用来贬损一些人的种族背景、宗教信仰或性取向。这些用词旨在消除所咒骂的那个团体的人性。它们暗含的意思是说,那些团体次人一等,并不值得与社会其他成员一起分享人的尊严。

在第十一章里,我们将介绍如何在公共演讲中避免使用性别歧视用语的种种方法。目前,我们应该记住,和很多人所说的情形正好相反,避免种族歧视、性别歧视和其他形式的语言滥用,远远不止是"政治正确"的一件事情。这样的语言从道德上讲也是不当的,因为它贬低了所说的人或团体,而假定另一个团体的人更优越一些。这类语言还是具破坏性的社会力量。当随着时间的推移被重复地系统地使用时,它会强化人们鼓励偏见、仇恨引起犯罪和违背公民权利。这个原则适用于很多情形,不管被贬低的团体或个人是因为其性别、宗教、种族背景、性偏好还是生理及心理上的残障而受到不公正的待遇。这个问题不仅仅是一个政治问题,而且还是尊敬现代社会不同团体尊严的大事。

谩骂与言论自由

在公共演讲中，利用谩骂与辱骂性的语言来压制反对意见，也会引起道德方面的问题。民主社会依赖于思想的自由与公开的表达。在美国，所有公民都有权参与关于民主的对话。作为公共演讲人，你有道义上的责任保护这样的权利，不能利用比如谩骂等手段，因为这种做法会自动贬低持不同意见的团体或个人所作的公开言论的准确性和值得重视的内容。

不管是黑人还是白人，基督徒或是穆斯林，男性还是女性，是否同性恋，自由派人士还是保守派人士，都负有这种责任。一个希望得到环保组织工作职位的人，如果把所有反对她意见的人全部贬为"野生动物的敌人"，那她的道德基准就有问题了，就像一个政客抨击所有对手都是"不顾一切的自由派"一样，因为他完全明白这样的攻击是不符合事实的。不管在某些议题上持什么观点，大家都有道义上的责任，避免谩骂和其他有害于思想的自由和公开表达的方法。

和公共演讲中其他道德问题一样，谩骂还会引起一些很棘手的问题。虽然谩骂会危害自由言论，但是，它仍然受到美国《权利法案》中关于自由言论的相关条款的保护。正是这个原因，捍卫宪法权利的一个大型组织——美国公民自由联合会，才会抵制关于反对大学校园里使用谩骂语言的规定。这些规定禁止对种族或宗教上少数团体、妇女、男女同性恋以及有生理残障的人使用威胁或辱骂性的语言。到今天，这些规定还没有赢得法律上的胜利，还有一些学校正在制订更详细的规定，他们希望这些规定将来能够在法庭上站得住脚。

但是，不管司法结果是什么样的，都不会改变一个公共演讲人的道义责任。不管是不是在大学校园里，我们都应该避免使用谩骂和其他辱骂性的语言。法律与道德虽然互有联系，但两者并不是同等的东西。在演讲中错误陈述统计数据并没有什么不合法的成分，但是，毫无疑问，这样做是不道德的。谩骂也是一样。在演讲中对一些团体和个人进行种族、性别或宗教上的责难并无违法的危险，但仍然是不道德之举。这样做不仅贬低了受攻击的团体和个人的尊严，而且还侵害了美国所有团体得到公正视听的权利。

权利法案
Bill of Rights
美国宪法前十条修正案。

践行道德准则

我们都熟悉说一套做一套的人。口头上大谈伦理道德重要性是很容易的,行动时符合伦理道德却困难得多。但是,有责任的公共演讲人则必须这么做。有一本论述道德规范的书说:"做有道德之人,是指所有时候都做有道德的事情,而不仅仅是在便利的条件下才这么做。"

进行演讲准备的时候,你会向自己提出这样一些问题:"我选择的论题是否适合听众?""我的论证材料是否清晰和有说服力?""我如何能够把思想表达得更有影响力一些?"这样一些战略性的问题。回答这些问题时,你会努力把演讲准备得更扎实,更有说服力,或者听起来更让人开心。

但是,你还会面临一些道德处境问题,这些问题也许跟凯瑟琳·卢韦克、费莉夏·鲁宾逊以及本章中其他演讲者遇到的问题是类似的。到了这样的时候,不要一把推开这些问题不管,只顾照自己的路走下去。道德责任上的问题一定要严肃认真地处理,就跟战略目标一样重要。应该在心里记住我们刚刚讨论过的演讲中的道德责任,尽力遵循这些原则,不管遇到多大的困难。应该确保自己能够回答下面列出的"合乎道德的公共演讲自查表"里所有的问题(见表 2.1)。

表 2.1　有道德的公共演讲自查表

1. 我是否检查过自己的目标,确保这样的目标在道德上站得住脚?
   1) 若有人提问或发难,我能够在道德立场上捍卫自己的目标吗?
   2) 是否希望别人了解我进行这次演讲的真实动机?
2. 我是否尽到了道义上的责任,充分地准备好了这次演讲?
   1) 是否充分研究并查阅了关于这个主题的资料?
   2) 是否进行了认真彻底的准备,以免将错误或误导性的信息传递给听众?
3. 我的演讲是否含有剽窃的内容?
   1) 可否保证本篇演讲代表我自己的工作,自己的思考,自己的语言?
   2) 所有引文和重述的来源我是否都标明了?

(续表)

4. 我在演讲中所说的话是否都是诚实的?
   1) 本篇演讲是否不含任何虚假或有意扭曲的话?
   2) 本篇演讲是否公平和准确地表述了统计数据、证据和其他的证据?
   3) 本篇演讲是否包含有效的推断?
   4) 如果本篇演讲包含视觉辅助材料,它们是否也能诚实和可靠地表达实际?
5. 我是否在合乎道德的范围内利用语言的力量?
   1) 是否避免了使用谩骂和其他形式的辱骂性语言?
   2) 是否对言论自由和表达的权利显示出尊敬?
6. 最重要的是,准备本次演讲时,我是否有意识地实践了道德规范的原则?

剽窃

"剽窃"一词来自"Plagiarius",拉丁语中表示绑架者的一个词。剽窃是指把别人的用语或思想说成是自己的。意思是说,你留给别人的印象是你自己写作或思考到了某个思想,但实际上你却是从别人那里拿来的。我们在课堂里一般会把剽窃看成是一种道德问题,但是,剽窃还会在其他的场合中产生影响。

作为参议院外交关系委员会的一名资深参议员,特拉华州的乔·比登是关于恐怖主义和外交政策的权威。他拥有的专业知识,较高的公众形象和卓越的演讲技巧,使得他很有可能作为民主党主席候选人崭露头角。虽然他的名字频频出现,但是由于剽窃的历史,他因此而败北。

1987年,当比登作为民主党主席候选人被提名的时候,有人报告说,在爱荷华州博览会上,他做的那次演讲中流畅的结语是剽窃来的,几乎是一字不改地来自英国政治领袖尼尔·金诺克的一篇演讲。比登宣称,他的演讲与金诺克的演讲之间的相似纯属巧合,但是,很快有人发现他更早时候的一篇演讲也是剽窃来的,而且几乎是一字不漏地从罗伯特·肯尼迪的演讲词中剽窃来的。几天之后,又出现了更严重的事情,比登承认,还在雪城大学学习法律的时候,他就有

剽窃
plagiarism
将别人的用语和思想说成自己的。

过剽窃之举。

尽管比登试图把这件事情当作无足轻重的小事敷衍过去,但是他在民意测验中的人气急剧下降,他竞选主席的活动彻底失败了。即使比登的剽窃行为已经过去十多年了,但他的可信度依然受到怀疑,并且继续成为他仕途上的阻碍。

这事说明,剽窃是相当严重的一件事情。如果在课堂上发现你有剽窃行为,受到的惩罚可能是各种各样的,可能会不及格,可能会被学校开除。如果是在课堂之外发现有剽窃行为,一方面会损害自己的名声,损害自己的职业前途,如果有人起诉,你还有可能损失很大一笔钱。因此,确保自己明白什么是剽窃,并尽力避免剽窃,这是相当重要且值得高度注意的。

整体剽窃

整体剽窃
global plagiarism
从单一来源整体窃取一篇演讲,将其作为自己的。

整体剽窃就是全盘偷窃一个资料,并当成自己的东西在演讲中随意利用。这是公然和不可原谅的一种剽窃,属于最不道德的行为。

如果是在大学课堂里发生这样的剽窃行为,有时候这是有意不诚实的行为结果。最常见的原因是学生把作业推迟到了最后时刻才做。接着,因为绝望,学生就从网上下载一篇讲稿或者拿一位朋友上学期的文章交上去应付作业。或者,这位学生可能冲进图书馆,找到一篇合适的文章,或者查阅一篇百科全书中的条文,差不多全盘照抄下来,当作业交上去。

当然,避免出现这种情况的最佳办法是不要把作业留到最后时刻。大多数教师都会为演讲作业留下足够多的时间,以便让学生慢慢完成。如果早一点完成作业,你会有大量时间准备一手的资料,这样便可以完成属于自己的一篇演讲。

如果因为某个原因你无法按时完成作业,不要靠剽窃来解决问题。跟进行剽窃又被抓住的后果比较起来,迟交作业而受到的任何惩罚都算不得什么。

拼凑剽窃

拼凑剽窃
patchwork plagiarism
从多个来源窃取材料拼凑成一篇演讲,将其作为自己的。

整体剽窃是指从单一的来源里照搬全部演讲,而拼凑剽窃不一样,它是指演讲人从多个不同来源剽窃成一篇演讲。这里有一个例子:

凯文·莫斯选择"乔治娅·奥基菲的绘画"作为第一次有资料价值的演讲题目。在进行资料收集工作时,凯文发现了三个很有帮助

第二章 公共演讲的道德观

的资料来源。第一个是关于奥基菲的一份小册子,是当地一个艺术中心出版的,当时那个中心正在展出她的艺术作品。第二个来源是在线《大不列颠百科全书》中的一个词条。第三是来自奥基菲博物馆网站的一篇文章。根据这三个来源,凯文写了一篇演讲词,涉及奥基菲的早年生活,她的绘画作品的主要特色以及她对现代艺术的贡献。

不幸的是,他没有创造性地利用找到的资料形成一篇属于他自己的演讲词,而是照抄了手册、百科书和网站中很长的文字段落,然后用少量的过渡用词拼凑起来。文章编完之后,他发表了一篇听起来振振有词的演讲,但并非属于他自己的演讲,因为差不多全盘利用别人的话构成的演讲。

结果是,凯文的老师也去过那家艺术展,因此觉得他的演讲听起来耳熟。当天晚上,她在家里核对了自己从那个艺术作品展览会上拿回来的手册,确证了自己的怀疑。因为担心凯文还有可能从除开小册子之外的别处抄袭了一些内容,她上网查找了有关奥基菲信息的网站,几分钟后,她就找到了百科全书里的词条和博物馆网站的文章。凯文被逮了个正着。

这个例子指出了剽窃中的一个关键。凯文并不是从单独一个来源剽窃演讲材料,他甚至还做了一点研究工作。但是,逐字逐句地抄袭几个来源并不比从单独一个来源抄袭来得光明正大些。你宣布这篇演讲是你自己的工作,是你自己思考的成果,是你的信仰、你的语言。凯文的演讲并不包含这些内容。反过来,它是从别人的思想、别人的语句中剪贴来的。

"但是,"你可能在想,"没有多少学生是他们演讲话题的专家。为什么要指望他们想到连专家都没有想到的新思想呢?"答案是,他们的确不是专家。关键不在于你是否一定要说出很有创意的东西,而是你是否做了研究工作,是否用自己的话说出了针对这个话题的想法。

如何做到这样?并没有一套规定,但是,在这里举一个例子可能有用。在本书附录中,大家会看到一篇论述神经性厌食症的演讲,题目是《死为瘦身》。演讲人是学习物化学专业的,但在饮食异常方面并不是什么专家。她这篇演讲的灵感来自她高中时代死于神经性厌食症的一个朋友。因为这样一个经历,她很关心这个话题,因此也希望听众了解这方面的内容。

收集资料期间,她收集了大量关于厌食症的重要事实,比她能够在六分钟内表述的内容多得多。她注意到,她找到的很多内容都是讲厌食症的起因、后果和治疗的,她决定把演讲集中在这三个领域里。她从所有材料中选择了最能说明她的观点的内容。因为那些思想都是她自己的,因此,用自己的话来表述这些想法并没有任何困难。等她准备好了以后,所有的原始材料都变成了她自己的思想内容。

和对付整体剽窃一样,避免拼凑剽窃发生的办法是尽早开始资料收集工作。准备的时间越长,想到自己的办法,形成自己的想法的机会就越大。尽可能地接触更多的资料也是关键。如果只有两三个来源而不是大量资料给你带来灵感,那你落入拼凑剽窃的陷阱的可能性就大得多。

增补剽窃

> **增补剽窃**
> incremental plagiarism
> 从别人那借用的特别内容在演讲中不作说明,将其作为自己的。

整体剽窃与拼凑剽窃系指,全篇演讲多少都是从一个或多个来源里照搬过来的。但是,哪怕一篇演讲从整体来说并非盗取的,也有可能发生剽窃行为。这就称为增补剽窃。如果演讲人没有能够说明特别的引用部分,也就是自己的演讲中包含的引述别人的思想或语言的地方,那也会发生这样的事情。这些增补的部分多是一些引文和重述部分。

引述

如果直接引述某人的话,必须说明这段话源自何人。假如你在发表一个论述1960年代著名的非裔美国领袖马尔科姆·X的演讲。进行研究工作的时候,你会碰到布鲁斯·佩里著名的传记《马尔科姆:一个改变了美国黑人生活的人的一生》中的一段话:

> 马尔科姆没有达成任何一项立法结果,他也没有在最高法院或任何政治活动中赢得举世公认的胜利,也没有在重要的选举活动中赢得胜利。但是,因为流畅地表达了他的追随者的悲伤与愤怒情绪,他在政坛的影响无与伦比。

这是很精彩的一段引文,概括了马尔科姆对美国政治生活形成的巨大影响的本质与重要程度。如果演讲中引述了这段话,那是相当有分量的一部分,但你必须确认佩里是这段话的作者。在这个例子当中,避免剽窃的方法是通过类似下面的这些话介绍一下佩里的言论:

> 在传记《马尔科姆:一个改变了美国黑人生活的人的一生》中,史学家布鲁斯·佩里就马尔科姆对美国政坛的影响说了下面这段话……

或者:

根据史学家布鲁斯·佩里的著作《马尔科姆：一个改变了美国黑人生活的人的一生》……

这样，你清晰地说明了佩里是何许人，说了怎样的话，而不是把他说的话当成自己的。

重述

重述一个作者的话时，你是在用自己的话表述或总结别人的思想。我们再次假定你的演讲题目是马尔科姆·X。但这次，你决定重述布鲁斯·佩里传记里的话，而不是直接引述。你不妨说：

马尔科姆并非政客。他没有通过任何一项法律，也没有赢得任何一次最高法院的诉案胜利，更没有入选任何一个要职。但是，他流畅地表达了其追随者的悲伤和愤怒情绪，因此引起全国人民的注意。

哪怕你没有直接引述佩里，但仍然沿用了他的语言结构与思想，还有他很大一部分用语。因此，你仍然需要把功劳记在他的账上，正如你原文照搬他的话。

在这个例子当中，尤其重要的是要确认佩里，因为你在借用他的意见，他的判断。如果只是关于马尔科姆的生活当中的一些事实，比如他出生在内布拉斯加的奥马哈市，在监狱里转信了伊斯兰教，晚年朝觐了麦加圣地。1965年2月被刺杀，那么你就不必说明自己的信息源自何处了。这些事实都是人所皆知的，任何一本讲马尔科姆的资料书里都可以找到这样的内容。

另外一方面，马尔科姆对其他非裔美国领袖的看法，围绕他的死亡出现的一些事件，如果他活到今天会做些什么样的事情，这些事情仍然存在很多争论。如果你要引述佩里对上述事项的看法，不管你是引述的还是重述的，都必须确认他为自己的来源。否则，你极有可能背上剽窃罪名。

不少演讲人(或作家)所见略同，这样，很有可能在无意中犯下增补剽窃的过错。这比有意的剽窃过错稍轻，但仍然属于剽窃范围之内。有两种办法可以防止增补剽窃。一是做研究记笔记的时候要小心，直接引用、重述的材料和自己的评论都要说得清清楚楚的(研究方法的详细讨论见第六章)。二是宁可信其有而不可信其无。换句话说，如果你心存疑虑，那就把来源引述出来。这样的话，你就不太可能犯错误了。

> **重述**
> paraphrase
> 用自己的语言引用或总结别人的思想。

互联网与剽窃

当谈到剽窃时,没有比互联网更能引起混乱的了。因为从网上抄写信息太容易了,许多人在他们的演讲中使用互联网信息时,都没有意识到要指明出处。使用互联网文档和使用印刷书籍文章一样都需注明出处。如果你没有标注互联网资源的出处,那么和你抄袭印刷书籍文章没有注明出处一样,会被认定为剽窃。

在使用互联网工作时,避免拼凑剽窃和增补剽窃的方法是仔细的记笔记。记笔记的时候要注意记下以下几点:互联网文档的标题;文档的作者或主持机构;文档最后更新日期;网址;你所查询该网址的日期。在你的演讲初级书目里你需要以上所有这些信息。

当你发表演讲时,你还需要具体说明你引用的互联网资源。光说"我从网上看到"或"根据互联网"是不够的,你需要具体说明作者和网址,就像引用印刷出版物中的文章一样。在第6章,我们将更仔细地讲解怎样引用互联网文档。到现在为止,记住提供这样的引语是你作为一个公共演讲人的另一个道德规范责任。

关于互联网的另一个问题是有好多出售全文演讲或论文的网站。使用这些网站文章除了是不道德的之外,这样做还是极其危险的。互联网使剽窃变得容易,也使得老师们可以使用同样的技术轻易地找出剽窃来源。一些学校甚至订制了专门验证论文、演讲和其他学术文章有无从网上剽窃的互联网服务。

你还应该知道在网上出售的大部分演讲(和论文)质量都很低。如果你企图购买其中的一篇,那么要记住,你很可能在浪费钱,并且可能会被抓。在这里,就像在生活中的其他层面一样,诚实是最好的策略。

符合道德规范的听众指南

我们一直在讨论公共演讲人的道义责任。但是,演讲并非单行道。听众也是有道义上的责任的。比如,礼貌和专注;不要先入为主判断演讲人;维护思想的自由和公开的表达。我们分别进行分析。

第二章 公共演讲的道德观

礼貌和专心

想象你正在发表第一次课堂演讲。为写这篇演讲词,你花了很多时间,还反复练习过很多次。你没有多少发表演讲的经历,但你很自信,知道可以做得很好,尤其是克服了最初的怯场心理之后。

你在介绍部分下了很大工夫,演讲有了很好的一个开头。你高兴地看到大部分同学都在注意听。但是,你也注意到有些人没有认真听。有一个同学好像是在做作业,另一位同学好像在偷偷浏览校报。还有两三个同学好像在看窗外,还有一位同学闭着眼睛靠在椅子上!

你尽力不看那些人,想把他们从脑海里清除出去,尤其是因为班上还有其他同学在听你演讲。但是,演讲的时间越长,你越担心。我哪里错了?你会自问。我如何才能让这些人注意听?你越考虑这些没有同情心和不注意听的同学,你的信心和注意力就越分散。演讲进行到一半,你恰好哪个地方出纰漏,此时就开始慌乱起来了。你之前一直还是在高度控制着紧张情绪,现在却开始紧张了。最关心的是如何尽快结束这次演讲。因为分了心,出现慌乱,结果你草草完成了演讲,赶紧坐下来。

如果这样的事情发生在你身上,你会有怎样的感受?生气?挫折?失去信心?当然,你不会觉得自己的演讲是一次成功体验。下次准备演讲的时候,你也不会有很强的信心。也许,以后一谈起演讲你心里就犯怵。

正如公共演讲人有道义上的责任充分准备演讲一样,听众也有道义上的责任认真和礼貌地听别人演讲。这样的责任也是一种礼貌之举,在课堂演讲中尤其重要。你和同学都处在学习阶段,是你们需要彼此支持的时候。职业演讲人经受过训练,知道如何处理没有同情心或没有反馈精神的听众;但是,新手都需要鼓励,需要有同情心的听众,这样才能有助于提高他们的士气,增强他们的信心。

当你在课堂上听别人演讲时,应该给予同样的注意力,就像你也需要他们注意一样。进了教室就应该准备好认真听别人讲话,并从同学的演讲中学习有用内容。听别人演讲的时候,应该有意识地注意给演讲人发出必要反馈。坐直,不能斜着。保持与演讲人的视线接触。应该用面部表情显示对演讲人的支持和鼓励。应该记住自己对演讲人的自信心产生的作用,并带着强烈的责任心发挥这样的作用。

避免先入为主判断演讲人

不能光凭封面来判断一本书,对演讲也是一样。不可根据演讲人的名字、民族、生活方式、外表或名声来判断一次演讲。

我们将在第三章看到,还没有听完演讲就判断一个演讲人的思想,匆忙下一个结论,这是有效倾听的主要障碍之一,但它还有道德层面的含义。如果一位演讲人履行了充分准备一篇演讲的职责,听众就有义务听他演讲完毕,之后再决定是否接受所说的内容。全国交流协会认为有道德的交流信条是"理解和尊重"演讲人,之后才"评判演讲内容,并据以作出反应"。

这并不是说你必须同意听到的每一位演讲人的意见。你不想做一个思想封闭的人,但也不想当一个不经考虑附和别人的听众。你的目标是仔细地倾听演讲人的思想,评估证据和推理过程,并就演讲作出自己理智的判断。我们不能预先判断一位演讲人,不管是积极还是消极的判断,因为这样会阻止你尽到一位有道义的听众的责任。

维护思想自由和公开表达

正如我们在本章前面看到的一样,民主社会依赖于思想的自由和公开的表达。自由表达的权利如此重要,美国宪法将它列为第一修正案,其中重要一条是:"国会不得颁布任何法律……剥夺言论自由。"没有每个公民就公共事务表达自己的看法的权利,自由政府就无法生存。正如公共演讲人需要回避漫骂和其他有损言论自由的辩论方法一样,听众也有责任维护演讲人的话被听众听到的权利。

和其他的道德问题一样,这个责任的范围也可以进行讨论。就第一修正案的意义和范围进行的讨论几乎每天都在进行,涉及恐怖主义、色情和仇恨言论。所有这些争论根本问题在于:是否所有讲话者都有权被人听见。

有些言论不在第一修正案的保护之下——包括毁坏别人名声的诽谤性的虚假陈述,危及总统生命安全的威胁性言论和在听众有可能采取行动的情况下,煽动听众进行非法行为的言论。除此之外,最高法院认为,而且大部分传播道德学家也一致同意,公共演讲人拥有几乎不受限制的权利进行自由表达。

与此观点相反的是,有人认为,有些思想极其危险,容易形成误导,或者很容易冒犯别人,因而社会有责任压制这些思想。但是,谁来判定哪些思想危险、容易误导或容易冒犯别人呢?谁来判定哪些演讲人有权利进行公共演讲,哪些演讲人必须沉默呢?爱德华·肯尼迪在他著名的演讲《美国的真理与宽容》中解释说,一旦我们落入压制不同意见的圈套中,"那就会踏上一个又湿又滑的斜坡,因而使每个人的自由遭遇危险"。

不管一些言论的意图多么善良,通过限制自由言论来"保护"社会的做法一般都会压制少数派意见,压制不受欢迎的意见。在美国历史上,这样的行为曾用来阻挡妇女介入公共事务,直到1840年才有所改观。在内战之前,这样的行为阻挡了废奴主义者抨击奴隶制的邪恶。19世纪90年代,这样的行为用来窒息劳工领袖的声音。1960年以后,这样的行为阻挡了民权领袖的活动。如果上述那些人的言论受到压制,想象一下今天的美国会是个什么样子!

重要的是要记住,确保一个人表达思想的自由并不意味着一定要同意他们的思想。你可以完全不同意那个人的演讲内容,但仍然尊重那个演讲人讲话的权利。1994年,柯林·鲍威尔在霍华德大学的一次著名演讲中声明:"言论自由意味着允许最广泛范围的观点能够表述,不管这样的观点会引起多大的争议。第一修正案所说的言论自由的权利,旨在保护有争议和甚至会冒犯很多人的言论表达出来的权利,而不仅仅是保护那些陈腐得根本就不需要保护的言论。"从长期来说,除开保护思想的自由和公开的表达之外,没有任何一种更好的办法来维护自由和捍卫人的尊严。

小结

因为公共演讲是一种力量,所以带有很大的道义责任。如同在两千年前一样,心怀善意的演讲人流畅地表达自己的思想,仍然是值得推崇的演说理想。

合乎道德的公共演讲共有五条基本的指导原则。第一条是确保自己的目标符合道德规范,符合社会和听众的利益;第二条是要为每一次演讲做好充分的准备。不管是在课堂上还是在别的场合,你演讲的每一个对象都值得你做最充分的准备。你不希望浪费听众的时间,也不希望用漫不经心的准备工作或模糊不清的思想来误导他们;第三条指导原则是诚实地表达自己想说的话。有责任感的演讲人不会因私利而歪曲事实。他们的信息和方法都是准确和公平的;第四条指导原则是要避免谩骂和其他辱骂性的语言。谩骂是指利用语言来诽谤和贬低别的个人或团体。这样做在道德上值得怀疑,是因为它使受攻击的人的尊严受到损害,也因为它会损害美国社会所有团体得到公正视听的权利;最后一条指导原则是,实践公共演讲中的道德原则,在困难的条件下遵循这些原则,而不仅仅是便利的时候这么做。

在所有的道德问题上,一个公共演讲人可能犯下的最严重错误之一便是剽窃。整体剽窃是指从一个单独的来源全盘照抄别人的东西,并使之看似是自己的一样。拼凑剽窃是指从多个来源东拼西凑,照搬原文形成一篇演讲。每次演讲的时候,你都应该确保这篇演讲代表了你自己的工作,你自己的思想,你自己的话。你还必须小心回避增补剽窃,如果一个演讲人不能够明确说明一个从别人那里借用的引述或重述,那就会落入增补剽窃的陷阱。

除了演讲人的道义责任,你还有作为一个听众的道义责任。首先是要礼貌和认真地听别人演讲;其次是要避免先入为主判断演讲人;第三是要支持思想的自由和公开表达。你的演讲课会提供很好的一个测试场所,检验所有这些方法,解决有道德的演讲责任问题。

◼ 关键术语

道德观	ethics
合乎道德的决定	ethical decisions
谩骂	name-calling
权利法案	Bill of Rights
剽窃	plagiarism
整体剽窃	global plagiarism
拼凑剽窃	patchwork plagiarism
增补剽窃	incremental plagiarism
重述	paraphrase

◼ 复习题

阅读本章后,请回答下列问题:

1. 什么是公共演讲的道德观?为什么强烈的道义感对于演讲者很重要?

2. 符合道德规范的公共演讲的五条基本原则是什么?

3. 整体剽窃和拼凑剽窃的区别何在?避免这两种剽窃的最好方法是什么?

4. 什么是增补剽窃？当你引用和重述别人的观点是该如何清晰表达出来？

5. 听众的三个基本道义责任是什么？

■ 批判性思考练习题

1. 回顾前面所述的费莉夏·鲁宾逊的问题。根据本章所述的公共演讲中的道德规范指导原则评估里面的两难选择。假如是你，你会选择哪些你认为是最佳的办法，并予以解释。

2. 有关侮辱和辱骂性的演讲，尤其是基于种族、宗教、性别或性取向而攻击别人的问题一直争议激烈。你相信社会应该惩罚发表这些言论的人吗？如果大学约束发表这些言论的大学生，这些约束应该到什么程度？你是否觉得在自由表达上设置一些限制是合适的，以便禁止侮辱和辱骂性的言论？为什么行，为什么不行？准备好在班上解释自己的观点。

3. 下列情形有可能在你的演讲课上出现。把里面涉及的道德问题挑出来加以解释，然后说明作为有责任的演讲人或听众，你会采取哪些行动。

1) 你就监狱改革问题进行一次演讲。收集资料的时候，你发现了两份民意测验结果。其中一份是盖洛普公司进行的一项独立调查，里面的资料显示，你们州的大多数人都反对你的立场。另一份资料的调查方法令人怀疑，而且是由一个党派组织进行的，其结果是，你们州的大多数人支持你的立场。你在演讲中会引述哪一份资料？如果引述第二份资料，你会指出其中的缺点吗？

2) 班上一位同学演讲时引用了一份资料，你意识到其中大部分是从你在两星期前看过的一篇杂志文章中抄袭来的。你会怎么办？老师请你就演讲发表评论时，你会说点什么呢？你会在下课后跟老师提起此事吗？你会跟演讲人谈一谈吗？你会保持沉默吗？

3) 为一篇说服型的演讲收集资料时，你找到了一个引述内容，是一位受人尊敬的专家写的文章，这部分引言会一针见血地表明你的观点。但是，当你看这篇文章的其他部分时，却意识到作者事实上并不支持你所倡导的思想。你仍然会把他的话引入自己的演讲吗？

■ 运用公共演讲的力量

你拿到了公共行政管理专业的学位，然后希望投入政界。你有幸得到一个文员职位，是为你们州立法机构里最有影响的参议员服务。两个月前你开始工作,接电话、订午餐、抄写文书、装订邮件、处理信函等。最后,你得到一个机会,为这位参议员准备在你母校发表的演讲做校阅工作。显然,这是体现你价值的第一次重要机会。

但是,看了演讲稿之后,你的热情下降了。你完全同意该演讲中对一项法案的支持,认为应该为低收入的学生设立一份基金,但是,演讲稿攻击该法案的反对者是"企图剥夺最需要接受教育者的权利,是一些持杰出人才论的变态分子",看完后你心生不快,很失望。没有人请你就该演讲的道德问题提出意见,你当然也不想让自己参议员秘书的位置受到影响。同时,你觉得他在演讲中使用谩骂性的语言实际上有可能引发反对派的攻击。参议员将在两小时里听你的意见。你准备对他讲些什么样的话?

第三章

倾听

五月的一个炎热的下午。古代史教授正在上关于罗马帝国衰亡的课。她这样开头:"昨天我们讨论了从内部削弱了帝国的政治和社会状况。今天我们要阐述的是外敌入侵对于帝国的打击,即:西北的西哥特人,东北的东哥德人,南部的汪达尔人,西部的匈奴人以及东南的辛普森人。"

没有人眨一下眼。没有人东张西望。教室里很安静,只有学生们做笔记时笔的摩擦声——很可能就把辛普森人作为罗马帝国的一个入侵者了。

这个故事再次证实了一条屡试不爽的道理——大多数人都是充耳不闻的听众。我们假装集中注意力。我们可以注视着某人,看上去对别人说的话很有兴趣,甚至还会点头称是或者在适当的时候露出微笑,但实际上一句也没听进去。

不听并不意味着我们什么都没有听到。"听"是一种生理过程,涉及声波在我们耳膜上的震动以及电化脉冲从内耳向大脑中枢听力系统发射信号。但是,"倾听"却涉及集中注意力于我们所听到的,并弄清楚其中的含义。哪怕我们觉得自己是在认真听,我们也只能抓住所听到的一半内容。24小时之后我们只能记得原来内容的十分之一。把倾听称之为一门失传的艺术一点都不奇怪。

倾听的重要

虽然大部分人都不是很好的倾听者,但也有例外。高层商业管理人员、成功的政客和聪明的教师,几乎所有这些人都是优秀的倾听者。他们工作的很大一部分内容都依赖于收集口头信息,而且还必须快速和准确地收集到这些信息。如果你跟一家大公司的总裁会面,那你一定会惊讶地(而且自我感觉良好地)发现总裁是如何认真地听你说话。一位商业管理人员承认:"坦率地说,以前我从来都没有认为倾听本身就是一件重要的事情。但是现在我意识到了,我觉得我的工作八成依赖于倾听别人说话,也依赖于倾听我说话的人。"

在我们这个传播导向时代,倾听比以往任何时代都更为重要。这就是为什么在大部分公司里有效的倾听者总会占据更高的职位,同时也比不耐心的倾听者更快地得到提升。请商业管理人员将对其工作最为重要的一些交流技巧列出顺序时,他们都把倾听列为第一位。倾听是如此重要,以至于在一项对"美国《财富》500 强企业"的调查中,将近60%作出回馈的公司说,他们为自己的员工提供倾听技巧方面的培训。

哪怕你并不准备当一家公司的总裁,倾听的艺术对你生活的方方面面也都是有帮助的。当你意识到人们花费在倾听上的时间比花在诸如阅读、写作甚至是说话之类的交流活动上还要多的时候,也许你就不会对倾听在生活中的重要作用感到奇怪了。

想想你自己在大学的生活吧。美国大学里将近九成的课堂时间是用在倾听讨论和讲课上的。多项研究表明,倾听与学术成就之间有着很强的关联性。分数最高的学生通常是那些具备最强倾听技巧的学生。反过来也是一样——分数最低的学生通常是那些倾听技巧最差的学生。

因此,有足够的理由来认真对待倾听。雇主与雇员,父母与孩子,妻子与丈夫,医生与病人,学生与老师,所有这些人都依赖明显很简单的倾听技巧。无论你做什么工作,属于哪一行,你永远无法逃避对两只训练有素的耳朵的需求。

作为演讲者,倾听对于你也很重要。你思想和信息大部分可能是从电视、无线电、对话,还有,就是演讲中得到的。如果你不认真倾听,就不能理解自己所听到的东西,也许还会将自己的误解传播给别人。

另外,在课堂上,就像在一生中一样,你听到的演讲总比你要做的演讲要多,仔细倾听同学的演讲才算公平,毕竟,你也希望他们能认真听你演讲。改进你自己演讲的一个非常好的方法就是认真听取别人的演讲。有一位同学回忆起她在演讲课堂上的经历时说:"当我听别人演讲的时候,我能发现一些似乎有效的方法,是我可以尝试一下的。我也知道了许多行不通的办法,也就是掌握了我应该回避

第三章 倾听

的事情。轮到我自己演讲的时候,这些收获的帮助就大了。"时间一长,老师就会发现:最好的演讲者通常是那些最好的倾听者。

演讲课的一个附带的好处,就是它提供了一个完善你倾听艺术的理想机会。在你不讲话的95%的时间内,你除了倾听和学习之外,并没有什么事情好做。你可以像木头一样坐在那里,你也可以有效地利用这段时间来掌握一种技巧,而这种技巧可以上千种方式帮助你。

人们花在倾听上的时间,远远超出人们花在其他交流活动中的时间。听演讲课的一大益处就是,它能帮助你改善在各种不同状况下倾听的技巧。

倾听与批判性思维

倾听能够帮助你的方式之一,是强化你作为一名批判型思考者的能力。我们可以分辨出四种倾听:

欣赏性倾听——为了愉快或享受而听,比如听音乐,听喜剧,听娱乐笑话。

移情性倾听——为了向讲话人提供情感支持的倾听,比如精神病医生听病人谈话,或者我们倾听处在痛苦之中的朋友的倾诉。

理解性倾听——为理解一个演讲人的信息而倾听,比如当我们听课,或者听指令以找到朋友家的时候。

批判性倾听——为对听到的消息进行接受或拒绝的评判而倾听。比如我们听到二手车销售人员进行销售宣传,一位政治候选人进行政治宣传,或者听一个陪审团的最后结论的时候。

虽然四种倾听都很重要,但是,本章主要处理后两者——理解性倾听和批判性倾听。这两种倾听是你在演讲课堂上听讲,在别的课堂上记笔记,在工作中交流,在我们快节奏的社会中每天都要面对商业宣传、政治信息和劝说性诉求时所必须要用到的。这两种倾听也是与批判性思考关系最为密切的一种倾听。

正如我们在第一章看到的一样,批判性思考涉及很多技巧。其中一些技巧——总结信息,回忆事实,区别主要点与次要点——也是理解性倾听的中心环节。另外的一些批判性思考技巧——区别事实和观点,找出推理过程中的错误,判断一个证据的可靠程度——在批判性倾听中也是尤为重要的。在进行理解性倾听或者批判性倾听的

欣赏性倾听
appreciative listening
为愉快和享受而倾听。

移情性倾听
empathic listening
为讲话人提供感情支持的倾听。

理解性倾听
comprehensive listening
为理解演讲信息而倾听。

批判性倾听
critical listening
评估演讲信息以便做出接受或拒绝的决定。

时候,必须同时利用自己的耳朵和脑筋。如果思想不集中,可能你是在听,但是并不是倾听。事实上,倾听与批判性思考总是密切相关的,因此对于倾听的训练也是对于思考的训练。

在本章的末尾,我们将讨论改进理解性的倾听和批判性的倾听技巧的步骤。如果你能跟着这些步骤练习,你同时也将成为更好的批判性思考者。

倾听能力不强的四个原因

☐ 注意力不集中

> 空余的"大脑时间" spare "brain time" 人们交谈的速度是每分钟 120—150 个字,大脑处理语言的速度是每分钟 400—800 个字。这中间的意距意味着大脑还有很多的"空余时间"可以开发。

大脑的效率之高简直让人难以置信。虽然我们可以用每分钟 120—150 字的速度谈话,但是,大脑却能够每分钟处理 400—800 个字。看起来,这会使得倾听变得非常容易,但是实际上不然,它产生的效果恰恰相反。因为我们可以注意到演讲者的话,但同时还有很多空余的"大脑时间",我们很想中断倾听的过程而去思考别的一些事情。思考别的一些事情而放弃倾听,我们平常就是这么干的。看下面的例子:

里科·塞莱萨是一家巨型石油公司公关小组最年轻的成员。他为自己能够参加每两周一次的小组会议而感到很高兴。但是,十多次这样的会议之后,他开始觉得这样的会议很无聊。

这次,副总裁又在就公司管理人员演讲稿的撰写问题发牢骚了,这与里科的工作范围没有什么关系。副总裁说:"草稿送交总裁办公桌的时候……"

"办公桌,"里科想:"这是我的大问题。人人都有木制的办公桌,只有我还在使用金属制的办公桌,这真是丢脸的事情。"里科想象自己坐在一张非常漂亮的胡桃木的办公桌的后面,正在主持一次面试,来访的客人留下了非常深刻的印象……

里科突然把注意力拉回到了会议上。副总裁已经讲到了拉丁美洲出现一个公关问题了。里科认真地听了一会儿,直到他听到"尤其是加勒比海地区"这几个字。

"啊,今年我要是能享受到冬季假期就好了。"他沉浸在梦想中,白色的海滩、热带饮料、背着氧气具去潜水、帆船、晒成古铜色,还有那被风吹散的……

"……肯定会影响今年工资的提升。"这句话猛地将他带回了会

第三章　倾听

议室。副总裁关于工资提升的问题都说了些什么了？啊，好吧，会后他可以问问别人。但是，现在，副总裁又在谈预算问题了。那些沉闷的数字、百分比……里科又走神了。

他昨天晚上约会的姑娘叫塞琳，她看起来真的很喜欢他，但是……她在门口道了晚安就一个人进屋了，是不是他做错什么了？她真的累了吗？上次她还请他进屋喝了一杯咖啡。啊，当然，她白天确实很累。但是，可是……

"……这是里科一直很有兴趣的一个领域。也许我们应该听听他的意见。"啊！啊！副总裁说的到底是哪个领域？人人都盯着里科，他拼命回忆副总裁在会议上最后说的几句话。

并不是里科故意不想跟上讨论的话题。但是，总是存在这样时候，人们终于顶不住生理和心理上的分心，会想别的一些事情而不是集中在正在听说的事情上面。毕竟，集中注意力是一件苦差事。著名律师路易斯·纳泽尔说过："人的注意力能集中到如此程度，以至于庭审一天下来，虽然我只是平静地坐着倾听，但我全身都湿得能拧出水来了。"

在本章稍后，我们回来看看哪些事情可以帮助你更好地集中注意力。

☐ 听得太费力

到目前为止，我们一直在讨论的都是我们没有对自己的耳朵所听到的东西予以足够重视的情况。但是，有时候我们听得又太费力了。我们变成了人造海绵，把演讲人所说的每一个字都当作同等重要似的一股脑吸收进去。我们努力记住所有的人名、所有的日期和所有的地点。在这个过程当中，我们会错失演讲中的要点，因为我们将这个要点淹没在汪洋大海一般的细节里面去了。更糟糕的是，我们最后甚至还有可能把事实弄错。

大学毕业后不久，埃里克在一家制图设计公司得到了一个相当不错的工作。他知道自己向来不擅长打理自己的所得，所以他决定有所改进并且开始考虑他自己的长期经济前景。当老板给他发电子邮件告诉他有一个关于理财的培训班的时候，他立刻报名参加了。

第一次的课程是关于退休计划。培训班的管理人员西蒙妮·费舍尔解释说，22岁到35岁之间的美国人，10个里面有7个既没有月度的预算也没有定期的储蓄计划。埃里克记下了西蒙妮提到的每一个数字。

"如果你想拥有一份相当于你目前薪水75%的退休收入,"西蒙妮继续说道,"你需要拿出你现在收入的至少6%来投资,并且你还要计划到将来的通货膨胀率。我们会在今天下午另外安排时间跟你单独面谈,计算一下你个人的储蓄需求。同时,我想着重强调一下,最重要的就是从现在就开始储蓄。"

埃里克飞快地记录下了西蒙妮所提到的所有数据。当允许提问的时候,埃里克举手并且说道:"我有两个问题。什么时候是开始为退休进行储蓄的最佳时间?还有一个就是,如果我不知道将来的通货膨胀率,我应该怎么样计划我的储蓄目标呢?"

这是一个只注意细节而忽略了演讲者要点的典型事例。埃里克的心思只集中在记住西蒙妮刚刚介绍中所提到的所有数据了,别的都一概不问了。这样,他把主要的信息给封闭掉了——最好现在就开始储蓄,而且他将会在改进个人理财计划方面得到帮助。

有效率的倾听者通常都是集中精力于观点和证据,而不是试图记住演讲者所说的所有东西。我们稍后会专门讨论这些问题。

武断

热妮·阿纳罗是一位新毕业的大学生,她在一家地区性杂志社的研究部找到了一份助理编辑的工作。到任不久之后,负责研究部的编辑离开了杂志社另谋高就。在接下来的两个月里面,热妮竭尽全力凭自己一个人的力量主持了研究部的工作。她经常累得头昏脑胀,但是她知道这是一个很好的学习机会,所以她不愿意放弃刚刚承担起来的新的责任。

一天,该杂志社的主编东松清治到热妮的办公室来谈话。谈话的内容如下:

清治:过去两个月来,你做得相当不错,热妮。但是,你知道,我们确实需要一位新的编辑。因此,我们决定做一点变更。

热妮:我不觉得奇怪。我知道我也有做错事的时候。

清治:每个人刚开始的时候都会犯错误的。你已经担当了不少责任了。太多责任了,因此……

热妮:那好吧。我为我曾经有机会尝试了这份工作感到很开心。我知道我缺乏经验,而且这也是一个相当重要的部门。

清治:是啊,的确是这样。这也不是一份容易的工作,我们确实还需要一位编辑和助理编辑来处理所有的工作。所以我想告诉你……

热妮：你是对的，这是当然的。我希望你已经找到了一位很适合的编辑。

清治：我想是这样的。但是，热妮，我觉得你没有明白我在说什么。

热妮：不，我明白。我早就什么都知道了，我只不过是临时补缺而已。

清治：热妮，你没有听我说完。

热妮：不，我在听。你试着态度和蔼一点，但是你来这里就是为了告诉我你已经聘请了一位新编辑，而我将回头去做我原来那份工作。

清治：不，事情完全不是这样的。我觉得你在极其困难的条件下干得很好。你提升了自己的能力，我有意让你来当编辑。但是，我觉得你还是需要一位助手来协助你。

为什么这里会出现如此之多的混淆？很显然，热妮不能肯定她在这家杂志社的未来。她知道她自己确实一直在努力工作，但是她还是犯了一些错误，而这些错误是一个更有经验的人本来可以避免的。因此，当清治开始谈到要做一些调整和变更的时候，热妮很快就作出了结论，设想了最糟糕的结果。这样的误会本来是可以避免的，假如当清治说"我们决定做一点变更"的时候，热妮能够问一句"什么样的变更"，然后听别人把话说完。

这就是武断的形式之一——把话堵在了讲话者的嘴里。正因为如此，我们有时候会和自己最亲近的人发生误解。因为我们是如此自信能够理解他们的意思，以至于我们不再听他们到底真正说些什么。有时候，我们根本就不想让人把话说完。

武断的另一种形式就是假定别人的观点、想法是无聊的或者会引起误解的而加以拒绝。我们也许早早就设定某个人说出来的话没有任何价值。假定你对动物权利抱有极大的热情，而一个演讲人宣布演讲的课题是《动物对于科学研究的价值》。你可能事先就决定不听这个演讲的任何内容。这可能会是一个错误，因为你可能会得到极有价值的信息。另一种情况是，你也许会武断地下结论，认为某次演讲一定很无聊。我们假定这次演讲的题目是《遥看木星——科学及宇宙》。这题目听起来很沉闷，因此你就放弃了，结果错过了一次关于可能存在外星生命的有趣的讨论。

几乎每一次演讲都能提供点什么东西给你——不管是信息、观点还是方法。如果你预先判断并选择不去参加,那你是在欺骗自己。

拘泥于形式和外表

虽然迪姆和苏珊娜都是在内布拉斯加州出生的,但是,他们在布鲁克林已经生活了15年,慢慢喜欢上了这个城市。但是,苏珊娜的公司为她提供了一个升迁的机会,让她去奥哈姆的公司就任新的职位,于是他们决定搬家。

他们到达奥哈姆不久,苏珊娜在当地一份报纸上看到一个通知,说奥都邦协会将举办关于沙丘鹤年度迁徙的演讲。她问迪姆是否想去听这个演讲,两人最终决定下个周末去参加这个活动。"这可能是一件令人惊奇的事情",到了演讲会现场的时候,迪姆说,"我一直都在盼望着有这样的机会。我记得跟祖父一起看过沙丘鹤迁徙,当时我还只是一个孩子。那真是令人惊异的奇观。"

演讲人是附近一所大学的教授,他先讲到了迁徙活动发生的地理范围,指出每年有五十多万只沙丘鹤栖歇在普拉特河上的湿地区域。他解释了沙丘鹤如何每年都顺着同样的路线从墨西哥飞往阿拉斯加,900多万年来一直如此。他还放映了极其漂亮的反映沙丘鹤迁徙情形的彩色幻灯片,大多数的听众都看得目瞪口呆。

"这可真不错,"回到汽车里的时候苏珊娜惊叹不已,"明年春天我一定要去看看沙丘鹤迁徙的情形。"但是,迪姆却抱怨起来,一脸的不高兴。"怎么回事?"苏珊娜问。

"我知道你会觉得这件事情很愚蠢,"迪姆说,"但是,我听出这个演讲人有布鲁克林口音,从那之后他的话我一句话都没听清楚。"

"可是,你本来喜欢布鲁克林的啊,"苏珊娜抗议说,"那位教授是个很好的演说者,他做了一个非常棒的演讲。"

"我知道,我知道,"迪姆承认,"我猜我只是希望他的口气能够听起来更像我爷爷。"

这个故事说明了一个常见的现象。我们倾向于根据一个人的长相或者讲话的方式来判断这个人,往往听不到他真正说了些什么。有些人被演讲人的口音和个人外表以及行为习惯扰乱了心绪,结果连演讲内容都没有顾及到。跟迪姆一样,哪怕一个人对演讲的题目很有兴趣,而且也盼望着听到演讲,还是会发生这样的事情。注意力集中在演讲人的演讲方式,或者太注意演讲人的外表,这是演讲交流过程当中最主要的干扰因素之一,这是我们应该时时加以提防的。

第三章 倾听

如何成为更好的倾听者

表 3.1 倾听能力自我测评表

你有没有如下的 10 个倾听方面的坏习惯？认真对照下表中的每一个选项。

习惯	经常程度	得分
	几乎都是　经常　有时候　很少　几乎不	

1. 因为心理上的分神而放弃
2. 因为生理上的分神而放弃
3. 试图回忆演讲者所说的一切
4. 在听到演讲内容之前就因为不感兴趣而拒绝倾听
5. 假装集中注意力
6. 对演讲者的观点武断
7. 在听到演讲者的所有内容之前已经确认他或她是错的
8. 通过个人外表来判断一个演讲者
9. 对演讲者提供的论据不关注
10. 集中注意演讲者的姿势而不是其演讲的内容

总计

记分规则：
每选择一个"几乎都是"，给自己打上　　2 分
每选择一个"经常"，给自己打上　　　　4 分
每选择一个"有时候"，给自己打上　　　6 分
每选择一个"很少"，给自己打上　　　　8 分
每选择一个"几乎不"，给自己打上　　 10 分

总分说明：
低于 70 分　　　　　　你需要大量的倾听训练
71—90 分　　　　　　 你的倾听能力不错
90 分以上　　　　　　 你的倾听能力非常好

认真对待倾听

成为一个更好的倾听者的第一步,就是要有与倾听的价值相适应的认真程度。好的倾听者并不是天生的,他们设法学会了如何有效率地听讲。高质量的倾听本身,并不非得要有很高的智力水平、受教育程度以及社会地位的。跟其他任何一种技巧一样,良好的倾听习惯来自实践和自律。完成倾听能力自我测评表(表3.1),看看你当前的倾听技巧如何。检验作为一个倾听者你有哪些缺点,一旦找到这些缺点立刻付出认真的努力加以克服。

做个积极的倾听者

现代生活的诸多方面其实是在鼓励我们消极地倾听。我们一边学习一边听 CD,我们一边从这个房间晃到另一个房间一边听电视节目。父母在敲定晚餐吃什么的时候听他们的孩子的意见;学生们一边做着填字游戏一边听课;电视记者一边在听众席到处乱转寻找下一个采访目标,一边听着政客们的发言。

> **积极式倾听**
> active listening
> 以诚实的态度聚精会神地倾听,努力理解演讲的要点。

这种消极式的倾听是一种习惯——不过,积极式的倾听也是一种习惯。积极的倾听者总是通过实实在在的努力来理解演讲的要点,从而把他们专一的注意力集中在演讲者的身上。在对话的时候,他们不会打断说话的人或者截住说话人的话头。在听演讲的时候,他们不会允许自己受内在或外在的影响而分神,他们也不会对演讲者做预先的判断。他们认真严肃地对待倾听,并且尽自己的最大努力将精神集中在演讲者以及演讲的内容上。

当然,也存在不需要积极倾听的情况——比如当你和朋友们在一起玩笑的时候或者在你排队跟陌生人随便闲谈的时候。但是,更多的情况下,积极的倾听是必不可少的。如果你能培养自己积极倾听的习惯,你将会在你的学业、个人和家庭关系以及你的事业上收获许多奖赏。

要提升你积极倾听的技巧,需要通过许多步骤来达到。这包括:不能分心;不能允许自己因为一个演讲者的外表和姿势而转移注意力;在听完演讲者陈述的所有内容之后再下结论;专注于倾听以及培养记笔记的技巧。我们将会按顺序一一加以讨论。

专心致志

在一个理想的世界里,也许我们可以消除所有生理和精神的干扰。但是在现实世界里,这是不可能做到的。因为我们的思考速度总是比演讲人谈话的速度快得多,非常容易在倾听的时候走神。有时候,这是相当容易的——教室太热了,窗外有建筑机械轰轰作响,演讲人讲得不生动。但是,哪怕在最理想的环境下,我们的注意力也很容易走神,我们不太容易保持警醒,不太容易让自己的注意力集中,以及其他的种种原因。

每当意识到这样的事情发生的时候,一定要以清醒的努力让自己的注意力回到演讲人所说的事情上来。强迫自己将注意力集中在演讲内容上。达到这个目的的办法之一,就是预测演讲人下一句话会说什么,努力预测演讲人接下来要讲的内容。这与武断地下结论是不一样的。武断,你是根本不听演讲人在讲什么。所以,我们建议的方法是,你很愿意听,并且希望拿演讲人所说的话跟你自己预测的话进行对比。

集中思想在演讲上的另一个办法,就是在心里回顾演讲人刚刚讲过的内容,并且确保自己理解了演讲人的意思。还有一个办法,就是琢磨字里行间的深层含义,看看演讲人用语言暗示了什么以及肢体语言所透露的信息。假定一个政治家在进行谋求连任的宣传活动。在她的选区演讲的时候,她说了这么一句话:"上个星期我还跟总统吃过午饭,他向我表达了对我们这个州特别的关注。"有心的倾听者会听出这句话暗含的意思:"如果你们投我的票,那么,更多税款流入本州的机会就大得多。"

再举一个例子,假定一位演讲人正向听众引荐某人。演讲人说:"我很高兴有机会向各位介绍我非常亲爱的朋友纳丁·苏斯曼。"但是,演讲人并没有与纳丁握手,他甚至都没有看她一眼,只是转过身去离开了讲台。纳丁是他"非常亲爱的朋友"吗? 当然不是。

有心的倾听者能找寻各种各样的线索,掌握演讲人要传达的真实信息。刚开始的时候,你可能觉得如此认真的听讲是困难的。但如果努力,多加练习,你的注意力水平必然会有大幅提高。

有效率的倾听者很看重倾听。如果你能将倾听当作一件主动的事情来做,那么你集中精神和理解的能力都会得到显著的提高。

☐ **不受外表和形式的干扰**

如果你参加过亚伯拉罕·林肯1860年在库珀联盟所做的重要演讲,下面就是你看到的情景:

一个身材瘦长、模样难看的人,身上松松垮垮的那身衣服虽然是为这趟旅行专门准备的,但明显是一位技艺不甚高明的裁缝的作品。脚很大,双手很笨拙,至少在一开始的时候,这位演讲人好像根本没有注意到这些。长而且瘦削的脑袋,头上是一蓬乱发,看起来并没有好好地梳理过。这个人的形象显然不符合纽约人对一位成功的政治家形象的预期。

尽管看上去形容枯槁,缺乏教养的样子,但是,林肯对于奴隶制的道德罪恶传达了强有力的信息。幸运的是,库珀联盟的听众并没有让他的外表挡住他要说的话。

同样,你也必须做到情愿把根据一个人的外貌或讲话方式预先感受到的判断放到一边去。甘地看上去一点也不起眼,他经常穿着一身简朴的白色棉质衣服发表演讲。海伦·凯勒从童年就又聋又瞎,她要吐出明确的字音来都非常困难。著名物理学家史迪芬·霍金是一个高度残障人士,只有通过声音合成器他才能说话。但是,试想一下,如果没有人听他们说话会是什么情景。哪怕你的耐心、宽容和注意力都受到极大的挑战,但是,不要让对一个演讲人的外表和讲话方式产生的负面情绪影响到你倾听他们所要说的话。

另外一方面,如果一位演讲人相貌特别吸引人,也不要因此受到影响和误导。人们很容易假定:因为一个人长得很漂亮,谈吐清晰,她或者他就一定能做出流畅的报告。历史上有很多没有道德的演讲人,他们的形象漂亮,讲话的技巧好像有催眠的效果。因此,我们再次强调,应该对信息,而不是对包装信息的其他东西产生反应。

搁置判断

除非只听和我们的思想一模一样的人讲话,否则,我们就一定会听到与自己意见相左的内容。如果出现这样的情形,我们自然的倾向就是在心里与演讲人发生争论,或者根本不再听他把话说完。但是,这两种反应都是不公平的,对于演讲人和自己都是不公平的。在这两种情况下,我们都失去了一个机会,不能掌握别人的观点,也不能被别人说服。

这是不是说你就一定得同意你所听到的所有内容?完全不是这样的。这里的意思是说,你应该听人们说下去,最后才能作出你自己的判断。应该理解他们的观点,听听他们有什么想法,看看他们的证据如何,评估他们的推理过程,然后才形成你自己的想法。积极的倾听的目标就是将"由参考资料和主观愿望结合而成的偏见"放在一旁,"尽可能从演讲者内在来体验演讲者的世界"。如果你肯定自己的想法是正确的,你没有必要害怕听到不同的意见;如果你对自己的想法并不十分确定,那更有理由听听别人说些什么。不止一次有人说过,封闭的思想等于没有思想。

□ 专心听讲

正如我们所见,有经验的倾听者并不会把演讲人所说的所有的话都记在心里。反过来,他们在听一次演讲时只专心于特别的东西。这里有三条建议供大家在专心听讲的时候参考:

听要点

大多数演讲里都包含两到四个要点。在这里,举一个例子,我们列出最近所做的一个演讲的几个要点,是 AARP 主席苔丝·肯亚所做的关于妇女健康的观点。

- 今天的妇女比以往任何时候都要过得健康、长寿。
- 在研究中仍然存在不足,主要是在考虑医疗诊断、预防和治疗的时候,将性别差异纳入考虑范围之内。
- 考虑到美洲老年人口中妇女的大幅增长,公共政策需要做一些调整。
- 妇女们应该通过提高自我意识,预防和让公共机构来对自己的个人健康负责。

这四个要点是肯亚所做演讲中的主要内容。和任何一个演讲一样,这些要点是人们应该注意听的中心内容。

除非一个演讲人头脑混乱,否则,你应该能够在不太费力的前提下明白演讲人的主要意思。一个演讲人经常会在演讲的开始处列出准备讨论的要点。例如,在她自我介绍的末尾,肯亚说:"今天我准备集中关注四个关键的领域。"注意到这一点之后,头脑灵敏的倾听者就会准备好听到一个共有四个要点的演讲了。肯亚还在她演讲的主题部分前面,给出了一个对四个要点加以区分的简介。随着演讲的进展,她列出了各个要点,帮助听众们跟随她的思路前进。在这些工作之后,只有最疏忽大意的听众才会对肯亚到底要说些什么一片茫然。

听论据

但是,光了解演讲的要点还不够。你还必须听支持要点的论据。肯亚的要点如果只是要点,那就只是一些强调性的话。你不妨倾向于相信那些话,因为那是一个大型政府组织的主席讲出来的。但是,认真的倾听者会关心里面的论据,不管到底是谁在演讲。如果你听

过肯亚的那次演讲,那你可能听到了支持她要点的大量论据,说明面向妇女的特别健康需求。原来的演讲部分内容如下:

患有骨质疏松症的人当中80%是妇女。吸烟的妇女发展为肺癌的几率要比吸烟数量相同的男性高20—80个百分点。妇女更容易受到包括风湿性关节炎、狼疮和多重性硬化症等自身免疫性疾病的侵袭。患有关节炎的4 270万美国人当中将近2 640万人是妇女。在65岁的时候,百分之八十的妇女会得到关节问题的报告……

死于心脏疾病的妇女人数高于所有癌症死者的总和。妇女很容易在她们经受了第一次心脏疾病的打击之后还要在一年以内承受第二次打击。死于心脏疾病的妇女的人数要远远高于男性。

关于一个演讲人的论据,有四个问题必须问:

准确吗?

是从客观来源得到的资料吗?

跟演讲人所说的话有关联吗?

足够支持演讲人的观点吗?

在肯亚的这篇演讲中,对每个问题的答案都是肯定的。她关于发生在妇女当中的骨质疏松症发生率、肺癌、自身免疫性疾病、关节炎以及心脏疾病的数据资料,都是建立在公共档案的基础上的,任何独立的资料来源都可以加以证实。这些数据跟肯亚所阐述的妇女在特定年龄需要特别健康条款的内容是密切相关的,足以证明她的观点。如果肯亚的证据不足,或者有失偏颇,或者不准确,那你对于是否接受她的主张就应该小心。

我们将会在第七章和第十六章详细讨论证据的检验问题。就现在而言,你知道必须警惕没有根据的主张,清除一般化普遍化的东西就已经足够了。要始终留意演讲者的证据是否准确、客观、中肯和充分。

听技巧

我们早已说过,不能让演讲人的讲话方式让你走神,从而错过他或她想传达的信息,这当然是正确的。但是,如果你想成为一位有效率的演讲者,那你就应该研究别人进行有效演讲的方法。听演讲的时候,不管是在课堂上还是在课外,都应该集中精力听演讲人所讲的内容。但同时也要注意他使用的技巧,看他是如何传达自己的信息的。

- 分析介绍部分:演讲人用什么方法引起别人的注意,如何使演讲和听众发生关系,如何建立可信度与善意?

- 评估演讲的组织方法：是不是很清晰，很容易跟上？你能挑出演讲人的要点吗？演讲人从一个要点转向另一个要点的时候，你能跟上他吗？
- 研究演讲人所用的语言：是否准确、清晰、鲜明、合适？演讲人是否针对听众和当时的具体情况做了合适的调整？
- 诊断演讲人的演讲方式：是否流畅、有强烈的影响力、有说服力？演讲的方式是强化还是弱化了他的思想？他如何利用视线接触、手势和可视辅助道具的？

倾听的时候，集中精力，注意演讲人的强项和弱点。如果演讲人的效率不高，应该能确切知道为什么。如果他或她的效率很高，看看有哪些方法是你可以运用到自己的演讲中去的。如果你以这种方式听演讲，那你一定会惊喜地发现，从成功的演讲中学习到了很多东西。

提高笔记水平

学习演讲的学生经常会大吃一惊，他们的老师很容易就挑出了一个演讲人的要点、论据和所用的技巧。这是当然的，教师知道该听什么，而且经过了大量的实践。但是，下次如果你有机会的时候，可以看看演讲期间你的老师在干什么。他或她多半是拿着纸笔在听。笔记做得好，那是改善注意力和跟上演讲人思路的好办法。

关键是恰当地做笔记。不幸的是，很多人都不会很有效率地做笔记。有些人费尽力气想把演讲人说的所有的话都记下来。他们把记笔记当作是一种竞赛，看看自己书写的速度能不能赶得上演讲人说话的速度。演讲人开始说话之后，记笔记的人就立即开始书写了。但是，演讲人很快就赢得了比赛。过了不一会儿，记笔记的人就开始乱画一通，记下的都是零零碎碎的句子和简化的字眼。哪怕这样还是不行，演讲人已经走到前面很远的地方了，记笔记的人怎么也不可能赶上他了。最终，记笔记的人只好承认失败。

而有些人则走了另外一个极端。他们来的时候带着笔、笔记本和最良好的意愿。他们知道自己不可能把所有的内容都记下来，因此就舒舒服服地坐在椅子里，等着演讲人说点什么他们感兴趣的话。演讲人不时给他们来点笑话，讲一个奇妙的故事，或者说一点惊人的事情。然后，记笔记的人就抓起笔来，草草"画"上几个字，然后像做梦似地靠在椅子里，等着下一个惊人的小把戏露面。到讲座的末尾，记笔记的人记下了一大堆好玩的小把戏，但是演讲人所说的重要内容却只记下一点点甚至一句也没有记下来。

这些例子说明,大部分没有效率的记笔记的人都有两个问题要解决:他们不知道等着听什么,他们不知道如何记下自己一直在等的内容。第一个问题,解决的办法在于要集中在演讲人最主要的观点和证据上。但是,知道应该等什么之后,你还需要掌握牢靠的记笔记的办法。

> **关键词大纲**
> key-word outline
> 以简要的大纲的形式记录演讲内容要点和支持论点的证据。

虽然有很多方法可以借鉴,但是大部分学生都觉得"关键词大纲"是听课堂演讲和正式演讲时最好的办法。正如这个方法的名称所揭示的,这种方法主要是以大纲的形式记录演讲人的要点和支持论点的证据。假定一个演讲人说:

长期以来,人们因为需要大象的牙齿而猎取大象。20世纪20年代,数以千计的大象被猎杀,仅仅为了满足美国每年6万只象牙台球珠的市场需求,还有数十万台钢琴的需求。今天,象牙贸易集中在远东地区,主要是日本和中国,在这些国家,象牙装饰品的价格极高。根据《时代》杂志记载,20世纪80年代,共有3 900多吨象牙进口到了香港。这表示有40多万头大象因此而死亡。

尽管订立了旨在削减象牙贸易的国际协定,但是,偷猎情况仍然存在,使得大象的死亡率继续上升。一直到1980年的时候,非洲还有130多万头大象在游牧中。根据世界野生动物协会的资料,今天,这个数字已经减少了至少50%,在某些地区,减少的比例甚至已经达到75%。《美国新闻及世界报道》声称,如果这样的大屠杀行为继续下去,大象有绝种的危险。

会记关键词的人,他的笔记会是这么一个样子的:

大象长期被人猎取
  1920——美国
  今天——远东
   香港:3 900吨
   40万头大象死亡
问题有多严重?
  1980年有130多万头大象
  今天已经减少50%—75%
  美国新闻:有绝种危险

大家注意,这个笔记非常简洁。里面只有几十个字(原来的讲话有好几百字),但是,演讲人重要的思想全部都包括在内。另外请注意里面的笔记有多么清晰。要点与次要点以及证据分开排列,这份提纲式的格式显示出演讲人各个想法之间的相互联系。

这种记笔记的系统的方法需要实践才能得到完善,其他的方法也是这样。但是,稍作努力之后,你就能看到成果。掌握了更好的记笔记的技巧之后,你会成为更好的倾听者。同时,这也是一个让你成为更好的学生的机会。常识和经验告诉我们,能有效率地记笔记的学生,一般比不会记笔记的学生成绩要好些。

小结

大部分人都不是很好的倾听者。哪怕我们觉得自己是在认真听,一般也只抓住了我们所听到的内容的一半,而能够记住的就更少了。改进倾听的技巧对于生活的各个方面都有好处,包括演讲在内。最好的演讲者通常也是最好的倾听者。演讲课为你提供了一个机会,让你能改进倾听技巧和演讲技巧。

人们倾听的技巧很差,最重要的原因是生理和心理干扰让人分心。我们经常让自己的思绪东奔西走,而没有集中在演讲者所讲的内容上。但是,有时候我们又听得太费力。我们希望把演讲人所说的话全部记下来,却因为太注重细节而忽略了讲话的要点。另外,有些时候我们也会武断地下结论,预先判断一个演讲人,因此没有听完演讲者到底说了些什么。

你可以采取一些措施来克服这些不良倾听习惯。首先,认真对待倾听,并且下决心成为一位更好的倾听者。其次,为成为一位积极的倾听者而努力。通过实实在在的努力将注意力集中于演讲者,并且理解他或她的思想。第三,抵制干扰。有意识地让思想集中,注意演讲者在说些什么。第四,不要因为演讲者的外貌或者讲话的方式而分心。把基于外表或说话方式的预先判断弃置一边。第五,搁置判断。要听完演讲人所说的话,哪怕你觉得自己有可能不同意演讲人的意见。第六,注意要点,注意证据,注意讲话人的技巧,从而集中注意力于倾听上。最后,要培养自己记笔记的技巧。做得恰当的话,记笔记是改进注意力和跟上演讲人思想的极好的办法。这样的话,差不多可以使你成为更专心和更有创造力的倾听者了。

◘ 关键术语

听   hearing

倾听	listening
欣赏性倾听	appreciative listening
移情性倾听	empathic listening
理解性倾听	comprehensive listening
批判性倾听	critical listening
空余的"大脑时间"	spare "brain time"
积极式倾听	active listening
关键词大纲	key-word outline

◘ **复习题**

阅读本章后，请回答下列问题：

1. 听到和倾听的区别是什么？
2. 倾听和批判性思考是如何联系起来的？
3. 为什么培养高超的倾听技巧是非常重要的？
4. 造成倾听能力不强的四个原因是什么？
5. 成为更好的倾听者的七个方法是什么？

◘ **批判性思考题**

1. 你认为倾听能力不强的四个原因中哪一个是最重要的？选择一个和你自己有关的倾听能力不强的具体事例，解释一下毛病到底出在哪里。

2. 使用倾听能力自我测评表（第56页），就你自己作为一个倾听者的主要优点和主要弱点写一个坦率的评估。解释一下，如果想成为更好的倾听者，哪些步骤是你必须采取的。

3. 观看本周《60分钟》、《20/20》或者其他新闻杂志类节目上的头条新闻故事。使用关键词的方法记下笔记，把故事的梗概记下来。

4. 选择你其他课程中的一门课程。分析讲课的老师有哪些做得极有效率。找出老师能够更好地助学生跟上讲课思路的三个办法。

附录一　　发表你的第一次演讲

大家也许会惊讶："我怎么办呢？我的这门课都还没有开始上，但现在就得站在全班面前发表一通演讲了！我只看了几页课本，我甚至都不太了解公共演讲。我该从哪里开始呢？"大多数刚开始学习演讲的学生都有类似的反应。所幸，发表第一次演讲并没有想象的这么难。这个附录的目的，是要帮助大家迅速行动起来，准备进行第一次演讲。

准备演讲

一般来说，第一次作业，通常会被称为"开个头"演讲，这个作业的目的就是要"开头"，打破沉默，要让学生尽快在全班同学面前站起来。这是重要的一步，公共演讲的大部分焦虑情绪都来自演讲经验的缺乏。一旦发表了一次演讲，你会感觉好得多，迈出第一步，养成良好的公共演讲习惯，最终才能树立起自信。

☐ 写好讲稿

第一次演讲的作业有多种多样。可以是做一个自我介绍，让人们明白一位演讲人的背景、性格、想法或目标，也可以是介绍一位同学，而不是介绍自己。有些教师则会要求进行不同的演讲。不管你拿到什么样的作业，一定要特别注意自己的表达能力，符合分配好的时间。学生第一次演讲常犯的错误之一，是想一次讲太多话。你应该选择很有限的几个要点，清楚地表达出来。

例如，在两三分钟的演讲中，你不可能把自己的一生全都告诉同学。更好的方法是专注于一两件事，可以说明你是什么样的人，比如在州田径运动会上的比赛，担任为残障儿童当辅导教师的志愿者，第一次找工作，等等。这样能使你就明确定义的话题拿出比较成熟的要点。

另外一方面，也应该避免把话题限制在太小的范围内。很少有听众会有兴趣听到高级长号吹奏技巧的两三分钟的演讲。这样的演讲对于大多数听众来说太过专业了。

一旦有了演讲的主题,就应该发挥你的创造力,把演讲稿写出来。应该想办法让自己的演讲表达神秘且有悬念。假如你想告诉听众一些"邂逅名人"的事情,比如遇到一位大明星,去过某个了不起的地方,参与了一次有新闻价值的事件。与其一开始就把那个名人说出来,不如你先不透露,直到演讲快结束的时候再说出来。随着你的故事发展,应该逐渐向你的同学透露出这位名人的性别、特征、天赋等特点。但是,名人的名字一定要隐藏到最后一刻才说出来。要让你的同学非常注意地听你演讲,欲罢不能。

除了神秘和悬念之外,听众一般还会对危险的情形、冒险和戏剧性的东西产生兴趣。如果你的任务是介绍一位同学,应该看看他或她是否曾经处在危险之中。比如曾参加过漂流等探险活动,而他或她又恰好翻过船吧。这个人如何获救是一个很有戏剧性的故事。或者,你跟和平队一起去非洲过了一年,这样的一次冒险活动的细节会是自我介绍的良好素材。

大家想一想,人人都曾经面临过危险,人人都曾经做过非同寻常的事,人人都曾经经历过艰难困苦而最终达到平安境地。应该想办法把一些惊人的精彩包括在自己的演讲里。

你还可以利用丰富多彩和描述性的语言使自己的演讲生动有趣。一位同学利用这个方法介绍自己的同学雷娃:

抽屉打开了。衣服散落一地。一个金色卷发的小姑娘正在她父亲的抽屉里翻东西。"我找到了!"她从抽屉里找出了昂贵的欧洲雪茄,兴高采烈地把它们拿到太阳底下。小雷娃不想让这些东西伤害父亲的健康,她毫不犹豫地打开窗户,将雪茄扔到了窗外。

这位演讲人本可以说:"我们的同学雷娃,很小的时候曾经把她父亲的雪茄扔到了窗外,因为她不想他抽烟。"但是,演讲人描绘了一幅文字图画,这样,她的听众就可以形象地看到抽屉,看到散落一地的衣服,小姑娘金色的卷发,还有昂贵的欧洲雪茄。像这样丰富和具体的描述总是有趣的,胜过一些枯燥的语言和抽象的概念。

你可能会想,是否应该利用幽默让自己的第一次演讲富有娱乐性。听众都喜欢有智慧的言论、玩笑和可乐的情形,但是,幽默只有在发挥较好的时候用起来才会有效果。幽默应该自然而然地从演讲内容中流露出来,而不是事先刻意设计好的。如果你平时不是一个特别喜欢开玩笑的人,最好还是做一个诚实和热情的演讲,而把幽默抛之脑后。涉及淫秽、让一些人难堪或者对某些人会造成负面影响的幽默都不要用。最好的幽默往往都是拿自己开玩笑,或者拿一些人人都有的小毛病开开涮。

组织演讲

不管主题是什么,你的演讲都应该具备三个主要的部分——开场白、演讲主体和结论。开场白要做的第一件事就是引起注意,唤起听众的兴趣。你可以提一个问题、讲一个故事、做一个惊人的陈述,或者用一段引文来做到这一点。所有这些方法的目的都是要营造一个丰富和戏剧性的开场白,使听众想听你发表演讲。

这里有一个很好的例子。演讲者的作业是讲一讲她生活中最有意义的一次经验。她是这样开头的:

她名叫纪代美,一个神秘的日本舞蹈家。去年秋天,我认识了她。怎么认识的呢?也许你会问。实际上,她是一个戏剧里面的人物。我是在"成为"她的那天认识她的。那是我一生最快乐的一天。我非常想扮演那个角色,满脑子只有这个念头。扮演纪代美是我一生最难以忘怀的一次经历。

这个开场白之后,同学都急于听到更多关于纪代美的故事,以及她在演讲人生活中的作用。

除了获取注意力和兴趣之外,开场白还应该使听众的注意力转移到演讲的主题上来。大家今后可能会做一些稍长一点的演讲,到时,一般需要提供更明确的预先陈述,说明演讲主题将要涉及的要点(例如,"今天,我将和大家讲一讲丙型肝炎的症状、起因与治疗方法";或者,"今天下午,我们将探讨儿童肥胖的问题,并且寻找解决这个问题的办法")。

因为开场白很短,也许并不需要有详细的预先陈述。但是,我们仍然需要让听众对演讲的主题和目的有清晰的认识。我们回头看看前面引述的关于纪代美的那个演讲的开场白。请大家注意开场白是如何从唤起听众对纪代美的好奇转移到让听众知道,演讲将集中在为什么"成为"纪代美是演讲人生活中最有意义的一件事情。听了开场白,听众对演讲的主题已经没有疑问了(可以和老师商量一下,看看老师喜欢在开场白中运用哪一类预先陈述)。

抓住听众的注意力,透露出自己的演讲主题之后,我们就要准备好转移到演讲主体上了。在某些类型的演讲中,演讲主题看起来本身会自动组织。如果你要讲一个关于你生活中的有意义的故事,你会按照故事发生的先后顺序说出来。这类演讲的基本结构是按照时间顺序来编排的："这件事情发生了,然后,又发生了某事,之后又发生了某事。"

但是,并非所有的演讲都是按照这个模式来进行的。假如老师要求你介绍一位同学。你可以按照时间顺序组织最重要的事实,但这很容易造成单调、肤浅："1985年,阿莉茜亚出生在克利夫兰,1990—1997年念国会小学,2003年毕业于南部高中。"

更好的结构方法是讨论阿莉茜亚生活中几个重要的方面,比如爱好、职业目标和家庭。这就称为主题组织法,它把演讲主题细分成自然的、逻辑的或传统的部分。尽管还有其他许多办法来组织演讲,但是,你第一次演讲必须学会利用时间顺序或者主题顺序。

不管利用哪一种组织方法,请记住,一定要在演讲主体中限制要点的数目。如果你有太多要点,听众会花很大力气来辨别你的思路。在两分钟的演讲中,你没有时间讲完两个或三个以上的要点。

一旦选择好了这些要点,要确保每一个要点集中在演讲主题的一个方面。例如,如果你的第一个要点谈的是这位同学的家乡,那就不要讲关于她的工作或喜欢的音乐等无关信息。把这些材料省下来用作一个单独的要点,或者干脆从演讲中删去。

用一个过渡性的陈述引入每一个要点,这样可以使重点突出。在介绍同学的演讲中,你不妨通过下面这句话来开始第一个要点:

小时候,香农的家经常搬来搬去。

到了第二个要点的时候,你不妨这么开始:

因为经常搬家的缘故,香农养成了开放的天性,能够充满自信地去结交朋友。她在世界各地都有朋友,她经常通过电子邮件跟这些朋友保持联络。

你现在可以让听众明白,第一个要点已经讲完了,正准备开始第二个要点。第三个要点也许可以用下面的方式开始:

对于香农而言,和世界各地的朋友交往已经不仅仅是一种爱好了,因为她读的专业是国际关系。

这一类的过渡性陈述有助于听众跟上你的思路。

完成了所有的要点后,准备好进入结论部分了。你需要完成两个任务。首先,让听众明白你准备结束演讲了;其次,再次强调演讲的重要性。

如果有可能,应该努力使用戏剧性的、清晰的、富于启迪的话结束演讲。例如,在我们前面看到的开场白里,那位同学把演讲的主题

放在解释她如何赢得了扮演纪代美的角色,她在台上表演这个角色时发生了什么。她最后是这么说的:

我需要这次经历才能真正认识自己。我意识到,我应该成为我自己,而不是渴望成为别的某个人。如果我不够优雅,也不够美,那又怎么样?如果我并不具备纪代美的惊人特征,那又怎么样?我仍然是我,而不是戏剧中的一个角色。但是,扮演了那个角色之后,我学会了我一生中最重要的一课。我明白了,通过扮演一个从来就不相识的人物,我开始为自己感到自豪了。

最后的一句使演讲到达了戏剧性的结尾,也说明了为什么扮演纪代美的角色,对于演讲人来说是如此重要。

发表演讲

一旦选择好了主题,组织好了内容,有了一个清晰的结构,就到了在演讲技巧上下工夫的时候了。因为这是你本学期的第一次演讲,没有人指望你会拿出一个完美无缺的演讲。你的目标是尽可能地讲得好一些,并且为以后的演讲打下一个良好的基础。我们来简单地看看临场发挥表达方式、试讲的重要性,以及正式演讲时必须要认真考虑的几个要素。

即兴演讲

和许多刚刚开始学习演讲的同学一样,你也许喜欢把演讲写下来,然后对着听众逐字逐句地念出来。另一个极端则是根本不准备,或者草草了事,把一切都寄托在演讲那一刻的灵感上。这两种方法对于刚刚起步的演讲都是不合适的。照着手稿演讲,风险是与听众的视线接触很差,也给人生硬和缺乏热情的印象。完全凭灵感却经常造成灾难性后果。结果通常是漫无目的地东拉西扯,要么短得让人难堪,要么没完没了。

大多数专家都建议采用临场发挥的即兴演讲,因为即兴演讲把谈话的自发性和热情综合在仔细的演讲准备中。临场发挥的演讲的目的,是计划好要点和论证材料,但不是把演讲稿逐字逐句背诵下来。

临场发挥要求你相当熟悉自己演讲的内容,因此只需要很少的提示就可以提醒你将要谈及的要点。提示笔记应该由能够刺激记忆的关键词构成,而不是完整的句子或段落。这样的话,当你站在听众面前时,你就可以把演讲主题通过自己的语言表达出来。

可以在索引卡上或者纸张上手写或打印关键词或短语作为演讲提示。有些老师要求学生利用索引卡,因为索引卡比较小,不会挡住视线,不会翻得哗哗响,并且方便拿在手上,使演讲人能够作出更多的手势。也有一些老师推荐用纸张,因为你可以从纸张上看到更多信息。如果你不能够肯定老师到底喜欢哪一种,一定要在演讲之前问清楚。

不管你使用索引卡还是用纸张,提示笔记都应该用比较大的字,便于在一个手臂远的地方也能够清楚看到。许多有经验的演讲者喜欢隔一行甚至隔两行写他们的提示笔记,因为这样可以更方便地在演讲过程中随便一瞥就能看到提示。只在索引卡或者纸张的单面写字或打印,而且要用自己能够想得起来的最少的字眼,但要保证流畅和自信地表达你的演讲内容。

这里有一个临场发挥的演讲案例,演讲者凯瑟琳·希曼,利用一件个人物品来做一个自我介绍的演讲——在这个例子里道具是一只鞋子——来说明一些对她而言相当重要的事情。在你看凯瑟琳演讲稿时,注意她的要点是如何组织起来的,她并没有拘泥于讲稿。她离开讲台,拿着她的鞋子,指着鞋子上面的东西,宣称这些反映了她生命的不同方面。无论什么时候,她都是直面她的同学演讲,还有许多眼神上的交流。

一开始就进行即兴演讲也许是很高的要求,不容易做到。事实上,你已经在日常谈话中掌握了很多临场发挥的方法。告诉朋友一个有趣的故事,或者一次非同寻常的经验,你会照着稿子念吗?当然不会。你会记得故事的基本细节,可以给不同的朋友,在不同的场合,用多少有点不一样的语言进行讲述。你和朋友们一起感觉很放松,也很自信,你可以用对话的口吻和他们交谈。演讲时,你也应该这么做。

试讲

当你观察真正有效率的即兴演讲时,你会发现演讲人非常流畅,就像根本不费力一样。事实上,这流畅的演讲是大量练习的结果。随着演讲课程的深入,大家会得到越来越多的经验,做即兴演讲也会越来越轻松。

第一次试讲时,你也许会感到非常吃力。话也不太容易说出来,会忘记一些原本准备说的话。不要灰心,继续练下去,把演讲进行到底。精力集中在对思想要点的把握,而不是逐字逐句地背诵讲稿。每次练习完,你都会变得越来越好。

为了达到最佳效果,你必须大声地讲。不出声地看着自己的笔记还不够。大声地讲会帮助你掌握演讲内容。一旦对演讲有了相当的把握,就可以请朋友或家人来听你演讲,并征求建设性的反馈意见。不要羞答答地不敢问。大多数人都喜欢就某些事情发表意见,而且,在班级演讲之前请一位积极的听众来当面试讲是很关键的。

试讲的时候,应该掌握好演讲的时间,确保演讲不要太长或太短。因为紧张,大多数人在第一次演讲时,说话的速度比练习时的速度要快。在家里预演的时候,确保你的演讲比最低时间要求略长一点点。这样一来,如果站在同学面前时,即使演讲速度太快,当你演讲结束时,不会显得时间太短。

如果试讲时演讲的时间长短不一,不要感到奇怪。如果你的试讲在每次的时候恰好是一模一样的长短,那可是个糟糕的信号,因为这可能表明你在照着讲稿读,或者是一字不漏地背诵。

正式演讲

轮到你正式演讲的时候,应该走到教室前面,面对听众,做出很放松又很挺拔的姿势。双脚分开的距离略短于肩宽。胳膊轻松自然地放在身体两侧。然后,用一点点时间看着听众微笑。这有助于从一开始就跟听众保持一致。

一旦开始演讲,应该感觉更轻松些,可以自由地摆放双手,不要太在意是否要提前想好手势。一般来说,如果在非正式谈话中你做出的手势并不是很有表现力,那么,你就不要很勉强地做出诸多手势。无论什么手势都应该是自然和自发的,要根据自己的感情做手势。

总体来说,不要让手势或身体动作使听众分心。应该尽一切努力避免紧张的动作,比如绞头发,扭手指,从左脚稍歇到右脚稍歇,来回摇晃,手指在讲台上敲击,或者玩弄口袋里的硬币。不管自己有多么紧张,一定要做出镇定和放松的样子来。

说话期间,应该尽量多看同学,即兴演讲最重要的表现之一,是要与听众保持视线接触。根据你自己的经验应该明白,演讲人一边谈话一边跟听众保持视线接触会给他们留下深刻的印象。

一定要从教室的左边看到右边,还要看中间,避免只看一两个注意听你演讲的人。演讲完毕之后,同学们会得出一个印象,知道你跟听众中的每一个人都建立了个人联系。

努力和平常谈话时一样有表现力地使用自己的嗓子。应该注意教室最后面的听众。除非发现有同学缩起了身体,或者以手掩耳,否则,你说话的声音也许还不够大。尽管很紧张,但一定不能急着把演讲很快说完。如果你有意加速或者减速,而且注意到了最后一排的情况,你一定会踏上高效演讲的正确道路。

最后,就像我们在第一章解释过的一样,演讲之前的紧张是很正常的。你可以通过认真准备、积极思考和想象,而让自己不那么紧张。如果在演讲之前实在感到非常紧张,应该安静地坐在椅子上,进行几次缓慢的深呼吸。你可以通过收紧和放松大腿肌肉来消除紧张,还可以通过使劲握手和放松释放紧张感。最后,请记住,虽然你非常担心,但一般来说,听众是看不到你的内心紧张的。

请记住,听众和老师都不会指望你做到十全十美的程度。你不是职业演讲人,而且,这也是演讲课程中的第一次演讲。尽最大努力完成作业,放松心情去体会一次。把自己想说的话想好,把材料组织得清清楚楚,认真练习,并利用即兴演讲的方法,大家一定会惊讶地看到,你们其实会很喜欢自己进行的第一次演讲。

演讲案例与点评

下面的演讲是威斯康星大学演讲课的新生做的。第一个演讲是自我介绍,第二个演讲是介绍一位同学。你可以发现这些演材料组织得是非常清晰,演讲稿的写作创意十足。

罕见的恐惧症
贝卡·迪尔

演 讲	点 评
今天世界上的每一个人都被某种害怕的心理所困扰。尽管如此,4%—5%的人经历着一种严重得多的恐惧,我们称之为恐惧症。一些最常见的恐惧症有幽闭恐惧症,旷野恐惧症——	开篇是一系列关于不同类型的恐惧症的陈述,使得演讲者能够吸引听众的注意力,并且唤起他们对于演讲下一步走向的好奇心。特别

这是对于公共场所的害怕，以及蜘蛛恐惧症——害怕蜘蛛。同时，还有更多不常见的恐惧症——比如，秃头恐惧症，害怕秃头的人；下颚恐惧症，害怕人的下巴。甚至对于恰逢13号的星期五的害怕，也有一个专用的名称——黑色星期五恐惧症。

的细节使得介绍相对于演讲者简单地说"许多人受到恐惧症的困扰"要有效得多。

根据最新的统计，一共大概存在着530种已经被命名的恐惧症。尽管如此，我自己特有的恐惧症是如此的罕见，以至于到现在都没有一个名称。是的，你听我说，那就是对于棒球的恐惧。我知道这听起来很愚蠢，可是这是真的。我非常害怕棒球。即使只是握一个在手里，我也会脊梁骨发抖。

演讲者通过揭示出她特别的恐惧症——对于棒球的恐惧来结束了她的介绍部分。她通过强烈的视线接触和丰富的嗓音来阐述她的观点。

人们不能理解这一点。他们不理解这是一种真正的恐惧。我知道一直以来有种说法，"唯一值得恐惧的就是恐惧本身。"但是，那不是真的。我不害怕我害怕棒球这件事，我就是害怕那个球本身——那个硬硬的、圆圆的、经常从空中很快飞过的物体。

演讲者阐明了她对于棒球的恐惧的实质，从而开始了演讲的主体部分。

但是一些人总是喜欢在这个问题上面跟我纠缠到底。举个例子吧，这个周末我在我朋友们的公寓里，他们发现我对于棒球有一种极端的恐惧。你知道他们接下来干什么了吗？他们决定帮助我克服这种恐惧，在我的脑袋上方把棒球扔来扔去地玩。我是如此的害怕，我离开了房间，坐在了楼梯上。相信我，这种事情不止一次地发生过。

这一自然段展现了演讲主题部分两个叙述中的第一个，证明演讲者对于棒球厌恶的严重性。

演 讲	点 评
你也许想知道我是怎么得上这种恐惧症的。大概在我四岁的时候,我参加了一个棒球队。我只是刚学的,所以我的接球技巧并不如他们要求的那么好。然后,有一天训练的时候,一个家伙用尽他所有力气把球向我扔过来。他直接打中了我的头,把我打昏了。不用说,从此我不再玩体育运动了,并且从那以后对棒球怕得要死。	演讲者的第二个叙述部分,对她是怎么患上对棒球的恐惧症做了解释。像上一个自然段一样,她清晰而生动地讲述了自己的故事。
如今,并不如同我抗拒棒球运动一样,我还是芝加哥幼兽队的超级球迷——我只是从来不亲自上阵参加比赛。	这一自然段对于演讲者对棒球的恐惧提供了重要的澄清,并且有助于转入她的结论。
总的说来,我对于棒球不同寻常的恐惧是一种真实存在,它将伴随我的生活。当它有时对我造成不便的时候——比如我不能参加幼兽队俱乐部的一些游戏活动或者偶尔必须游离于社交场合——我总是拿这样的事实安慰自己:至少我不害怕秃头的人,或者公共场所,或者蜘蛛,又或者甚至是黑色星期五。所以,我觉得这也不算太坏。	演讲者通过简单复述在演讲主题部分讨论的事例,开始她的结论部分。然后,她通过回到在她演讲介绍部分引用的一些"恐惧症",结束了整个演讲。最后一句与整篇演讲轻松的基调融为一体。

坚定而纯粹

麦克·戴维斯 II

演 讲	点 评
当你和最好的朋友驾驶着一辆老式的敞篷车,行驶在穿越全国的路途上,开始流浪。你看到了如此之多的不同风景,所以很容易忽略一个总是呆在相同地方的恒定物体。这个死	这一自然段是演讲者的介绍部分。开头的句子通过与听众发生联系而引起他们的注意,听众也在脑海中浮现了中央的行车线分隔栏的

附录一　发表你的第一次演讲

点——也就是行车线的隔离带总是出现在道路的中央。我们的同学拜斯·麦克尔斯基就适合出现在正中央的地方——就像行车线分隔栏一样。

生动画面，这也是演讲者作为贯穿演讲将要回到的一致主题。最后一句揭示了演讲的主题，并且将其同行车线分隔栏的画面联系起来。

拜斯的父母卡萝尔和菲尔把她正好生在她姐姐凯蒂和弟弟麦克斯的中间。也许，这并没有什么稀奇的，但是，在玩耍的时候，拜斯通常也都奉行中庸之道。虽然她是一个害羞的人，可是她喜欢到处游荡并且过得很愉快。她喜欢任何一种水上运动，不管是滑水、游泳还是冲浪，但是她从来不会将运动发展到诸如蹦极跳或者高空跳伞这样的极端。另外一方面，你也别想看到拜斯整天坐在家里变成一个终日懒散的人。

演讲者通过描述拜斯父母以及兄弟姐妹的信息，开始进入演讲的主体部分。演讲者说，就像拜斯是孩子们中间出生的那样，她在玩耍的时候也奉行中庸之道。在介绍部分经过发展的主题得以继续，并且为这一段所要讨论的问题提供了生动的框架。

实际上，拜斯最喜爱的运动之一就是打有竞争性的排球。她对于这项运动的热爱赋予她一种热望，这种热望比得上大热天你呆在空旷的公路上的那种。当你行驶在这条路上，开始加速的时候，道路上的白线也加速。这同样发生在拜斯高中时候打排球的三年中——竞争的激烈程度提升了，她的竞技水平也是。

演讲者将注意力集中在拜斯对于排球的热爱上。他将这种热爱的热烈程度与人们可能经历过的炎热天气在空旷的道路上驾驶时所感受到的联系起来。他接着将拜斯在高中打排球的经历与在空旷道路上加速行驶时快速移动的标志线相比较。

她喜爱这项运动，并且狂热地参与其中，但是她知道这不是生活的全部。她通过很长时间的痛苦思考，以决定是否继续在当地大学里打排球。但是，她对于排球运动的渴望最终还是被她对于学术成就的向往压制住

演讲者通过解释拜斯对于排球运动的热望是如何被她在大学中对于学术成就的追求所平衡的，从而结束了关于拜斯对排球运动的兴趣的讨论。

了,所以她决定将所有的精力都放在她的学业上。

拜斯按照早就已经铺就的道路进入了大学,对于她而言,这很亲切。她在威斯康星出生、长大,然后她进入了艾治伍德高中,在那里她是一个高材生。到了要上大学的时候,她选择离家近一点,于是进入了威斯康星大学。

继续演讲者在通篇演讲中所使用的意象,他谈及在决定进入威斯康星大学的过程中拜斯所遵循的"路"。

但是拜斯进入了离家比较近的大学,并不意味着她再也不会去别的地方了。她立志成为诸如纽约这样的大城市中的室内装饰设计师。虽然现在还没有办法知道她能不能实现自己的梦想,但是我们都知道在拜斯沿着自己的生命道路前进的时候,她总是坚定而执著的就像道路中央的行车线分隔离带一样。

演讲者特别提到拜斯的梦想是在诸如纽约这样的大城市里当一个室内设计师。然后,他再次回到路中央行车线分隔栏的意象上进行总结。总而言之,这篇演讲是关于如何运用创造力精心打造一篇有趣的第一次演讲的优秀范例。

第二部分

演讲准备：起始部分

第四章

话题选择与目标设定

阅读本书的过程中，你会看到数以百计不同形式、不同场合的演讲，可能出现在课堂、政界、社区，或商业活动中。下面是其中一些演讲的话题：

非洲故事	瓦霍尔沙雕	乳腺癌
顽固强迫症	西赛尔·夏维茨	处方药成本
大肠杆菌	贵格会教徒	选举革命
罗什·哈沙安娜	自由演说	天花
基因工程	Title IX	人类栖息地
地下铁	伊拉克	增值税
日本人收容集中营	女子健美	古兰经
X射线	低糖食品	半岛
马丁·路德·金	动物园	

在进行不同种类的演讲时，自然而然就会出现各种各样的话题。这里列出这些例子来，只是想说明演讲的话题可以是无穷无尽的。

话题的选择

话题
topic
演讲的主题（中心思想）。

演讲的第一步就是选择一个话题。对于在课堂之外的演讲，这很少会成为一个问题。一般来说，演讲的题目是由当时的场景、听众和演讲人的自身条件所决定的。人们邀请康多莉扎·赖斯国务卿到大学校园演讲，主要是谈论外交政策以及当今局势，卡莉·费奥莉娜（曾任惠普公司董事长兼首席执行官）则将会讨论女性和商业领导力，罗杰·艾伯特则会谈到他最新的一些电影制作思想。当然，即使换作普通公民也是一样，医生则会被邀为中学生运动员及其父母们讲授一些体育伤病知识，社区委员会的负责人则会谈论一些分区规则,花匠则会讨论如何让花卉茁壮成长。

在公共演讲课上,情况就不同了。大部分所布置的演讲作业并没有一个指定的题目,学生们在选择演讲主题时有很大的余地。这看起来可能会是一个有利条件,因为它可以允许你根据个人兴趣来选择讨论话题。其实,演讲准备中的任何一个方面,都比不上选择一个话题更令人焦虑了。

公共演讲课的老师经常会惊讶地发现,学生们在日常闲聊中可以就任何话题发表一通意见,但是,要他们决定在公共演讲课中谈论什么话题时,却会顿时"思想短路"。所幸,一旦克服最初的紧张,选择一个好的话题并不困难。

课堂演讲一般有两大范围的题目可以选择:1)自己最熟悉的话题;2)自己想进一步了解的话题。我们先从第一类开始。

你最熟悉的话题

大部分人最擅长的还是自己最熟悉的话题,人们都是基于自身的知识和经验来思考问题。你可能会觉得:"这不可能。我从来都没干出任何一件令人惊奇的事。我的一生太平凡了,不可能让别人产生兴趣。"事实上,人人都了解一些事情,做过某些事情,这些都可以用在演讲中。

想想你有过的非同寻常的经历,也请考虑一下自己获得的特殊知识或专业技能,你一定能想起某些东西的。有个同学是在巴基斯坦长大的,他做了一个十分精彩的演讲,说的是他在那个国家的日常生活。另有一位同学利用自己当过珠宝店推销员的经历谈到了如何判断切割后的钻石的价值。还有一位同学经历过一场飓风,他讲到了那次可怕的经历,非常吸引人。

太戏剧化了?你的生活中没有一件如此有趣的事情吗?另有一位同学讲到,自己"只不过是一个家庭主妇,回到学校来是为了完成二十年前开始的大学教育"。她的演讲充满了有趣的内容,讲的是为重返大学必须做出某些调整。这位演讲人谈到了跟差不多是她孩子年龄的同学坐在一起时的奇妙感受,谈到了安排学校生活和家务的困难,还有完成多年以前曾开始的教育的成就感。

下面还有一些题目,大部分是根据学生的个人经验和知识总结出来的:

香港:一个矛盾的城市
新闻直播室工作

降落伞的基础

到耶路撒冷旅行

回力球：世界最快的体育项目

潜水：水底新世界

与美国土风歌舞团一起表演

糖尿病：与疾病共生

如何保证面试成功

□ 你最希望了解的话题

另一方面，你也许认为应该把演讲练习当成一次让自己和听众学习新内容的机会。你也许会选择一个话题，对这个话题你已经了解了一部分，但是如果不再继续研究就无法准备成为一份足够好的演讲。你甚至有可能选择一个以前完全没有碰过的话题，但这个话题正好是你想认真研究一番的。打个比方说，你对超感官体验已有兴趣，但没有第一手的材料。这就是一个很好的机会，让你去研究一个有趣的话题，然后将它变成一个有意思的演讲。

或者，假定你在课堂上接触到一个话题，使你突发奇想，那为什么不继续钻研下去，然后拿到演讲班上演讲一番呢？有位同学用这个方法准备了一篇利用昆虫补充人类食物来源的演讲。他上生物课时听到了这个话题，于是便找教授多要了一些读物，然后去图书馆借出了这些书。结果发现，原来这位教授是世界知名的专家，专门研究作为食物来源的可食昆虫的作用，于是，这位同学还与这位教授进行了一次面谈。这位同学利用他在研究中得到的成果，做了一次令人惊叹的演讲，从头到尾大家听得津津有味。

还有一个可能性，特别是在进行说服性的演讲的时候，对自己选择的话题要有坚定的信念。假如你正在和一位朋友一起吃晚饭，你与他争论起来，你认为在全国的民意调查结果出来之前，电视台不应该发布总统大选的预期结果。为什么不把这个话题拿到班上来做一次演讲呢？学校应该想办法降低校园内的偷窃事件。那为什么不想办法说服全班同学，大家一起就此事向校方交涉呢？

和所有人一样，你一定也有自己关心的一些话题。可能会涉及全国甚至全世界范围的一些问题，比如枪支管理、环境保护和恐怖主义威胁等。也许你很关心当地的某件事情，比如教工罢课、市长竞选、提高学费等。并不是所有这些话题一定都得具有"政治意义"。话题可以无所不包，从毕业意愿到帮助残障人士，从素食主义到保存避难所,从宿舍管理规定到建立教会中心。

头脑风暴找话题

虽然有了这么多点子,你可能还在担心:"我不关心昆虫,我从没去过巴基斯坦,我也不关心政治。我能够谈什么呢?"如果选择一个话题确有困难,你还可以通过头脑风暴的方式来寻求帮助。

头脑风暴
brainstorming
通过词语或概念的自由联想,为演讲主题激发各种点子的方法。

个人盘点

首先,快速回顾自己的经历、兴趣、爱好、技能和信仰等。想到什么赶紧记下来,不管看上去有多么愚蠢或毫不相关。从这个清单里,一定会出现一个概括性的话题,你可以从中想出一个具体的话题来。这个方法对很多同学都会有帮助。

集束式思考

如果第一个方法不管用,那就试试第二个方法,称之为"集束式思考"。拿出一张纸,分成这样九个栏目:人物、地点、事物、事件、过程、概念、自然现象、问题和计划。然后,在每一栏里列出最先想到的五个项目。结果看看会怎样:

人物	地点	事物
克林·鲍威尔	伊拉克	机器人
希拉里·克林顿	墨西哥城	手机
乔治·W·布什	大峡谷	卡通
我的家人	洛杉矶	捕梦机
Mia Hamm	Alcatraz	圣经
奥斯卡·德拉霍亚	我的家乡	清真寺

事件	过程	概念
9·11	学习心脏急救法	非洲中心主义
逾越节	学烧泰国菜	医学道德
中国春节	避免信用欠债	保守主义
毕业	摄影	自由演讲理论
Cinco de Mayo	国外留学	儒家思想

自然现象	问题	计划
地震	恐怖主义	国土安全
飓风	机场安全	保护公民自由
全球变暖	种族歧视	弹道指纹

小行星	指认小偷	国内合作伙伴利益
闪电	校园犯罪	校内优惠券
	非法商业活动	新建图书馆

很有可能,这份清单里的一些条目会对你有所触动,成为你潜在的演讲主题。还找不出来?把你觉得最吸引人的几项找出来,在各项下面再分别列出一些子项目。尝试用联想的方法,写下一个字或一个想法,这个字或想法让你想到了什么?不管是什么,都把它写下来,一直照这样写下去,直到你在这个单子上得出五六个子项目为止。例如,根据上面列出的几个题目,有位学生为卡通、校园犯罪和闪电列出了这样一些子项目:

卡通	**校园犯罪**	**闪电**
电视	破坏公物	雷电
电影	警察	噪音
奥斯卡奖	指纹	交通
各种奖项	手	空气污染
彩票	手套	汽油
赌博	寒冷的天气	摩托车

你能够延续她的联想轨迹吗?在第一栏,卡通让她想到了电视,电视让她想到了电影,再由电影想到了奥斯卡奖,有奥斯卡奖就有一些其他奖项,奖项又让她想到了彩票,而彩票是又一种形式的博彩。突然间,这位学生想到了读过的一篇文章,是美国日趋严重的赌博成瘾问题,一个想法便在她脑海里闪现出来了。经过认真研究之后,她写成了一篇极好的演讲稿,名为《赌博成瘾:你为什么赌不过机会》。

这离卡通已是十万八千里了!如果从卡通开始进行自由联想,你无疑也会得出完全不同的东西。这就是集束式思考的方法。

查找资料

通过集束式思考,大部分人都能很快地找出一个话题。如果你仍然弄不清楚,也不要绝望。还有第三个办法:到图书馆去,找一本百科全书、期刊数据库或其他什么资料来浏览,直到发现一个合适的演讲题目为止。有位同学决定去查找《美国遗产字典》光盘,仅仅查阅了 b 条目。十分钟之内,她就提出了下面这些潜在的演讲题目:

| 圣经 | 盆栽 | 加利福尼亚 | 酒吧戒律 |
| 背包 | 黑橡树 | 布莱叶盲文 | 双陆棋 |

人权法案	生物伦理学	自行车	甲壳虫
芭蕾舞	贝多芬	北京	啤酒
β-胡萝卜素	生日宝石	波特淋菌中毒	佛教

经过合适的研究与扩展，上述话题中的任何一个都可以成为很好的演讲内容。

互联网搜索

如果你方便上网，那就可以搜索主题词或关键词，比如雅虎或网络图书馆索引，如图4.1所示，上面就列出了雅虎编辑的相关主题的目录。一旦你选择了其中一个主题，比如"健康"，下一页会把这个主题下面所有的子项目列出来，如图4.2所示，"健康"条目下共有26个子项目，其中任何一个子项目都有可以成为演讲的备选主题。

利用互联网，将它当成一个开动脑筋方法的优势在于，你可以继续进行研究，使资料查询越来越细化，直到找到适合的话题。假定当你看到"健康"下面的这些子项目时，注意力停在了第一项——替代医药上面，点击这个条目，你会得到另一页，里面有更详细的子项目，讲的全都是替代医药。根据这个目录，你可以连上其他的网站，帮助你进一步细化演讲话题。这个过程比在资料室里翻书快得多，而且能够极大地激发你对于演讲主题创造性的思考。

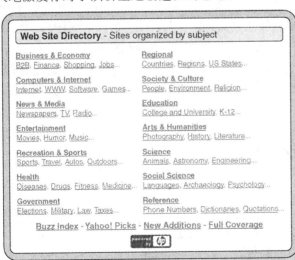

图 4.1

```
• Yahoo! Health
Categories
• Alternative Medicine (594)          • Men's Health (48) New!
• Children's Health (228) New!        • Mental Health (864) New!
• Death and Dying@                    • Nursing (489)
• Dentistry@                          • Nutrition (374)
• Disabilities@                       • Organizations (22)
• Diseases and Conditions (10214) New! • Pet Health@
• Emergency Services (585)            • Pharmacy (1592)
• Employment (117)                    • Procedures and Therapies (600) New!
• Environmental Health (213)          • Public Health and Safety (3814) New!
• Fitness (159)                       • Reproductive Health (817)
• General Health (101)                • Traditional Medicine (178) New!
• Health Care (318)                   • Travel Health and Medicine (27)
• Hospitals and Medical Centers (46)  • Weight Issues (160) New!
• Institutes (35)                     • Women's Health (206) New!
• Medicine (5193) New!                • Workplace (71)
```

图 4.2

无论是用哪一种方法来寻找演讲话题，都应该尽早开始。学生们选择演讲题目时遇到困难，一个主要的原因是，和大多数人一样，他们往往会拖延时间，把应该早早开始的事情推迟到最后一刻。一个题目的选择是做演讲准备工作的第一步，推迟面对这件事情是很自然的。但是，如果推得太迟，则有可能让自己身陷泥沼不得解脱。

每次拿到作业以后，都应尽早着手构思演讲题目。注意课堂上和对话中一些有趣的话题，电台、电视和报纸杂志都要注意。想到什么好点子就马上写下来，早早"预存"一些可能的演讲题目，比到最后一刻才绞尽脑汁去思考话题要容易得多。如果你选择话题时能及早着手，就会有足够多的时间加以筛选，以准备好一流的演讲。

确定总体目标

总体目标
general purpose
演讲的概括性目标，主要分为告知或说明。

伴随演讲话题的选择过程，你还必须确定演讲的总体目标。一般来说，总体目标不外乎两个互相重叠的范围——告知或说服。

当总体目标是要告知时，你的角色就像一名教师了。你的目的是要传递信息，而且要清晰、准确和有趣地传递信息。如果你讲述自己去西班牙的一次旅行，描述举重的技巧，叙述中东危机的最新要闻，报告女学生联谊会的财务状况，或者解释政府的森林管理计划是如何执行的，这个时候你的演讲就是在告知信息。你的目标是要强

第四章 话题选择与目标设定

化知识,进一步加深听众对这个话题的理解,让他们得到一些以前不曾具备的知识。

如果你的总体目标是要说服某些人,那你就是在扮演一名倡导者和支持者了。超越了传递信息,而是要支持一项事业。你希望改变或塑造听众的某种态度甚至引发他们开始行动。告知与说服之间的差别在于解释与劝服。如果你想说服听众,让他们认为自己应该开始定期进行举重活动,认为美国应该修正自己的中东政策,认为更多的学生应该利用海外学习计划,认为你的女大学生联谊会应该开始一项新的筹资举措以便使预算持平,或者认为联邦政府应改变他们的森林管理办法,从而减少森林火灾的几率等等,那么,你演讲的目的就是说服。这么做的时候,你可能仍然要告知一些信息,但是,主要目的还在于争取使听众接受你的观点,让他们最终相信或去做什么事。

在演讲课上,总体目标一般会作为演讲作业的一部分做明确说明。但是,对于课堂以外的演讲,你必须自行确定演讲的总体目标。这件事情做起来还是比较容易的。你是准备解释、报告还是演示什么吗?那么,你的总体目标就是告知。你是准备销售、倡导或辩护什么吗?那你的总体目标就是要说服。但是,不管是在什么情形下,你都必须明确是想通过演讲来达到什么目的。接下来的一步就是要确定你的具体目标。

确定具体目标

选择了一个话题,并确定了总体目标之后,你便可以把选项细化,从而确定演讲的具体目标。具体目标应该落在某一话题的一个具体方面上。你应该能够用一个简单的肯定句就可说明自己的目标(把关于……的情况告知听众,说服听众来……),这个句子必须明确说明,你希望以自己的演讲完成一件什么样的事情。也许用一个例子能够帮你整理出一个具体目标的选择过程。

麦格·福盖特是威斯康星大学的学生,她决定在她的第一次演讲课上根据个人经历做一次演讲。在过去的四个夏季里,她曾当过救生员,处理过从溺水到二级烧伤以及心脏病等各种急救事件。因为知道人们在一生中的某个时刻都有可能会面临这种紧急情况,她就希望把自己学到的知识与同学分享,于是她有了自己的演讲题目,

具体目标
specific purpose
准确地表达演讲者希望通过演讲来达成的一个具体目标。

也有了一个总体的目标,她用下面的话写了出来。

话题:急救

总体目标:告知

到目前为止,一切进行得都不错。但是,麦格应当谈论这个话题当中的哪一个层面呢?不同种类的急救?她面临过的急救情形?水中急救、提供紧急救助还是防止休克等的专门技巧?她必须选择一个有趣的层面来讲解,而且必须在六分钟内讲完。最后,她把落脚点放在了解释如何应对急救的主要步骤上。她这样确定了自己的具体目标:

具体目标:告知听众应对急救的主要步骤。

这就是一个很棒的选择了,麦格的演讲也成了班上最好的演讲之一。

我们应该注意到,她对于具体目标的描述非常清晰。而且,我们还应该注意到,这个具体目标跟听众有着直接的关系。也就是说,她不仅仅说明了演讲者想要讲述的内容,而且还有演讲人希望听众听完演讲后能够得知的东西。这很重要,因为它有助于你在整个演讲的准备过程当中,始终会将听众放在核心位置。

如果具体目标不包括听众在内会出现什么样的情形:

具体目标:解释应对急救的主要步骤。

向谁解释?对一群医学系的学生吗?对红十字会的初级班?面对这样两个人群,演讲会是极其不同的。医学系的学生已经对于一些急救的基本知识有了大概的了解,对他们来说,演讲人可能要拿出更高级的讨论。但是红十字会初级班的学员连医学系学生知识的边儿都挨不着。为了与他们进行有效的交流,演讲人需要准备普通一点的演讲内容。

当听众从具体目标中消失时,一定也会从演讲人的意识中消失。你也许开始觉得自己的任务只是准备一次普通的演讲,是那种"告知型的演讲",而事实上,你的任务是要向一群具体的人告知某些具体的内容。看起来这只是个小问题,但是,我们在下一章里会看到,如果不把演讲的听众对象弄清楚,并时刻记在脑子里,那就几乎不可能准备好一次完美的演讲。

有关调整具体目标的提示

写出具体的目标,是形成一篇成功的演讲稿最重要一步。陈述具体目标时,应努力按照下面列出的几条原则进行:

把目标陈述写成一个完整的不定式短句，而不是片言只语

无效的：日历。

有效的：告知听众当今世界使用的四大日历。

无效的：干细胞研究。

有效的：说服听众，联邦政府应该增加基金从而促进干细胞研究。

上述无效的目标陈述仅仅作为演讲内容的概述是可以的，但是，如果要作为指明具体目标的陈述就不够了。

用陈述句而不是问句来表达自己的目标

无效的：什么是五百年祭？

有效的：让听众了解墨西哥传统的五百年祭活动的历史。

无效的：美国太空计划有必要吗？

有效的：说服听众相信，美国太空计划为人类带来许多重要的益处。

上述问题可以成为一个演讲的题目，但作为具体目标的陈述很难有效果。它们无法说明演讲会朝哪个方向发展，也不能够说明演讲人所希望表述的问题。

避免在目标陈述中使用比喻

无效的：告知听众，瑜伽是一项很酷的活动。

有效的：告知听众，瑜伽有助于改进我们的健康水平。

无效的：说服听众，学校有关制止欺负新生的政策糟透了。

有效的：说服听众，学校里有关制止欺负新生的政策应该修订了。

虽然上面所列出的这些无效陈述能够在一定程度上说明了演讲人的观点，但是，并不能够简洁明了地说明演讲所希望达到的目的。比喻、类比以及其他形式的修辞手法，可以用在演讲内容里来强化中心思想，但是，如果用于具体目标的陈述，则有可能比较模糊从而造成歧义。

把目标陈述浓缩成一个明确的想法

无效的：说服听众成为扫盲教师，为人类栖息地贡献一点时间。

这个目标陈述表达了两个互不关联的想法，两个想法都可以成为演讲的题目。最简单的改正方法是选择其中的一个作为演讲的中心。

有效的：说服听众成为扫盲教师。

或者,更有效的:说服听众为人类栖息地贡献一些时间。

这是否意味着,永远都不能在你的具体目标陈述中出现"和"这个词吗?当然不是。假如你的具体目标是:"告知我的听众癫痫病的起因和后果。",在这里,"和"是非常有必要的,因为它连接了两个相关的部分,而这两个相关部分又组成了一个完整的话题。因此,你需要避免的并不是"和"这个简单的字,而是避免将两个不相干的想法硬套在一起的具体目标,同时这两个不相干的想法又不可能各自发展成为一个演讲主题。

具体目标不能太模糊

无效的:为听众讲讲内战的事情。

有效的:为听众讲讲美国黑人士兵在内战中的作用。

上述无效的目标陈述落入了最常见的陷阱之一:太宽泛,定义不明确。它没有说明将就内战的哪个方面来演讲。有效的目标陈述应该说得很明确,也很简洁。它明确地揭示出演讲人准备讨论的问题。

这里还有一个例子,是一篇劝说性的演讲。

无效的:说服我的听众,应该对医疗改革做点什么了。

有效的:说服我的听众,联邦政府应该为所有美国人提供一项全国性的医疗保险制度。

在这里,无效的目标陈述也很模糊,不明确,它没有指明演讲人对这个话题的态度。里面的"应该做点什么事情"有可能会涉及从包括取缔国家卫生部滥用职权到医疗、医药等各个方面的改革。有效的目标陈述应该是干脆明白的,他不会让我们去猜测演讲人到底希望我们去做些什么事情。

目标陈述得越具体,准备演讲的时候就越容易。考虑下面的话题和具体目标:

话题:热气球。

具体目标:和听众谈谈热气球。

如果具体目标陈述如此模糊,你就没有一个系统的方法来限制自己查找资料的范围,也不知道应该将哪些内容包括在演讲内,哪些应该排斥出去。热气球的起源,它们是如何工作的,它们当前的流行程度等等,这些东西都有可能与"向听众讲讲热气球"的具体目标有关。

对照而言,看看下面的话题和具体目标:

话题:热气球。

具体目标：告知听众关于热气球的科学用途。

现在就很容易确定哪些是有密切关系的，哪些是无关的了。热气球的起源，热气球的工作原理，它们当前用来娱乐消遣的流行程度等等，这些内容都是有趣的，但与本文中所述的"热气球的科学用途"没有太大的关系。因此，你不必担心如何查找在演讲中需要的资料了。你就可以有效地分配好自己的时间了。

有关具体目标的自我设问

有时候，你可能差不多会在选好话题的同时就形成了自己的具体目标。但也有一些时候，你也许的确需要做一些研究工作才能够确定具体目标。这其中在很大程度上取决于你对话题的熟悉程度，还有演讲任务、听众或当时的情形甚至一些附加的特别要求等等。但是，无论何时，在确定具体目标时，一定要向自己提出下列一些问题。

我的目标是否符合要求？

学生们时常会被这个问题给难住。确保自己明白演讲任务是什么，并要调整自己的具体目标以适应这个要求。如果还有问题，可以跟老师谈一谈。

能否在规定的时间内完成自己的目标？

大多数课堂演讲的时间都是很短的，从四五分钟到十分钟不等。如果你以前没有做过演讲，这看起来是很长的一段时间。但是，你很快便会发现，一代又一代的学生都发现而且大吃一惊：当你演讲的时候，时间过得飞快！大多数人讲话的频率为每分钟120—150个单词（英文），这意味着六分钟的演讲大概只能容纳720—900个单词（英文）。对于复杂的话题来说，这是相当短的一段时间。一般来说，有一些具体的目标陈述，在课堂演讲所规定的正常时间里是不太容易说清楚的：

把科技在人类历史上的作用告诉听众

把罗马帝国的兴衰告知听众

说服听众转信佛教

如果有一个限定的目标，那你就有可能处理得更好，这样才有望在4—10分钟的很短时间内把某些内容说明白。

目标与听众有关吗？

太阳城内退休住宅的价格问题，对于正在寻找这样一些住宅的老年人来说，可能是吸引人的一个话题。小学生保温午餐的质量问题对于吃这些午餐的小学生和付钱的家长来说也是极其重要的话题。但是,这两个话题对于大学生来说却没有相关度,不管你的演讲构思多么巧妙,它们一定会让大学的听众索然寡味,除非你讲到的话题涉及在座的听众。

这可并不是说你必须只选择与大学生日常生活紧密相关的话题——学分制度、宿舍条件、校园的停车场地等等。大多数学生都有广泛的兴趣、背景、思想和价值观。其中大部分人都有很强的求知欲,他们所涉猎到的学科范围之广泛令人惊讶。可以按照你自己的常识来做判断,首先确保自己对话题本身感兴趣。另外,当讲到听众明显不关心的话题时,花时间在演讲中把话题跟他们的目标、价值观、兴趣或福利等联系起来。我们会在下一章讲到如何做到这一点。

话题对听众来说是否太琐碎了?

正如你必须避免太宽泛或者太复杂的演讲话题一样,你还需要远离太肤浅、太琐碎的话题。如何不用火柴就生起一盆火来,这对童子军可能是极有吸引力的话题。但是,你的同学确有可能觉得这是太肤浅的一个话题。遗憾的是,并没有什么规矩可以讲明对于某个听众而言哪些是肤浅,那些不是肤浅的。这里有几个具体目标的例子,是大多数人觉得太肤浅,不适合用作课堂演讲的:

把帆布背包的各个部件告知听众

把如何扎领带的方法告知听众

说服听众为什么托米希尔·菲格牌才是最好的牛仔裤

话题对听众来说是否太专业了?

没什么东西比一篇枯燥无味而且技术性太强的演讲,更容易让听众睡着的了。应该小心本身太专业的演讲话题,也要避免使用专业术语来讲述日常事务。尽管你也许对量子物理学、自然人类学、分子生物学、临床心理学或宪法原理和用语等等百分之百地熟悉,但是,你的大部分同学却有可能不是如此。这些学科里面有很多方面是可以用尽量少的术语讲述清楚的,但是,如果你发现假使不依靠专门用语或概念就不能够实现自己的具体目标时,那就应该考虑自己的目标是否得当。这里有一些具体目标的例子,一般来说太专业化了,不适合用作课堂演讲的题目:

把费马大定律的解决方案告知听众

把亚里士多德形而上学的复杂性告知听众

把经济计量学的方法告知听众

我们会在第五章详细谈到听众分析和适应的问题。目前,我们

第四章　话题选择与目标设定

只需要记住，确保你的具体目标适合听众。如果你还有疑问，可以问老师，或者在同学当中散发一份问卷。

中心思想的表达

☐ 什么是中心思想

中心思想就是你期望表达的一个准确而简洁的陈述。有时候，中心思想也称为主题陈述、主题句，或者叫主要思想。不管用什么名字，中心思想一般来说是一个简单的宣称式的句子，从而定义并能够准确地表达具体目标的陈述。

想象你去演讲课的途中遇到一个同学。她说："我得赶历史课去了，但是，我听说你今天要做一个演讲。能够用一句话说说你演讲的大致内容吗？""当然，"你答道，"美国监狱制度有三大问题——囚室太挤、缺乏有效的改造计划、使纳税人付出太高的代价。"

你的答案就是演讲的中心思想。它比你的话题（美国的监狱制度）或具体目标陈述（"把美国监狱制度面临的三大问题告知听众"）更准确一些。在你准确地说明了"三大问题是什么"的同时，中心思想也就用一句话"总结出了"你的演讲。

思考中心思想的另一个方法，是把它当作存留信息——你希望听众几乎忘记了演讲中的所有内容之后仍然记住的信息。大多数情况下，中心思想囊括演讲主题当中需要加以扩充的主要点。为了显示这一点如何起作用，我们来举几个例子，都是在本章前面提到过的，然后从主题、总体目标和具体目标到中心思想一步一步演化出来看看。

我们可以从应对急救情形的那篇演讲开始：

话题：急救。

总体目标：告知。

具体目标：把应急的主要步骤告知听众。

中心思想：应对急救情形的三大步骤是察看现场，与急救中心取得联系，必要的时候启动 CPR。

仔细看看这个例子，它表明演讲人如何从一个广泛的话题开始（急救），然后，当演讲人从总体目标转向具体目标，再到中心思想时，便从一个很宽泛的话题如何演变成了细化的话题的过程。另外请注意，中心思想在很大程度上暗示了演讲的内容。我们可以从中预测

中心思想
general idea
用一句简单的句子总结或表达演讲的主要内容。

存留信息
residual message
演讲者希望听众最后能记住的信息。

演讲人会形成三大要点:每个要点符合了应对急救情形时的三大步骤。

演讲人在逐步进入中心思想的过程中如何使重点突出和清晰是相当关键的。这里还有一个例子:

话题:五百年祭。

总体目标:告知。

具体目标:让听众了解墨西哥传统的五百年祭活动的历史。

中心思想:五百年祭活动最早出现在阿泰克斯,西班牙传教士把此项活动从夏季移到了冬季。时至今日,许多地区的墨西哥人用多种方法庆祝五百年祭。

这个中心思想措辞很准确。我们可以从中推断出这篇演讲的主题将由三点构成:五百年祭活动最早在阿泰克斯出现,西班牙人是如何改变了此项活动,以及今天人们是怎样庆祝的。

下面这个例子也是一样:

话题:替代燃料车。

总体目标:说服。

具体目标:说服听众要求联邦政府加大力度发展替代燃料车。

中心思想:发展替代燃料车会减少美国对国外石油的依赖,并减少空气污染。

从这个中心思想开始,我们就可以推导出演讲人会在演讲中进行扩充的两大观点:1)替代燃料车有望减少美国对进口石油的依赖;2)替代燃料车有助于减小因为汽车的过度增加而带来的空气污染。

关于这几个例子,还有别的一些东西也很重要。请注意,在每一个例子中,中心思想都在一定程度上比具体目标更明显地展露出了演讲的内容。这并不是偶然性的,你经常会在准备演讲的初期就已经决定好一个具体目标的陈述了。但是,中心思想通常是在后面的过程中才演变出来的,在你完成了资料查询,并决定好演讲的要点之后才形成的。这个过程大概是这么一个样子:

作为环境科学专业的一名学生,玛西亚·艾思波斯特得知,许多专家担心,到2020年,世界将面临严重的水荒。她认为这将是她的一篇告知型演讲的很好题材,她尝试着采纳了这样一个具体目标陈述:"让听众了解正在不断增长的国际水危机的严重性。"然后,玛西亚开始了她的资料查询工作。

通过"InfoTrac杂志索引",她找到了《新闻周刊》中的一篇文章,这篇文章解释到，像中国、埃及和墨西哥这样一些人口过多的国家正在使淡水供应枯竭。根据这篇文章，中国的首都——北京，三分之一的水井已经干涸，墨西哥的地下水位则正在以每年11英尺的速度下降。

接下来，玛西亚在世界观察研究院的网站上找到一篇报告，讲到水供应污染所造成的影响。该报告称，在世界的许多地区，城市和工业污染已经使"淡水供应污染到了人类无法饮用的程度"。

接着，玛西亚找到了她的一位环境科学教授。在印证了玛西亚关于人口增长与环境污染对于水造成的影响等方面的研究的基础上，这位教授还提出了对水供应管理不力而造成的其他问题。在全球各地，人们使用淡水的过程中，有65%—70%的水或损失为废水，或蒸发，或成为其他无效率使用方法的牺牲品。美国的水损失率平均为50%。

玛西亚消化了所有这些信息。现在，她准备把中心思想概括出来了："人口增长、环境污染和管理不力正在世界的各个地区形成严重的淡水短缺危机。"

中心思想指南

是什么构成了一个措辞准确的中心思想呢？从根本上说，与具体目标的陈述是一样的：中心思想应该用一个完整的句子表达出来（而不是片言只语），不能够以疑问句的形式出现，应该避免使用修辞手法，避免模糊或宽泛。

这里有一个例子，是四个用词不准确的中心思想，看看你能否挑出每个句子里面的毛病，并思考一下如何纠正过来：

无效的：给大学生运动员发一份工资是一个好主意。

无效的：减肥带来的问题。

无效的：室内足球与室外足球的差别何在。

无效的：墨西哥尤卡坦半岛是度假的首选。

第一个句子显然太宽泛了。说为大学生运动员发一份月薪是"一个好主意"，并没有准确和清晰的传达出演讲人的观点。演讲人所说的"好主意"是什么意思？大学体育，比如足球和篮球运动每年为大学挣回数以百万计的美元，从这个角度来说，为大学生运动员发一份月薪是合乎情理的。但是，这份月薪是发给所有大学生运动员呢？还是只发给那些创收项目的主要运动员？这样的月薪是每月250美元吗？如果是这样，中心思想就应该说出这么多话来。对这

个中心思想进行过一番修正后,可以得出大约下面的这句话:

更有效的:因为大学生运动员在足球和篮球等创收的体育赛事中,为学校挣回了数以百万计的美元,全国大学生运动员协会应该允许这些运动员得到每月250美元的月薪,作为他们奖学金的一部分。

第二个无效的中心思想也太宽泛了,而且它还有一个更大的毛病——不是一个完整的句子。"减肥带来的问题"也许可以作为一个话题陈述,但作为中心思想就不足以显示演讲的主要内容了。这个句子应该写成一个完整的句子,从而说明本演讲中将要讨论到的"减肥带来"的问题所在:

有效的:虽然减肥能够迅速产生明显的效果,但是,它们也容易导致严重的健康问题,包括维生素和矿物质摄取不足,削减脂肪的同时也削弱了肌肉。

第三个写得不好的中心思想,它是以一个问题而不是一个完整的肯定句形式表达出来的。设问"室内足球与室外足球之间差别何在",可能是捕捉住听众兴趣的好办法,但是它却不能囊括到演讲当中将要谈到的几个要点。更有效的中心思想应该是这样的:

有效的:在类似曲棍球、有人工草坪的封闭式小场地上玩的球是室内足球,其动作更迅速,更容易得分,比起户外足球来有不同的比赛策略。

最后一个无效中心思想因为使用了修辞手法而留有缺憾。说尤卡坦半岛对于度假来说是一个首选地方,并不能够清晰地表达出演讲人的想法,它没能说明演讲人希望讨论的尤卡坦半岛具体有哪些特点。另外,"首选"这个词对于不同的人来说有各种不同的含义。对于中心思想更好的表达方式应该是这样的:

有效的:墨西哥的尤卡坦半岛对度假来说有很多吸引人之处,包括温暖的气候、美味的食物和玛雅文化遗址。

请注意,在上述所有例子当中,"更有效的"中心思想都用一句话囊括或总结出了演讲的要点。如果你在总结中心思想上有什么问题,原因可能是你还没有完全掌握演讲的要点,所以你可以等到扩充了演讲的主体内容之后,再去操心中心思想的问题。如果到那时你仍然不能够写出明确的中心思想,原因可能是你的演讲稿本身不是很清楚,或者不是很简洁,那你就要不断地在演讲稿上下功夫,直到能够写出符合上述标准的中心思想为止。

小结

　　选择一个话题是演讲准备工作的第一步。对于课堂演讲来说,你所选择的话题最好是你非常熟悉的,或者有过亲身体验的一件事。也可以选择一个你专门研究过的话题,作为演讲之用。如果选择演讲题目的时候有困难,那就不妨利用至少四种头脑风暴的办法:首先,快速记下自己的爱好、兴趣、技能、经验、信仰等;其次,利用集束式的思考方法,把首先想到的一些话题写在一页纸上,并分成几大类别;第三,查找资料想点子;第四,利用网站的搜索功能帮助你找到合适的话题。

　　选择好演讲的话题之后,你需要确定演讲的总体目标。总体目标无非是告知或说服两大类。如果你的总体目标是告知,你就在扮演类似老师的角色了,你的目标就是清晰、准确和有趣地传达信息;如果你的总体目标是说服,你就在扮演一个倡导者或鼓动者的角色,这个时候你就不仅仅要传达信息,而且还要成就一项动员,你的目标就是要说服听众接受你的观点。

　　一旦明确了自己的演讲题目和总体目标,你就必须将精力集中在细化这些目标上,最终落实在一个具体的目标上,并可以用一个简单的不定式短语表达出来,这个短语应该准确地说明你的演讲想达到什么目的,例如,"介绍几种主要的划艇比赛"。具体目标陈述应该:1)是一个完整的短语,而不是一些片言只语;2)是一个陈述句,而不是一个疑问句;3)避免比喻性的语言;4)集中在一个明确的想法上;5)不要太模糊,也不要太宽泛。

　　另外,编写具体目标陈述的时候,还必须记得问自己几个问题:我的目标是否能够满足任务要求?我是否能够在规定的时间里完成演讲?这个具体目标跟听众是否有关?这个目标是否太琐碎了,或者技术性太强了,不适合我的听众?

　　接下来就是用中心思想来详细说明你的具体目标,并使其更加清晰,这是一个简约的陈述,从而表明你将在演讲中说什么,一般来说,它还能够在你完成研究,并确定了演讲的要点之后,帮助你理清自己的思路。举一个例子,"三种主要的划艇比赛为马拉松赛、激流赛和静水赛"。我们可以看到,中心思想一般能够囊括将要在演讲主体内容中发挥的要点。

■ 关键术语

话题	topic
头脑风暴	brainstorming
总体目标	general purpose
具体目标	specific purpose
中心思想	general idea
存留信息	residual message

■ 复习题

阅读本章后,请回答下列问题:

1. 如果寻找话题的时候有问题,可以利用哪四种头脑风暴法?

2. 大部分课堂演讲的两大总体目标是什么?它们之间有什么区别?

3. 在演讲准备阶段,为什么确定具体目标是非常重要的一个环节?为什么在具体目标陈述中,首先要考虑到听众?

4. 确定具体目标的五个注意事项是什么?

5. 确定具体目标时,必须要问的五个问题是什么?

6. 具体目标与演讲的中心思想之间有什么差别?有效的中心思想指南是什么?

■ 批判性思考练习题

1. 利用本章描述的头脑风暴方法之一,想出可能在下次课堂演讲中用到的三个话题。并为每一个话题设计两个可行的具体目标陈述,使其符合课堂演讲的要求,确保具体目标的陈述符合本章提出的注意事项。

2. 下面列有一个清单,共有九个话题。选择其中的三个,并为三个话题中的每一个设计两个具体的目标陈述,一个适合于告知型的演讲,另一个适合于说服型的演讲。

示例

话题:校车。

告知型的演讲:使听众了解美国校车的危险状况。

劝说型的演讲:说服听众相信,联邦政府应该为美国校车颁布更严厉的安全标准。

| 教育 | 体育 | 政治 |
| 科技 | 偏见 | 科学 |

犯罪　　　　　音乐　　　　　卫生

3. 下面是一些课堂演讲的具体目标陈述。找出每个陈述的问题所在，并纠正这些问题。

向听众讲解如何每次都能炸出完美的爆米花。

向听众讲解信用卡欺诈的危害与可靠的理财方法。

什么是顽固强迫症？

向听众解释，为什么方形高尔夫球槽优于U形高尔夫球槽。

向听众介绍有关泰国的一些情况。

献血。

说服听众，必须对抗生素采取什么措施。

4. 下面是三组演讲要点。请为每组提供一个总体目标、具体目标和中心思想。

总体目标：

具体目标：

中心思想：

要点：

1) 制作陶器的第一步是准备松软细腻的陶土。

2) 制作陶器的第二步是把陶土塑成你想要的式样。

3) 制作陶器的第三步是装饰、描绘塑成型的陶器。

4) 制作陶器的第四步是把完成的陶器放进窑里烧至坚硬。

总体目标：

具体目标：

中心思想：

要点：

1) 你应该志愿参加启蒙辅导，因为对孩子有利。

2) 你应该志愿参加启蒙辅导，因为有利于团结社区。

3) 你应该志愿参加启蒙辅导，因为有利于自我提升。

总体目标：

具体目标：

中心思想：

要点：

1) 作为一个画家，达·芬奇创作了《最后的晚餐》、《蒙娜丽莎》等一批杰作。

2) 作为一个发明家,达·芬奇画出了降落伞、飞机等装置的图纸。

3) 作为一个天文学家,达·芬奇提出了地球围绕太阳公转。

■ 运用公共演讲的力量

你的化学学位和出色的交流技巧,帮助你在州卫生部的"公众信息部"找到一份工作。因为你们州正在流行一种甲型感冒,因此准备举行一次特别的会议来告知居民有关这种病菌的情况。已经选定你来主持这次会议。

从本机构的医疗人员那里收集了一些信息后,你已经计划好在这次会议上要说些什么了,你决定说:1)报告这种病的病症;2)说明特别的人群——幼儿、老年人及其他人群,这些人特别容易遭受这种病菌的侵害;3)解释避免这种疾病的预防性措施;4)讲述感染这种病菌后的处理措施。

根据本章介绍的方式,说明自己要进行演讲的总体目标、具体目标、要点和中心思想。

第五章

听众分析

1990年6月1日,芭芭拉·布什在卫斯理大学毕业典礼上发表演讲。这场演讲可以说是近来公认的,最糟糕、最难对付的一场演讲了。当时之所以请布什夫人,是因为学生的第一选择爱丽丝·沃克拒绝参加。毕业班有四分之一的学生签署了一份请愿书,抗议校方邀请布什夫人发表毕业典礼演说。学生们认为,她称不上是职业女性的典范,之所以请她来讲话,仅仅因为她是美国总统的夫人。

请愿书引发了为期一个月的全国性争论。教育家、政治家和报纸编辑纷纷就学生的抗议发表意见。到毕业典礼那天,人们兴趣空前高涨,几乎所有的电视网络都将现场直播布什夫人的讲话。人们希望听到她会说些什么,也希望看看学生会有什么样的反应。

布什夫人的演讲优雅得体,又诙谐幽默,她承认学生们更希望请"因为《紫色》而闻名的"爱丽丝·沃克来讲话,而不是她。而她本人——"仅仅因为我的头发而闻名!"她没有为自己辩护,也没有数落学生,而是循循善诱地和学生们谈到了女性在平衡自己的职业生涯与对朋友和家人的职责之间遇到的困难选择。演讲最后她说,听众当中也许有哪位将来跟她一样作为总统的配偶而步入白宫,"我祝她好运"。演讲结束,爆发了雷鸣般的欢呼与掌声。

《纽约时报》称此次演讲是"一场胜利",称赞这次演讲赢得了广泛的赞誉,哪怕是给此前一直在批评布什夫人的那些大学生也留下了深刻印象。"她真了不起,而且很幽默,"一位大学生说,"她本可以讲到更多妇女问题的。但是,她是个真诚的人,她触动了我们的心。"NBC新闻的主持人汤姆·布罗科称这次演讲是"我听过的最棒的毕业典礼演讲"。

以听众为中心

> **以听众为中心**
> audience-centeredness
> 在演讲准备和开始的每个阶段,始终把听众置于最优先的地位。

布什夫人的演讲说明了一个重要的事实:一个好的公共演讲人应该以听众为中心;应该明白演讲的目的不是要在听众面前发威或消气,而是要从听众那里获得所希望获得的反馈。不管芭芭拉·布什对请愿反对自己演讲的学生有什么样的看法,仅仅抱怨是不可能从学生那里得到任何好感的,她必须充分认识到这一点。她尊重学生,同样也尊重学生关心的问题,想方设法在自己和听众之间架起一座沟通的桥梁,充分利用演讲的机会使自己的想法能够为学生所知。

以听众为中心,并不是要演讲人为达到目的而不择手段。不能以牺牲自己的思想为代价博取听众的好感;也不能利用不道德的方法达到自己的目的。从芭芭拉·布什的演讲案例子中,大家看得出来,你可以裁剪自己的信息,以适应特别的一群听众,同时仍然坚持自己的信仰。演讲前,你的脑子里始终应该记住这样几个问题:"我准备对谁讲话?我希望他们听完我的演讲后了解、相信或做点什么?起草讲稿和讲演时,实现目标的最有效的办法是什么?"

这些问题的答案将影响你做出的每一个决定——选题,确定具体目标,明确论点和论据,组织材料,最后还有准备发表演讲本身。

看看一些政治候选人在演讲中是如何以听众为中心的,也许会有一些借鉴作用。比如某人正在竞选国会议员,面对一群老年选民,他(她)会谈到社会保障的益处;面对一个农民团体,他(她)会强调农产品价格补贴;面对一批城市居民,他(她)会强调打击街头犯罪的措施。这样的策略完全是合法的,只要这些政策是竞选人总体计划中的一部分就行。如果他(她)面对职业白领谈农产品价格补贴问题,听众一定没有太大兴趣。演讲人需要针对听众关心的问题作出调整,而不是要显示他有多么深刻的见解。

> **认同**
> identification
> 演讲人通过强调普遍的价值观、目标和经验来寻求与听众之间结合点的过程。

给人深刻印象的演讲人往往通过强调普遍的价值观、目标和经历来寻求自己与听众之间结合点。传播学者称这个过程为寻求认同的过程。芭芭拉·布什通过表明自己深知这些大学生未来将面对的困难抉择,如何平衡工作需要和对朋友及家人尽责之间,与卫斯理大学即将毕业走向职场的听众取得了认同。她还暗示到有朝一日美国会出现一位女总统,这显示出了她至少同意这些女权主义者听众的一部分观点。

第五章 听众分析

当你演讲时,不管是在课堂上还是在讲坛上,不能光瞪着眼睛看听众会有什么反应,再调整演讲的内容。你必须事先尽可能多地了解听众对很多问题的观点。你只有了解听众现在的态度和观点,否则,你就别指望能改变他们的想法。

说到这,你可能点头同意:"当然,谁不明白这个道理,这是常识。"但是,知道一个概念和如何实践这个概念是两码事。本章仅介绍基本的原理,理解听众必须了解的一些原理,第十四——十六章我们会提供一些听众分析和适应的具体方法和技巧。

把同学当听众

有这样一种趋向,学生和老师一样,往往把课堂当成一种人为的演讲情境。的确如此,演讲课堂是一个试验场,你可以在这里培养自己的交流技巧,之后再走出课堂利用这些技巧。你的表现并不会影响今后的选举、判决、商务决定和提升。在这里,成功或失败最严厉的评判结果也不过是你的分数,而这个分数最终是由你的老师给定的。

因为这一点,很容易让你不把同学看作真正的听众。其实,每一个同学都是有真实的思想、态度和感情的具体的人。演讲课提供了一个极好的机会,让你来告知或说服别人。课程结束后,有个同学在评估表里写道:"之前我以为这些演讲都是假的,但是,事实并非如此。其中一些演讲让我感觉非常好。我不仅学到了很多关于演讲的知识,而且还通过在课堂上听演讲而掌握了很多其他的内容。"

最好的课堂演讲,就是那些把班级同学当作真实的听众的演讲,就如同一个律师、政治家、牧师或广告商在真实的听众面前说话时一样。公共演讲不是表演。演讲的本质不是表演同一个角色,一次又一次,没有一点创新,而是要在特别的情境中,使演讲人的思想适应特殊的听众。如果你把听众仅仅当成假想的听众,那你的演讲一定缺乏真情实感。

成功演讲的关键之一,是重视每一个听众,不论课堂内外,都要表现出最高的水平。你表现出了对听众的尊敬,你就有可能在他们的生活当中引发一点变化。下面的故事可以说明了这种情形。

克莉斯托·瓦特金做了一次告知型演讲,主题关于小额赔偿法庭。小额赔偿法庭,是指可在不指派律师的情况下,当事人自行处理最多不超过两千美元标的的民事诉讼。她演讲的一部分内容是这样的:"你搬出公寓两个星期,原来的房东寄来了一封信。你指望会收到原先交纳的四百美元保证金。结果里面是封打印好的信,向你解释为什么不退还你的保证金。怎么办呢?一点办法也没有,对不对?错了!你可以向小额赔偿法庭起诉。"

李·科拉韦是克莉斯托的同学,他听得很认真。上学期末,他就遇到了这种情形。他没有钱请律师,打算只好放弃自己的保证金了。听了克莉斯托的演讲后,他决定去小额赔偿法庭提出起诉,索回自己的保证金。接下来的那个星期,他提出了诉讼请求,一个月之内,他拿回了自己的钱——这就是他听课堂演讲的成果!

大部分课堂演讲都不会有这样直接的影响。但是,你认真做的每一次课堂演讲,都会影响到同学的想法,丰富他们的经验,拓展他们的视野,也许还能改变他们对某些重大问题的看法。

听众心理

当你听演讲的时候你会做什么?有时候你认真听,有时候你会思想开小差。人们也许会被迫去参加演讲会,但是,没有人能够迫使一个人听演讲,除非听演讲的人自己愿意听。让听众选择倾听,取决于演讲人的努力。

哪怕人们在认真听,实际上他们也不会完全和演讲人希望的那样准确地处理听到的内容。听是有选择性的。每一种演讲都包含两个信息:演讲人发送出来的信息和听众接收到的信息。我们在第一章里看到过,一个演讲人所说的话是要在参考框架里进行过滤的——那是他或她的需求、兴趣、期望、知识和经验的总和。结果,我们经常听到一些演讲不是演讲本身的样子,而是我们自身的样子。或者,借用保尔·西蒙在《拳击手》中的经典歌词来说,人们听到的总是自己愿意听到的话,其他的内容全都给扔掉了。

自我中心
egocentrism
人们倾向于以自己的价值观、信仰和喜好做出判断和选择。

人们到底想听什么?很简单。他们一般希望听到对他们有意义的话。人么都是以自我为中心的。他们对影响自己的价值观,影响自己的信仰,影响他们自己的幸福的内容有兴趣。他们会认真听这些内容。听众会带着这么一个问题听演讲:"为什么这个演讲对我是很重要的?"哈里·爱默生·福斯迪克是一位了不起的牧师,他说过:"没有任何东西比人们对自身的关心更重要了,他们关心自己的问题,关心解决这些问题的办法。这是个根本性的事实……是所有成功的演讲的起点。"

如果你是位演讲人,这样的心理学原理意味着什么?首先,它意味着你的听众不仅会听,而且会判断你所说的内容。听众听和判断的基础是他们已经知道和相信的东西;其次,它意味着你必须让你的内容适应听众,你必须表明你的演讲和他们有关,必须解释为什么听众应该关心这个演讲。请看下面这个例子:

切莉·阿莫托取得了公共卫生学位后毕业了,在当地一家医院得到了一份工作。医院要她设计一套新的防治家庭暴力的方案。对病人进行的一项调查显示,挨打后来到急诊室的妇女,几乎没有一位承认自己受到了虐待,医生也不会问及这方面的情况。切莉的工作是要培训该医院属下的医疗网络中的每一位医生,帮助他们辨认病人身上表现出来的受虐待的迹象,并尽快采取相应措施。

切莉利用最新的一次调查结果,拿出了一份充实有力的报告,里面有录像剪辑材料,还有用 PowerPoint 制作的幻灯片。经过了多次练习,她请教医疗网络中的几位医生,希望得到他们的反馈。"显然你很了解这些情况,"一位医生说,"但是,实话实说吧。因为是经营性的医疗机构,哪怕医生很了解家庭暴力的情况,我们也没有时间去和病人谈。对这样复杂的问题,我们应该在什么时候跟他们谈呢?"

切莉吃了一惊,她很快回答说:"你说得很好。有没有什么简单而实用的事情是关心病人的医生可以做的?"在接下来的讨论中,医生们提出了好几个建议。

第二天,切莉重新修改了自己的报告,并取了一个新的名字——《防范家庭暴力:给忙碌医生几点建议》。接下来的一个星期,当第一批医生前来受训的时候,她是这样开始她的报告的:"对本院病人进行的一项调查显示,来急诊室就诊的大部分受虐待的妇女从来不跟医生谈起家庭暴力方面的情况。其中一个原因是,医生太忙了,没有时间和病人谈。今天,我想跟各位医生一起分享几条建议,看看如何发现家庭暴力的迹象,哪怕是在工作很紧张的时候。"几分钟里,切莉的话便引起了大家的注意,她的演讲也有了很好的一个开头。

切莉的经验表明,你需要掌握听众已经知道、相信和关心的东西。索尔·阿林斯基是著名的社区工作者,他说:"人们只能够以自己的经验来理解事物。"这说明,要和别人交流,"你必须深入了解他们的经验"。

也许,你不能完全掌握他们的经验,但是,你可以掌握听众尽可能多的情况,以便确定自己应该做些什么,使自己的思想更明确和有意义。到底应该怎么做呢?

听众统计分析

听众统计分析 demographic audience analysis
集中分析听众的年龄、性别、宗教、性取向、集团归属,以及种族、道德和文化背景等。

刻板印象 stereotyping
把某一特殊群体简单化和脸谱化,抹杀了群体不同成员之间的差别。

分析听众的方法之一,是根据诸如年龄、性别、宗教信仰、种族和民族以及文化背景、所属团体等可观察的特征进行分析。这就是听众统计分析。主要包括两个步骤:1)找出听众总体的统计学特征;2)评判这些特征对本次演讲的重要性。概括起来,需要考虑下面一些主要因素。

统计分析的方法是你分析听众的有效工具,但是,像任何一样分析工具,同样需要避免使用不当。当你分析听众的各种统计资料时,最重要的是要避免刻板印象。所谓刻板印象,是把一个特殊的群体简单化和脸谱化,抹杀了群体不同成员之间的差别。刻板印象的表现包括各种简单化的错误表述,如,所有女性都反对战争,所有男性都害怕承担责任,所有非裔美国人都是运动员,所有亚洲人都有科学天赋。统计资料可以提供听众分析的重要启发,但你必须谨慎小心、负责任地使用这些统计资料。

而且,我们在稍后还会专门分析,你需要把听众统计资料和有关听众的环境分析紧密结合起来。任何一种听众的统计分析资料都会由于环境的不同和演讲主题的不同而得出不同的分析结论。记住,背景、兴趣、价值观和信仰等基本要素应该成为有价值的听众分析的出发点。

□ 年龄

你属于X一代,还是Y一代?二十几岁还是三十几岁?是婴儿潮的一代,还是老年人?在某种程度上,这些特征只是表面上的标签。并非所有X一代的成员都具有同样的思维方式;并非所有婴儿潮的一代人都乐意购买同样的产品;也并非所有老年人都投票选同一个竞选人。

亚里士多德早在两千多年前就说过,无数的研究者也多次承认,没有任何东西比年龄更能够影响一个人的世界观了。每一代人都有或多或少的共同价值观与共同经验,使其与其他年代的人有所差别。举例来说,20世纪40年代长大的人,不管他们多么努力,总是无法接受嬉皮文化、皮肤刺青和未婚同居。同样,对于20岁左右的年轻人来说,珍珠港、玛丽莲·梦露、越南、约翰·肯尼迪和水门事件都不过是早已过去的人和事。不管处在什么年龄段,你都是自己那个世界的产物。

你会明白这对于你的演讲来说意味着什么。假定你在向一群老年人发表演说时,不经意提到自己的"室友"——是一个异性,听众可能会感到不安,并在你接下来的演讲中会走神。同样,如果你在对同龄人演讲时,不假思索地提到了麦卡锡(20世纪50年代的一位反共参议员),或者提到春节攻势(越战期间的一次重要战役),他们也许不知道你谈的是什么。哪怕年轻的听众知道你提到的这些名字,他们也肯定不会有生活在50年代或者在越战期间长大的那代人所产生的同样的情感和联想。

今天的大学生中,有45%的学生达到25岁或更大,许多教室里还包括三四十岁或五十几岁的同学。这样一来,你在演讲课上就得处理几代人的问题了。这会使你得到课外演讲的绝好锻炼机会,因为课堂外面的演讲中,针对听众的年龄分析通常是一个重要的因素。

性别

阿列克斯·沃罗是一家全国性计算机公司的新任销售经理,他将与公司的地区销售经理第一次会面。人人都按时到场了,阿列克斯的报告也做得很好。会议结束的时候,他打算讲一讲地区经理对公司计划的重要性。

"我相信我们会继续增大市场份额,"他说,"因为这间屋子里的人有着很高的素质。地区销售经理是他所在销售地区的成功的关键。他为其他人做出了表率,如果他勃勃雄心,也愿意投入更多精力,那么,这个地区的所有销售人员都会照他的样子去做。"

阿列克斯讲完后,大家礼貌地鼓掌,但是,并非他所预料的那样热烈。后来,他与其中一名高级经理交谈,"一切都进行得很不错,但最后没有处理好,"阿列克斯叹道,"很明显,我说的话不对劲。"

"是啊,"那位高级经理回答说,"我们的经理中有一半是女性。大部分都是从销售代表做上来的。她们对自己在公司发展中所起的作用非常自豪。她们当然会大吃一惊,因为新任销售经理用的是'他'这个词。"

虽然阿列克斯无意冒犯大家,但是,因为他称所有地区经理为"他",所以有一半的听众受到了忽视,还忽视了她们对公司所做的贡献。如果他称所有经理为"她",也会发生同样的事情。忽视听众性别,演讲人一定会冒犯听众当中的一部分人。

在演讲进行中,你必须非常谨慎,在性别的问题上不能马虎,除非你测试过自己的假定,并发现这样的假定无问题。不同性别之间的社会差别,近年来正在逐渐消失,男人也可以煮饭,做家务,可以当前台工作人员,也可以去孩子的学校当义工。妇女也可以在建筑行业工作,可以自己开公司,可以参军,可以当大学生的体育教练。今天的男女有了比以前更为宽广的经验、兴趣和愿望。

此外,所谓"典型"的听众构成也发生了变化。以前,地区性的市民团体,如基瓦尼或乐透俱乐部成员几乎清一色是男性。今天,大部分团体都有数量可观的女性参加。父母组织,以前几乎都是女性参加,现在也有了为数不少的父亲在内。

这并不是说女性和男性已经在价值观和信仰方面完全相同了。例如,谈到政治时,美国妇女往往更关心教育、医疗保险和社会公平等,而男性则往往更强调经济和国防等。但是,应该理解,这往往是普遍的情况。总会有女人把国防放在第一位,也有男人把社会问题放在第一位。机智的演讲人既要知道两性间的差别,也要注意两性间的相同之处。

机智的演讲人还要注意避免使用带有性别歧视的语言。你发表演讲时听众差不多什么人都有。男人和女人都会反感对妇女带有歧视的话语。避免使用歧视性的语言也是公共演讲以听众为中心的重要原则之一。

性取向

菲利浦·沃德,一家主要工程公司的总裁,主持了一年一度的优秀员工表彰宴会。颁发了所有的奖牌和奖金后,他补充道:"我们为这些杰出员工对职业和社区所作出的贡献感到骄傲。在这里,我想借此机会特别感谢他们的配偶和伙伴所作出的大力支持。"他的话得到了与会者的热烈鼓掌。

颁奖仪式结束后,沃德以他特有的方式和所有获奖者握手、交谈。他对菲治·派特里克说:"再次恭喜你的休斯敦供水系统的卓越设计。"

"谢谢您的颁奖,"乔妮答道,"我还要感谢,您那么敏感,能理解我们中有不少人得到了我们的伙伴的支持,这其实和配偶间的支持一样重要。朱莉和我都能感觉到我们被认可和接纳了,这对我们意味深长。"

作为一个成功的企业家和有经验的演讲人,菲利浦·沃德能够很好地理解当代社会需要接受听众性取向的多样化。当他提到"配偶"的同时没有忘记提到"伙伴"时,他以一种包容的姿态接受这样的事实,"夫妇"可以是同性也可以是异性(或结婚或不结婚)。一个以听众为中心的演讲人,不管他个人对男同性恋、女同性恋或异性恋持有何种态度,他都必须很警惕,演讲的信息需要被各种性取向的听众所接受。

公共演讲的道德规范避免直呼其名或攻击性言语,而且,用攻击性的言语贬低男女同性恋会令听众尤其厌烦。如果一位演讲人用类似的语言讲话,不管是课堂演讲、商业演示或政治演说,都会疏远很大一部分听众。

就像菲利浦·沃德一样,一个以听众为中心的公共演讲人在针对性取向问题上同样应该小心翼翼。比如,贴上"同性恋"的标签会被认为是对男女同性恋者的贬损。同样把男女同性恋称之为"生活方式"同样不准确,因为它说明所有男女同性恋者采取的都是同样的生活方式。就像没有一种异性恋生活方式一样,应该也没有单独一种女同性恋或男同性恋生活方式。

当你发表演讲时,在用词造句上请格外小心,有些因素可能不经意间会排斥拥有同性伙伴的听众。在一次有关财务计划的演说中,你不能这样说:"我们中的大多数人希望毕业后找一份好工作,然后结婚";你应该这样说:"我们中的许多人希望毕业后找一份好工作,也找一个人一起分享生活"。在一次有关房价飙升的演说中,你该这样说"年轻夫妇发现买房子越来越难以承受了",你不应该这样说"年轻夫妇如何如何"。

你也许倾向于把这些建议当成另外一种形式的政治正确,不错,因为听众确实是以不同的年龄、性别和宗教来接纳人们,同样包括不同的性取向。有效的公共演讲人在准备演讲时会把所有这些人口经济统计学的因素都考虑进去。

民族、种族和文化背景

美国正在成为一个跨种族和多文化的社会。由最初的土著印第安人和后来来自世界各地的移民共同组成,已经发展成为一个无可比拟的多种族、多民族的多样性社会。大多数美国人支持这种多样化发展,并且将其视为对当今世界全球化的积极发展。公众对于民族和种族的态度与几十年前相比早已大相径庭了。

了解这些态度对于公共演讲人来说至关重要,无论他们是面对一群多种族的听众,还是一群看不出有种族差异的听众。一起来看看美国参议员特伦特·劳特的惨痛教训:

从1972年特伦特·劳特从密西西比州首次入选国会山以来,在共和党内一直维持着稳定上升的态势。到2002年底,他稳稳地成为参议院多数党领袖,这是美国政界最有权力的职位之一。

在南卡罗来纳州参议员斯德姆·瑟蒙德100岁生日的聚会上,劳特即兴发表了在非正式的演讲中提到:"我要说,当斯德姆·瑟蒙德竞选总统时,我们选择了他,我们为他感到骄傲。如果国家的其他地区也归我们领导的话,我们这些年来也就不会再有这些问题了。"

听众震惊了,很多人在叹气。当斯德姆·瑟蒙德在1948年竞选总统时,他曾建立起一个种族隔离平台。正因为劳特的言论似乎在暗示他仍然支持这个平台,引发了一场政界大震荡,劳特以前演讲中的类似言论也被媒体披露出来。非裔美国人的领袖纷纷表示谴责,美国总统乔治·W·布什不得不发表声明,"任何认为过去的种族隔离制度是可以接受或是积极的建议都是错误的。"

劳特发表演讲后不到两周的时间,他受到了来自黑人、白人、民主党人和一些共和党人的批评,劳特被迫从他的领导职位上退了下来。

特伦特·劳特的失败说明了演讲人对民族、种族和文化背景的敏感是至关重要的。正如一位政治专栏作家解释道:"要取得全国性的胜利,党派的领导人必须要贡献出忍耐力和开放的心态,从全国的大局着想。"劳特的言论触怒了几乎所有的美国人,无论何种种族和政党的,这样的言论与21世纪这个开放的年代,与一个多种族民主国家的领导人的地位极不相称。

在时刻牢记对民族、种族的总体态度之外,公共演讲者还需要思考这些听众的民族、种族和文化差异是如何影响到他们听演讲时的反应。尽管他们与大多数美国人有很多共同之处,但是欧洲后裔、黑人、拉丁人和亚洲人以及其他人种也许会有不同的习俗与信仰,是你在演讲中必须留意的。我们居住在一个全球化的时代,但是,你可能会发现自己面对的听众来自于不同的国家,与你的差别是如此之大。下面就是发生在一个忘记了这种听众差别的学生身上的事例:

琳赛·费德曼在一家律师事务所当实习生,度过了一个激动人心的夏季,她决定就这次实习做一次演讲,说明在职业岗位上,成功的女性如何处理各种关系的。演讲中谈到了给人留下良好的第一印象的重要性。

"我在实习期间掌握的诀窍之一,"她说,"就是很多事情取决于第一次握手。想在法律界或商界谋生的任何一位妇女,第一次握手是非常重要的,一定要认真对待。第一次握手传达出信心、诚实和友好,一切都是在刹那间完成的。你必须充满活力地伸手向前,牢牢地握住对方的手,直视对方的眼睛。大多数男士都知道如何做到此事,成功的女性也都明白。"

琳赛希望听众听到这里时会点头同意的,但是,听众的反应最多也只能说是不温不火。下课以后,琳赛跟一位叫丹尼娜的同学谈话,她是智利人,到美国来了一年。"我真的很喜欢你的演讲,"丹尼娜说,"不过,关于握手的那一段除外。在智利,我们跟人见面时要接吻的。对我们来说,握手表示冷淡,没有人情味。"

"但是,在商务活动中,"琳赛反驳说,"你其实只需要握一握手就行了,尤其是当你是一位女性的时候。"

"在这里也许是这样的,"丹尼娜说,"但是,在我们智利就不一样了。我母亲是圣地亚哥一位成功的律师。对她来说,吻脸颊都比握手更好。"

当然,发生在琳赛身上的事情,也有可能发生在任何一位不熟悉南美文化的同学身上。哪怕商界领袖和政府首脑,与不同种族、民族或文化背景的人谈话时,有时候也会出错。比尔·克林顿就任美国总统后第一次出访到了韩国,在出席国宴发表致辞时,多次称金泳三的妻子为"金夫人"。其实,韩国妇女结婚以后仍然姓娘家的姓。实际上,克林顿应该称金泳三的妻子为"宋夫人"。

演讲中如何才能避免出现类似的情形呢?第一步是要确认,你的听众当中可能会有来自不同种族、民族或文化背景的人,这些人会对你的演讲话题产生影响;第二步是要确定这些人有什么样的取向,这些取向会影响到对你的演讲所传达信息的反馈;第三步是要调整自己的信息,以便更清晰,更合适和更有说服力,使不同文化和种族背景的听众都能从中受益。

□ 宗教

鲁塞尔·米德尔顿是城市公共图书馆馆长,他很高兴应邀在当地一个民间协会上发表演说。他需要志愿工作者帮助油漆阅览室,而且他相信一定能够从该协会抽调出一些人来帮忙。

当天晚上的演讲中,鲁塞尔介绍了油漆阅览室的情况,他特别提到:如果有人自愿来帮忙,就会帮助图书馆腾出钱来购买更多的书,做更好的项目。"我们的大部分工作都会在星期六进行,"他说,"也许还会在晚上工作,或者在星期天下午干。不过,不要担心。我们不会在星期天上午干活,因为这个时候人人都得去教堂。"最后,他请志愿者在门口的书写板上签名。

晚会结束以后,鲁塞尔很高兴地看到,书写板上有很多人签名,但是,他发现了这么一条留言。"米德尔顿先生,"留言说,"您的计划看起来非常不错,我也乐意帮忙。但是,我觉得您应该记得,这个社区还有人星期天早晨不去教堂,或者根本都不做礼拜。我是个穆斯林,坐在我身旁的还有一些犹太人。还好,在您谈到星期天上教堂的事情之前,我已经了解了您的计划。否则,我可能会得出结论,以为您对我们的帮助没有兴趣。油漆工作开始后,请打我电话。米哈德·沙基尔。"

这个故事说明了一个道理,是你在所有演讲中都必须注意到的。你不能假定你自己对宗教的看法,一定就是所有听众能够接受的看法。所有宗教思想都是最容易引起情感纠纷的话题,而且是全人类共同捍卫的思想。哪怕在小小的演讲班上,都有可能包括了多种不同的信仰。

美国社会文化越来越多样,宗教信仰也越来越多。传统的清教、天主教和犹太教,已经因为穆斯林、佛教徒、印度教徒、锡克教徒和其他宗教信仰者的加入变得更加丰富起来。一位著名的教授曾说过,美国已经成为"宗教信仰最为丰富多彩的国家"。

你可以在美国大大小小的城市里看到这种宗教多样化的情景。在西雅图地区,共有20多个佛教寺庙,4家印度教寺庙,1家锡克教寺庙,还有5家穆斯林清真寺,新泽西的不莱尔斯镇有一个佳恩中心。在全美国范围,共有1,800穆斯林教祷告场所,有1,600处佛教和600多处印度教寺庙。

不同的信仰内部还有很大的差异。你不能假定所有天主教徒都支持他们所在教会在诸如节育或女性当牧师等问题上的观点,也不能假定所有浸礼会教友都相信再生观念。在宗教问题上,美国可以称得上是多种信仰交汇的一个国度,这里有不同的声音,有不同的意见。

每当你谈到任何一个带有宗教意义的话题时,一定要全面考虑到听众可能具有的不同宗教信仰。如果认识不到这一点,至少会使你的演讲大为逊色。一不小心,还会使你处于非常尴尬的境地。

团体成员

堂·吉诃德说:"告诉我你有什么朋友,我就知道你是什么样的人。"虽然我们在美国大谈个人主义,但是,美国人实际上还是一个很讲究团体精神的民族。工人附属于不同的工会,商人属于不同的商会,猎人参加全国步枪协会,环保主义者加入西尔拉俱乐部(Sierra Club),女权主义者加入妇女全国组织,医生加入美国医疗协会,律师加入美国律师协会。美国共有数以千计的类似志愿者组织。

类似的团体在校园里也比比皆是。你的一部分同学也许属于兄弟会或姐妹会,有些人属于校园基督十字军,有些属于青年共和党,有些人属于电影协会,还有一些人是滑雪俱乐部的成员,等等。如果在课堂上发表演讲,就跟在课堂外面演讲一样,听众当中的团体附属情形或许会提供很好的一个线索,供你了解听众的兴趣和态度。

年龄、性别、宗教、种族和民族,以及文化背景、团体隶属情况,这些都是进行听众统计分析研究中部分因素。另外一些因素包括职业、经济地位、社会地位、教育水平、智力水平以及所住地区。的确,任何一个听众具备的特点,对于向这个听众演讲的人来说都有潜在的重要性。如果是进行课堂演讲,你也许希望了解同学的专业、在校年数、课外活动、生活安排以及工作上面的兴趣。

在听众统计分析中,统计本身并不是事情的最后目的。你的目的不是列出听众的特征,而是要从这些特征中找出线索,了解听众会对你的演讲会产生什么样的反馈。一旦做好这些事情,你就做好了准备,可以进入听众分析的第二个阶段。

听众情境分析

听众分析的具体情形一般取决于听众分析的统计数据。它确认手头上遇到的演讲情形当中独有的听众特征。这些特征包括听众的规模、受具体环境影响的听众态度,还有听众对演讲话题、演讲人和当时情形的态度。

听众情境分析 situational audience analysis 集中分析听众的各种情境因素,如:规模、具体环境,以及听众对演讲主题、演讲人和演讲场合的态度。

规模

在课堂外面,借助电视机和收音机的帮助,听众的规模可以达到百万以上。但是,大部分课堂演讲的听众一般却只有15—30个人,这是中小规模的听众。这对于初学演讲的人来说是个很好的规模,因为大部分初学演讲的人见到大规模听众的时候都会怯场。随着你的演讲经验越来越丰富,也许会想得到很大规模的听众群。有些演讲人的确也更喜欢人多而不是人少的听众。

不管你演讲的听众规模有多大,心中一定要记住一个基本的原则:听众规模越大,你演讲的方式就要越正规。听众规模会对你演讲方式产生极大的影响,但是,它也有可能会影响到你的语言、诉求的选择,以及可视辅助物的使用。

环境

听众对你演讲的接受程度,经常会受到一些超出他们控制能力的因素的影响,有时候也受到超出你的控制能力的一些因素的影响。你希望对下面的哪一群人演讲?

午饭后马上召集起一群人来,他们挤在一个坐椅不够的闷热房间里听讲。

上午十点召集起一群人来,他们舒服地坐在空气清新、照明良好、座位有保证的地方听讲。

你肯定会选择后者。上述所列不利环境因素中的任何一个都有可能严重地影响听众对你的思想的接受水平,甚至根本都不想听你说话。

面对任何一种演讲情形的时候,需要预先知道是否有物质环境方面的困难。当然,对于课堂环境来说,你已经非常熟悉了。但是,课堂以外的演讲会让你面临意想不到的不快或惊讶,除非你事先做好各种准备。

当你应邀去一个地方发表一个演讲时,不要因为害羞而不敢向组织演讲的人问一些问题。如果有可能,应该提前几天去看看演讲的环境,或者在演讲当天提前去会场看看。如果太热或太冷,应该想办法让人调整里面的温度。调整一下环境条件,还有讲台的位置,确保听众能够看清你的面部表情。简单地说,应该把你能够控制的一切事情安排好,以免让环境因素影响你的听众。

但是,你或许会问,一些物质环境是自己不能够控制的怎么办?你的演讲直接安排在午饭或晚餐后。房间太小,对于应该到场的听众来说太挤了。温度无法调节。此时,你只能够想更多办法调整,使听众的不舒服降到最低。如果面临觉得太热、昏昏欲睡、显得烦躁的听众,你只能够让演讲尽量有趣一些,活泼一些。最重要的是,不要让自己的演讲受到不利物质环境因素的影响。如果听众看到你精神抖擞,思路清晰,紧扣着主题,他们也许会忘记自己所处的环境引起的不快而认真听讲。

对演讲话题的态度

如我们在第四章看到的一样,选题的时候,你的心里应该时刻想着听众,理想地说,你会挑选一个既适合自己也适合听众的话题。一旦找到了话题,你就必须更仔细地考虑听众会对这个话题产生什么样的反应。你尤其需要评估一下他们对你的演讲话题的兴趣水平,他们在这个话题上的知识水平,还有他们对这个演讲话题的态度。

兴趣

在课堂之外,人们并不经常花时间和精力参加演讲活动,除非他们对那个话题有兴趣。但是,你的演讲班上的同学却属于非自愿的听众。有时候,他们会对你的演讲话题有很大兴趣,尤其是如果这样的话题跟他们自身有很大关系的话。

你的任务之一就是要事先评估他们对演讲话题的兴趣水平。最重要的是,如果你的话题不会引起人们的兴趣,就必须想办法让同学们参与进来,这里有两个例子,可以说明如何做到:

詹尼弗希望说服同学定期献血。在演讲的开始,她说:"你们至少有17岁了吧?你们的体重不少于110磅吧?你们觉得自己相当健康吗?如果你们的答案是肯定的,那你们每两个月就应该去献一次血。"

艾丽斯的演讲是关于美国的健康保险。她这样开头:"设想一下,你患上了一系列的毛病,虚弱得无法上课、无法工作,但这些病还有治。你怎么办?去看医生,对吗?可你去了医院又离开了,因为你付不起医药费,只好回家一个人熬下去。你说怎么办?"

在接下来的几章里,我们会仔细研究你能够在演讲话题中引起人们兴趣的种种办法,包括引人入胜的介绍部分、挑战性的支持材料、生动的语言、有活力的演讲方式和视觉辅助物等等。

知识

对一个话题的兴趣往往取决于对这个话题的了解程度。人们往往会对自己有所了解的话题有兴趣。同样,让人们产生兴趣的一些话题也会是他们急于了解的。大部分人都会对书法有兴趣。差不多所有人都对从图书馆里检索书籍的方法有了解,但没有人会觉得这是一个很有趣的演讲话题。

为什么调动听众对你的演讲话题的兴趣非常重要？很简单,因为它在很大程度上决定了你在演讲中能够说出什么内容。如果听众根本不了解你要讲的内容,不管他们有没有兴趣,你就必须从最基本的讲起。如果他们对你演讲的内容有基本的理解,你可以讲得更专业和更详细。

态度

听众对你演讲主题的态度非常重要,它决定了你处理演讲材料的方式。如果你事先知道听众的态度,那就能够调整你所要说的内容,以满足他们的需求。下面是两位学生的演讲经验,其中一位考虑到了听众对演讲主题的态度,另一位没有。

布拉德·卡明斯基谈到了农药和其他化学品对人类健康的影响。根据他的研究结果,食物中残存农药的危险程度被媒体夸大了。他的立场非常有趣,但很容易引起争议。不幸的是,布拉德并没有引述他得出结论的资料来源,也没有承认他的观点非同寻常,结果,他讲的好像都是人们通常的理解。

那个演讲的效果不是很好,听众都不接受他的观点。他们发现布拉德的意见与他们看到的所有关于农药和食物的材料互相抵触,因此无法接受他的观点。演讲之后,有位同学说:"你说的也许不错,但是,我还是无法相信。我们看过很多关于农药危害的文章,所有那些文章都错了吗？我觉得,如果你看看双方的意见,而不仅仅是坚持自己的观点,那你的说法可能更有说服力。"

如果布拉德考虑到了听众对他的观点、材料的怀疑态度,他一定会把演讲材料中的科学内容告诉大家,从而让听众更容易接受他的观点。

比较下面李·霍金斯的方法,他也谈到了一个容易引起争议的话题。

李是死刑的坚决反对者,他决定做一次说服型的演讲,谈谈他反对死刑的态度。他先在同学当中散发了一份问卷,发现四分之三的人赞成死刑。他们拿出了两个理由：其一,他们相信死刑是对犯谋杀等严重罪行的罪犯的合理惩罚。其二,他们相信死刑可以威慑犯罪者。

虽然李并不同意这些理由,但是,他意识到他既不能够忽视他们的观点,也不能够因为同学持有这些观点而侮辱他们。他知道必须从逻辑的角度讨论这些观点,并拿出铁的证据,这样才有机会说服

态度
attitude
听众心中已有的对人、政策、信仰、制度等或赞成或反对的倾向性意见。

听众。

结果,李真的说服了班上的一部分同学,他们愿意重新考虑自己的观点。如果不事先调查他们的观点,并根据这样的调查结果调整自己的信息,他就不可能做到这一点。

对演讲人的态度

再回到布拉德就食物中残存农药话题的演讲。布拉德是学商业的二年级学生,并没有特别的理工科或营养学背景。他的同学对他所说的话持很大的怀疑并不是没有道理的。但是,假定布拉德是农药及食物链方面的知名专家,那么,他的听众会觉得他的可信度高得多。为什么呢?因为听众的反馈无疑会受到其对演讲人的信任感的影响。

听众越觉得一位演讲人的水平高,他们越会接受他所说的话。同样,听众越觉得演讲人说的正是他们的兴趣所在,他们越会积极地接受演讲人发出的信息。

我们会在第十六章论述说服性演讲的战略时,更加详细地讨论这个话题。目前,我们必须记住,听众对作为演讲人的你总会有先入为主的态度。估计一下听众对你的态度,还有他们对你演讲的接受水平,这是听众情境分析的关键部分。

注意场合

在马丁·路德·金日那天,公众正在举办一次活动,缅怀金的生活与业绩。包括好几百名学生在内的一千多人前来参加这次纪念活动。城里所有头面人物,政治家、牧师、商界人士、社区领导人,他们都来到了现场。台上有歌舞表演,中间有领导人讲话,称赞这位伟大的民权领袖,简要回忆这位领袖对他们的意义。

最后一位演讲人是詹姆斯·欧文,他是一栋计划建设中的商务大楼的开发商。他希望这栋大楼建在这个城市较贫困的地区。欧文的演讲一开始就提到了金博士,然后,他继续说:"有人说我准备去剥削这个城市的穷人了,想为自己省一点税款。我想做的事情不过是把钱投入这个社区,拿自己的投资换取合理的回报。但是,要做到这样,我需要得到今天跟我一起坐在这里的每一个人的支持,而且我希望大家都把他们看作是有责任心的人。"

讲台上的人看上去有些不安,但是,台下却一片嘘声。

如果是在另外的场合,欧文的话不一定引起如此愤怒的反馈。

但是，马丁·路德·金日集会在人们的理解中是纪念和致敬的日子。他们最不希望听到的就是商业活动的宣传。使听众生气的不是欧文所说的话，而是他想利用这个时机达到个人目的。

不管情形怎么样，听众都会对他们认为合适的演讲有相当明确的看法。他们希望在国会听到关于政治事务的演讲，他们希望在教堂听到布道，他们希望在晚餐后听到餐后演讲，等等。公然冒犯这种期盼的演讲人几乎一定会让听众生气。

也许最重要的是，不同的场合决定了演讲时间长短。应邀演讲的时候，组织者一般会告诉你有多长演讲时间。如果没有告诉你，请一定要事先问清楚。了解了演讲的时间以后，你应该把演讲稿调整到合适的篇幅，使分配的时间用完。在任何情况下都不要超出时间规定，因为当你继续啰唆下去的时候，会发现听众打起瞌睡来(正是这个原因，大部分教师都认为课堂演讲都应该在分配好的时间限度内完成。这是关键的演讲培训，使你以后在课外演讲中养成好习惯)。

还有其他一些听众预期，可以应用在情境分析中。其中一个是，演讲必须与任务相符。另一个是，演讲人必须遵循合适的品位与礼仪标准。不符合这些预期的演讲会使同学心烦，而且一定会影响你的成绩。

收集听众信息

大家现在明白了应该了解听众的哪些信息，接下来的问题是，如何了解这些信息。竞选高级职位的人可以依赖专业化的民意调查人员。如果某个特别的团体请你去做一次演讲，比如当地扶轮社的一次会议，那么，邀请你去演讲的人经常会把听众的大致情况告诉你。多问联系人，看看能否得到关于那个团体的更多信息，比如它的历史和宗旨。如果你认识曾在那个团体发表过演说的人，那最好不过了，一定要想办法找到这样的人。

如果你的听众是同学，那该怎么办？你仅仅通过观察和谈话就可以了解很多关于同学的情况。但是，也许你仍然需要更多地了解他们对某个具体演讲题目的背景和意见。有些教师要求学生进行正式的听众分析，通过面谈或通过问卷调查，至少要为演讲做一次这样的工作。

面谈

面对面的交谈(见第六章)是最灵活的,安排适当,准备充分,时机妥当的话,面谈可以成为了解听众群里不同成员的最好办法。最大的困难是时间和精力成本太高。演讲前与班级所有的同学面谈也许是听众分析当中最彻底的办法,但这么做是不实际的。因此,教师都鼓励学生依靠问卷来调查。

问卷调查

和面谈一样,设计一份好的问卷是一门艺术,你不可能在一次演讲课里完全掌握。但是,根据几条基本的原理和指南,你还是可以学会如何设计出一份问卷,对于分析班级听众来说是足够了。

共有三种类型的问题可以选择:选择题、尺度题和开放题。

选择题提供固定的选择,是在两三个答案之间进行选择。例如:

你知道美国司法制度中的精神失常抗辩吗?

知道——

不知道——

不能肯定——

你是否听说过一个涉及精神失常抗辩的司法案例?

听说过——

没有听说过——

不能肯定——

选择题
fixed-alternative questions
提供两三个供选择的固定答案的问题。

因为限制了可能的答案,这些问题能够提供清晰的答案。但往往会得出肤浅的答案,需要采用别的方法才能够进入较深的层次。

尺度问题和固定答案选择题有些类似,但是,它们能在回答时提供更多的不同程度的。例如:

你觉得美国司法案件中利用精神失常抗辩的例子多不多?

很少————————————————很多

下面的话你同意还是不同意?心理学专家可以相当准确地从犯罪学的角度判定嫌疑犯是否精神失常。

| 非常赞同 | 比较赞同 | 无法确定 | 不同意 | 强烈反对 |

尺度题
scale questions
按照给定的程度范围回答问题。

这一类问卷在了解反馈人态度的强度方面非常有用。

开放式问卷给反馈人最大的活动空间。例如:

你对美国司法制度中的精神失常抗辩有什么看法?

在什么样的情形之下你认为刑事审判中应用精神失常抗辩是合

开放题
open-ended questions
允许答题人按照自己的理解和喜好自由回答。

适的？

尽管开放式问卷比其他两种问卷可以得出更详细的反馈,但是,它们也可能会使你得到的答案不符合你想要的信息要求。

表 5.1 问卷样本

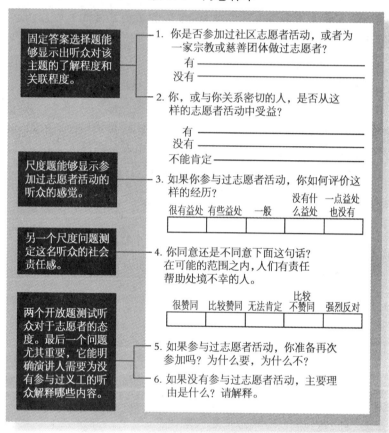

因为每一类问卷都有其优劣所在,许多问卷就包含了三种类型的问题。表 5.1 是在一次课堂演讲之前散发的问卷,该演讲是关于为社区、宗教或慈善团体做志愿服务的。这位演讲人利用了三种类型的问卷题,达到了两个目的,获得了听众的特别信息,并深入了解他们对演讲课题的态度。问卷调查的结果分析如下:

1. 不到一半的同学参与过志愿服务。因此,她必须清晰地解释志愿工作涉及哪些内容。

2. 五位同学表示,和他们十分亲近的人曾通过社区、宗教或慈善团体的志愿活动受益;大部分人说他们不能够肯定。因此,演讲人不能指望听众当中有很高比例的人亲历过志愿活动。

3. 除了一位同学以外,参加过志愿活动的所有学生都认为志愿活动"很有益处",或者"有些益处"。这个比例不仅说明听众有可能支持演讲人的立场,而且演讲人还可以拿他们的态度做证明,说明当志愿者是有益处的经验。

4. 近75%的反馈者要么"很赞同",要么"赞同"人们有责任帮助那些处在不幸中的人。没有一个人表示强烈反对。演讲人相信听众会同意支持志愿者活动。

5. 对第五个问题——"如果当过志愿者,你准备再次参加吗?为什么要,为什么不?"的回答非常有趣。所有的反馈者都表明,计划再次参与志愿者活动,但是,大部分人说他们在大学期间不会这么做,因为他们还有别的许多事要忙。

6. 没有参加过志愿者活动的近九成的学生说,他们没有参加的主要原因是因为没有时间。结合第五个问题的答案,这些反馈显示,假如演讲人希望成功地说服他们在校期间参与更多志愿者活动的话,她必须相当有说服力地说明处理时间问题。

这份问卷很有用,它显示了很多学生对于志愿者活动的了解、态度和关心的信息。你应该有能力设计这样的问卷。设计的时候,应该记住这些原则:

- 仔细设计问卷,便于获取自己需要的信息。
- 利用三种类型的问题:选择题、尺度选择题和开放性问题。
- 确保问题清晰,避免含糊不清。
- 问卷尽量简洁。

适应听众

完成了听众分析之后,你应该对听众产生了一个相当清晰的印象。了解了他们的统计学特征,了解了他们对演讲话题的兴趣与理解水平,了解了他们对演讲话题及演讲人的兴趣,还有他们对演讲时间的预期。但是,了解了所有这些问题,并不能够保证演讲一定会成功。关键是你在准备和进行演讲时如何利用这些内容。

这一点需要特别注意,因为它提出了新手必须面对的最艰难的任务之一。大部分人都明白听众的主要特征,但是,许多人调整自己的思路以适应听众的能力不足。适应听众的过程一共有两个阶段:第一个阶段是在演讲前,准备演讲稿和试讲的阶段;第二个阶段是在演讲进行的过程中。

演讲前适应听众

我们已经知道,必须在演讲前的各个准备阶段,心中都要想着听众。但是,心中想着听众不仅仅是简单地记得听众是什么样子。重要的是,它意味着两点:1)评估听众可能会对你的演讲做出什么样的反应;2)调整自己要说的话,以便使演讲清晰、合适,更具说服力。

这件事做起来并不轻松。我们大家都有自己的想法和关心点,从别人的角度看问题并不是那么简单,尤其是当别人的视角同我们自己的视角差别很大的时候。例如,如果你谈的是你自己所学的专业,你也许会发觉与对此话题一无所知的听众交流有多困难。一个人如果能够跳出自己的思维框架,并以别人的视角看待事物,那是相当了不起的。

但是,一个成功的演讲人最终必须学会这么做。你必须彻底隐藏起自己的观点,让自己能够暂时采纳别人的观点。做到了这点,你就可以通过别人的耳朵听到自己的演讲,并据此作出相应的调整。

准备演讲的时候,你必须时刻把听众牢记在心里。努力想象他们会是个什么样子,他们不喜欢什么,哪些地方会使他们产生怀疑,他们是否需要更多的细节,哪些他们感兴趣,哪些他们没兴趣。

在各个点上,你都必须预测听众会有什么样的反馈。他们对演讲介绍部分和结论部分有什么反应?他们会觉得你举的例子清晰和有说服力吗?你的图解材料是否有助于他们理解你的思想?他们对你的语言和讲述方式有什么样的反馈?当你回答这些问题的时候,有意识地与你的听众产生了认同。让自己处在他们的地位,和他们一样对自己的演讲作出反馈。

下面的例子说明一个学生是如何处理听众适应方面的问题的。

胡安·雷兹是地质学专业的三年级学生,他决定就地震发生的过程作一篇告知型的演讲。从听众分析中他了解到,只有两三个同学了解一些地质学知识。对大部分人来说,板块只会在餐桌上找到,而不会在地表下面找到。胡安因此意识到,他必须从基础知识入手解释自己的理论,而且尽量少用专业术语。

准备演讲的时候,胡安不停地自问:"他们对地震或地质原理一窍不通,我怎样才能解释清楚自己的观点呢?"因为是在中西部地区做这个演讲,因此他决定一开始就讲,美国历史上最严重的一次地震不是发生在加利福尼亚,也不是发生在阿拉斯加,而是 1811 年发生在密苏里的新马德里。如果这样的地震发生在今天,从落基山脉到大西洋海岸都会感觉到,而且会使密苏里大峡谷里所有的城市夷为平地。他猜想,这样也许会吸引大家。

整个演讲过程中,胡安都只涉及有关地震的最基本的事实,并小心地回避比如"岩流圈"、"岩石圈"和"递减区"等术语。他还准备了一些图解材料来说明断裂带等概念,这样,同学们就不会搞混了。

为确保绝对可靠,胡安还请不是学地质专业的室友提问。他说:"如果我说了你们听不懂的话,请随时打断我。"胡安的室友让他停下了四次,每停下一次,胡安都会想办法让自己的表述明确无误。最后,他做的演讲非常有趣,而且同学们完全能够明白。

当你准备演讲稿时,应该时刻想着听众。预测他们会对你的说法产生什么样的反馈。为了让自己的信息适应他们的理解,应该更有创意一些。和胡安一样,你也会做出更好的演讲。

演讲时适应观众

即使你准备工作很充分,到了演讲那天,事情也可能会出岔子。如果在教室里演讲,你也许会发现,放图解材料的那个黑板架没有了,或者另外一个同学的演讲题目和你一样。如果在其他场合演讲,你也许发现演讲的房间换了,听众的规模变大了(或变小了),超过了你的预期,或者分配给你的演讲时间削减了一半,因为前面的演讲人花了太长的时间。

如果类似的情况发生在你头上,不要恐慌。可以再想一个办法展示图解材料;修改一下前言部分,提一下前面同学谈到的同样话题;如果听众人数发生了变化,可以调整一下自己的演讲方式;如果发现留给自己的演讲时间缩短了,不能靠把演讲速度加快一倍来把所有内容塞进去。这时应该浓缩演讲内容,只留下精华部分,保证在规定时间里完成。听众会同情你的窘境,并欣赏你看重时间的态度。这会超过你损失掉的演讲时间。

最后,要确保演讲时注意听众的反馈。如果听众的身体前倾,带着很大的兴趣望着你,边听边点头,说明演讲进展不错。假如你发现他们在皱眉头,做出困惑的表情,那你可能需要再次说明自己的观点。

米歇尔·沃斯的专业是商务,她非常用心地做了准备,确保她论述投资股市的演讲不要太技术化,因为大部分同学都是学工程和人文科学的。她打算从基本知识讲起,准备了两份图解材料,然后在她最好的朋友面前试讲,这位朋友是学艺术的,而且自称是"经济学白痴"。

演讲那天,一切都进行得很好,到了演讲的第二个要点时,米歇尔注意到好些同学看上去被普通股与优先股之间的关系弄得很困惑。如果他们不明白这两者之间的关系,余下的演讲就会让他们云里雾里摸不着头脑,她停顿了一下,说:"我可以看出,有些人对我的解释不甚明了。让我从另外一个角度来谈谈这个关系吧。"

米歇尔再次解释了第二个要点,发现一些同学点头表示理解了。她现在可以继续演讲,心里很自信,听众已经跟上她的思路了。

适应听众,演讲前和演讲时都要如此,这是成功的公共演讲最重要的关键因素。和演讲的其他要求一样,说起来容易做起来难。但是,一旦掌握了这个要求,你会明白,它会给你带来很大的好处,即使面对只有一个听众时,这个方法也很管用。

小结

有经验的演讲人都是以听众为中心的。他们明白,演讲的目的是要从听众那里获得所希望的反馈。准备演讲的过程中,应该记住三条:我在对谁讲话?我希望他们听完我的演讲之后知道、相信或者做什么?什么是最为有效的准备和进行演讲的方法,如何实现这一目标?假如你能够把班上的同学当作真正的听众的话,你在课堂上所做的演讲练习,可以让你学会如何处理这些问题。

要成为有效的演讲人,你应该了解听众的心理。听众总是有选择性的。当他们付出注意力的时候,并不会总是和演讲人预期的一样处理听到的信息。可以这样说,人们只听自己想听的内容,而且,还都是以自我为中心的。他们边听演讲边想:"这对我有什么重要意义?"因此,你需要研究你的听众,根据他们的想法和兴趣调整自己的演讲。

了解听众的第一步,是理解关于听众的各项统计资料,包括重要的统计学特征,比如年龄、性别、宗教、团体成员、文化背景等。第二步是进行听众情境分析,包括辨别对某一个演讲情境来说独有的特征。这些特征包括听众的规模、受物质环境影响的程度,以及听众对演讲主题和演讲人的态度,还有对时间的预期。

到课堂以外去演讲,可以通过组织者了解关于听众的信息。如果可能的话,应该找到以前在同一个团体做过演讲的人向他了解情况。在课堂演讲,你可以通过观察和谈话了解很多听众的情况。你还可以进行正式的听众分析,和班上同学面谈,还可以组织问卷调查。

完成了听众分析,你还必须调整自己的演讲内容,以便使其更为清晰明白,更具说服力。准备演讲的过程中,一直要把听众放在心里,站在听众的位置上,努力以他们的方式听听自己的演讲。预想到一些问题,还要预测可能提出的反对意见,尝试着预先回答听众的提问。

进行演讲的时候,应该注意到听众的反馈。如果你看到听众的皱眉头或者脸上露出困惑不解的表情,那就需要调整你的演讲。这事刚开始做起来可能有些困难,但是,如果想办法克服困难,你很快就会看到成果。

■ 关键术语

以听众为中心	audience-centeredness
认同	identification
自我中心	egocentrism
听众统计分析	demographic audience analysis
刻板印象	stereotyping
听众情境分析	situational audience analysis
态度	attitude
选择题	fixed-alternative questions
尺度题	scale questions
开放题	open-ended questions

■ 复习题

读完本章以后,请回答下列问题:

1. 为什么公共演讲人应该以听众为中心?
2. 说人们都是以自我为中心的,这句话是什么意思?听众的自我中心对演讲人来说意味着什么?
3. 听众六大统计特征是什么?为什么这对听众分析来说很重要?
4. 什么是听众情境分析?听众情境分析需要考虑哪些因素?
5. 如何才能得到听众的信息?

6. 问卷中使用的三种提问方式是什么？为什么要在听众分析中综合运用这三种提问方式？

7. 你可以利用哪些方法使自己的演讲在开始之前和演讲进行之中符合听众的要求？

■ 批判性思考练习题

1. 广告商对听众非常敏感。选一期流行杂志，比如《时代杂志》、《新闻周刊》、《体育画刊》、《大都会》或者类似的杂志。选出五个广告进行分析。确定每一个广告针对的读者对象，分析该广告的诉求方法（文字和图像）。如何针对不同的读者对象，其诉求效果会有哪些不同？

2. 下面三个题目，每一个题目都假设提供了两种听众。请为每一个题目写一份简要的说明，解释你将如何调整自己的演讲内容和目的，以适应听众的统计学特征。

1) 课题："超导性能"

听众一：50％物理专业、30％工程专业、20％音乐专业

听众二：40％英语专业、40％商学专业、20％物理专业

2) 课题："性侵犯"

听众一：80％女性、20％男性

听众二：80％男性、20％女性

3) 课题："挑战者号爆炸"

听众一：全日制学生，70％年龄为18—22岁，30％为23岁以上

听众二：进修班学生，50％为年龄35岁以上，30％为年龄23—34岁之间，20％为年龄18—22岁。

3. 在下一次演讲前，设计并在同学中散发一份听众分析问卷，用我们在本章讨论过的方法，利用三种形式的问题，即选择题、尺度题和开放题。写一篇分析报告，解释问卷透露出来的听众信息，并说明你应该采取哪些步骤保证自己的演讲适应听众的要求。

4. 阅读附录中芭芭拉·布什的演讲《选择与变革》，并请思考布什夫人是如何使自己的演讲内容适应听众要求的，因为在她演讲之前曾发生过一次争议。准备好在班上讨论。

■ 运用公共演讲的力量

假如你是一位大学教授，你在性别传播学领域的研究、写作和教学吸引了媒体的注意。似乎大家都对男女性别交流风格的差异感兴

趣。你应邀为当地一家大型制造企业的经理们发表演讲,讨论工作中男女沟通的话题。

　　为了准备演讲,你安排时间与该公司的人力资源部经理会面,因为是他邀请你去演讲的。你曾在大学里学过公共演讲,知道分析听众是很重要的。请列出:1)你想问那位经理的三个最重要的有关听众统计分析方面问题;2)再问三个最重要的关于听众情境分析的问题。提问必须非常具体,必要的话准备好解释为什么提这些问题的理由。

第六章

资料收集

如果你想在自己家里装一套家庭影院,你想要最好的配置(电视、接收器、DVD播放器、扬声器等),预算也不愁。那么,你准备怎么办呢?你可以和装过娱乐系统的人请教,你也可以去图书馆查资料或上网寻找信息。如果,你以前买过类似电子产品,那你就可以依靠自己的经验,根据当前的需要做些调整。因为你希望自己的娱乐系统完美无缺,你会尽量多收集一些信息,然后才动手。

收集材料准备演讲,就和收集其他任何项目的信息一样。只要你愿意,你可以设法得到很多有用的资源。怎样为演讲收集资料?有很多种办法。你可以与某个领域的专业人士面谈;你也可以去图书馆或上网。假如你具备某个课题的亲身体验或专业知识的话,你还可以把自己当作一个资源库来加以利用。我们首先来看看怎样利用你自己的亲身经历吧。

利用自身的知识和经验

任何人都有一技之长,人们通常对于自己最熟悉的话题谈得最好,所以,教师时常鼓励学生利用自身的知识和经验选择演讲题目。

如果从自己的经验中选择一个演讲题目,你可能会忽略其中的个性化成分,仅仅依靠书本中的事实和数据。当然,这种外在的信息是必要的。但是,如果能增加个性化的特点,一定会使你的演讲更加生动。

有位同学深受糖尿病之苦,他准备讲一讲人们如何在日常生活中与这种疾病和平相处。他引述了美国有关糖尿病的统计数据,列出了这种病的症状,然后讲如何对付这种病。他在演讲的每个阶段,都通过自己的个人经验来解释自己的观点。下面是他演讲的一

部分:

得了糖尿病,那可真是一件难事,弄不好会很麻烦。就我个人来说,我尽了自己最大努力,不让这种病影响自己的生活方式。去年,我花了九个月时间到中南美洲旅行。那次旅行令人难忘,但是,我也有过一次非常可怕的经历,这次经历一定会让大家明白,糖尿病人有多么脆弱。在巴西的亚马逊河上,我们计划游览两个星期,可到了第五天时,我们的独木舟翻了,所有东西全部掉进了河里。

虽然我的背包找回来了,但是,有些东西——包括我的胰岛素在内都被河水吞没了。没有胰岛素,我就不可能吃任何东西。如果吃东西的话,我的血糖水平会上升得很高,接着会痉挛起来,然后昏迷,最后死掉。我们沿着亚马逊河后撤,走了三天才到了第一个村庄,到了那里,我才通过无线电得到更多药品。我又热又饿。最后,还是活了下来。

这篇演讲有故事、有感情。演讲人利用亲身经历传达了他的想法,比他利用任何材料都更有意义。

哪怕你的生活经历并没有那么戏剧化,仍然可以让这些经历为你所用。你的所见所闻,所作所为,都只有你自己感觉最真切。仔细思考自己过去的经历,你为自己收集资料,这样可以找到很多支持你演讲的材料。

去图书馆查资料

有些同学总以为图书馆是到了走投无路时才去的一个地方。上了演讲课后,他们才发现那并不是一个可怕的地方。你可以在图书馆里找到很多有用的东西。因此,你需要掌握到图书馆去查资料的许多基本技巧。

有很多快速、便捷和系统的方法可供你在图书馆里找到你需要的任何东西。第一步是要学会找到路径。先要了解图书馆提供的方位示意图。你可以拿一份简要的介绍材料,也许是一些宣传页,解释图书馆里有什么东西和如何找到这些东西。应该把这些材料夹在上课笔记里。这些材料只需要几分钟便可以看完,以后会有用处的。

最后,能够在图书馆里做到得心应手的唯一办法是要进行真正的查询工作,而且要以合适的方法做到。你有五大资源可以利用:图书管理员、图书馆目录、期刊索引、报刊索引和工具书。

☐ 图书管理员

有太多的学生在图书馆里东游西逛,浪费很多时间,根本找不到自己想要的东西,因为他们不愿意去问别人。他们不想显出自己很愚蠢的样子,也不想去"麻烦"任何人。设想一下,如果你得病了,看医生的时候会有任何犹豫吗?图书馆管理员是这个领域里的专家,他们受过专业训练,知道如何利用和查找资料。如果有问题,请不要犹豫,应该去问图书馆管理员,他们会帮助你找到路径,确定资料在哪里,还会替你查到你急需的特别信息。

☐ 目录

目录
catalogue
图书馆关于所有的图书期刊和其他资源的登录体系。

目录列出了图书馆拥有的所有书刊和其他资源。有各种不同系统可以查询书刊目录,大多是以作者、书名或主题来查询。也可以用关键字来查询,你可以输入一个关键的词或短语来找到一本书,哪怕那个词或短语并不是书名的一部分。目录还可以告诉你这本书到底是在书架上还是已经被人借走了。

在书架上找到这本书的关键是查到图书编目号。一旦找到了编目号,你只需找到相应的书架取书便可以了。

编目号
call number
图书馆使用书刊编号区分图书、期刊并便于查找。

期刊是根据刊名编排的,图书馆一般都有一个专门的房间,用来存放最新一期的杂志和报纸。过刊合订本都存放在图书架上,按编目号排放。你可以通过图书馆的期刊索引找到特定文章的全文。

☐ 期刊数据库

正如图书目录可以帮助你在图书馆里找到你所需要的书一样,期刊数据库也可以帮助你找到你所需要的某一本杂志或某一篇文章。

期刊数据库
periodical database
将大量期刊、杂志分类整理,为资料查询提供便利。

经过计算机整理的期刊数据库,就像利用图书馆的在线目录一样简单。你只需在索引的搜索框内输入希望得到信息的主题,有关的文章索引内容便会出现在屏幕上。也许你可以找到文章的全文,如果看不到全文,你可以利用索引内容到书架上或图书馆的期刊部找到所要的文章。

摘要
abstract
杂志或期刊文章的概要。

很多数据库还提供摘要,但是,摘要只是文章的简介,是由别人而不是文章作者本人写的,其目的是帮助你确定该篇文章到底对你有没有用。你不能仅仅依靠摘要内容在演讲中引述该文,你还应该看完全篇文章。

数以百计的期刊数据库,涵盖了从农业到动物学的所有课题。

你准备讲稿时可能用到的数据库主要分成两大类,普通数据库和专门数据库。了解和掌握如何使用这些数据库,即使在你修完演讲课很长时间之后仍然会有很大的帮助。

普通数据库

普通数据库涵盖了范围很广的期刊和课题,包括流行的杂志,诸如《时代》、《新闻周刊》、《科学美国人》、《体育画报》、《乌木》、《重要演讲》、《滚石》和《今日心理学》,还有学术期刊和科技出版物。这里是4种主要的普通数据库,你们的图书馆至少会有其中的一种:

- ProQuest 研究图书馆　这是一个拥有2 000多本期刊和学术杂志的优秀索引,而且其中近1 000种期刊都提供有全文,收录的日期可能有所变化,但是大多数全文都从1988开始。
- 学术期刊全文数据库　这是一个有极高价值的资源库,提供了超过3 000种期刊的全文,包含流行和学术期刊,还有《纽约时报》、《华尔街日报》、《基督教科学箴言报》的文章索引。它的一个特色是可以把文章从英文翻译成西班牙语,从法语译成德语。
- 读者指南全文数据库　《期刊文献读者指南》印刷版的电子版,提供240多种期刊的索引和摘要,还提供了120多种期刊的全文。

特别数据库

有时候,除了查询普通数据库外,你还需要查询专业的一些信息。可以找图书馆管理员帮忙,他们会带你去查找专门索引。这些专门索引包括:

《商务全文》、《当代妇女研究议题索引》、《ERIC——教育资源信息中心》、《种族新闻观察》、《普通科学全文索引》、《西班牙裔美国人期刊索引》、《社会科学全文索引》、《国际公共事务信息服务》等。

报纸检索

报纸是当代和历史上的许多话题的宝贵的资料来源。如果你正从当地报纸中寻找信息,图书馆阅览室很可能有最新的报纸,而过期的一般以缩微胶卷的形式保存。查找全国性报纸和国际性报纸,可以查询下列索引:

- ProQuest 报纸索引　它拥有500多份美国和国际报纸的索引,包括1995年以来几乎所有主要报纸的全文。
- Lexis/Nexix 学术大全数据库　除了杂志的文章,它还包含美国和国际报纸的大量文章,还提供每日更新的新闻通讯社消息,包括路透社、合众国际社和美联社。
- 全球媒体资讯库 提供1 500多种包括报纸在内的国际资源的全文。

你还应该知道存档社论,虽然只有印刷版,但它包含了全美数百家报纸的社论,是时事方面的优秀资料库。每月出版两次,每年收录近5 000篇社论。

工具书

从洛杉矶到东京有多远?"raining cats and dogs"(瓢泼大雨)这句话的起源在哪?美国每年有多少人死于火灾?1993年奥斯卡奖最佳男演员是谁?美国凶杀案发生案率最高的城市是哪一个?

这些都是在准备演讲稿有可能出现的问题。你可以翻阅数十种书籍或从大堆书刊中查找这些信息。但是,最方便和最有效的方法是去图书馆找工具书。

工具书一般放在图书馆的一个单独角落,称为工具书部。查阅合适的工具书可节省大量的查询时间,因为这些工具书可以把索引或目录找不到的大量信息集合起来。工具书主要分有大百科全书、年鉴、字典、传记工具书、地图集和地名辞典等。下面就是你在准备演讲稿过程中可能会发现很有用处的一些工具书。

百科全书

我们都熟悉一些通用的百科全书,比如《大不列颠百科全书》和《美利坚百科全书》。这些百科全书旨在提供准确和客观的信息,反映所有关于人文学科分支的情况,它们是你准备演讲稿的很有用的工具。《大不列颠百科全书》和《美利坚百科全书》都是按字母顺序排列的,每年都增补一些内容到基本的栏目中去。许多通用百科全书,包括上述两种,都可以在线阅读。

除了通用百科全书以外,还有很多专科的百科全书,分门别类,提供关于宗教、艺术、法律、科学、文学、音乐和教育等学科的内容。它们涵盖的领域比通用百科全书深得多,广泛得多。其中一些常用的专业百科全书包括:《非裔美国人百科全书》、《亚裔美国人百科全书》、《艺术百科全书》、《哲学百科全书》、《宗教百科全书》、《格罗夫音乐及音乐家词典》、《拉丁美洲人百科全书》、《麦格罗希乐科技百科全书》等。

工具书
reference work
提供大量相关信息方便查找的参考书籍。

通用百科全书
general encyclopedia
完整提供各门类人类知识的参考书籍。

专业百科全书
special encyclopedia
集中提供有关宗教、艺术、法律、科学和音乐等专科领域知识的参考书籍。

年鉴

年鉴是指每年出版一次的工具书，包含众多的最新信息。下面是三种有很高价值的年鉴：

- 《美利坚统计摘要》。自1878年起由美国人口统计局出版，现在还提供在线版，提供关于美国社会、政治和经济生活的数字信息，范围之广令人难以置信，包括美国的生育率、工会人数、各种疾病的死亡率和各州家庭收入水平等。
- 《世界年鉴及实录总汇》。和《美利坚统计摘要》不同，这本年鉴并不限于美国，也不仅限于数字资料。你可以找到1901年以来所有的诺贝尔奖得主，上一年收视率最高的电视节目，职业和大学体育比赛纪录，以及阿富汗的国民识字率和秘鲁的自然资源。
- 《事实年鉴》。有印刷版和电子版，是美国和世界新闻事件的每周摘要，包括政治、体育、医药、教育、宗教、犯罪、经济和艺术等消息。每年年末，所有新闻以星期为序编在一起以年鉴的形式出版。这是快速查找特定年度所发生事件的一本很有用处的书。

> 年鉴
> yearbook
> 每年出版，综合了上一年有该领域信息的参考书。

字典

有很多用英语编撰的高质量的字典，包括《韦氏字典》和《美国遗产字典》，这两本字典都有电子版。如果你对一个词的历史有兴趣，还可以去查《牛津英语字典》。还有大量专业字典，涵盖范围广泛的领域。比如有《计算机字典》、《布雷克法律字典》、《女权主义理论词典》和《莫里斯词源和短语来源辞典》等。

语录词典

最著名的语录词典是《巴特勒常用引语词典》，含有25 000条历史和现代名人的语录，一直以来都是演讲人和作家不可缺少的资料来源。其他优秀的语录词典包括：《牛津语录辞典》、《哈泼美国语录辞典》、《新妇女语录辞典》、《回首本源，永志不忘：有色人种语录集》、《古老的回声：美国土著智慧语录》、《灵魂之火：拉丁裔美国人智慧及灵感语录》、《犹太人语录宝库》等。所有这些书籍都有索引，便于按主题或作者检索。

传记辞典

如果你对新闻人物感兴趣，可以在工具书部找到许多关于现代新闻人物的基本信息。下面这些人物辞典可能会对你非常有用：《国际名人辞典》、《美国名人辞典》、《美国妇女名人辞典》、《现代黑人

> 传记辞典
> biographical aid
> 详细提供人物资料的参考书。

传记》、《西班牙人传记辞典》、《美国土著妇女辞典》、《亚裔美国人辞典》等。

如果你需要更详细的信息,最好的办法是去找《当代传记》杂志。这本杂志每年提供约 400 篇独立的和可读性极强的文章,讲述全世界有新闻价值的人物的故事。每篇文章约 3—4 页篇幅,人物领域包括政治、科学、艺术、劳工、体育和商业。每年年末,这些文章会经过修订,然后按字母顺序结集成册,出版《当代传记年鉴》。

地图集和地名辞典

大部分现代地图集包括大量图表、彩色图片和表格,提供关于州、地区和国家的地理信息。最著名的多用途地图集是《兰德麦克纳利大都会世界地图集》,里面包括按地区划分的世界地图和美国各州的地图。

地名辞典或地理辞典,和字典一样按字母顺序排列,所有条目都涉及地理方面的内容。最著名的地名辞典是《玛丽安-韦伯氏特地理辞典》。这本有趣的辞典列出了全世界的 48 000 多个地方,有国家、地区、城市、岛屿、山脉和河流,还提供关于这些地方的简要事实。可以用这样的辞典查找出珠穆朗玛峰的高度、佛罗里达州的州花以及世界各地所有以雅典命名的地方。

网上查询

互联网被称之为全世界最大的图书馆。通过互联网,你可以读到《纽约时报》、《东京新闻》和《耶路撒冷邮报》的电子版;你可以访问欧洲最大的博物馆,可以浏览国会图书馆,也可以得到 CNN 和路透社每分钟更新的时事新闻;你可以进入政府机构和大部分主要的公司;你可以看到最高法院的裁决书,还可以看到国会的最新提案;你可以查看股票指数,查询《圣经》的文字含义,也可以找到太阳底下差不多任何一个话题的统计资料。

但是,和图书馆不一样的是,互联网没有问讯处,没有管理员,也没有目录册,更没有工具书部。没有人或部门来负责筛选更新以确保这些材料的高质量,你无法找到在一流的图书馆里能够找到的同样范围和同样深度的研究资料。这就是专家建议你使用互联网来补充而不是替代图书馆的原因。

在这里,我们将介绍各种网上查询的方法,使互联网成为你准备演讲稿的便捷的查询工具。我们会介绍一些专业化的研究资源,它们对于课堂演讲来说作用很大。最后,我们会解释如何评估你在网上找到的材料的可靠性,以及在演讲中怎样引用这些材料。

查询辅助方法

为了避免在网上漫无目标地浪费时间,我们需要掌握聪明的方法来找到需要的东西。面对海量信息,没有一种查询辅助方法能够提供一份囊括所有内容的清单。每一种查询辅助方法都有其长处和短处,都可以循着各自的路径进行深度查询。三种主要的查询辅助工具包括搜索引擎、元查询引擎和虚拟图书馆。

> **查询辅助方法**
> search aid
> 用于在万维网上查找信息搜索工具。

搜索引擎

搜索引擎可以将网页编入索引,并在索引中查找自己想要的东西。因为每种搜索引擎都有些不同之处,而且所索引的网页也不尽相同,所以,每次搜索的结果会有所不同。一般来说,主要的搜索引擎所涵盖的内容约占全部网页的 40%,没有哪一种搜索引擎能够单独涵盖 15% 或 20% 以上的内容。根据你的演讲主题,你可能很快就找到自己想要的内容。如果没有,也不要绝望,这些内容可能在另一个引擎里会找到。下面是目前常用的几个主要搜索引擎:

- Google(http://www.google.com)
- Yahoo!(http://www.yahoo.com)
- Fast Search(http://www.alltheweb.com)
- Teoma(http://www.teoma.com)
- AltaVista(http://www.altavista.com)
- Northern Light(http://www.nothernlight.com)

> **搜索引擎**
> search engine
> 按搜索人的要求选择网站、查找网页,并编入索引的查询辅助方法。

谷歌(Google)是研究者们使用最广泛的搜索引擎。网上约有一半的搜索任务是由谷歌来完成的。除了提供链接超过 30 亿个网站的服务外,它还把搜索工具专门化,专门搜索图像或者专门搜索新闻故事,它甚至还能翻译外文的搜索结果。谷歌真是太棒了。虽然不能保证你一定能在谷歌里准确地发现你所需要的东西,但不管怎样,它是你开始互联网研究的最佳出发点。

元搜索引擎

元搜索引擎是搜索引擎中的引擎。它们将你的请求同时发送到多个引擎中去,允许你用同一个引擎搜索范围更广的网络。这一技术具有极大的优势,尤其是当你要查找某种不太容易找到的内容时。去一个一个地方查找自己想要的东西会耗费很长时间。如果使用元

> **元搜索引擎**
> metasearch engine
> 将搜索请求同时发送到多个引擎,更大范围查找资料的查询辅助方法。

搜索引擎，你就可以一次同时查阅数十个引擎。

重要的是，要明白元搜索引擎与它们涵盖的各个引擎有所不同，和它们一次进入的引擎数量、分配给每个引擎的时间长度以及从中获取的记录数量有关。如果你决定利用一个元引擎来查询材料，一定要注意它所包括的引擎，这样，你将会考虑是否还要进入其他引擎查看。以下四个元引擎获得了较好的评价：

- Dogpile (www.dogpile.com)
- MetaCrawler (www.metacrawler.com)
- Ixquick Metasearch (www.ixquick.com)
- ProFusion (www.profusion.com)

虚拟图书馆

> **虚拟图书馆**
> virtual library
> 融合了网络技术和传统图书馆的编目、数据评估方法的查询辅助系统。

搜索引擎和元搜索引擎帮助你找到网上的东西，但是，这些引擎并不能够帮助你评估搜索到的内容的质量。图书馆员和信息专家想方设法使人们方便地找到可靠的、高质量的网上资料。他们努力的成果之一就是虚拟图书馆。虚拟图书馆是一种搜索辅助方法，合并了网络技术和传统的图书编目方法，并对数据进行评估，以便生成高质量的查询结果。

虚拟图书馆大多属于以大学为主的非营利组织，尽管规模比商业搜索引擎小得多，但是，质量却要高得多。从虚拟图书馆查到的资料没有在商业引擎上查到的数量多，但是，你可以放心，查到的东西经过了过滤，准确可靠。

虚拟图书馆的价值还在于它可以帮助你找到甚至是最彻底的搜索引擎都可能疏漏的内容。这部分内容被称作"看不见的网络"，即数以百万计的数据库和其他资源，由于技术原因商业搜索引擎无法搜索到，但虚拟图书馆可以帮助你进入，大大丰富了你可获得的因特网资源的种类。

可以预期会有更多的虚拟图书馆开发出来。目前，我们可以提供7个虚拟图书馆，大家在准备演讲稿时会发现这7个图书馆都有清晰和友好的编目系统，而且效率很高。

- 图书馆员互联网索引(http://www.lii.org)
- 互联网公用图书馆(http://www.ipl.org)
- 看不见的网页目录(http://www.invisible-web.net)
- 信息库(http://infomine.ucr.edu)
- 社会科学信息(http://www.sosig.ac.uk)
- 国家科学数字图书馆(http://www.nsdl.org)

■ 直接搜索（http://www.freepint.com/gary/direct.htm）

☐ 关键词查询

借助新的查询辅助工具进行关键词查询时，你可以点击主页上的"帮助"或"提示"按钮开始。页面显示会告诉你如何有效地使用这一特别的查询辅助工具。这在你查询多重词汇时特别有用。

假设，你进入Google查询有关"大学生滥用利他林（Ritalin）"的信息。如果你仅仅在查询框里输入"Ritatin"，Google将列出所有在索引内容里包含Ritalin单词的条目，共有205 000个。其中有一些是关于校园内滥用利他林的信息，但大多数内容都不是。有些是解释利他林的化学构成，有些是把利他林作为注意力缺陷综合征的治疗药。甚至你还可能得到地下药房的链接，在那里不用处方就能买到利他林，你还可能链接到一个出口服装的网站，专门有卖丝网印花的利他林T恤，还有一个名叫利他林阅读参考的短片。在这这些内容中查询你所要的东西真是一件极其费力的事。

如何才能对查询结果加以限制，以便得到容易处理的文档内容呢？如果你在Google的搜索框内输入"滥用利他林（Ritalin abuse）"，你将看到30 200条内容，比原先的205 000要少得多，可还是太多。如果你再输入带引号的"滥用利他林"，你将会得到确切包含滥用利他林这个短语的条目，共1 220条。

这样就好多了，可是一条一条地看还是太多了。你可以进一步限制你的查询，在Google的搜索框内输入："滥用利他林"＋"大学生"。中间的加号使查询限制在包含两组关键词的范围之内。这次你得到了135份文档，所有内容都与大学生滥用利他林有关。

如果你利用不同的搜索引擎，可能需要输入不同的指令。但是，进行精确和有针对性的关键词查询的基本原理是一样的。理解这些原理，会大大增强找到所需要资料的机会。

☐ 主题查询

除了关键词，你还可以通过主题查寻资料。使用最广泛的主题查询工具是Yahoo!。进入Yahoo!页面，你会发现很多主题领域的链接，包括商务和经济、教育、政府、卫生、新闻和媒体、科学以及社会和文化。如果你点击其中的一个主题区，会跳出一组次级主题目录；再点击其中一个次级主题，你会得到分成更小范畴的目录。你可以继续一屏一屏地往下移，直到发现希望查询的网页。

通过主题在网上查询有很多优势。假定你需要关于当前在美国国会讨论中的法案，可以用关键词查询来找到这方面的信息，但是，通过主题查询速度会更快。第一步是进入 Yahoo! 主页，然后点击"政府"。接下来屏幕会显示好多可选项，包括"美国政府"在内。

如果选择"美国政府"，你会在屏幕里看到"立法部门"一项，然后找到包括"法案"在内的一些选项。选择了"法案"后，点击"查询法案全文"，然后再点击你希望找到的具体内容。还有比这更容易的事吗？

□ 页面收藏

不管是通过主题还是通过关键词查询，你都需要保存和跟踪已经找到的有用的资源。否则，完全有可能再也找不到刚刚发现的有用的内容了。

> URL(Uniform Resource Locator)
> 用以指示信息在互联网上的准确位置的表现方式，也称网址。

图书馆的图书或期刊是通过编码来识别的，互联网的网址是通过 URL 来定位的。URL 也可称为网址。一旦找到一份和你的演讲主题有关的文档，你就应该赶紧记录下来。最好的办法是利用粘贴和复制功能将 URL 保存在磁盘里，可以确保这个 URL 在记录时绝对准确。

> 书签
> bookmark
> 将查询到的网址特别标明保存在浏览器里，便于再次访问。

你可以将这个 URL 保存到浏览器的 Bookmark 或 Favorites(收藏夹)里。这样，不仅便于你把 URL 记录下来，而且，再次访问该网站时，只需要从收藏夹里调出来即可。

□ 专业查询资源

因为互联网的发展太快了，等你读到本书时，有些网址可能已经发生变化了。如果这样的话，你也许可以通过原来的 URL 找到这个地址。如果没有新地址，可以利用搜索引擎查询这个网址的名称。当然，许多网站有可能不再存在了，但是，下面所列的大部分网站都应该是能够长久存在的。

政府资源

作为查询工具的互联网，最大的优势之一，是能够为你提供政府各部门的文件和出版物。不管是查询华盛顿特区某一联邦部门，还是查找地方机构的信息，你可以通过下列网站开始查找工作，并找到自己想要的信息。

- 第一政府（www.firstgov.gov）包含美国所有政府信息的官方门户网站。提供来自联邦政府、州和当地政府或部落的超过50个网站的链接,还可提供世界各国的政府信息。这个强有力的搜索引擎可以帮助你快速而准确地找到查找信息的。

- 联邦网址定位(www.infoctr.edu/fwl)网上关于联邦政府信息的网站。里面包括通往美国政府主要网站的链接,包括国会、白宫、联邦调查局、教育部、食品及药品管理局、疾病控制中心和环境保护机构等。
- 州及地方政府网(www.statelocalgov.net/index.cfm)该网站提供通往美国五十个州的州政府及关岛、波多黎各和美国其他领土及全国各城镇的链接。不管是查询阿拉斯加警方还是纽约市长办公室,这个网站都可以为你提供所需要的信息。

参考资源

互联网不能替代图书馆的各类工具书,如百科全书、年鉴、传记大全和类似的资料等工具书库。但是,也有越来越多的网站可为你提供方便的参考资料,包括下列网站在内:

- 虚拟参考资料库(http://libraries.mit.edu/research/virtualref.html)该网站提供大量的在线参考资源的链接,包括百科全书、年鉴、字典、地图集和传记指南。它还是一个寻找世界各地的组织和个人的电话号码的好地方。
- 银河语录(http://galaxy.einet.net/galaxy/reference/Quotations.html)这是一部很大的综合名册,可链接至网上的语录总汇。包括从莎士比亚至《巴特雷字典》,原来电子版的很多内容。
- 世界白皮书(www.odci.gov/cia/publications/factbook/index.html)这是美国中央情报局每年出版的一份白皮书,内容涉及世界各国的民族、政府、经济、通讯、运输和国际事务等。
- 统计摘录(www.census.gov/pub/statab/www)提供常用的表格和每年出版的美国统计摘要中的资料总汇,是关于美国社会生活信息的一个优秀网站。

新闻资源

与大型的电视网一样,大部分美国报纸都有自己的网站。如果你想查找某份报纸或某个节目,你可以在搜索引擎里输入关键词,你还可以访问下列网站:

- Google 新闻(http://news.google.com)提供从世界范围内4 000多家新闻来源中精选出来的信息。所有的报道全天不断地更新,它那雷电般快速的搜索引擎可以让你迅速找到你想要的信息,是网上查找最新消息的范围最广的来源。
- 新闻指南(www.ecola.com)提供全球各国数以百计的英语杂志、报纸和电视台的链接。其优秀的查询功能,还可以通往美国各大院校的校报。
- 哥伦比亚无线电广播(www.cs.columbia.edu/nlp/newsblaster)从异常广阔的新闻来源中选择并提供新闻摘要。其内容丰富的档案库使你很容易找到特定日期的杂志和文章。

跨文化资源

如果你要准备一个跨文化主题的演讲,你会发现下面这些网站很有用处:

- Yahoo! 地区网(http://www.yahoo.com/Regional)是相当不错的一个查询起始点,可以链接数十个国家和地区,包括美国50个州在内。
- WWW 虚拟图书馆:美国印第安人(http://www.hanksville.org/NAresources)是一个组织良好的综合资源,数以百计的链接通往美国土著人历史、语言、文化、教育、卫生、艺术等内容的网站。
- 亚裔美国人资源(http://www.rcf.usc.edu/cmmr/Latino.html)是南加州大学跨语言和跨文化研究中心的网站,可提供多个资源丰富的链接。
- 非裔美国人网络链接(http://www.aawc.com)这个网站获得过大奖,处理非裔美国人生活各方面的事务,包括历史、商业、政治和宗教。还提供链接至全国城市联盟、国会黑人协调委员会以及 NAACP 等组织。

当然,还有其他数千个有用的网站。但是,有了上述网站,加上搜索引擎的帮助,大家一定能够从适合的地方开始查询。

评估网上资料

到图书馆查询,你找到的一切资料都已经以各种方式得到了评估,然后才有可能被你查到。书籍、杂志和期刊都有严格的编辑流程,以确定它是否符合出版要求。一旦正式出版,说明它已经得到了权威部门的认可,才有可能被图书馆收录。

当然，互联网是一个非同寻常的层面。网上信任度最高的资源是从印刷品中截取下来的文档，包括政府记录、报纸文章、研究报告和类似的一些文档。但是，大部分网上资料都只是电子文档形式，很少经过编辑人员之手，而印刷品编辑人员的基本职责就是要保证印刷品具有最起码的可信度。互联网是"有史以来最大的自费出版平台"。任何拥有一台计算机和连接互联网的接口的人都可以和别人分享自己的意见，都可以发表一份电子新闻简报，或者建一个个人网站。江湖郎中、极端主义者和不满现状的人都可以和CNN、国会图书馆和诺贝尔奖得主一样传播自己的思想。俗话说，"别把读到的东西当真"，用来形容互联网是再恰当不过的了。

在第七章，我们会谈到如何从总体上评判材料的可信度。在此，我们先看看下面三条标准，你可以借助这三条标准来判断网上资料是珍珠还是垃圾。

作者

有关网上文档的作者是否有明确的说明？如果有，作者的资质如何？作者是不是这一领域的专家？数据和意见是否客观且不带偏见？就像引用一本书或杂志时必须说明作者及其资质一样，引用网上资料时同样必须对作者的情况加以说明。

书刊文章作者的信息一般很容易找到。但是，从网上找到作者的信息却不容易。如果文档本身没有提供作者的信息，应该设法查找链接作者主页的信息，或者到别的网站去查找作者的情况。有些互联网文档包含有作者的电子邮件地址，你可以做进一步的查询。

你可以通过 Google 搜索作者的情况。如果作者在这个领域被认为是权威，你应该很容易在 Google 上找到关于作者的资质情况和出版成果。如果没有，还可以查阅前面谈到过的一些传记形式的工具书。

主办机构

许多互联网文档都是由一些商业机构、政府机构、公益团体或类似组织提供的，而不是单个的作者。你也许可以判断这样的主办机构是否有足够的权威性可以在自己的演讲中引用。这一机构的观点以及进行的研究是否公平合理？该机构提供的内容，是否会因经济利益而有失公允？

有些机构因为其专业水平和客观公正而声誉卓著。有很多是公益性团体，比如消费者协会和美国癌症协会，还有一些包括国家档

主办机构
sponsoring organization
网络文档的组织机构，在缺乏明确作者的情况下，该机构为所提供的文档负责。

案、疾病控制中心和类似的政府机构。一些私营性质的智库,如兰德公司,尽管有明确的政治倾向,但因为研究的质量和水准高而受人尊敬。

另一方面,你要注意那些听起来可敬,但实际并非如此的一些机构。不要让响亮的名字蒙骗了你。例如,"世界互联网新闻分布资源",听起来像是一家非党派的新闻服务机构。事实上,它被雅虎归类为一家白人至上和种族歧视的团体,而且,该团体还拒绝提供在其支持下发表文章的一些作者的名字和资质。

评判一家网站可信度的方法之一是看网址的最后三个字母。这三个字母是用来识别这个网站是由政府机构(gov),教育机构(edu),非营利团体(org),或者是商业组织(com 或 net)来主持的。

你还可以点击其主页上的"关于"或"欢迎"栏,链接出来的页面经常会说明该网站的发起人、宗旨或理念。如果主页上没有包含有"关于"或"欢迎"链接,也许说明该主办机构不能满足必要的客观和专业标准。

如果在一份电子文档里找不到作者的情况,也找不到可信的主办机构的情况怎么办?答案很简单,不要在演讲中引用它!从这个角度看,同样的标准适用于印刷品和电子文档中。

新旧程度

利用互联网查询资料的一大优势是可以拥有比印刷品更新的信息。但是,一份最新的文档出现在网上,并不能说明它的事实和数据一定就是最新的。

最简单的办法是在文档的顶端或末端查找版权日期、出版日期或最后一次更新的日期。如果你使用在虚拟图书馆找到的资料,你通常可以对它的发布日期、客观性和可靠性比较信任。政府和学术网站总是会显示最后更新的时间。

一旦了解了文档的更新日期,你就可以确定其内容是否足够新,是否可以引用到自己的演讲中。引用统计数据时,这一点尤其重要。你永远都不能从未经更新的资料中引述统计数据,不管是印刷品还是互联网。如果你无法确定一篇互联网文档生成或最后更新的日期,那就应该去找你可以确定新旧程度的其他资料。

□ 注明网上资料来源

认真的听众是具怀疑眼光的。他们会仔细地辨别演讲人的信息和信息的来源。不管你的信息主要来自互联网还是书籍和报刊等印刷品出版物,你都需要识别和验证你在演讲中所使用的事实、数据和陈述的正确性。

第一步,编写文献来源篇目。需要注明你准备在演讲中引用的出版物来源,别忘了互联网资源也要注明出处。需要包含和出版物相同的信息——作者、题目和出版日期等,你还必须注明每个互联网文档的网址,以及你进入该网址的日期。

除了文献来源篇目,你还需要在演讲中说明出处,这样听众才会明白这些资源是从哪里来的。你不能仅仅说"正如我在网上看到的"或者"网上这么说"。

如果你要引用某人的话,你需要说明是在哪个网站上看到的;如果你引用某一组织的宣言,那么你需要提供该组织的信息。下面是学生演讲中的两条互联网文档的引文。第一条来自一篇关于手语的演讲:

一些人认为,手语是口语的原始替代品。但实际上,手语和口语一样丰富并富于表现力。例如,中村凯伦在网上"失聪者文化资源图书馆"中这样说,美国的手语"不应该被认为是不完整的、模仿的或手势形式的英语"。美国手语是一种复杂的、完全的和自然的语言,有"它自身美丽的语法"。

第二条来自一篇鼓励听众献血的演讲:

根据美国红十字会官方网站,在这个网站里我获得了许多信息。仅仅在美国,每三秒中就有一人需要输血,不管是白天还是黑夜,每小时输血的总量达到3 000加仑。

在以上两个例子中,演讲人对于他或她是从哪里获得的信息交代得很清楚。当你在演讲中引用网上资料时你也要这样做。

访谈

大多数人听到访谈就联想到工作面试或名人访谈。其实,还有一种调查研究性质的访谈。像新闻记者做采访,是收集信息的传统办法,也是收集演讲资料的好办法。

假如你要解释个人电脑的最新发展,为什么不联系一家电脑经销商,作为自己的信息来源呢?假如你要讨论大学生酗酒的问题,为什么不联系一下教务长,看看那所学校的情况呢?你会发现,大学和社区里有很多人可以为你的演讲做点什么。

研究访谈
research interview
通过访谈为演讲收集资料。

为了说明问题,我们以一篇"关于大学体育课存在的问题"的演讲为例,对访谈全过程做一个示范。

访谈前

大部分演讲的好坏,都是由演讲人事先是否做了充分的准备决定的;同样,大部分访谈的好坏,也取决于事先的准备工作。这里有五个步骤可以确保你访谈成功。

确定访谈目的

你已经在网上和图书馆里查阅了有关当前大学体育课存在问题的资料,已经把握了其中一些思想的要点。到了这一阶段,你觉得需要深入了解参加相关体育项目的学生的态度和观点。你从校刊上和体育系的网站里了解到了不少信息。但你仍有许多疑问,最好的办法就是联系与体育课有关的某个人,便于你深入了解情况。于是,你就为访谈确立一个目的。

决定与谁谈

有很多候选人:有体育队员,有教练,有管理人员。你选择从高层开始,也就是从主管体育课程的主任开始。是不是有点冒昧?为什么不找主任下面的某个人谈谈,比如副主任或教练?可以。但是,与管理机构打交道,最好直接找负责人。他们对所谈的话题有更广泛的理解。如果你需要更具体的信息,可以请负责人为你联系合适的人。

安排会谈

因为体育课程主任很忙,你想出了一个说服他同意面谈的计划。你知道在电话或 E-mail 里推托比当面推脱更容易,因此你直接来到运动员办公室要求与主任会谈。你自我介绍,准确说明自己的目的,解释这次访谈为什么很重要。体育课程主任同意了,访谈定在三天之后。

(你对主任同意接受访谈非常惊讶,其实不必惊讶。差不多所有人都愿意接受访谈。如果不是很严肃的内容,而且你表现也不错,人们多半会合作的。)

是否要录音

录音的好处是它给了你一个完整的访谈记录,当你要引用原话或说明重要事实时可以核对。但不管你是否使用录音机,你还是需要记笔记,以防万一录音机出故障。

一些访谈对象不太喜欢被录音。如果是这样的话,你只能靠笔记了。不论如何,不要在访谈对象不知情或不同意的情况下私下录音。

准备访谈提纲

这是访谈前最重要的一项任务,准备访谈提纲。你必须设计好有意义、有智慧和有深度的问题。有些类型的问题应该回避,比如:

- 不需要访谈对象你自己也可以回答的问题(你们学校有多少项体育活动?体育课的预算是多少?)。这类问题浪费时间,也会让你自己看上去愚不可及。会谈之前就应该准备好这些信息。
- 诱导式的问题(民意测验显示,大多数美国人认为,体育课与大学教育的学术目的没有多少关系,你也这样认为吗?)。
- 具有敌意和圈套性的提问(我认为很多学校花很多钱在足球和篮球教练身上是可耻的,你不觉得优秀的教授要比仅仅为少数运动员服务的教练更重要吗?)。

你不必远离尖锐的问题,而是应该以中性的态度提出问题,而且,应该留在采访快要结束的时候再问。不然的话,如果访谈对象一开始就生气或不合作,你怎么得到想要的信息呢。

你应该准备一套直接、具体和合理的问题:

- 最近的研究表明,许多大学在体育运动上花费了不少钱。上个月你说我们的体育部门下一年将面临潜在的财政赤字,那么,有什么应对计划吗?
- 你同意大学体育运动太商业化的说法吗?如果是,你觉得应该做点什么来处理这个问题呢?
- 关于提高学校体育标准,以及运动员毕业率没有达到要求,这两个问题,你的看法是什么?
- 在大学体育中保持性别平等是一个主要问题。如果对诸如足球和篮球项目的创收要求的降低后,你认为学校将为女生花更多的钱提供体育项目吗?
- 在一个理想的社会,你认为体育应该在大学校园扮演怎样的角色呢?10年后我们会比今天更接近这一理想吗?

如果你希望访谈时不要遗漏任何重要的问题,你应该把所有问题按提问的顺序记下来,并且,记得把这个访谈提纲带到采访现场去。

访谈中

每一次访谈都各有特点。演讲人要根据演讲的听众对象做出一定的调整,同样,也需要根据访谈对象做相应的调整。因为访谈很难按原定计划一成不变,你需要有所准备,多一些灵活性。这里列出几个步骤需要你注意:

穿戴得体,准时到场

体育课程主任的时间表排得满满的,你一定要准时。由于访谈是一个特别的场合,你必须穿戴合适。这也是向主任传达一个信息,你认为这次访谈是一件严肃的事情。否则,怎么让别人把你的采访真当回事呢?

再次说明采访目的

体育课程主任请你去他的办公室,在你正式提出问题之前,应该花一两分钟时间再次说明本次访谈的目的。这样可以强化主任的记忆,同时也使访谈的重点突出。让访谈对象了解你为什么会问那一类问题,你更有可能得到清晰和有用的答案。

如果要录音,请打开录音机

如果访谈对象同意录音,应该记住一条原则:录音过程应该尽量随意和不显眼。不要把麦克风伸到受访人的面前。不要拿录音设备玩弄个不停。应该事先多加练习,确保自己掌握录音设备的用法。放好录音机,按下录音按钮,访谈开始后就再也别去管它。幸运的话,访谈对象也不再去理会那玩意了。

让访谈按既定思路进行

访谈的目的是得到你想要的答案。假如在回答问题的过程中,体育课程主任提出了你问题中没有包含的重要内容。你抓住这点,脱开提纲提出了几个问题,得到了很有用的答案,接着回到原先准备好的提纲继续提问。

这正是访谈过程中可能碰到的。当新问题出现时,你根据需要临时提出了几个问题,然后又回到原来的轨道。当会谈结束时,除了预先准备好的问题的所有答案,你还可以得到其他更多问题的答案。

仔细倾听

访谈时,你仔细倾听主任的回答。如果有不理解,可以请求访谈对象解释清楚。如果你没有用录音机,听到了一句希望能够直接引用的话,应该请那位主任重复一下,以确保自己听到是否准确。

不要随意拖延

除非访谈对象明显许可延长会谈，否则应该保证访谈在规定的时间内。结束后，应该感谢管体育课程主任给了你时间与你会谈。

☐ 访谈后

访谈结束了，但访谈的过程并没有结束。你需要及时回顾，并把访谈中记录下来的内容写出来。

及时整理访谈内容

离开体育课程主任的办公室以后，访谈内容在你脑海里还很新鲜。你知道那些含义模糊的评论和潦草的笔记是什么意思。但是，时间一长，访谈的细节会变得模糊起来。下面是一个真实事件，千万不要让这样的事发生在你身上：

多年以前，一位著名的女作家和外交家接受一位年轻记者的采访。除准备好问题之外，这位记者还问到了个人爱好和休闲活动。女作家回答说，她喜欢双向飞碟射击和养暹罗猫。记者在她的笔记里记下了"射击"和"猫"这两个词，但忘了在这两个词之间加上逗号或分隔线。访谈发表了。从那以后，这位著名女性就一直在拼命让别人忘记她有"射猫"的恶癖。

整理访谈笔记时，应该努力集中在两点上：找出访谈中的要点，然后整理出重要的具体信息。

找到要点的最好办法是，用一分钟或更短时间总结访谈的结果，你应该能够回答出来。当你整理访谈记录时，主任反复提到了三个想法：1)大学体育运动面临的主要挑战是维持男女体育项目的足够的资金支持；2)足球和篮球变得越来越商业化，但它们的商业收入对于资助其他体育项目很重要；3)更严格的学术和毕业标准将有益于运动员和学校，只要这个标准是公正的、可持续的。

回顾会谈时，你还会抓住好几个具体的项目、数字、轶闻趣事和原话，这些东西都能成为支持你演讲的细节。如果这其中有任何不清晰的地方，应该给主任打电话，确保自己得到的事实准确无误。

把笔记摘录出来

一旦你在访谈中记下了重要的思想和信息，你尽量应该把它摘录下来，采用统一的格式。把所有的访谈和资料记录都用相同的卡片格式记录下来，准备演讲稿时，你可以很方便地使用这些材料。

有关资料查询工作的提示

很少有人会把资料查询工作看成人生的乐趣。但是,总有办法可以把这件工作做得尽量不那么枯燥而且更有效率些。有四个办法供参考。

尽早开始

学生面临查资料的任务时,可能犯的最大错误就是拖时间。拖的时间越长,你遇到的麻烦就越多。某本重要的书已经被别人借走了;或者,你再也没时间进行一次重要的访谈了。尽早开始可以减轻完成任务的压力,避免在最后关头紧赶慢赶。不管你做的是哪一类资料收集,有一点是肯定的:事情总会比你预想的时间要长。因此,尽早动手,避免拖拉。

尽早开始还可以让你有充分的时间思考找到的内容。准备资料时,你会尽量多地收集材料,比你在演讲中实际要用到的多得多。准备演讲有些像做填字游戏,一旦材料准备好了,你就必须决定如何取舍、如何拼装。留给自己的时间越多,材料取舍和拼装的机会也就越多。

编一份参考书目

> **预备书目**
> preliminary bibliography
> 在查找资料的初步阶段,制作书目清单,列出所有可能对演讲主题有用书目和篇目。

查找资料时,你会发现有很多书籍、杂志文章、互联网文档等,都好像包含了对演讲有帮助的信息。编一份参考书目,把这些资料全列进去。

有关书籍,应该列出作者、书名、出版地、出版商、出版日期和编目号。还可以包括一个简短的评论,指明为什么这本书对演讲有用。

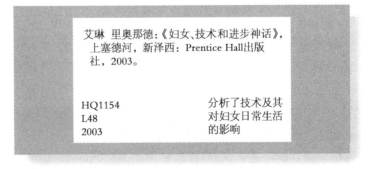

图 6.1　书籍的书目编写

有关杂志文章,应该记录下作者、文章名、杂志名、出版日期和页数。还应该说明去哪里可以找到该篇文章的全文,网上数据库还是图书馆书架上的编目号。

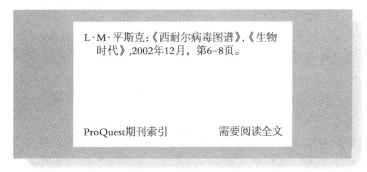

图6.2 杂志文章的篇目编写

有关互联网文档,要引述作者和网站组织机构的名字、文档的名字、网上发表日期或最新更新的日期、网址以及你进入该网址的日期。

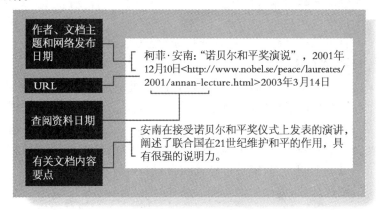

图6.3 网络文档篇目编写

需要强调一点,应该把可能有助于演讲的每一本书、杂志、互联网文档和类似的东西,都列入参考书目中去。也许你会列出15或20条。但请记住,你还没有查看列在参考书目清单上的那些资料。在这15或20条中,也许只有7到8条对起草演讲稿真正有用处。你必须从很多资料里筛选出自己想要的东西,这是资料查询工作不可缺少的一步。如果你编参考书目时草草了事,你最后的演讲多半也会草草收场。

有效地记笔记

阿夏·马歇尔怀着美好的愿望开始准备演讲稿。她对演讲的主题"伟大的爵士女郎"非常有兴趣,在布置作业的当天就上网查资料,找到了好几份有趣的资料,并且在索引卡上做了记录。当天晚上,她又去图书馆借了一本书。这本书写得好极了,回到宿舍她一口气就读完了。她没有记读书笔记,因为她相信自己记得住里面的内容。第二天,她又去图书馆查了《爵士百科全书》,并在自己的演讲提纲后面记了一些内容。

阿夏还得要参加另一门课的考试。她有些担心,先放下演讲的资料查询工作去复习了。等她考完试回过头来准备演讲稿时,只剩下四天时间了。她把笔记找出来,天哪,这些笔记都是些什么意思?太简单了,帮不上什么忙。其中一条记着:"梅福德——重要!!!"谁是梅福德?一位作家?一位音乐家?或者是一个地名?阿夏本来觉得自己会记得那本书里所有的内容,但是,因为没有笔记,只剩下一个模糊的印象了。她心里一阵发紧,知道自己只好重新来一遍了——而且要在四天内完成。

听起来很熟悉是吗?差不多每个人都有这样的经历。一次就足够了。有更好的记笔记的办法。下面这些方法曾帮助过很多同学。

记丰富的笔记

没有什么事情比回忆你看到过但没有记下来的信息更恼人了。你也许会对自己说:"这很有趣,但我不知道是否很重要。如果需要的话,我会回想起这些内容的。"可后来你根本记不清楚了。更糟糕的是,你已经想不起来到底是从哪里看到这些资料的。只好回到图书馆或重新上网,希望能够重新找到原来的资料出处。但是,哪怕你找到了资料来源,你已经浪费了很多时间。

这里面的道理很清楚,只要有一点可能,以后可能用得上这些资料,都应该立即记下来。这步工作当时看来可能额外多费点时间,但长远来看,它会省去你很多麻烦。

用一种格式记笔记

所有的笔记都应该用一种格式来记,不管资料是来自互联网、图书馆文献还是个人访谈。在每条记录中,记下资料来源和一个概括性的标题。其重要性再怎么强调也不过分,它是更有效率地记笔记的第一步。可以帮助你一眼就看出记录的是什么内容,可以帮助你在写演讲稿时简化整理笔记的任务。

每条记录都要用一张单独的卡片

许多学生想把一个来源里找来的所有信息全都写在一张卡片上。这其实失去了利用索引卡的意义,因为这样会使你的笔记几乎无法回顾和组织。你可以把每一条引语或每一条信息列在一张单独的卡片上。同一个文档也许会有好几张卡片,但你会发现,这样能让你很好地跟踪自己的查询过程。

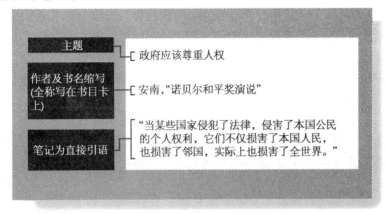

图 6.4 索引卡

直接引语或引述与你自己的观点之间要有区分

因为记笔记时不小心,可能无意中会产生剽窃的嫌疑。在你为演讲做资料查询时,如果直接引用原文,应该在记录时打上引号。如果是引述,而不是逐字照录,也应该注明出处。这样,你就可以把自己的话和想法与别人的话和想法区分开来。这会帮助你在准备演讲稿时避免无意剽窃。

如果你用手写记笔记,请使用索引卡

资料查询最有挑战性的工作之一就是,记下你所发现的所有信息,当你组织演讲稿时能够迅速地把这些信息组织起来。如果你使用电脑,可以剪切和粘贴引语、数据等,按照顺序把这些材料组织起来。然而,如果你用手写记笔记,你需要一个方法,可以让你像在电脑上记笔记一样轻松地重组这些材料。

最好的方法是使用索引卡。许多人喜欢 4×6 或 5×8 规格的索引卡。这两种索引卡都很大,足以记下很多信息,而且,准备演讲稿时,这些索引卡很容易分类。如果你从没用过索引卡,那么试一下吧。你会惊讶地发现,它们能够替你省下很多时间,免去很多麻烦。

边查资料边思考

很多同学把资料查询看成是一种机械式的工作,仅仅是收集一些材料供演讲或论文之用。其实,如果做得好的话,资料查询有很大的创造性。

如果深入思考在资料里发现的内容,你会看出,随着资料的增多,你看待同一个问题的角度会发生变化。你会发现新的关系,会提出新的问题,会形成新的角度。你会开始在脑海里起草演讲稿,一边查资料一边就在写了。随着你对演讲主题的了解不断深入,你会形成一个中心思想,提出要点和论证要点,会试着用各种办法来组织自己的思路。甚至有可能改变原先的观点。

弗兰西斯卡·洛佩茨围绕着这个中心思想准备演讲:"野生动物比狗和猫更容易成为有趣的宠物。"她认真地查询资料,花了很多时间在网上和图书馆里。这时,她找到了一些资料使她产生疑惑,那就是关于野生动物的捕捉方面的信息。她看到,小黑猩猩和其他猿类几乎是从它们的母亲怀里被强行夺走的,这些动物妈妈会发出人类一样的哀嚎声。当天晚上回到宿舍后,她始终无法忘记小黑猩猩的故事。

第二天,到了图书馆,她又找到了更让人不安的材料。一份资料讲到,动物在运输途中死亡率极高。当天晚上,小动物在货运飞机里又怕又冷地死去的情形,始终萦绕在弗兰西斯卡心头。

等她完成资料查询工作时,弗兰西斯卡的中心论点完全变了。正式演讲时,她的主题是:"进口野生动物用作宠物是非人性的行为。"

这就是创造性资料查询的案例,也是严谨思考的案例。弗兰西斯卡让自己的思路放开,全面收集关于演讲主题的材料,然后认真思考自己找到的内容。因为采取了这种思考方法,她改变了原来的想法。

你的资料准备工作并不一定会让你改变原先的立场,但是,一定会让你对自己的演讲话题产生新的看法。如果你以这样的方法进行资料查询工作,你会体会到为查资料花的时间,是演讲准备过程中最有价值的。

小结

为演讲收集资料和为任何一个项目收集信息一样,可以多种方式获得:你可以去图书馆做研究,也可以上网查询;你可以访问对你的演讲主题有专门研究的人士。

去图书馆,很大程度上要了解如何查找信息。图书馆的目录列出了一个图书馆所拥有的所有图书、期刊和其他资源。期刊索引和报纸索引提供有效的途径来查找报纸和杂志上的文章。各类工具书包含了很多资源,包括百科全书、年鉴、字典、传记、地图集和地名集。如果你查找资料时遇到问题,应该主动请教图书馆管理员。

当你在网上查询时,你可以使用搜索引擎、元搜索引擎或虚拟图书馆来。关键词和主题查询同样有效,这取决于你演讲的主题和你所需的信息种类。因为在网上大多数文档都未经编辑,因此评价作者、主办机构和资料新旧程度就特别重要了。还有一点也很重要,在演讲中,引用网上资源要完整、清晰和连贯。

你也可以通过采访大学或社区的某个人来获取信息。访谈之前,你应该确定访谈的目的,确定访谈对象,预约访谈时间。你还应该准备好访谈提纲。一旦访谈开始,必须确保访谈保持在既定方向上,认真倾听,准确记录。访谈后,应该尽早整理访谈记录,并把记录下来的东西摘抄成统一格式的笔记,因为此时会谈的内容在你脑海里仍然很新鲜。

不管你在收集信息的过程中利用了哪一种资源,如果尽早着手,并利用参考书目帮助你记录可能有用的所有书籍、文章和互联网文档,你的演讲多半会更加有效。学会如何有效地记笔记,会帮助你节省很多时间和精力。如果一边查阅资料一边思考,你会觉得收集资料是你演讲准备过程中最有创造性的工作。

■ 关键术语

目录	catalogue
编目号	call number
期刊数据库	periodical database
摘要	abstract
工具书	reference work

通用百科全书	general encyclopedia
专业百科全书	special encyclopedia
年鉴	yearbook
传记辞典	biographical aid
查询辅助方法	search aid
搜索引擎	search engine
元搜索引擎	metasearch engine
虚拟图书馆	virtual library
URL	Uniform Resource Locator
书鉴	bookmark
主办机构	sponsoring organization
研究访谈	research interview
预备书目	preliminary bibliography

■ **复习题**

阅读本章以后,请回答下列问题:

1. 收集演讲资料时,为什么利用自身知识和经验很重要?

2. 在图书馆查资料时,必须要利用到的五大重要资源是哪些?

3. 搜索引擎、元搜索引擎和虚拟图书馆有什么区别?怎样使用这些工具在互联网上系统地找信息?

4. 评估网上资料可靠性的三条标准是什么?

5. 访谈的三个阶段是什么?为确保访谈成功,你必须在各个阶段做哪些工作?

6. 尽早开始资料查询为什么很重要?

7. 什么是预备书目?为什么收集演讲资料时预备书目很有帮助?

8. 有效地记笔记的五个步骤是什么?

■ **批判性思考练习题**

1. 利用本章讨论过的期刊数据库,找到与你演讲主题相关的三篇文章。为每篇文章准备一份索引卡。读完全文,并评估对演讲的价值。

2. 利用本章讨论过的报纸索引,找到与你演讲主题相关的三篇文章。为每一篇文章准备一份索引卡。读完全文,并估计对演讲的价值。

3. 使用本章讨论过的关键词查询程序,找出与你演讲主题相关的三个互联网文档。为各个文档准备一份索引卡。按本章讨论的评估互联网文档的标准,评估三篇文档对你演讲的价值(务必具体一些)。

4. 为你的课堂演讲计划一次访谈。确保按照本章讲述的有效访谈的要求进行。评估这次访谈,你是否做了充分的准备?你是否得到了所需的信息?如果再次进行这样访谈,你准备做哪些改变?

5. 请回答下面的问题,其中有些问题指明你去哪里能够找到答案,其中一些没有指明。如果有必要,可以回头看看本章相关部分,看看哪些参考著作是你最有可能找到所需要的。对于每一个问题,都要记下自己的答案和查找的路径。

例子

问题:谁这样说过,"如果妇女最后真正当家作主了,谁知道她们会成为什么样的人?"

答案:贝蒂·弗里丹说过:"如果妇女最后真正当家作主了,谁知道她们会成为什么样的人?"《巴特勒常用引语词典》,第15版,898页。

a. 根据《牛津英语字典》,"terrorism"作为一个政治术语的来源是什么?

b. 在《2001当代传记年鉴》里讲到"Jordan's Queen Rania"的文章,引用的第一句引语是什么?

c. 美国有多少城镇是以巴黎命名的,他们分别在哪个州?

d. 根据《计算机科学百科全书》,第一封E-mail是何时、何地发出的?

e. 根据《拉丁美洲人百科全书》,EL Dia de la Raza 的起源是什么?

f. 根据2001年的《美国统计摘要》,2000年,18—34岁的人中在家或单位使用互联网的比例是多少?55岁及其以上的人呢?

g. 2002年4月29日—6月2日期间,列在《事实存档》榜首的美国三大黄金时段电视节目是哪些?

h. 根据《亚裔美国人百科全书》,全球洪族人口有多少?并且有多少洪族部落?

i. 在《麦格劳-希尔科技百科全书》中,"雾"的定义是什么?

◼ 运用公共演讲的力量

你八岁的女儿最近诊断出患有哮喘,成为越来越多的患有这种慢性病的城市儿童之一。和邻居交谈后,你发现不少家庭都面临同样的医疗问题。去年,有一个非正式的组织召开会议,讨论治疗方案、用药和防范策略,同时保持患者家庭正常的家庭生活。现在,你自愿做一些资料查询工作,查找一下是否有哮喘病人的全国性支持网络,怎样可以联系他们并建立你们自己的正式组织。

通过图书馆互联网索引进行主题查询,找到自己需要的信息。

第七章

支持你的观点

希瑟·柯尔平决定选择有关营养的话题做她的第一次课堂演讲。她是一个健美爱好者,最近专门采用一种高蛋白的营养食疗法。她在演讲中谈到:

"多少年来,我们被告之肉、蛋和奶酪对我们不利,我们应该吃更多的碳水化合物类食品,比如麦片、谷物、面食以及大米。但是,太多的碳水化合物会使我们的身体失去平衡,使人身心疲惫、增加体重。你希望有更多的能量吗?你希望注意力更加集中,取得更好的学习成绩吗?你希望尽情享受美味的饭菜同时依然能消除那些不雅观的赘肉吗?你应该摄取更多的蛋白质。我使用一种高蛋白质的营养食疗法已经六个月了,学习时感觉良好,从来没有像现在这样好过。"

演讲结束后,希瑟的同学产生了兴趣但仍不免有一丝怀疑。就像一个同学说的:"我知道高蛋白食物现在很流行,但希瑟并不是营养学方面的专家。而且,现在有各种各样的食疗法,都宣传能够创造奇迹。就我个人而言,如果希瑟能够给出一些科学证据来支持她的观点,我会更加信服的。"

好的演讲并不是夸大和一般性的概括,需要强有力的论据来支持演讲人的论点。虽然有很多证据证明需要平衡蛋白质与碳水化合物的消耗,但也有很多营养学家提醒过度摄取蛋白质的危险。因此,希瑟的听众心存疑虑。希瑟犯的错误是仅仅从自己的经验出发一概而论,缺乏实质性的内容来支持她的观点。

概括性演讲的问题在于,它没能够回答听众的三个疑问:"你是什么意思?""我为什么要相信你?""那又怎样?"请分析下面几种表述:

高度概括	一般概括	详细具体
丙型肝炎是一个很严重的问题。	丙型肝炎是一种致命的疾病,目前正在美国迅速蔓延。	目前,美国丙型肝炎的感染人群已达三四百万,是艾滋病患者人数的4倍。在美国,丙型肝炎导致的死亡人数每年有10 000人。到2010年,这个数字将到达每年30 000人,是艾滋病死亡人数的两倍。
亚洲有很多人口。	超过世界总人口一半的人口居住在亚洲。	如果将地球上的人口比喻成只有100人的小村庄,其构成是这样的:57个亚洲人,21个欧洲人,14个美洲人,3个非洲人,剩余还有5人分散在其他地方。
世界杯非常受欢迎。	在所有体育盛事中,世界杯拥有数量最多的电视观众。	2002年世界杯足球赛,吸引了全球超过400亿人次的电视观众。相反,最近的超级碗杯在全球只有13 500万观众;而整个2000年夏季奥林匹克运动会也只有32亿观众。

哪种表述更有说服力呢?你多半会更喜欢右边那一栏。它们直接、具体、清晰和可信,而演讲正是凭借这些方式表现出生命力的。

论证材料与批判性思维

论证材料
supporting materials
支持演讲人观点的各种材料,主要有实例、数据和证言三种。

能否灵活地运用论证材料,常常决定了一次演讲的成功与否,它与批判性思考也是密不可分的。运用论证材料并不是将一些事实和数据随意地塞进自己的演讲中。你必须根据听众、主题以及具体的目的来决定哪些想法是需要用材料来支持的;你必须通过调查研究,找到有用的材料,使你的想法得以清晰和富有创造性地传达;你还必须评估这些材料,确保它们真正能够支持你的观点。

当你准备演讲内容时,你需要确保你的材料是准确的、相关的,

第七章 支持你的观点

并且是可信的。你需要向自己提这样一些问题:"我举的例子是否具有代表性?""我使用统计资料的方法是否正确?""我引用的材料是否具有权威性,是否是高质量的?"就像评价同学演讲时所用的材料一样,评价你自己在演讲中引用的论证材料,是批判性思考作为公共演讲的要素之一的另外一种表现形式。

在第十四章和第十六章中,我们会详细讨论论证材料在告知型演讲与说服型演讲中的特殊作用。在本章,我们将集中讨论论证材料的基本形式,即实例、数据和证言,以及如何有效、负责地使用这些论证材料的一般原则。

事例

2001年9月11日,早上9点刚过,凯利·瑞恩站在世界贸易中心2号楼拥挤的78层的电梯厅。15分钟以前,一架波音767撞向了世贸中心的北塔,激起一团火球,飞过双子塔之间140英尺的距离,穿入103层的窗户。瑞恩的一位同事朱蒂·维恩感觉到:"就像把你的头放进了一个火炉里。"

这是《新闻周刊》一篇关于世贸中心撞机事件报道的开头几句。这篇报道采访了在残骸和火焰包围下幸存下来的少数几个人。报道的开头几句采用了作家和演说家非常熟悉的一个技巧——让听众参与其中。

这篇文章开篇就聚焦在一个具体的人(凯利·瑞恩)身上。然后,文章交代了具体的场景,包括详尽的时间、地点,甚至是恐怖分子撞向北塔的飞机型号。我们差不多感觉自己和凯利一起,正忍受着飞机撞向大楼产生的火球的炙热。如果文章只是说:"世贸中心的撞机事件是一件令人震惊的事",那我们几乎不可能被文章吸引。文章所举的例子触动了我们身心的某个部分,这是一般性概括难以做到的。

研究显示,生动、具体的例子对听众的信念和行动具有强烈的影响力。没有实例,想法常常变得模糊,没有个性,没有生命。通过举例,想法可以变得具体,富有人性和生动起来。这在《圣经》和《古兰经》中得到了最好的印证。《圣经》和《古兰经》都通过运用各种形式的故事、寓言和轶闻趣事,使抽象的原则得到清晰的表达并且具有趣味性。这里有很多类型的案例,大家可以在演讲中尝试着使用。

事例
examples
具体的事例用以描述或说明人物、思想、环境或经历等。

简要事例

简要事例
brief example
列举具体的事例用以帮助说明一个观点。

简要事例可以被用来说明一个观点。下面摘录的片段用了一个简短的例子来说明为事故受害者制作人工假肢所取得的最新进展的神奇特性：

科技的进步使医生有可能创造出前所未有的奇迹。例如，罗杰·查特尔在一次事故中被卡车轧坏了双脚。现在，他有了新的脚——是用富有弹性的塑料合金制作的，上面还复制了正常的脚弓。罗杰不仅能够正常行走，他还可以跑步和参与体育活动！

简要事例还可以被用来介绍一个话题：

当考古学家于1922年打开了图坦哈门墓的封印，他们发现了令人震惊的宝藏——价值连城的古埃及艺术品，三千年来尘封地下，从来没有人碰过。考古是一门乏味、繁琐的工作，需要艰苦的研究，只有非常偶然、非常稀少的机会才能有惊人的发现。

使用简要事例的另一种方法是一个接一个地举例，直到达到了你预期的效果。这里有一个例子，说明如何用这种方法来强化演讲人的观点：墨西哥裔美国人对美国生活及文化作出了重大的贡献。

我们中很多人都知道一些杰出的墨西哥裔美国人，比如喜剧演员乔治·洛佩兹，歌星赛雷娜，棒球运动员路易兹·冈扎勒兹和吉他演奏家卡洛斯·桑塔那。但是，你可能并不熟悉其他许多为美国社会作出了重大贡献的墨西哥裔美国人。南希·洛佩兹赢取了48个冠军称号，在普及女子职业高尔夫运动中扮演了重要角色；宇航员埃伦·奥乔亚博士，太空飞行超过480个小时，发明了几种帮助太空考察的光学方法；马里奥·莫里纳博士因为在臭氧层的构成与分解方面的研究成果，赢得了1995年诺贝尔化学奖。

完整事例

完整事例
extended example
一个故事、叙述或轶事，比简要事例长且详细，帮助说明一个观点。

完整事例比简要事例更详细和具体。通过生动地、戏剧性地讲述，完整的例子可以将听众带入演讲之中。这里有一个例子，来自于中国复旦大学孙岩同学的一次演讲。在参加中国2001年英语演讲大赛时，孙岩用了一个完整的例子来说明奥林匹克精神：

在奥林匹克运动的历史上，涌现出了很多闪闪发光的明星。其中，有一位欧洲女孩强化了奥林匹克的信仰，虽然随着时间的流逝，她的名字已经逐渐从人们记忆中消失，但她不屈的精神从未枯萎过。

她本来处于领先位置，却在接近终点时绊倒了，并且腿部受了伤。其他选手接连从后面超过她，最后跑道上只剩她虚弱、孤独的身

第七章 支持你的观点

影。医生走上前想扶她走,却被她拒绝了。凭借心中的力量,她坚持拖着虚弱的脚步到达了终点,身后留下了一道血迹斑斑的痕迹。

全场爆发出了欢呼声。虽然她在比赛中失败了,但她赢得了全世界的喝彩。是她,用行动证明了奥林匹克重在参与的信仰;是她,向我们展示了什么叫不屈不挠。

这个很长的例子生动地捕捉到了奥林匹克田径运动员的勇气和她作为奥林匹克精神的完美榜样。演讲人本可以简单地说,"奥林匹克运动员经常展示出坚忍和刚毅",但这个故事让这个观点变得生动很多。

假设事例

不管是简短的还是完整的例子,可以是真实的,也可以是假设的。到目前为止,我们所举的例子都是事实,它们所谈到的情况都是真正发生过的。但有时候,演讲人会运用假设的例子,描述一种想象中的情形。通常情况下,这样的例子都很简短,与某个普遍原理相关。

下面的案例,是一位同学运用假设的例子来说明大学生保护自己,免遭犯罪侵害的必要性。

你又累又饿,已经在图书馆里呆了整整一天,迫不及待地想回到宿舍。朝外面瞥了一眼,天色已经很晚了。没多想,收拾起东西就一头扎进月黑风高的夜晚。直到你发现人行道上有黑影闪动,听到身后有沙沙的树叶声,你才后悔不该一个人出来。你加快脚步,尽力不让自己去想象杀人或强奸之类的事。只有当你安全地回到自己的房间,你才能让自己的心跳平静下来。

你能够回想起自己也有过类似感受的时刻吗?如果你从来没有过这种感受,我会非常惊讶。联邦调查局的报告显示,去年仅在麦迪逊地区就发生了3起杀人案、近430起严重伤人案、1 400起入室盗窃案和80起强奸案。虽然这些统计数字足以引起恐慌,但和更大的城市相比,就显得微不足道了。

这个假设的例子具有特殊的效果。演讲者创造了一个有现实感的情景,将它直接与听众联系在一起,将听众带到了演讲之中。而且,使用联邦调查局的数据来说明这种假设的情景真有可能发生在班上任何一个同学身上。当你运用假设的例子时,最好能有统计数据或证明材料紧随其后,这样,你假设的情景就显得不是那么遥远而更具说服力了。

> 假设事例
> hypothetical example
> 事例描绘的是想象或虚构的情形。

运用事例的提示

用事例来阐明你的想法

在日常对话中，你总是在运用一些事例来阐明你的想法。如果你向一个朋友解释人体的不同类型，你可能会说："看看夏卡尔教授。他是典型的瘦长而肌肉不发达的人——高个子，很瘦，一身都是骨头。"举例是用来说明人们不熟悉或者复杂想法的非常有用的方法。正因为如此，很多老师才会在课堂里使用例子。例子使抽象的想法变成具体的内容，听众理解起来就非常容易了。

这个道理在演讲中运用效果特别好。假设你在谈论悬索桥，你可以做技术上的描述：

悬索桥由连接在两根或多根钢索上的竖直的钢索将桥梁悬空吊挂起来。钢索连在两个桥墩上，两端固定在水泥或岩床上。

如果你的听众非常熟悉结构系统，他们可能会想象出悬索桥是什么样子。但是，对于缺少这个专业背景的听众，你不妨再举一个简单的例子：

有两座非常著名的悬索桥，一座是旧金山的金门大桥，另一座是纽约的布鲁克林大桥。

几乎所有人都至少看到过一张金门大桥或布鲁克林大桥的图片，用它们作例子可以迅速而有效的传达你所要表达的意思。

用事例来强化你的想法

在一次名为《拳击：最危险的运动》的演讲中，学生罗伯·高奇凯尔呼吁，美国应该禁止职业拳击运动。除了列举出数十例拳击导致的死亡事件外，他还为很多拳击手持续不断、无法治愈的脑伤表示悲痛。他解释说，重量级拳击手打出的一拳有一千多磅重的力量，他还提供了神经学家的证词，说明头部在连续遭受重击后的严重后果。为了强化自己的观点，罗伯引述了穆罕默德·阿里的例子。阿里有严重的帕金森氏症，那是多年来拳击台上留下的后遗症。他的症状包括手眼协调功能受损、言辞不清、肌肉无力以及慢性疲劳症等。阿里曾经是世界拳王，但最后"仅仅成了一具躯壳，他双手发抖，说话困难，成为拳击残忍性的见证"。

这个例子的效果特别好。它把关于拳击和脑损伤的医学事实用生动的、人性化的语言来表达，使得人人都能理解。当你在运用这样的例子时，应确保它是具有代表性的，而不是一些不太常见或属于例外情况的案例。

用事例使你的观点人性化

人对人总是充满兴趣。社会心理学家艾略特·阿伦森解释道:"大多数人更容易受清晰、生动的个人实例的深刻影响,而不太乐意受大量统计数据的影响。"当你向一群普通听众发表演讲时,可以添加一些富于人性的例子进去。在本章里面,我们已经见过好几个这样的例子——"9·11"事件中正身处世贸中心的朱蒂·维恩、事故受害者罗杰·查特尔等等。抽象的东西应用到一个人的身上会变得更有意义。下面两个例子,哪一个更容易得到反馈呢?

我们社区里有很多家庭在挨饿,他们可以从食物捐赠中受益。

或者:

让我来告诉你阿托罗的故事。阿托罗今年4岁,他有大大的棕色眼睛,一头黑发,但肚子却是瘪瘪的。他来到这个世界上已经4年了,但从来没有享受过一天吃三顿饭的快乐。

努力在演讲中运用人性化的例子。你会明白,为什么成功的演讲人都觉得这些例子是"演讲的生命"。

让你的事例生动、丰富起来

内容丰富的例子提供了日常生活的细节,充满了生命力。让我们回顾一下前面所说的奥林匹克田径运动员的例子。演讲者为我们提供了很多细节,描述了运动员面对挫折时的勇气。她在接近终点时绊倒伤了腿脚,她被其他选手超过,只有她一个人还留在跑道上,医生提供帮助,却被她回绝,勇气使她蹒跚着到达终点,身后是一条血迹斑斑的痕迹。

如果演讲者只是说一句简单的话,那这个例子就显得没那么有力了:

一个奥林匹克运动员充满勇气地完成了她的比赛,尽管她受了伤又筋疲力尽。

的确,这些细节让我们看到运动员与疼痛和不幸抗争,最终赢得了全球观众的喝彩。她留在我们的脑海里,已经不仅仅是"完成比赛的、勇敢的田径选手"。不管是简短的例子还是完整的例子,只要例子越生动,对听众产生的影响就越大。

加强训练,强化效果

一个完整的例子就像一个故事。其效果既取决于内容,也同样取决于演讲的水平。很多学生是在经过很多教训后才发现这一点的。他们花很多时间和精力想出了一个极好的例子,结果到了演讲那天突然发现这个例子很一般。因为他们并没有再向前走一步,没有花时间让这个例子生动有趣,让例子紧紧抓住观众不放。

当你运用一个完整的例子时,应该把你自己想象成一位讲故事的人。不要像读报一样,很快把例子讲完,而应该运用自己的语音语调使听众参与进来。这里讲快一点增强节奏感,那里讲慢一点制造悬念。有的地方该提高音量,有些地方该放低声音。间或的停顿可以达到戏剧性的效果。

最重要的是,你一定要保持与听众的眼神接触。毁掉一个非常好的演讲的最佳方法,就是照着稿子呆板地"念出来"。练习的时候,应该脱离讲稿从头到尾把例子"讲出来"。到了演讲那天,你应该能够很自然地把完整的例子讲出来,就像你对着一群朋友讲一个故事一样。

数据

统计数据
statistics
即各种数据资料。

我们生活在一个统计数据的年代。我们日复一日地接受大量的数据轰炸:加思·布鲁克斯创下了9 700万张唱片销量;美国有12%的18岁以下儿童患有不同程度的心理疾病;俄罗斯每年生产大约33 300万加仑的伏特加;巴西成人识字率为83%;美国人每天消费超过400万磅的花生类产品。

这些数字意味着什么呢?大多数人可能都说不出个所以然来。但如果我们用数字的方式来表达我们对问题的认识,我们会感觉可靠一些。就像19世纪物理学家洛德·凯尔文所说的那样:"当你能够计量自己所谈论的话,并能用数字表达出来时,你对这个话题一定有所了解。但是,如果你不能计量它,不能用数字来表达自己想说的话,那么你对这个话题的了解……是不充分的,也是不能够令人满意的。"正是这种广泛为人们所接受的观念,使得正确地运用统计数据成为阐明和支持演讲人观点的有效的工具。

跟简短的例子一样,统计数据也经常会被演讲者引用,用以阐明或强化演讲人的观点。下面的例子说明三位学生是如何在演讲中使用统计数据的:

为了说明乱闯红灯的危险:"根据美国交通部的统计,每年乱闯红灯引发的事故导致20万人受伤,超过800人死亡。"

为了说明有机食品的流行:"消费者协会的报告显示,有机食品的销售规模一年超过90亿美元,而且,每年正以20%的增幅递增。"

第七章 支持你的观点

为了论证身份窃取引发的问题:"正如《新闻周刊》所报道的,身份窃取已经成为美国消费诈骗的最主要形式,估计每年有50万到70万的受害者。"

统计数据也可以合并使用,多个数据叠加以说明一个问题的重要性或严重程度。有一个学生在谈及咀嚼烟草的危害时巧妙地使用了这个技巧,效果非常好。为了论证自己的观点:咀嚼烟草问题广泛存在,演讲者引述了下面的数字:

根据美国癌症协会的统计,每12个美国人中便有一位经常咀嚼烟草。第一次咀嚼烟草的平均年龄为10岁左右,也就是许多儿童在小学四年级时就开始咀嚼烟草了。美国癌症协会还报告说,中学男生有40%尝试过咀嚼烟草。更糟糕的是,有20%上幼儿园的儿童也试过咀嚼烟草。孩子们在还没有看懂警告标签之前就开始咀嚼烟草了。

这是一篇论证有力的演讲。但如果演讲者仅仅是说下面这样简单的一句话,效果就差多了:

包括儿童在内的很多人都咀嚼过烟草。

第二种表述既没有第一种来得清晰,也不像第一种表述那样因为包含了很多统计数据而具有很强的说服力。统计数据使演讲者的陈述可信又具体。当然,听众不可能记住所有的数字,但这没关系,展示一系列数据的目的是为了对听众产生整体的影响力。有一大堆统计数据支持演讲者的观点和立场,可以强化听众的记忆。

理解数据

达莱尔·哈夫在他很有名的书《如何利用统计数字撒谎》中抨击了数字不会说谎的观点。严格地说,数字确实不能撒谎。但是,数字非常容易为人所操纵和扭曲。例如,下面的话哪一句是真实的呢?

a. 白面包比全麦面包更有营养,因为里面富含更多的蛋白质、钙、烟酸、维生素B1和核黄素。

b. 全麦面包比白面包更有营养,因为里面富含七倍多的纤维,以及更多的铁、磷和钾。

大家可能会看到,这两个陈述都是真实的。你可能听到两种表述中的任何一种,这取决于是谁试着向你推销面包。

人们能够在所有的领域里玩弄数据。下面两句话,那一句是真实的呢?

a. 印度豹测出的速度为每小时70英里,是世界上奔跑速度最快的动物。

　　b. 麋鹿测出的速度为每小时 60 英里,是世界上奔跑速度最快的动物。

　　印度豹吗？不一定。不错,印度豹奔跑的速度是要快些,但只是在短距离奔跑中如此。麋鹿可以在更远的距离内保持高速奔跑的速度。谁更快呢？这取决于你衡量的标准是什么。用人类的田径比赛来作比喻,印度豹会赢得百米赛跑,而麋鹿能在马拉松赛跑中取得桂冠。

　　当你在处理有关钱的问题时,统计数据能玩出更大的把戏。例如,考虑下面的事实:

　　a. 1942 年,富兰克林·罗斯福总统的工资是 7.5 万美元。

　　b. 1972 年,理查德·尼克松总统的工资是 20 万美元。

　　c. 2002 年,乔治·布什总统的工资是 40 万美元。

　　哪位总统的收入最高呢？从纯粹数字的角度来看,布什的收入最高。但是我们都知道,今天的一美元能够买到的东西,远没有罗斯福总统时期能够买到的东西多。反映通胀水平的一个尺度是消费者物价指数,这个指数评价任何一个年份中的一美元相对于 1972 年的购买能力的价值。如果我们把消费者物价指数应用到三位总统的收入当中,就可以看出三个人按 1972 年的美元价值计算各自挣了多少钱:

　　a. 1942 年,富兰克林·罗斯福总统的工资是 19.2 万美元。

　　b. 1972 年,理查德·尼克松总统的工资是 20 万美元。

　　c. 2002 年,乔治·布什总统的工资是 9.28 万美元。

　　换句话说,虽然布什总统的收入最高,但他那 40 万美元的价值却比罗斯福总统 7.5 万美元的价值的一半还要少。

　　可见,对于统计数字,人们看到的东西还远远不够。在为你的演讲查找资料时,一定要评估这些统计资料的价值,主要是从以下几个方面着手。

数据是否具有代表性

　　打个比方,在上学路上你随机选择 10 名学生,问他们是支持还是反对政府为私立学校学生提供免税优惠。有 6 名学生表示支持这样的免税计划,而另外四名学生表示反对。你声称支持政府为私立学校提供资助的比例为 60%,这个说法准确吗？

　　当然不准确。10 名学生不能构成足够数量的样本。但是,哪怕是数量足够多的样本,问题仍然存在。受访的学生是否能够准确反映出新生、二年级、三年级和四年级学生的比例？他们能代表男生和女生的比例吗？不同的专业是否能得到足够的表达？业余学生和全日制学生的比例如何？不同文化和宗教背景学生的意见是否得到了表达？

简而言之，需要确保你的统计数字具有代表性。

统计尺度运用正确吗？

这里有两组数据：

组 A	组 B
7 500	5 400
6 300	5 400
5 000	5 000
4 400	2 300
4 400	1 700

我们把三个基本的统计尺度用在每一组数字中：平均数、中值和众值。

平均数，一般称为均数，是把一组数字里面所有的项目加起来除以项数来确定的。第一组里面的平均数是 5 520。第二组里面的平均数是 3 960。

中值是指一组数字按从最高到最低的顺序排列下来以后，处于中间位置的数字。第一组和第二组的中值一模一样，都是 5 000。

众值是一组数字里面出现频率最高的数字。第一组数字的众值是 4 400，第二组数字的众值是 5 400。

请注意下面的结果：

	组 A	组 B
平均数	5 520	3 960
中值	5 000	5 000
众值	4 400	5 400

所有这些统计尺度都有同一个目标，指明这组数字的典型状况或特点。但是，不难看出，使用不同的尺度，两组数字的结果有很大差别。

不同尺度之间的差别有时是很惊人的。例如，除纽约、洛杉矶和芝加哥等媒体中心之外的地方电视新闻主持人的平均工资为每年 60 800 美元。事实上，大部分地方新闻主持人都挣不到这么多钱。这个平均值因为付给少数几个明星主持人的超高工资（多达每年 600 000 美元）而抬高。相对而言，地方新闻主持人的工资中值为

平均数
mean
一组数据的平均值。

中值
median
在一组从高到低排列的数据中处于中间位置的数字。

众值
mode
在一组数据中出现频率最高的数字。

43 000美元,比平均工资水平还是少了17 800美元。

演讲人应该如何利用这些不同的统计尺度呢?电视台老板可能希望用平均工资数(60 800美元)说明地方主持人的工资已经很高了;新闻主持人组织则会强调中值(43 000美元)来说明工资水平远没有老板所说的那么高。两个演讲人都说了真话,但是,除非他们澄清统计数字的意义,否则都不是诚实的话。

统计数字的来源可靠吗?

对填埋有毒垃圾造成的环境损害,有不同的消息来源。有美国环境保护机构的评估报告,也有垃圾处理公司编制的评估报告。哪一个更可靠呢?显然,美国环境保护机构的评估报告更可靠,因为这个组织对数据是否好看并无特别的兴趣。消费者协会和汉堡王都可以拿出快速食品的营养评估,哪家更可靠?显而易见,消费者协会的报告更可靠,因为这个组织的报告不会被广告经理做手脚。

但是,现在问题更棘手了。支持或反对医疗保险的团体拿出来的统计报告互相矛盾怎样办呢?学校董事会和罢课反对校董会的教师对不同数字有不同的解读怎样办呢?在这些例子中,答案并不是很清晰,因为双方是根据各自的动机来表达事实的。

作为演讲人,你必须意识到运用数字时的主观因素。由于统计数字可以用多种方式解释,并用于不同的目的,你应该寻找客观和公正的数据来源。

利用统计数据的提示

利用数据量化你的观点

统计数据的主要价值是让观点具备数字化的准确性,在你竭尽全力地论证一个问题的存在时尤其重要。例子可使问题历历在目,活灵活现,并以个性化的用语使其触目惊心。但是,听众仍然会怀疑,到底有多少人受到所说问题的影响。在这样的情况下,你应该求助于统计数字。研究显示,如果举了例子以后马上有统计数字紧随其后,例子的可信度会大大加强。

假如你倡议需要对老年人的驾驶证颁发采取更严格的要求。你在演讲中谈到70岁以上的驾驶者引发的交通事故正在不断增加。你会举一个例子,使你的演讲个性化,之后你会拿出许多细节,比如下面这一段:

玛丽·怀曼在缅因州维斯洛市的龙虾和烤鱼屋举办她的87岁生日宴会,结束后,怀曼在停车场倒车时,她那辆别克车失控了,就像犁田的牛一头撞进餐馆。客人吓得半死,四处躲避,餐桌和椅子乱成一团。事故共造成了27人受伤,警方说,没有人丧命真是一个奇迹。

听众听到这样的例子,心里一定会想:"是啊,真不幸。但是,老年驾驶者引发的交通事故真有这么严重吗?"预计会有这样的疑问,敏锐的演讲人会把一些数据包括到演讲里面去,以使这一问题得到量化:

根据联邦公路交通安全管理局的统计,在过去10年里,70岁及以上驾驶者造成的致命撞车事故上升了33%,每年达到5 000多起。在未来的20年时间里,美国将有3 000多万70岁以上的老人,公路安全专家警告说,涉及老年驾驶者的交通事故死亡率极有可能超过酒后驾车造成的死亡率。

到这时,听众不用再怀疑了,的确需要对老年人的驾驶资格提出更高要求。

不要滥用统计数据

统计数据对演讲固然有帮助,但是,如果一篇演讲从头到尾堆满统计数据,听众很容易昏昏欲睡。只有在必要的时候才插进一些统计数据,并且,确保这些数字容易为听众所理解。再专心的听众,听到下面的演讲也会如坠入云里雾里一般:

根据《世界现状百科全书》的统计,在25个工业化国家中,美国的婴儿出生率排在第18位,婴儿死亡率排在第22位,其中,男婴列第18位,女婴列第22位。作为比较,美国男性的生命预期为71.5年,日本男性的生命预期为75.8年。美国当前的人均医疗卫生支出比加拿大高出40个百分点,比日本高出127个百分点。

与其将听众淹没在统计数字的大海里,倒不如选用几个重要的数据效果会更好。例如:

根据《世界现状百科全书》的统计,美国的人均寿命在工业化国家中处于较低水平,我们的婴儿死亡率维持在较高水平。但是,我们比其他国家花更多的钱用于医疗卫生,比加拿大高出40个百分点,比日本高出127个百分点。

第二种说法和第一种并没有两样,但现在,演讲人的思想更容易清晰地体现出来,因为第一种说法的意思被淹没在数字中了。

说明数据来源

我们已经看到,数字是很容易被人所操纵的。正因为如此,细心的听众才会对演讲人提供的统计数字的来源很留心。有一位学生是通过经验了解到这一点的。在一篇名为《税收改革:事实与虚构》的演讲中,他说美国人口中1%较为富有的纳税人的贡献占据了美国联邦政府税收的34%,尽管他们的收入只占据了全美国人收入的19%,他还注意到美国人口中25%的纳税人占据了联邦政府全部税收的83%,这是一些很令人震惊的数据,特别是考虑到这些收入较高的人群的纳税比例并不与他们的收入比例成为正比时。但是,因为这个学生并没有指明这些数据的来源,因此他的同学并不能接受这些数字,因此也不愿意相信他的说法是正确的。

但是后来发现,他的那些数字都是相当可靠的,它们全部来自国家税收服务机构发在《纽约时报》上的调查报告,如果那位演讲人在他的演讲中引用了那些数字的来源,他的演讲一定会更加成功了。

解释统计数字

数字本身不会说话,需要你解释给听众。请注意下面这个例子,看看美国前国务卿柯林·鲍威尔在联合国大会上一次有关国际艾滋病危机特殊讨论会上的发言:

许多发言人已经讲到了很多有关艾滋病所带来的可怕的代价,现在请允许我对它做进一步阐释,使它和在座各位更加相关:

这个大厅可以容纳2 000多人,我们这次讨论会持续了三个小时,就在这段时间里全世界有2 000人新感染了HIV/AID,恰好是今天在座的人数。有些国家的感染率非常高,以至于我们中的三个人,可能是你左边、右边的代表,甚至可能就是你自己的HIV呈阳性。

当你提供的数字越大,解释数字的意义也就越重要,因为这些数字很难被形象化。例如,我们如何理解美国6.5万亿美元的国债?我们可以解释说,一万亿是一千个十亿,十亿是一千个百万,但是,这也没有什么用处,因为百万和十亿同万亿一样难以被形象化理解。假定我们把这些庞大的数字转换成一个听众可以理解的用语,那会怎么样呢?有一个演讲人就是这么处理的:

一万亿美元是什么概念?这么想吧,如果你有一百万美元,每天花一千美元,不到三年你就会用完这笔钱。如果你有十亿美元,每天花一千美元,三千年你都花不完这笔钱。如果你有一万亿美元,每天花一千美元,那你三万年都花不完。

在演讲中利用统计数字时,一定要考虑如何让这些统计数字对听众产生意义。不要简单的引述,而应该帮助听众理解这些数字。比方说,讨论大学校园里过量饮酒造成的短期和长期后果,你不妨这样说:

根据药品滥用防治局的数字,酒精是青壮年死亡的主要原因。

目前,美国在校大学生中,有24万多人将会死于酒精。24万,这是本校全部学生的6倍多。

假如你在讨论美国的犯罪率。你可以说:"犯罪预防教育基金会的报告说,身体伤害案案发率比1960年高出6倍多,联邦调查局指出,每16秒钟就会发生一起谋杀案、强奸案、抢劫案或身体伤害案。"这些数字令人震惊,但是除非能够为听众所理解,否则这些数字会从听众的一个耳朵进,另一个耳朵出。有位学生在她的演讲中是这么处理的:

根据犯罪预防教育基金的报告,暴力和犯罪增长极快。今天,美国人受到器械攻击造成身体伤害的可能性比1960年高出6倍。联邦调查局的报告称,每16秒钟就会有一个人或者被杀死,或者遭到强奸、攻击和抢劫,这意味着在今天我们这堂50分钟的课结束时,一共会有187人成为暴力犯罪的受害者。

在你将统计数字传达给听众时,一定要具有创意性,这是你让统计数据在你的演讲中真正起作用的很重要的一步。

简化复杂的统计数字

乞力马扎罗雪山高19 341英尺,世界陆上行驶速度的最高纪录为每小时622.287英里,世界最高的瀑布总落差为3 212英尺,拳击比赛参观人数最高时达到135 132人,月球距离地球有238 855英里远。

这些都是有趣的数字,但是,听众听起来还是太复杂。除非有很重要的原因非得拿出精确的数字,否则,你应该将这些数字约整简化。你不妨说,乞力马扎罗雪山高19 300英尺,世界陆上行驶速度的最高纪录为每小时622英里,世界最高的瀑布总落差为3 200英尺,拳击比赛参观人数最高时达到135 000人,月球距离地球有239 000英里远。

用图解方法说明统计数字的趋势

用图解方法可以节省你的很多时间,也可以让你的统计数字更容易被理解。假如你在讨论自二战以来美国工会组织的大型罢工次数。你可以从战后讲起,先介绍20世纪50年代早期,涉及1,000名以上工人的罢工次数,包括50年代37万煤矿工人进行的联合罢工,使全美的该产业陷入瘫痪状态。1953年,艾森豪威尔就任总统期间,罢工次数稳定下降,直到1964年之后,罢工次数再度增加,1968年再次达到高峰,共有400多次。20世纪70年代初期,罢工次数下降,到后来,罢工次数又大幅增加,1975年达到了20年中的最高水平。最后,在里根总统当政时期的20世纪80年代,罢工次数有了极大下降,到2002年乔治·W·布什时期达到创纪录的低水平。

这些都是有趣的统计数字,你可以围绕这些数字写出一流的演讲稿。但是,如果用简单的几句话把这些数字串在一起,听众听起来就会觉得有些吃力。图7.1显示,用图解化的手法对表达统计数字中的表述就清晰多了。

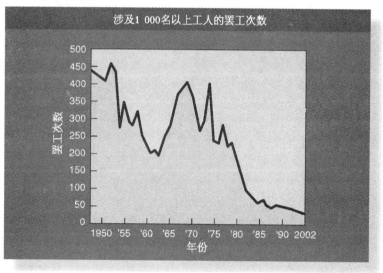

图 7.1

怎样找到统计数据

统计数字在任何一种正规的出版物里都可以找到,书籍、杂志、报纸、学术刊物、政府文件、商务报告等材料中都可以找到。一本世界年鉴(可能会有很多种版本)就可以成为找到那些有趣数据的一个宝库。

还有一些专门提供统计数据资料,包括《统计年鉴》(联合国编印)和《美国统计摘要》(自1878年以来每年都出版,还有光盘版),这些资源包括从美国经济到世界人口趋势等各种统计数字。《吉尼斯世界纪录大全》提供更专业的一些信息,比如世界最大的钻石的重量、太阳的内部温度以及儿童在18岁以前平均看过多少小时的电视。

在图书馆里可以发现很多资料来源。除了使用方便,这些数字看起来也很有意思。这就是《吉尼斯世界纪录大全》这一类的书每年都保持畅销的原因。

你还可以从网上收集到很多统计数字。许多网站都提供数字形式的资料,其中很多都比印刷版更新得要快。和从网上下载的很多信息一样,你需要了解很多统计数字的来源,确保它们是可靠的,比如来自大学、政府机构、无党派组织等类似的机构。一个高质量的来源是《美国统计摘要》的网站(http://www.census.gov/statab/www),另一个网站是 FedStats,该网站可以链接 70 多个联邦机构,可以提供公众感兴趣的统计数字(http://www.fedstas.gov)。还有一个就是"中央情报局世界状况"网站(www.cia.gov/cia/publications/factbook/index.html),在这个网站上你可以找到全球各个国家的数据。

证言

设想一下你在和一位同学讨论下学期该选哪些课。你不能肯定是选心理学课程还是会计课程。这两门都是必修课,而且在同一个时间上。那位同学说:"我去年上了这两门课,都不错,但是,哈桑教授的心理学真是好极了。她是学校里最优秀的老师之一。如果下学期有她的课,我一定会去上的。"你查看了课程安排,发现哈桑教授的确安排好了要上心理学课程,你就报名上了她的课。

这个故事说明,我们在日常生活中作决定时,常常会受到其他人的证言的影响,在公共演讲中,情况也是如此。就像你在选哪一门课的问题上会受到同学的影响一样,听众往往也容易受对演讲主题有专门知识或经验的人的影响。引用或阐释这些人的话,你可以让自己的思想或内容更有力,造成更大的影响。有两种主要的证言,专家证言与普通人证言。

> 证言
> testimony
> 被引于支持某一观点的引文或释文。

专家证言

在大部分演讲中,你都可能需要依赖专家证言,尤其是在各自的研究领域里知识渊博的权威提出的证词。专家证言对学生演讲特别有帮助,因为学生不是演讲主题的专家,引述专家的观点是增加演讲可信度的好办法。专家的观点可以说明,你不是在随口表达自己的意见,你的观点受到了对此课题有研究的专家的支持。

当演讲的课题存在争议,或者听众对演讲人的观点持怀疑态度时,专家证言就尤显重要了。下面的故事解释一位演讲人如何引用专家证词来支持他就美国社会保障制度的改革所做的演讲。

> 专家证言
> expert testimony
> 某一领域具有权威性的专家的证言。

朱莉娅·王就如何使社会保障制度对年轻纳税人更公平的问题作了一项研究,她提出,应该允许公民以个人身份通过股票市场直接投资社会保障基金。但是,朱莉娅不是这方面的专家,她对社会保障体系也没有亲身经验,她如何让听众接受她的观点呢?

统计数字起了作用,例子也帮了忙。但是,争议如此严重的议题,仅仅有这些还是不够的。为了强调自己的观点真实可靠,朱莉娅引述了范围广泛的专家意见,这些专家意见都和她的观点是一样的,有伊利诺伊州的议员约翰·波特、哈佛经济学院教授杰弗雷·萨奇、前美国社会保障委员会主席多卡斯·哈迪、养老金改革国际中心的会长何塞·平内拉、美国商会前会长彼德·皮特森和民主党领袖理事会的迪马西·本尼。尽管这些专家中可能有些人不会完全同意她的观点,但是,朱莉娅引述了这些人的观点或证言,因此使她的演讲很有说服力。

普通人证言

演讲中经常用到的另一类证言称为同级证言,就是和我们一样的人所持的观点,这些人不是著名人物,只是一些普通的公民,他们对你所谈论的话题通常会有第一手经验。这类证言非常有价值,因为许多更个人化的观点,无法从专家证言中获得,可以通过普通人的亲身体验传达出个人的感情、知识,以及看法。

例如,如果你在谈论有生理缺陷的人所面临的障碍时,肯定会把医生和医学界权威的观点包括进去。但是,专家证言一定会有局限,因为它无法传达出具有生理缺陷的人的真正感觉,你需要有生理缺陷的人所说的话,比如下面这些话:

伊扎克·帕尔曼是世界著名的小提琴家,他的双腿都瘫痪了。他曾说过:"当你坐在轮椅里,人们就不跟你说话了。也许他们觉得残疾会传染,也许他们以为,腿跛了意味着思想也瘫痪了。总之,无论什么原因,他们都只是拿你当一件东西来看待。"

保尔·郎莫尔小时候双腿就残废了,他说,大部分人看到有生理缺陷的人士都感到不安。"只有当他们真的想尽办法来了解我们的时候,他们才意识到,我们跟他们一样聪明、有智慧,而且很容易交朋友。"

没有任何一份专家证言能够传达出这样的权威性与情感冲击力。

普通人证言
peer testimony
从拥有第一手经验的普通人的经历或洞察中得来的证词。

引用与转述

伊扎克·帕尔曼与保尔·郎莫尔所说的话是以直接引语的形式表达出来的。证言还可以通过重新转述加以利用。你可以把另一个人的大致想法用自己的话说出来,而不必原封不动地引用别人的话。下面这位学生就潜在的水危机所做的演讲就是这样的:

华盛顿特区的一家无党派教育团体,全球水资源协会会长彼得·布恩博士曾在《奥都邦》杂志上写过一篇文章,他在文章中说,大部分美国人目前还没有意识到水危机的广泛程度和紧迫性。他说,以目前的速度计算,我们很快便会遇到水荒,而这样的危机会影响到我们在这个国家的生活方式。

什么时候该用直接引语,什么时候该用转述呢?一般的原则是,如果直接引语的话很简短,比你自己讲述更能传达你的意思,而且这些话说得特别流畅,有思想、打动人,那就一字不漏地引用原话。

转述在两种情况下比直接引语好:1)当逐字逐句引用意思不明确或比较拖沓时,比如政府文件;2)当引文多于两到三句话时。听众经常会在很长的引文中走神,因为引文往往中断演讲人的思想通畅性。由于演讲的其余部分是演讲人自己的话,所以应该将更长的引语用自己的话表达出来。

直接引用
direct quotation
直接引用原话作为证言。

转述
paraphrase
用自己的话表述或概括引用的材料。

利用证言的提示

引用和转述务求准确

准确的引用涉及三个方面:确保不会错误地引用某人的话;确保不要曲解转述的话;确保不得断章取义。其中,最后一点最难把握,也是最危险的。我们来拿电影广告为例,一位评论家用下面的话来严厉批评一部电影:

这部电影无聊透顶。从头到尾都是一场灾难,原来可以是一场极其精彩的对话,结果弄成了像厨房下水道里的垃圾。

但是,这部电影在报纸中做广告的时候,出现在这位评论家的名字上面的大幅标题是什么?"透顶!从头到尾——精彩!极其精彩!"

这样公然的断章取义到了让人发笑的程度。当然,断章取义也有可能招致严重的后果。看看下面一段政治候选人的话:

制定全国性的销售税政策可以为教育、公共健康以及国防等项目增加税收,一些欧洲国家就有类似的税收政策,当然也可能在美国行得通。然而,我是不可能提倡任何一种新的加税方案的。

断章取义
quoting out of context
引用时脱离了上下文曲解了引用的内容。

现在让我们来看看刚刚那段宣言中的第一部分被他的竞争对手断章取义后的结果：

美国人已经为税收付出很多了，然而在这次竞选中，我的竞争对手还这么说："制定全国性的销售税政策可以为教育、公共健康以及国防等项目增加税收，一些欧洲国家就有类似的税收政策，当然也可能在美国行得通。"好吧，既然我的竞争对手认为更细的税收政策对于欧洲是有利的，那么它们就是我们国家接下来需要做的最后一件事情了。

将原文断章取义的引述出来，这个竞争者为其对手创造了一个错误的假象，这种行为是极其不道德的，也没有任何再次交流的可能性了。因此，要确保当你引用或转述其他人的话时，你一定要准确地再现他人的话语。

引用合格来源的证言

我们都习惯于电视和杂志广告中的名人证言：职业高尔夫球手会赞扬某个品牌的高尔夫球棒，电影明星赞扬某种品牌的发胶或香波，垒球手会推荐一款特别的运动鞋。这些名人证人证言都成了推广商品的促销工具。

但是，如果一位喜剧表演家来赞扬一家长途电话公司呢？一位网球手来充当某种系列相机的代言人呢？一位退休的高尔夫球手大力推举某个品牌的机油呢？他们对这些产品的了解真的比你我还多吗？

某人在某个领域里也许是一位名人或者权威，但这并不意味着他在别的领域里也一定很有话语权。如果采用适合于当前话题的合格证言，听众会觉得你的演讲可信，可以是有名望的专家或者对这个演讲话题有特别体验的普通人。

引用不带偏见的证言

安眠药海西安是一种有争议的药品，有人抱怨该药引起多种副作用，比如健忘症、错觉和敌对情绪。在关于该药的一篇演讲中，有位学生说：

药理学家罗伯特·肖是基地设在密歇根州的海西安的制造商厄普乔恩公司的项目负责人，他认为，这种药如果使用得当，并不会引起比别的安眠药更严重的副作用。肖说："大量研究结果都支持这个说法。"

看得出来，大家并没有被说服。毕竟，身为厄普乔恩公司的人怎么会说自己生产的产品不安全，怎么会说他们的产品会引起精神疾患呢?有位听众这么回答他的话:"就我所知,肖所说的话也许不错,但是他根本不是站在公正的立场。我希望你引述的是不偏不倚的专家意见就好了。"

认真的听众对持有偏见或有利害关系的意见来源保持警惕。一定要利用来自可靠、客观并且有资格的权威证言。

说明引用或转述的人

一般来说,你需要明确证言的来源,就是报出那个人的名字,并在引述之前说明他或她的背景。下面这段话引自一位同学《瘦身会导致死亡》的演讲:

> 对厌食症的治疗是一个终身过程。纽约医院进食紊乱临床治疗主任,凯瑟琳·哈密博士说,人们认为进食紊乱"只是一个小问题,可以通过自身的意志力量来克服","但事实上,它们是非常严重的疾病,需要专业医疗的干涉。"

如果演讲者没有提到哈密博士的名字和背景的话,听众们就可能会有这样的模糊疑问:她(哈密博士)是谁?为什么她的观点引起了注意?

再举一个例子。我们来看看支持在小学期间就开始外语教学的一篇演讲,这篇演讲中有这么一句话:

> 约翰·希尔伯是波士顿大学的名誉校长,也是马萨诸塞州教育委员会的主席,他说:"很明显,可以在三年时间里取得相当高的语言成就,假如这三年是在三岁、四岁和五岁的话,普通儿童成为双语儿童一点问题也没有,而且越早越好。"

听了这句话后,不会有人怀疑希尔伯的资格,也不会有人不理解为什么听众会尊重他所做出的判断。

需要说明证言的来源,并不是只有学生才需要这么做。不管你是在课堂上,还是在法庭上演讲,不管你是在商务会议上,还是在科技会议上发言,不管你是在对一个社区组织,还是在一个宗教集会演讲,如果你想要听众接受你所引述的证言,明确来源是更为有效的办法。

说明证言的来源也是一项重要的道德责任。如果你引用别人的话或引述别人的思想而不说明这个人,那你就有剽窃嫌疑。不管你是转述别人的话还是直接引用,都是如此。

事例、统计数字和证言都是演讲的有效工具。根据你的演讲题目,也许希望利用其中的一些,也许利用所有的工具,也许一个也用不到。不过,请记住,它们都只是工具,服务于同一个目的:让你的演讲为听众所理解和接受。

演讲案例与点评

下面的演讲案例说明如何在演讲过程中呈现论证材料。请注意演讲人如何利用多种事例、统计数字和引述内容，使演讲的主题思想更加清晰、可靠和有说服力。

苦难的童工

演 讲	点 评
马休·卡维才13岁便受雇于马里兰州洛勒尔市的汽车清洗公司，他的工作是用毛巾擦干从冲洗线上下来的汽车。工作不久，他的右腿便被烘干毛巾的机器轧断了。经过调查，美国劳工部以非法雇用童工和开动安全装置破损的机器的罪名对该汽车清洗公司课以罚款。	演讲人用一个完整例子开头，抓住了听众的注意力和兴趣。这个例子是具体和详细的，我们得知马休·卡维的名字和年龄，知道他生活的地方，知道他从事的工作。这些细节使得演讲鲜活而充满生命力，帮助听众参与到演讲中来。
这只是众多惨剧中的一个，全国童工委员会的杰弗雷·纽曼把这些惨剧称为违反美国反童工法的"危机"。在为演讲查询资料时，本人发现从纽约到加利福尼亚，各地的雇主都在违法，他们雇佣7—17岁之间的儿童，让他们在危险的工作环境下辛苦工作很长时间。今天，我要大声疾呼，这个问题到了极其严重的程度，它威胁到了数百万孩子的教育和安全。	演讲人平稳过渡到一个证言，表明演讲开头的故事代表美国存在的一个严重问题。利用一个完整例子，在例子前面或后面加上统计数据或证言是很好的主意，可以显示所举例证并非个别现象。
为了理解违反童工法的问题，我	在第一个要点中，演讲

第七章 支持你的观点

们需要从理解该法律的条款开始。拉特杰大学管理和劳动关系学院的道格拉斯·克鲁斯在1997年进行的一项研究中解释说,美国《公平劳动标准法》规定的最低工作年龄为14岁。该法案将14岁及15岁儿童上学期间的劳动时间限制在3小时以内,禁止在晚7点以后工作,学期内每周的总劳动时间限制在18小时以内。该法还禁止雇佣18岁以下的儿童在比如建筑工地、肉类屠宰和矿山等危险工作场所工作。

人探讨了美国存在的违反童工法的问题。她一开始就总结了童工法的基本内容。请注意她是如何说明信息来源的,并巧妙地把这个信息融入演讲中。

《公平劳动标准法》于1938年获得通过,此后经过了数次修订。制订这一法律的目的是防止发生剥削童工的现象。但时至今日,违反《公平劳动标准法》的现象仍广泛存在,令人惊讶。据相关报道,在美国,平均每周有14.8万名少年在非农业岗位被非法雇佣,在危险条件下超时工作。全国童工委员会1996年的报告还显示,有11万儿童在美国农场里被非法雇佣。

这一段和下一段里的统计数字有效地支持了演讲人的观点,说明违反童工法的情形在美国广泛存在。她并没有拿出违法童工法的具体数字,而是做了一个约整,使这些数字很容易为听众理解和回忆。

最严重的违法事件发生在制衣车间,这些地方被称为"血汗工厂",以低于最低工资水平的报酬雇佣移民儿童。据估计,在纽约市的血汗工厂里,有多达2 600名少年被非法雇佣。纽约市制衣业综合处的负责人托马斯·古比亚克说,"这些工厂里的大部分儿童年龄低于18岁,有些儿童只有8岁。"比如法维奥拉·弗洛里斯,一名15岁的墨西哥姑娘,她在曼哈顿一家血汗工厂里工作,和她一样,很多儿童

演讲人综合运用事例、统计数字和证言来支持她的观点,说明在制衣业普遍存在滥用童工的问题。托马斯·古比亚克的陈述是专家证言的例子,最后引用法维奥拉·弗洛里斯的话,使用了普通人证言。

在不安全的条件下超时工作,每小时赚3美元的工资。"我不喜欢这里的工作",弗洛里斯说,"但我又没有别的办法。"

  制衣业剥削童工的现象从19世纪开始便存在了,而且,这个问题在其他行业里同样存在。2000年1月,新奥尔良的瓦格纳肉类加工厂因为非法雇佣27名少年从事危险工种和工作时间超过联邦政府限制而被课以15万美元罚款。2001年2月,阿拉巴马的蒙哥马利,塞道天窗公司因一位10多岁少年的死亡被控违法雇佣童工罚款3.4万美元。2002年3月,六旗娱乐公园被控违反联邦童工法罚款8.5万美元。

  用一系列简单例子支持演讲人的观点,说明违反童工法的事件比比皆是。例子涉及全美国的大型企业,强有力的证据支持演讲人所持的观点,说明了违反童工法的事件广泛存在。

  和其他被发现的违反童工法的企业一样,六旗公司和瓦格纳公司都试图淡化其违法行为的严重程度。而愈演愈烈的违反童工法现象严重威胁到少年工人的教育和人身安全。

  演讲人在此处引入第二个要点:违反童工法的事件对于少年工人的教育和人身安全造成了严重后果。

  对于辍学的非法童工来说,非法雇佣给他们的教育带来了恶果,由此造成的损害更为严重。纽约市制衣业综合处的胡夫·麦克戴德说,未成年人"牺牲了受教育的机会,结果是终身只能在血汗工厂里工作,他们没有未来"。即使是对还在上学的儿童来说,劳动时间过长也威胁到了他们的教育。心理学教授艾伦·格林斯伯格和劳伦斯·斯坦伯格说,年轻人劳动负

  和演讲中别的例子一样,此处引用胡夫·麦克戴德的话简短而有力,除非比你用自己的话能够使要点更清晰、更有力,否则就没有理由用直接引语。

  在这里,演讲人做的是重新阐释而不是原话照录,请注意,他交代了信息来源。如同我们在第二章看到的一

荷过高,会带来更多旷课和学习成绩下降的恶海。两位心理学家的多项研究发现,每周工作几小时没有问题,但是多了就会对少年的学习水平产生负面影响。

儿童做工不仅会影响到教育,而且还经常会使其生命安全处在危险之中。开篇的时候,我讲了马休·卡维的故事,那个13岁的孩子在汽车清洗公司轧断了一条腿。宾夕法尼亚州的一位17岁高中生迈克尔·哈科恩的故事就更惨了,他在一家超市工作,在那里操作一台捆箱机,就是把纸箱压扁打成捆的机器,这样的工作是不能由少年来做的,因为看到机器里什么东西卡住了,他想去把卡住的东西弄出来,结果自己卡在机器里,在机器里卡了30分钟后窒息而死。

这些都不是孤立的事件。《今日美国报》曾经在2002年7月12日报道,每年有23万未成年人在工作中受伤。美国劳工部亚历克斯·赫尔曼1999年6月曾说:"太多年轻人在工作中致死或受伤。"根据赫尔曼的资料,每年有约70名未成年人死于工作中,另有20万年轻人在工作中受伤,大部分事故涉及非法雇佣童工。

毫无疑问,所有这些证据都表明了违反童工法的问题广泛存在,造成了严重的后果。俄亥俄州前参议员

样,演讲人必须明确转述内容的来源和引文的出处,这也是演讲道德责任。

本段例举了一些专门的案件,说明违反童工法造成了一些少年伤残和死亡。关于迈克尔·哈科恩的完整例子尤其效果明显。不仅有吸引力,让人觉得十分可信,而且表现出了浓厚的人情味,这是听众都能够体会到的。

这一段里,演讲人提供了证言和统计数据,以证明上述的例子并不是孤立的事件。

结论部分总结了演讲人在演讲主体内容中包括的两大要点。然后,她用一个带

霍华德·梅森鲍姆作了很好的总结，他在国会参加听证会后说："听到和我孙子一样年龄的孩子被人非法雇佣做童工，被剥夺了受教育的权利，失去了四肢甚至生命，我感到不寒而栗。"有戏剧性的引文结束全文。就像我们将在第九章看到的一样，这是非常有效的方法，它使演讲产生一种凝聚力，并再次强化了演讲的中心思想。

小结

　　成功的演讲不是光凭热情和豪言壮语构成的。成功的演讲需要强有力的论证材料来支持演讲人的观点。事实上，能不能巧妙地利用论证材料很大程度上决定了演讲的成功与否。三种基本的论证材料类型分别是事例、数据和证言。

　　演讲中，大家也许都会用到事例。有时候，你会连续用好几个简短例子给听众深刻印象。而完整的例子可以是故事或轶闻趣事，它们比简短的例子更长、更详细。假设的例子描述的是想象出来的情形，它可以产生特别的效果，使听众与演讲产生联系。三种类型的例子都有助于澄清思路，支持演讲人的观点，富于人性化。要使演讲达到最佳效果，这些例子都必须生动新鲜，包含丰富的内容。

　　统计数据的作用很大，需要演讲人小心使用，并加以适当解释，使数字真正对听众产生意义，它们就能够有力地传达出你的信息。重要的是，首先你应该理解自己引用的统计数字，并加以适当的利用。数字很容易被操纵和扭曲，确保数字具有代表性，能够说明它所度量的内容，还要确保正确地使用统计尺度或工具，而且，只能使用从可靠来源获取的数据。

　　证言对于学生演讲人特别有用，因为学生不是权威，引述专家的观点是确保自己的想法可信的好办法。如果在演讲中加入一些证言，你可以逐字逐句地援引别人的原话，也可以用自己的话准确地转述别人的意思。和统计数据一样，利用证言也有一定的规则。一定要准确地引用或转述，引用合格的、不带偏见的资料。如果资料来源不是听众熟悉的，一定要说明被引用者的背景。

第七章 支持你的观点

◨ 关键术语

论证材料	supporting materials
事例	examples
简要事例	brief example
完整事例	extended example
假设事例	hypothetical example
统计数据	statistics
平均数	mean
中值	median
众值	mode
证言	testimony
专家证言	expert testimony
普通人证言	peer testimony
直接引用	direct quotation
转述	paraphrase
断章取义	quoting out of context

◨ 复习题

阅读本章后,请回答下列问题:

1. 为什么演讲中需要提供论证材料?

2. 本章谈到的三种事例是哪些? 如何利用这三种事例来支持你的观点?

3. 在演讲中利用事例的五点提示是什么?

4. 统计数据为什么很容易"做手脚"? 判断统计数字的可靠性时,可以问哪三个问题?

5. 在演讲中利用统计数据的六点提示是什么?

6. 什么是证言? 解释专家证言与普通人证言之间的差别。

7. 在演讲中利用证言的四点提示是什么?

◨ 批判性思考练习题

1. 下面的陈述都违反了本章谈到的有效论证材料中的至少一条标准。找出每个陈述中的错误。

(1) 在上个月的一次调查中,随机调查了登山俱乐部的470名成员,调查显示,98%的人反对在阿拉斯加原野开采石油。很显然,美国人都反对开采石油。

（2）一位专家说："主流医疗方法已经不能满足美国人的需要了。我鼓励人们去追求其他可替代性的医疗方法，类似针灸、按摩等。"

（3）国家教育协会编辑的统计数据显示，州立大学教授工资的中值为48 835美元。这说明一位教授平均每年可得近49 000美元的薪水。

（4）一项由verizon无线通讯组织的民意调查显示，大部分人喜爱verizon无线通讯服务，甚于喜爱Cingular公司、Nextel公司或斯普林特公司无线通讯服务。

（5）保险公司对于年龄在25岁以下的司机收取更高比例的保险费是不合理的。我所有的朋友都很想开车，而且他们中几乎没有人会发生交通事故。

（6）根据《纽约时报年鉴》，旧金山是美国城市中人均收入最高的，为41 128美元。人均收入水平最低的城市是得克萨斯的麦克阿伦-艾丁堡-米森市，为12 005美元。美国大城市的人均年收入平均为26 840美元。

（7）肖恩·佩恩在最近的一次采访中讲到，美国需要改变目前的中东外交政策，佩恩说到，否则这个地区就不能保持长时间的和平。

2. 说明演讲中的要点和支持要点的各个论证材料。根据本章讨论的标准来评估演讲人利用论证材料的水平。

▣ 运用公共演讲的力量

你和家人一起参加感恩节晚餐后开车回家，途中，你被一名喝醉酒的司机逼到了死角。幸运的是，没有人在这次事故中受伤。但你因为这次事故而震惊，准备花力气要求政府提出更严格的立法和执法措施，严禁酒后驾车。

你所在的州在禁止酒后驾车方面采取的措施处于全国最低水平。你知道可以在州参议员下次的会议中提出一项法案来改变这种状况。为了获取对这项法案的支持，你将与当地的多家服务组织商谈。你把自己的亲身经历告诉他们，并拿出支持新立法工作的证言，但是，你还需要用全国和本州酒后驾车事故的统计数字来支持自己的演讲。由于你遇到的事故发生在感恩节，你还想知道是否有人已经收集过类似的数字，把酒后驾车与全年特定的节日产生联系。

第七章　支持你的观点

作为资料查阅工作的一部分,你决定到反对酒后驾车母亲会的网站上去查一些资料(http://www.madd.org)。你会找到哪些有助于你演讲的材料呢?材料一定要具体。

第三部分

演讲准备：组织和设计

第八章

组织好主体内容

有没有发现，五花八门的邮购产品中，各种各样的记事本一定卖得很不错。例如：橱柜记事本、厨房记事本、办公室记事本、音像设备记事本，等等。仔细读读这些记事本，你一定会同意这样的结论，只要有事物存在，那它一定可以被组织好。

很显然，当我们所拥有的东西都组织得条理清晰时，就可以更好地为我们服务。如果你拥有很多东西，但是当你需要的时候却又找不到，那么还有什么意义呢？良好的组织能让你清晰地掌握自己有什么东西，并在你需要衣服、工具、纸张、CD的时候，它们会立刻出现在你面前，而不要慌慌张张到处寻找。

演讲也是一样的。如果演讲稿结构清晰、组织得当，它们会更好地为你服务。好的组织结构也会帮助你的听众更清晰地明白你的想法。

组织演讲稿的重要性

几年前，一位大学教授拿出一份组织结构良好的演讲稿，随机打乱句子的顺序。接着，他请一位演讲人用原来的版本和打乱的版本分别讲给两组不同听众听。演讲完后，他进行了一项测试，看看两组听众对其所听内容的理解程度。结果并不令人奇怪，听到原来版本即未被打乱句子顺序的那一组，比另外一个组所得的分数要高得多。

之后，又有两位教授在另一所大学重复了相同的试验。但是，这次不是测试听众对演讲内容的理解程度，而是测试演讲内容如何影响听众对演讲人的态度。他们发现，听到条理清晰的演讲内容，听众会认为演讲人的能力更强、更值得信任，反之，听到结构混乱、句子顺序被打乱的演讲内容，听众的评价就低得多。

第八章 组织好主体内容

　　这只是许多研究项目中的两个例子,说明内容组织得当在有效的演讲中具有重要作用。你有多少次听到一个人的演讲毫无目的地从一个主题转到另一个主题？你发觉集中注意力听演讲显得比较困难,更不用说理解演讲人想要表达什么主题了。事实的确如此,当学生表达他们希望从演讲课中学到什么时,他们几乎都把"培养更有效地组织自己思路的能力"放在首要的位置。

　　这种能力对于演讲来说尤为重要。听众要求连贯性,他们对于在不同观点之间随意转变的演讲者毫无耐心。应该记住,听众不同于读者,如果没搞明白演讲者的意思,他们不可能翻回到前一页。从这个方面来说,演讲恰似一部电影。导演必须确保观众能够从头到尾跟上电影的情节发展,演讲人也必须确保听众从头到尾都能跟上演讲思路。这就要求演讲稿必须有策略性的组织结构。演讲的所有内容应该以特别的方法组织起来,使特别的听众得以理解并取得特别的效果。

策略性组织
strategic organization
以特别的方法把演讲内容组织起来,使特别的观众得到特别的效果。

　　演讲稿的组织结构之所以重要,还有其他多方面的原因。正如我们在第一章看到的一样,组织演讲稿和批判性思维能力的训练密切相关。当你组织自己的演讲稿时,你会得到一次训练的机会,可以在各个观点之间建立起清晰的联系,这其实是一项基本的技能。这种技能会在你整个大学期间发挥作用,也会在你选择的几乎任何一种职业中发挥作用。有证据显示,利用清晰和具体的组织演讲的方法,可以增加你演讲者的自信心,并使你流畅自如地表达。

　　养成良好的演讲组织能力的第一步,就是要掌握演讲内容的三个主要部分:引言、主体内容和结论,以及这三个部分的相互作用。本章我们将着重讨论演讲主体内容。接下来的一章会来讨论演讲的引言和结论部分。

　　主体部分是最长的,也是最重要的部分。演讲人一般会先准备好演讲的主体部分。当你准确理解了自己将在演讲中主要阐述什么内容后,再做一个有效的介绍相对就容易多了。

　　其实,当你在考虑有哪些演讲要点的时候,组织演讲稿的过程也就开始了。

要点

　　要点是演讲的重要特征。你应该仔细地选择要点,准确地组织成完整的句子。从演讲稿整体策略的角度安排好各个要点。下面是

要点
main points
演讲稿主体部分的主要内容,大部分演讲稿包括二到五个要点。

一位同学准备"催眠的医疗效果"演讲稿中的一些要点。

  具体目标：告知听众催眠的主要用途。

  中心思想：当前，催眠的主要用途是在医疗手术过程中控制疼痛，帮助病人戒烟，或帮助学生提高学习成绩。

  要点：1）催眠在外科手术中被用作化学麻醉的补充手段；

    2）催眠用来帮助人们戒烟；

    3）催眠用来帮助学生提高学习成绩。

  这三个要点形成这篇演讲稿的主体架构。如果说催眠有三个主要用途，那么，从逻辑上来说，演讲中就应该有三个要点。

  如何选择要点呢？有时候，要点可以从具体目标陈述中看出来。假定你的具体目标是"告知听众，让他们明白特殊奥林匹克运动会的起源、比赛项目和规则"，那么，很明显，你的演讲就可能包括三大要点：第一，特殊奥林匹克运动会的起源；第二，特殊奥林匹克运动会的比赛项目；第三，特殊奥林匹克运动会的规则。如果以提纲的形式写下来，则要点如下：

  具体目标：告知听众关于特殊奥林匹克运动会的起源、比赛项目和规则。

  中心思想：特殊奥林匹克运动可以给一些有智力和生理障碍的人们一个体验体育竞技的机会。

  要点：1）特殊奥林匹克运动会创办于1968年，旨在促进有智力和生理障碍的人的身心健康；

    2）特殊奥林匹克运动会每年举行一次区域性的运动会，每四年举行一次国际运动会，比赛项目与奥林匹克运动会相似；

    3）尽管特殊奥林匹克运动会也颁奖，但是，特奥会主要强调人们的努力和参与，而不是获胜。

  哪怕你的要点在具体目标当中并没有被明确地表述出来，但根据具体目标也很容易推导出来。比方说，你的具体目标是"告知听众制作彩色玻璃窗的基本步骤"。你要明白，各个要点将对应于制作过程的每一个步骤，可以组织这样一个提纲：

  具体目标：告知听众制作彩色玻璃窗的基本步骤。

  中心思想：制作彩色玻璃窗共有四个步骤。

  要点：1）第一步是设计窗户；

    2）第二步是按设计尺寸划好玻璃；

3）第三步是给玻璃着色；

4）第四步是把窗户装好。

把要点理清楚有时并不轻松。通常来说，整理要点的过程也是你研究演讲内容、评价演讲材料的过程。假设你的具体目标是"说服听众，我们州不同意在线投票的方案"，那么，你明白演讲中的每一个要点都应该代表一个理由，为什么在线投票不适合在你们州推行。但是，开始时你并不能确定有几条要点，也不清楚每条要点的内容。随着演讲课题研究的深入，你确定了共有两个要点来支持你的论点，并以大纲的形式表述出来，如下所示：

具体目标：说服听众本州不同意推行在线投票的方案。

中心思想：本州不会同意在线投票方案，因为这样会增大投票人欺诈的可能性，并使接入互联网有困难的人失去投票权利。

要点：1) 本州不同意在线投票，因为它会增加投票人欺诈的可能性；

2) 本州不同意在线投票，因为它会剥夺接入互联网有困难的人的投票权利。

现在，你可以围绕这两大问题来组织自己的观点和材料了。

要点数量

演讲课上，你不会有那么多时间讲完四五个要点，大部分演讲一般只包含两三个要点。不管一个演讲要讲多长时间，如果你有太多的要点，听众在理清要点时肯定会出现麻烦。如果样样都重要，那就没有什么重要可言了。

当你列出要点后发现太多，你可以将它们压缩成几类。这里有一篇关于激光的演讲，里面有不少要点：

具体目标：告知听众激光的用途。

中心思想：激光利用光的力量，应用领域非常广泛。

要点：1) 激光重力波检测器使宇航员能够"看到"遥远的天空；

2) 制造汽车的许多工艺过程中都利用激光；

3) 神经外科大夫利用激光动脑肿瘤手术；

4) 激光每年可帮助人们制造出数以亿计的工业产品；

5) 有了激光，科学家就能够记录最快的化学反应；

6) 通讯产业用激光把电话讯号通过海底发送到欧洲；

7) 眼科专家利用激光来"焊接"松脱的视网膜；

8）激光使医生能够较早的诊断某些癌症。

你一共有八个要点,太多了。但是,如果你研究一下这份清单,会发现那八个要点可以分成三大类型:科学中的激光、工业中的激光和医学中的激光。因此,你不妨把要点整理成三大类:

1) 在科学研究中激光有很多重要的用途;
2) 激光已成为工业中不可或缺的技术;
3) 激光推动医学实践发生了革命性的变化。

要点的策略顺序

一旦确立了那些要点,你就需要确定这些要点在演讲中的排列顺序。这尤为重要,因为它会影响到你的观点的清晰度和说服力。

排列顺序取决于三个方面:演讲主题、目的和听众。第14章和第15章会讨论告知型演讲与劝说型演讲中的一些问题,在这里,我们来简要地看看公共演讲中用得最多的五大基本组织模式。

时间顺序

按照时间顺序组织演讲内容遵循的是时间模式,亦即按事件发生的前后时间顺序来讲述事件内容。例如:

具体目标:告知听众中国的长城是怎样建造起来的。

中心思想:中国的长城是在三个主要的历史时期建造起来的。

要点:1) 长城开始建造于公元前221—公元前206年的秦代;

2) 从公元前206年—公元220年的汉朝年间,增补了部分长城;

3) 1368—1644年明朝年间,长城的建造工程竣工。

时间顺序也可用于说明一个过程或展示如何完成某项工作。例如:

具体目标:告知听众专业文身的步骤。

中心思想:专业文身共有四大步骤。

要点:1) 首先,皮肤要剃净汗毛,并在文身部位消毒;

2) 第二,文身的主要线条先用一种叫轮廓机的设备勾画出来;

3) 第三,用一种叫涂影机的设备在画好的轮廓线里涂浸颜色;

4) 第四,对文身进行消毒,然后包扎好。

可以理解,时间顺序模式对于告知型演讲特别有用。

> 时间顺序
> chronological order
> 按照时间顺序组织演讲内容遵循的时间模式。

空间顺序

按照空间顺序组织演讲内容遵循的是方向模式,亦即要点是从上到下,从左到右,从前到后,从里到外,当然,也可以按其他的路线排列。例如:

具体目标:告知听众埃菲尔铁塔的设计。

中心思想:埃菲尔铁塔分成三个组成部分。

要点:1) 最底层有入口、礼品店和一家餐馆;
2) 上面由一部电梯和一直通向顶层的楼梯;
3) 最顶层包括一个观景台,可以鸟瞰巴黎全景。

或者:

具体目标:告知听众,早在哥伦布来到美洲大陆的几百年前,五大文明便存在北美的不同地区。

中心思想:在哥伦布到达前的几个世纪里,在今天的纽约、佛罗里达、新墨西哥、大西洋沿岸西北地区和密西西比谷一带存在着五种主要文明形态。

要点:1) 在纽约,奥隆达加人是经验丰富的农业专家和勇敢的武士;
2) 在佛罗里达,尽管农业并不兴盛,卡鲁萨人还是发展出了先进的文化;
3) 在新墨西哥,卡柯峡谷人堪称技艺精湛的建筑师;
4) 在大西洋沿岸西北地区,马卡人几乎个个是水手或林业居民。
5) 在密西西比河谷,卡霍基亚人已经创造了繁华和复杂的社会,其墓冢保持至今。

和时间顺序模式一样,空间顺序模式也经常运用在告知型演讲中。

因果顺序

按照因果顺序模式组织演讲内容,是要表达出一种因果关系。当你按照因果顺序组织来演讲时,你必须注意两点:处理"时间的因",处理"事件的果"。根据不同的演讲主题,你可以把第一个要点用在说明"因"上,把第二个要点用在说明"果"上,也可以用第一个要点来说明"果",第二个要点来说明"因"。

假定你的具体目标是"说服听众,广泛使用利他林治疗儿童多动症会引起严重副作用"。你可能会从使用利他林的原因开始,朝着其结果方向分析:

空间顺序
spatial order
按照空间顺序组织演讲内容遵循的方向模式。

因果顺序
causal order
按照因果关系组织演讲内容,表达出因果关系。

具体目标：说服听众，广泛使用利他林儿童多动症是一个严重的问题。

中心思想：为患有多动症的儿童开处方，利他林会产生严重的副作用。

要点：1）利他林被作为处方药，广泛用于治疗患有多动症的儿童；

2）利他林与很多严重的负面影响联系在一起，包括肝脏损伤、心脏病、抑郁症、成长缓慢等多种症状。

当讨论的结果已经发生，你可能希望把顺序倒过来，先谈果，然后再谈因，比如在一篇关于中美洲玛雅文化的演讲中：

具体目标：告知听众玛雅文化没落的可能原因。

中心思想：玛雅文化没落的原因并没有得到完全的解释。

要点：1）玛雅文化繁荣了上千年之久，直到公元900年才结束。从这以后，玛雅文化开始神秘地消失了；

2）学者们为这个解体过程的起因提出了三大解释。

因为因果顺序模式的多功能性，它可以被用于告知型演讲和劝说型演讲。

问题求解模式

> 问题求解顺序
> problem-solution order
> 按照提出问题和求解答案的顺序组织演讲内容。

按照提出问题和求解答案的顺序组织演讲内容，分成两大块：第一个部分显示问题的存在及其重要性；第二个部分提供解决问题的可行性方案。例如：

具体目标：说服听众立法部门有必要制止诈骗型慈善基金募集现象。

中心思想：以募集慈善基金的名义诈骗是一个严重的问题，必须由政府和社会共同努力来制止。

要点：1）诈骗型慈善基金募集活动已经成为一个全国性的问题；

2）这一问题应该通过政府立法和个人意识两者结合来加以解决。

或者：

具体目标：说服听众采取行动解决废弃电脑造成的环境污染。

中心思想：废弃电脑正在引起严重的环境问题，这要求政府、消费者和商业部门的共同行动。

要点：1）废弃电脑已经成为垃圾场中铅和辐射的主要污染源；

2）解决这个问题要求政府、消费者和商界的共同努力。

可见,问题求解模式最适合劝说型演讲。

主题顺序

如果不按时间、空间、因果或问题求解顺序,则一般都会按照主题顺序来安排演讲内容。当你把演讲主题分成若干次主题,每一个次主题都是演讲中的一个要点,那就会形成主题顺序模式。要点不是时间、空间、因果或问题求解顺序的一部分,而只是整体的一个部分。举几个例子应该能够便于理解。

> **主题顺序**
> topic order
> 把演讲主题分成若干富有逻辑性、持续的次主题。

假定你的具体目标是"告知听众烟花的主要种类",那么,这个主题自身并没有时间、空间、因果或问题求解顺序。反过来,你会把主题,即烟花的主要种类,分成几个次主题成为演讲的要点。每一个要点可以单独说明一种烟花。你的中心思想和要点可以如下所示:

具体目标:告诉听众烟花的主要种类。

中心思想:烟花的主要种类为冲天炮、罗马烛、转轮和枪矛。

要点:1)冲天炮在高空中炸响,是所有焰火中效果最强烈的一种;

2)罗马烛散开多组火焰和带颜色的火苗,还伴随着一些爆炸声响;

3)转轮一边发出火焰和火苗,一边在顶端不停旋转;

4)枪矛是很细和带颜色的焰火,主要用于地面燃放。

再举一例,假如你的具体目标是"告知听众芭比·迪里克森的体育成就"。迪里克森被誉为是美国历史上最伟大的女运动员,她在20世纪30年代、40年代和50年代都参加了体育比赛。因此,你可以按时间顺序来组织演讲内容,按每十年一个阶段叙述迪里克森的成就。同时,你也可以按照主题顺序来安排演讲内容,将迪里克森的成就分成几大类。如果按主题顺序,你的中心思想和要点就可以如下所示:

具体目标:告知听众芭比·迪里克森的体育成就。

中心思想:芭比·迪里克森是世界著名的田径、篮球和高尔夫球运动员。

要点:1)作为田径赛运动员,迪里克森在奥运会上创下了两项世界纪录;

2)作为篮球运动员,她两次被提名进入全美女子篮球队;

3)作为职业高尔夫球手,她创下至今没人能打破的记录,连续赢得了17次比赛。

请注意,在前面的两个例子中,要点都依主题按照逻辑顺序、前后一致地分成了次级主题。第一个例子,每一个要点都说明单独的一种烟花；第二个例子，每一个要点都突出作为运动员，迪里克森在某一个方面的成就。如果你的要点如下所示呢？

1）作为田径运动员，迪里克森在奥运会上创下了两项世界纪录；

2）作为篮球运动员，她两次被提名进入全美女子篮球队；

3）40年代，迪里克森主导了美国女子体育运动。

这就不是很好的主题顺序了，因为第三个要点与其他的要点不协调。它说的是迪里克森体育生涯中的一个时期，而第一和第二个要点讲的却是不同的体育项目。

主题顺序可以用于劝说型演讲。通常，主题的细分其实也是演讲人相信某一观点的原因。例如，下面这篇演讲的观点是为什么美国应该继续太空探索计划：

具体目标：说服听众美国应该继续扩大太空探索计划。

中心思想：美国之所以应该继续扩大其太空探索计划，是因为这会打开一扇大门，获取更多资源，扩展科学知识，搜寻外星生命。

要点：1）太空探索会打开通向更多重要自然资源的大门，这些资源是地球上所没有的；

2）太空探索会丰富科学知识，使地球上的生命受益；

3）太空探索会进一步扩大对外星生命的探索。

因为主题顺序模式可以运用到几乎所有主题的演讲中去，因此，它比其他内容要点组织模式在公共演讲中运用得更广泛。

准备要点的提示

要点必须独立完整

演讲中的每一个要点都应该与其他要点彼此独立分开。不要把本应该分开的要点混在一起。比较下面两组有关百老汇歌舞剧创作过程的演讲要点。

低效率的：	**高效率的：**
1）第一步是选择剧本；	1）第一步是选择剧本；
2）第二步是选择剧组人员；	2）第二步是选择剧组人员；
3）第三步是排练，然后演出。	3）第三步是排练；
	4）第四步是演出。

左边那组低效率要点的问题出在，第三个要点包括了两个要点。这两个要点是应该分开的，就像右边那组所列示的。

要点的措词必须前后一致

考虑下面两组要点,是有关锻炼的益处的告知性演讲的要点。

低效率的:
1) 经常锻炼能增强耐力;
2) 睡眠方式会因为经常锻炼而得到改善;
3) 经常锻炼有助于控制体重。

高效率的:
1) 经常锻炼能增强耐力;
2) 经常锻炼能改善睡眠方式;
3) 经常锻炼有助于控制体重。

右边一组要点的措词方式前后始终一致。因此,相对于左边的一组更容易让人明白和记住。你会发现,并非所有时候都可以使用这种并列的要点措词方式。有些演讲并不能保证用如此整齐的用语方式。但需要牢记,能够并行排列就尽量并行排列,因为这是突出要点的好办法。

各个要点之间保持平衡

因为你的要点非常重要,你希望确保每个要点都能得到足够多的强调,以便传达清晰和有说服力。这意味着给每一要点足够的时间来充分展现。如果你发现分配给各个要点的时间比例如下所示:

要点一:85%
要点二:10%
要点三:5%

这样的分配说明可能有两种情况:要么第二个要点和第三个要点都不是真正的要点,你的演讲中只有一个要点;要么第二个要点和第三个要点没有得到足够的时间。如果是后者,那你应该调整演讲的内容,以便使各个要点得到更好的平衡。

这并不是说所有的要点都要平均用力,而是说各要点之间应大体上平衡。例如,下面任何一组都是合适的:

要点一:30% 要点一:20%
要点二:40% 要点二:30%
要点三:30% 要点三:50%

在每个要点上所花的时间,取决于每个要点论证材料的总量和复杂程度。论证材料应该成为填充你演讲框架的"真材实料"。

论证材料

要点本身只是一种声明,听众需要得到论证材料才能接受演讲

者观点。加入论证材料后,演讲的内容可以组织成下面这种大纲样式:

1. 催眠作为化学麻醉剂的辅助主要用于外科手术。
   (1) 催眠可以减少疼痛的生理和心理反应
      ① 催眠可使人的疼痛极限增加一倍;
      ② 催眠还可减少对生理疼痛加剧的担心。
   (2) 有些病人对普通麻醉药不敏感,对于这类病人,催眠是最有用的。
      ① 引用沃尔特里德陆军医院的哈罗德·博士的话;
      ② 讲述琳达·奎依的故事;
      ③ 引用《今日心理学》中的统计数字。
2. 催眠可以用来帮助人们戒烟。
   (1) 许多治疗师利用催眠来帮助人们戒除烟瘾。
      ① 美国卫生及民政部认为催眠是安全有效的戒烟方法。
      ② 催眠帮助戒烟的成功率高达70%。
         a. 阿列克斯·汉密尔顿的故事;
         b. 纽约精神病医师赫伯特·斯皮尔伯格博士的证言。
   (2) 催眠并不能对所有抽烟者产生戒烟疗效。
      ① 戒烟者必须有戒烟的愿望,催眠才有可能产生效果。
      ② 戒烟者必须愿意对催眠的暗示产生反应。
3. 催眠用来帮助学生提高学习成绩。
   (1) 催眠能使人们更有效地利用大脑。
      ① 大脑意识的开发仅仅利用了一个人大脑能力的10%。
      ② 催眠可以使人们更多地利用自身的思维能力。
   (2) 研究显示,催眠可以帮助人们克服学习过程中遇到的许多障碍。
      ① 改善集中注意力的能力。
      ② 提高阅读的速度。
      ③ 减少考试的顾虑。

论证材料
supporting materials
支持演讲者观点的科技,论证材料。

在第七章,我们讨论过论证材料的主要种类及如何利用论证材料。在这里,我们仅需强调组织论证材料的重要性,这样,论证材料才会和需要论证的要点产生直接的联系。有时候,论证材料的位置不正确会造成混乱。下面就是一个例子:

人们为什么移民到美国,这里有许多原因:

(1) 在过去的几年里,上百万人移民到了美国;
(2) 许多人移民是为了寻找经济上的机会;
(3) 一些人移民到美国是为了获得政治上的自由;
(4) 还有一些是为了逃避宗教迫害。

这些要点解释了移民美国的原因,就像论点(2)、(3)、(4)所示。论点(1)(在过去的一些年里,上百万人移民到了美国)并没有解释其原因,不应该包括在这个要点中。如果你在自己的演讲中发现了上述的情形,应该尽量在适当的要点下重新组织你的论证材料:

1. 在过去的几年里,上百万人移民到了美国。
 (1) 自从美国革命以来,估计有6 000万人移民到了美国;
 (2) 如今这里有超过2 000万出生于其他国家的美国人。
2. 人们为什么要移民到美国,这里有许多原因。
 (1) 许多人移民是为了寻找经济上的机会;
 (2) 一些人移民到美国是为了获得政治上的自由;
 (3) 还有一些是为了逃避宗教迫害。

现在你有两个要点来支持"百万人"这一条,有三个要点来支持你的"原因"这一条。一旦组织好了要点和论证材料,你就必须注意到演讲内容中的第三个要素,即连接词。

衔接

卡尔·马齐奥要在班上发表演讲,主题是学生应该积极参加州和地方选举。她练习了好多次,想好了定义明确的中心思想,三大有力的要点,还有强有力的证据来支持她的立场。但是,在课堂上开始演讲时,每次从一个想法到另一个想法过渡时,她都说"就这样"。在6分钟的演讲中,她一共说了10次"就这样"。演讲还没结束,大伙已经无心听她演讲了,他们都懒得再听她说下一个"就这样"。事后,卡尔说:"我甚至都没有想到要说什么'就这样'。我猜是因为不知道接下来说什么好,这个词就自动跳出来了。"

这并不奇怪。我们都有一些口头禅,思维出现停顿时就会不由自主说出来。在日常谈话中,这些口头禅不会引起什么问题。但是,在演讲中,这些口头禅却会引起问题,尤其是这些口头禅本身引起人们注意的时候。

卡尔的演讲缺少的是强有力的衔接,这是使一个观点与另一个

衔接
connective
演讲中把前后观点连接起来或表明它们之间相互关系的用词或短语。

观点连接起来的一些单词或短语,以表明观点之间的相互关系。演讲内容中的连接词和人体的肌腱与韧带一样。没有连接词,演讲就显得脱节和不协调,有如一个人的骨头没有韧带和肌腱连接一样。演讲中常用的四种衔接方法有:过渡、内在提示、内在小结和标识。

☐ 过渡

过渡
transition
演讲人结束一个观点,进入下一个观点时的用词或短语。

过渡是指演讲人刚刚讲完了一个观点后,转移到下一个观点时的用词或短语。在下面的例子中,过度词或短语都加了着重号。

既然我们对这个问题已经有了一个清晰的理解,就让我来和你们分享有关这个问题的解决方法吧。

迄今为止我已谈了许多马萨诸塞第54军团的勇敢和爱国主义精神,**也是**这种牺牲精神,使这个美籍非裔军团被永远载入了史册。

既然我们已经明白了饮酒太多对学生和社区都是一个严重问题,**那么**,让我们看看其他一些理由。

把这些符号语言记在心中,我们一起回到开始时的句子,看看我们是否能从"你是我的朋友"中学会这些符号。

既然我们已经搞懂了风水是什么,**那就**让我们把这个古老的艺术应用于实践吧。

请注意这些用语是如何提醒听众的,让他们注意到,一个主题已经说完了,同时也表明将要形成的下一个主题。

☐ 内在提示

内在提示
internal preview
在演讲中提示听众演讲人接下来要谈什么。

内在提示告诉听众演讲者接下来要谈什么,比过渡要更详细些。事实上,内在提示与演讲介绍部分的预先陈述差不多,只是内在提示出现在演讲主体内容中,一般说来,是在演讲人开始谈到一个要点时。例如:

谈到亚裔美国人长期以来遭遇的媒体偏见时,我们首先来看看这个问题的起源,然后看看这个问题是如何在今天继续产生影响的。

听到这句话听众就明白,演讲者谈到"问题"要点了,自己应该准备听什么了。

内在提示经常与过渡结合起来使用。例如:

(过渡):既然我们已经明白错误的信用报告造成的问题严重性,那就让我们来看看有什么解决办法吧。(提示):我将专门谈到三个解决方法:政府对信用部门实施更严格的管理措施,让信用部门为其错误承担更大的经济责任,使个人更容易了解自己的信用报告。

你自己做演讲时,一般不需要为每一个要点都做一个内在提示,但是,如果你觉得这样有助于听众跟上你的思路,那就应该用上内在提示。

☐ 内在小结

内在小结与内在提示正好相反。内在小结不是告诉听众接下来要谈什么,而是要提醒听众刚刚说了什么。一般会在演讲者完成了一个或一组比较复杂或特别重要的要点后用到。演讲者不是立即转移到下一个要点,而是花一点时间小结刚刚谈过的要点。例如:

简而言之,看手相是一门古老的艺术。这门艺术是 5 000 多年前在中国出现的,后来在古希腊和罗马都有所发展,最后在中世纪进入兴盛时期。到了工业革命时期,这门艺术存活了下来。今天,在世界各地,看手相仍然是流行的艺术。

我希望已经解释清楚了散步作为一种锻炼形式的有益之处。跑步可以防止很多伤害,但同时也会引发很多伤害,散步就不一样了。散步是保持身体健康的轻松的活动,但其效果并不比跑步差。以活泼的步伐进行定期散步会使心脏得到强化,提高肺活量,改善血液循环,并使脂肪燃烧,所有这些益处都不会造成跑步时引起的膝盖和脚踝扭曲或酸痛。

> **内在小结**
> internal summary
> 演讲中提示听众演讲人刚才讲了什么。

这样的内在小结是厘清思路的好办法。用过渡词连接起来后,还可以引导听众平稳地进入下一个要点。

(小结):到目前为止,我们已经明白,正常人有对短暂的突然刺激的需要。这种需要引发了对刺激冲击的越来越大的需求,并在主题公园之间引发了一场过山车大战。然后,我们谈到了过山车的过去和现状。(过渡)现在,我想让大家来看看未来还有哪些东西是我们可以享用的。

(小结):让我们暂停一下来总结到目前为止我们所发现的问题。首先,我们已经知道美国的犯罪审判体系在阻止犯罪方面的效率低下;其次,我们发现监狱系统对犯人的改造也远不成功。(过渡):我们现在得来探索解决这些问题的办法。

☐ 标识

标识性词语是一些简单的提示,向听众说明目前你演讲到了哪里。标识性词语经常会是一些数字。下面是一位学生在演讲中利用

第三部分 演讲准备：组织和设计

标识
signpost
很简要的提示，向听众说明演讲进行到了哪里以及需要突出的关键。

数字标识帮助听众更明确导致非洲持续性饥荒的主要原因：

第一个原因是缺乏农业生产。

第二个原因是遭受饥荒的国家周期性地发生干旱。

第三个原因是当地领导人对食物资源的管理不善。

另外一个办法就是用一个提问来将要点引进。下面这位同学在关于"系好安全带：一种保护你生命的习惯"的演讲中就是这么做的。他的第一个要点阐述了安全带被证明是拯救生命的程度。他是这么引入要点的：

首先，系上安全带你将受到多大程度的保护呢？

他的第二个要点解释了安全带如何吸收碰撞所产生的力量并防止驾驶员从被抛出车外。他是这么引入要点的：

因此，这个证据说明了系安全带是非常有用的。这个证据将引出我的第二个问题——为什么有人不系安全带呢？

把提问作为标识性词语的效果非常好，因为标识性词语鼓励人们给出初步的答案，可以让听众更多地参与演讲。

除了利用标识性词语来指明已经到了演讲的哪个部分外，你还可以利用它们使人们的注意力集中到一些关键点上。你可以用一个简单的短语做到这一点，如下面的例子：

关于抽象艺术，必须记住的最重要的事情是，抽象艺术总是基于自然世界的某种形式的。

下加重点的句子提醒听众注意到一个事实，特别重要的一个要点就要出来了。下面这些都是标识性短语：

请一定记住

这一点对于理解其余部分非常重要

总体来说，大家需要明白

请允许我重复刚才说过的话

根据演讲的需要，你也许会用到两三种或组合使用以上四种衔接方式。不用太在意这些衔接方式到底应该称其为哪种方式，也不用管这是标识性词语还是过渡短语。事实上，也有人把所有这些方式全都归入"过渡"一类。重要的是要明白它们的功能和作用。使用得当的话，衔接可以使演讲更连贯、更完整。

小结

条理清晰、结构合理在演讲中非常重要。听众要求演讲具有连贯性,他们只有一次机会来抓住演讲者的思想。如果演讲人从这一点跳到下一点,缺乏线索和连贯,人们会失去耐心。组织良好的演讲会强化你的可信度,便于听众理解你的思想。

演讲稿应该有组织策略,应该是以特别的方式组织起来,在特别的听众中获得特别的效果。组织演讲的第一步是要掌握演讲的三大基本部分,引言、主体内容和结论。本章,我们主要谈到了如何组织演讲的主体内容。

设计演讲主体内容的工作在你思考演讲要点的时候其实就已经开始了。这些就是你演讲的特点。你应该仔细选择这些要点,用合适的语句将它们准确地表达出来,并富有策略性地做好谋篇布局的工作。大部分演讲只能含有 2—3 个要点。每一个要点都应该集中在一个想法上,应该以准确的词汇表达出来,并得到足够的强调,以求清晰易懂和有说服力。

你可以用不同的方法来组织演讲要点。可以是时间顺序模式,可以是空间顺序模式,也可以按因果关系安排。如果你把主要的话题分成若干次级主题,那就可以是主题顺序模式,每一个次级主题解决一个要点。对于问题求解模式,你可以将主体内容分成两部分,一部分提出问题所在,另一部分提供解决办法。

论证材料是支持你的要点的论据。组织论证材料时,应该确保与要点产生直接的联系。

组织好了要点和论证材料,你还应该注意演讲的第三要素——衔接。衔接使一篇演讲互相连贯,使一个思想与另一个思想结合在一起,指明各个想法之间的相互关系。衔接的四种类型是,过渡、内在提示、内在小结和标识。有效地利用这些衔接办法会使演讲更连贯、更完整。

■ 关键术语

策略性组织	strategic organization
要点	main points
时间顺序	chronological order

空间顺序	spatial order
因果顺序	causal order
问题求解顺序	problem-solution order
主题顺序	topic order
论证材料	supporting materials
衔接	connective
过渡	transition
内在提示	internal preview
内在小结	internal summary
标识	signpost

■ 复习题

阅读本章后,请回答下列问题:

1. 清晰并连贯地组织演讲内容为什么很重要?

2. 一般来说,演讲中应该包含几个要点?为什么在演讲中要点不能太多?

3. 组织演讲要点的五个基本步骤有哪些?哪些对告知型演讲是重要的,哪些只适用于说服型演讲?哪一种用得最多?

4. 准备演讲要点的三个提示是什么?

5. 组织论证材料时,要记住的最重要的一点是什么?

6. 四种衔接方式是什么?各种方式在演讲中分别发挥什么作用?

■ 批判性思考练习题

1. 指出下列几组要点使用的组织模式。

1) 西查·夏维茨因为积极维护加州西班牙裔农场工人的权利而闻名;

2) 西查·夏维茨也是一位提倡西班牙民族文化自豪感的不知疲倦的倡导者。

1) 高尔夫球赛起源于15世纪的苏格兰;

2) 大部分的高尔夫球赛规则和传统是在19世纪发展起来的;

3) 职业高尔夫球巡回赛始于20世纪;

4) 如今高尔夫球赛达到了流行的顶峰,同时也成为一种观赏性的运动。

1）由于被感染的蚊子叮咬,西尼罗河病毒正在美国流传;
2）西尼罗河病毒的症状包括,类似流感症状,痉挛,脑部肿胀,严重还会导致死亡。

1）皮肤的外表层,生皮,就如一张纸一样薄;
2）皮肤的中层,真皮,是生皮的15—40倍那么厚;
3）皮肤的最内层,皮下组织,是最后的皮层。

1）在美国,儿童的肥胖症已经达到了危险的比例;
2）解决这个问题需要改变态度、饮食习惯和运动方式。

2. 根据下面的具体陈述,应该用什么样的组织模式来安排要点?

让听众了解1955—1970年间民权运动发展时期的重大事件。

让听众了解美国海岸侵蚀的原因和结果。

让听众了解甘地非暴力抵抗思想。

让听众了解菲律宾的地理区域。

让听众相信州立法机构应该制定更严格的法律来处理摩托车闯红灯问题。

让听众了解传统美国土著艺术中利用的主要符号。

3. 阅读本章有关催眠的演讲中的要点大纲及论证材料。为每篇演讲设计出合适的过渡词、内在提示、内在小结和标识性词语。

■ 运用公共演讲的力量

你在一家财富500强企业里工作过一阵,这家公司经营的部分业务是生产草坪修剪设备。该公司最近收购了三家生产类似产品的欧洲专业公司。你学的是工程专业,也是快速成长质量小组的成员,你是参观新收购的公司并评估其产品安全、质量和排放物控制的理想人选。

你到英国、法国和德国进行了为期一周的考察,并将为这次新的收购行为的管理小组报告自己的观察和建议,但是,你不能肯定应该如何组织自己的这次演讲。你主要的选择是按时间顺序、空间顺序和主题顺序模式来组织演讲内容。在这几种组织模式中,各篇演讲的要点分别是哪些?请解释哪一种方法你认为最有效。

第九章

开头与结尾

1986年10月9日晚上,一位指挥家走上伦敦女王剧场的指挥台,他拿起指挥棒,示意演奏开始。《剧院魅影》富有戏剧性的序曲音乐开始了。

和大部分音乐剧一样,《剧院魅影》也是从一个序曲开始的,序曲的作用是用来抓住观众的注意力,并让他们预先熟悉将要听到的音乐。如果没有这样一个引入部分,演员走上舞台就开始歌唱或者念对白,那么音乐剧的开场就会显得太突兀,听众们也就缺乏一个适应过程。

同样,差不多所有的音乐剧都以一个终曲来结尾。此时,全部剧组人员都将走上台来,把戏剧情节的所有要素一一化解,主曲的各个部分也会再次奏响,观众被再次带入高潮。如果没有这样一个结尾,演员结束表演后马上走下舞台,观众就会觉得戛然而止,缺乏一种满足感。

音乐剧需要有合适的开头和结尾,演讲同样也需要。开头(也叫开场白),是要让听众准备好听到接下来的内容;结尾,总结演讲内容,并提示听众演讲马上就要结束了。

本章中,我们会一起来分析开头和结尾在演讲中的作用,还会谈到一些完成这个任务的技巧。如果你能充满想象力地使用这些技巧,那你的演讲水平会迈出一大步。

开头

第一印象非常重要。失败的开头会使听众分心并产生隔阂,演讲人就难以抓住听众的注意力了。迈出正确的第一步,对于演讲人确立自信心也很重要——还有什么比看到听众们一开始就对自己的演讲兴趣盎然更让人高兴的事呢?任何一次演讲最难的也就是开头。如果开头不出毛病,接下来的部分会平稳很多。你会发现,好的开头的确是成功的一半。

在大部分演讲里,开场白需要完成四个目标:
- 唤起听众的注意并引发听众的兴趣;
- 阐明演讲主题;
- 建立可信度和好感;
- 介绍演讲主体内容。

下面我们来逐个看看这些目标。

引起注意与兴趣

"除非能立即调动起听众的兴趣,否则,演讲人必定失败",著名律师克拉伦斯·达罗极其强调开头的重要性。不管演讲人多么有名,也不管他说的话题多么重要,如果演讲人不能在开头部分就引起听众的注意,那么他一定会失去这批听众。

在开口说话前,因为主持人刚介绍过你,你走上讲台时,听众一般都怀着一种期待。如果他们没有注意到你,你可以耐心等一会,直接看着听众,等着他们安静下来。不一会儿,那些闲谈的人和忙碌的人都会停下来。当听众认真起来时,就是你要准备好开始演讲的时候了。

演讲开始以后要继续保持听众的注意力,就不那么容易了。这里有一些经常使用的方法,你可以单独使用,也可以组合使用,它们也许能帮助你抓住听众的注意力。

使主题与听众产生关联

人们只对直接影响到自己的事有兴趣,如果你可以把演讲主题和听众联系起来,那么他们就会对此产生兴趣。

例如,一位同学这样开始她的演讲:

今天我来谈谈收集明信片的话题。这是一个既有趣也有回报的爱好。我想解释一下收集明信片的基本种类,为什么它们是有价值的,以及收集者如何购买并卖出这些明信片。

这当然是一个很清晰的开头,可是,却无法吸引你转过头来仔细倾听。但如果你的同学是这样开头的呢?

星期六早上,你帮助奶奶打扫阁楼。干了一会儿活,你摸到一个箱子,打开一看,发现里面有好几百张旧明信片。你想到足球赛马上就要开始了,随手就把这些废纸都扔进了垃圾筒。那么,恭喜你!你把自己一年的学费扔进垃圾箱了!

这次,演讲人抛出了诱饵,你多半会接着听他讲下去。

不管使用哪种引发兴趣的手段,你都必须想办法使主题与听众产生关联。有时候这真是考验你的创造力,不过绞尽脑汁总会有回报的。这里介绍两个精彩的例子,第一个例子是一篇名为《让残障学生能方便地进出学校》的演讲开头。请注意,演讲人是如何让班上同学设身处地为残障人着想的。残障同学为什么没有在上课前准时到教室,因为他们在雪地里拨不动轮椅。

我想请大家发挥一下想象力,想一下,如果你们花了一个晚上复习,早早起来做好了一切准备,下楼后,却发现门打不开了。这个时候,你们会有什么样的感觉呢?你们会想:"啊,从后门走就行了。"你到后门,发现后门也打不开。

这真让人恼火,不是吗?可这就是残障学生经常的遭遇,他们常常在下雪天无法进出教室。

第二个例子是一位同学关于梦的演讲。

你被一种不可名状的恐惧追赶,你的腿缓慢地移动,每跨一步都需要很长时间,你想跑得快些却跑不动。追赶你的东西越来越近,你的失望变成恐惧,你知道你已经无法逃脱。你呼吸不到空气,你彻底绝望了,只能眼睁睁看着死亡。

然后,你终于醒过来,呼吸到了空气,你的心脏又恢复了跳动,你花了几分钟让自己回到现实,你的心跳和呼吸终于平复了。你重复地使自己相信,这只是一个梦。

因为使用了这些生动的语言来描述每个人都曾有过的体验,演讲人成功地吸引了每个听众的注意。

说明主题的重要性

毫无疑问,你认为自己的演讲很重要,但是你需要告诉你的听众,请他们也认识到这一点。这是美国医疗联盟主席苏珊·帕达克在 AMA 国际领导人大会上的演讲,她试图让所有的听众都来关注未成年人暴力问题:

在众多对公众健康构成的威胁中,未成年人暴力不但在威胁我们每一个人,而且正在损害我们国家的未来……

想象一下,现在我们中有 300 个学生——大约占这个房间里听众人数的三分之一——在我演讲的 10 分钟里,正好将会有 300 名学生被袭击或被抢劫,每天有 17 000 人,每个月大约有 50 万人……在 26 个最富裕的国家里,我们的青少年拥有最高的自杀率和被谋杀率。

这些都是令人震惊的统计数字。帕达克在演讲开头就引用了这些数字,强调了自己的演讲主题的重要性,同时也吸引了听众。

在讨论社会和政治问题,像未成年人暴力、濒临灭绝物种、恐怖主义或克隆等,这个方法很容易使用,当然它也适合其他类型的主题。这是一个学生所做的关于家庭养鱼的演讲,看看他是如何使用这个方法的:

鱼很难抱住。鱼不会打滚,也不会去拿报纸。你不会发现鱼趴在你的双膝上,也不会看到它追赶毛线球,更不会看到它从燃烧的大厦里救出一个儿童来。

但是,尽管有这么多缺点,1.5亿条热带鱼还是进入了1 000万美国家庭。美国所有活体动物交易量的50%是热带鱼,在数以千万计的美国人心目中,它是仅次于狗和小猫的可爱动物。今天我想解释一下如何在家里养鱼,如何从热带鱼那里找到快乐。

第一段有一个很聪明的开头,所以一下子就抓住了听众的注意,但是第二段却保持了来之不易的注意力。的确,当你的听众对这个话题不甚明了的时候,你更要在开头部分就说明它的重要性。

让听众震惊

很快引起兴趣还有一个百试百灵的方法,就是用一个令人惊讶或能产生极大兴趣的陈述让听众震惊。下面这位演讲人说完开场白之后,每一位听众都会认真起来了。

花一分钟时间想想离你最近的三个女人。你会想起谁来?母亲?姐姐?女朋友?妻子?最好的朋友?再猜一猜,谁曾受到过性骚扰?当然想这些并不愉快,可是,根据美国司法部的数据,每三位美国妇女中就有一位会在一生中遭遇性骚扰。

注意一下这位演讲人是如何过渡的:"再猜一猜,谁曾受到过性骚扰?"这个叙述的确震惊了听众,特别是男性听众,他们也许在驾车回家的途中仍然在思索"谁曾受到过性骚扰"这个问题。如果演讲者只是这样说,"性骚扰是一个很严重的问题",那么效果就差很多了。

有时候,你也许希望在演讲的第一句就先声夺人,有位同学是这样用美国运动队的戏称来开始自己的演讲的:

今晚,圣安东尼奥的西班牙人将与新泽西的日本人干上一仗,同时洛杉矶的犹太人会迎战明尼苏达的波兰人。

还有一个长一点的例子,是一个演讲者在互联网隐私研讨会上说的:

这个房间里的三个人曾经入狱,两个人上个月迟付了分期贷款,还有三个人忘记了去付你的学生贷款。两个男人和三人女人最近被诊断为癌症,还有五个人需要足够的信用来维持自己的专业证书。

我是如何找到这些的?我只是用我的电脑在一些专业资源里检索一下你们的名字。我并没有输入你们的地址、社会保障卡号码、驾照号码,或者其他任何信息。

这个方法效果极好,也容易掌握。只需要记住,这个震惊了你的听众的开场白必须和演讲的主题直接相关。上面那个例子的确在一个关于个人隐私与互联网的演讲上非常有用,但要是把它用在电子商务的演讲上,那么它就毫无用处了。如果你选择了这样一个开场白仅仅为了使你的听众震惊一下,然后往下谈别的不相关的事情,听众就会觉得很迷惑,甚至觉得很讨厌。

唤起听众的好奇心

人都有好奇心。用一连串叙述来慢慢激起听众对演讲主题的好奇心,自然会使他们更关注你的演讲。例如:

这是美国最常见的一种慢性病。这种病可以控制却无法根治,它是一种无症状的疾病。你可能得了这种病已经好多年了,但毫不察觉,直到它置你于死地。美国约有4 000万人得这种病,今年大约会有30万人死于此病。我们班上5个人中有4个人可能会染上这种病。

我谈的是什么?不是癌症,不是艾滋病,也不是心脏病。我谈的是——高血压。

这里还有一个例子,这个演讲的题目叫做"生命的馈赠"。

每个人都有一个馈赠?那是一个什么样的东西呢?并不是圣诞礼物也不是生日礼物。不是某种特殊的才能或者技术,却是一种可以挽救生命的东西——而且不止一次。如果你决定把它送给别人,你却什么也不会失去。

有些人把他的馈赠埋葬掉了,有些人烧掉了。在你们回答我的问卷时,除了一个人外其他人都表示乐意接受这个馈赠,但却只有20%的人愿意自己也来捐赠它。这个馈赠就是在你死后捐献你的器官。

这位演讲人不仅仅把主题直接与他的同学们产生了关联,他还成功地让同学们不断产生疑问:这个每个人都有的馈赠到底是什么?如果他只是用"今天,我们来谈一谈器官捐献"这样的开场白,那他的感染力就会减弱很多。只要使用得好,唤起好奇是一个百试百灵的吸引你的听众兴趣的方法。

反问听众

提出反问，也是让听众思考你的演讲的好方法：

如果你挚爱的人在恐怖活动里牺牲了，你会怎么样？

如果你生病了去看医生，医生却告诉你去看《老友记》来治疗，你会怎么想？

你知道每年美国有多少家小公司开张吗？

有时候，你也可以提出一连串的问题，吸引听众更深入地关注你的演讲。下面这个例子就是一个同学使用的方法：

你有没有挑灯夜战来复习迎考？你有没有想快些做完考卷因为你觉得你已经等不及了？你是不是觉得你在学校在家里在办公室都有很多很多事情要做，你快要崩溃了？

如果是这样，你就是不合理的时间安排的牺牲者。还好，有很多实践证明可行的方法，你可以使用它们并更有效率地使用你的时间。

和用一个令人震惊的陈述来开始一段演讲一样，如果问题对听众有意义，而且与演讲主题有很大关系，那么，用提问来开场再好不过了。如果每个问题间可以稍作停顿，效果更佳。因为这样会产生戏剧性的效果，并使听众有时间思考一下这些问题。其实，听众已经在心里做出了回答，只是没有说出来而已。

用引文开始

唤起兴趣的另一个办法是用一段引文。你可以从一位著名演讲人或者一位作家的话里摘录一段引文，莎士比亚或孔夫子，《圣经》或《犹太法典》。你还可以引用一首诗或一首歌，也可以从一个电视节目里选一段话。有位同学利用电视节目里面的一段话作为一个演讲的开场白，这次演讲是关于美国妇女在太空计划中的作用的：

"太空——最近的边境地带，是'星际飞船计划'的旅途。这个五年计划是：探索新世界；要找到新的生命和新的文明；要大胆地踏上人类以前没有到达的地方。"

这段著名的话是电视片《星球大战》每一集的开场白，它抓住了冒险精神，正是这种精神标志着美国人对20世纪60年代和70年代的太空探索活动的态度。它还强化了这样一个概念：太空探索基本上是男性的活动，"要大胆地踏上人类（man，英文中指'人'，也是'男人'）以前没有到达的地方"。

当然，今天，时代已经变了。妇女不仅是《星球大战》后面几集中的重要角色，而且，她们还在美国太空计划中扮演了越来越重要的角

反问
rhetorical question
听众不必答出只是默想的问题。

色。今天，我想跟大家谈一谈妇女在太空计划中的现状和未来的前景。

你不一定非得引用非常著名的文字。下面的话在一篇关于鸟类观察的演讲中就起了有效的开场白的作用：

"直到今天，每当我描述观鸟的感受，我就会体验到那份激动。密林里闪过一道色彩。我举起望远镜。我看到它啦——一只啭鸟，那是全美国最罕见的鸟类之一。对我来说，这就像一位钱币迷发现了一枚罕见的银币，或一位橄榄球运动员在超级杯赛中触地得分。"

这话是我父亲说的。他是数百万在观鸟活动中享受到欢乐和刺激的人之一。

幽默的引文也可以提供双重的冲击力，比如在下面这段演讲中，主题是需要对美国国会成员的任期加以限制：

马克·吐温曾说过："也许，可以通过事实和数据显示，除了国会以外，美国并不存在特征明显的犯罪集团。"

用马克·吐温的话作为开场白，演讲人不仅赢得了听众的注意，而且还为演讲主题埋下了一个伏笔。另外，请注意，这里的所有引文都比较短。如果用很长的引文作为演讲的开场白，那一定会让你的听众打哈欠。

讲故事

我们都喜欢听故事，越是刺激、越是充满悬念，越是喜欢。故事应该和演讲主题有直接的联系。能够巧妙利用的话，故事可以成为开始一个演讲最有效的方式。

例如，看看下面这个故事，是一位教育学专业学生的演讲，主题是关于美国教师如何适应学生文化来源的多样性：

一个冬季的下午，天气阴沉。纽约市第14小学的教师弗罗伦·格林伯格发觉，班上的同学特别不安心。一个女孩干脆放下书本盯着窗外看飞飞扬扬的雪花。这位教师有些不高兴了："你们以前没有见过下雪吗？"女孩小声说："没有。"其他同学也都显出赞同的样子，大家一起点头。

这时，格林伯格才想起来，这些一年级的孩子差不多都是来自哥伦比亚和多米尼加的移民，以前从没见过下雪。格林伯格灵机一动，立即改变课堂计划。新课题：什么是雪？雪是如何形成的？下雪的时候穿什么衣服？玩什么游戏？

这个故事后来被《时代》杂志报道，它说明今天美国数千所中小学都发现了文化的多样性，而富有创造力的教师是如何适应这种多样性的。

这个故事发挥了开场白的双重作用,它唤起了听众的兴趣,同时帮助听众形象地理解这次演讲的主题。

你也可以在开场白里讲自己的故事。下面一位同学从印度孟买来到美国,他在演讲一开始就解释了自己远离祖国时候内心的困惑:

我总是一再回想起那一幕:那是1992年8月15日,星期六晚上11点30分,印度孟买国际机场。我将离开祖国前往美国的大学。我和父母、家人和我的朋友们道别。从他们眼里,我看到了希望、盼望,还有一丝悲伤。当我登上波音747飞机时,我知道自己的生活从此改变了。

任何一个故事,尤其是一个亲身经历的故事,是否有效取决于故事的内容,也取决于讲故事的水平。演讲人可以利用停顿、眼神和声调、语调的变化来使故事效果达到最佳状态。请尝试看看自己能否在演讲中利用这些手段。

上面所说的几种方法是学生演讲中运用得最多的几种,用来引起听众的注意并唤起他们的兴趣。其他还有一些方法,包括指明当时情景、邀请听众参与、利用音响设备和视觉辅助物、与前一位的演讲人建立联系,或者用幽默的话来开场,等等。不管是哪种方法,都应该根据当时演讲的主题、听众和情景来选择。

阐明演讲主题

在引起注意的过程中,还要确保能够明确地点明自己演讲的主题。不然,听众会觉得糊涂,一旦听众被弄糊涂了,他们被你的演讲吸引住的机会几乎是零。这也许是很明白的事情,你会觉得它不值一提,但是很多同学需要反复不断地提醒才会注意到这一点。你可能在自己的班上听到过这样的演讲,听完了开场白还不知道他将说些什么——这就是你需要避免的。在演讲课上,一位同学做了这样一个开场白:

罗森尼·陶斯进了医院做膝盖外科手术,她最担心的是过多久才能再去滑雪。可悲的是,答案是她永远也不能滑雪了。不过,罗森尼并没有死掉,但是,手术期间过度的全身麻醉使她永远残废了。也必须在有人监护的状态下度过余生。这个例子说明,麻醉剂的使用可能成为手术中最危险的一部分。今天我将跟大家谈谈这方面的事情。

这个演讲的主题是什么,麻醉剂潜在的危险?不是;麻醉师需要定期审验执照?不是。这位同学想谈的是中医的针刺麻醉术。但是,他并没有跟听众说清楚这一点。听完了演讲的开头部分后,听众会以为他会接下去谈到麻醉剂的危险。

这位同学找到了一个充满戏剧性的开头,但是他没有看到这样一个事实:这个开头和自己的演讲没有合适的联系。很显然,罗森尼的故事很能够吸引人的注意,但是,这个故事却被浪费掉了。假定这位同学是以这样开场的:

在中国北京肺结核研究院的手术台上,一位年轻妇女正在接受肺叶摘除手术。没有使用任何镇痛药,她完全清醒,但是,却没有感觉到一点点痛苦,甚至还时不时跟医生说几句话。唯一的麻醉手段就是她手上和脚上的一排不锈钢针。

这个开场表现除了同样的戏剧性,唤起了听众的注意,但是它直接与演讲主题挂上钩了。

千万不要在开头部分"旁敲侧击",容易失去听众的注意力。哪怕他们知道你要讲什么,你也应该在开场白里简洁和清晰地重复出来。

☐ 建立可信度和好感

除了引起注意和阐明主题外,开场白还需要完成第三个目标,那就是建立可信度和好感。

> 可信度
> credibility
> 听众有关演讲人是否有资格谈论某一给定话题的认知。

可信度是指你是否有资格去对一个话题发表见解,你需要使听众相信你有资格来谈论这个话题。假如影星布拉德·彼特来到听众面前谈核物理学,那他必须要花极大的力气来确立自己在这个演讲课题上的可信度。

下面这个例子说明了一位同学在一篇关于举重的演讲中如何建立自己的可信度,而不是听上去像吹牛:

今天美国女子体育项目中发展最快的是哪项?如果你说是举重,那你绝对正确。这项运动以前专属于男子,但现在已经跨越了男女界限。不管你是男性还是女性,举重可以赋予你一种力量感,让你看上去感觉更好,强化你的自尊。

我上高中时开始举重,在过去八年里一直坚持不懈。我还在好几家健身俱乐部当过举重教练,现在还拿到了美国有氧运动和健身协会的教练资格证书。

如果你意识到演讲者是这方面的专家,不管你举不举重,你都会对她的演讲产生一点兴趣。

可信度并非一定需要基于自身经验。可信度可以从书本上来,可以从教室里听来,可以从采访中得来,也可以从朋友那里听说,下面的情形就是如此：

我对民权运动的历史产生兴趣已经有好几年了，我阅读了大量有关的书籍和文章。

我今天想告诉大家的一些信息，大部分来自生物学课程，还有对当地的奥都班协会的雷娜·瓦斯凯的采访。

关于儿童早期教育的许多问题，我是从我母亲那里学来的，她是旧金山大学的一位教师。

不管你的专业知识来自什么地方，一定要让听众明白。

不过，建立好感和建立可信度稍稍有些不同。演讲时，有些话题会引起某些听众的敌意，这个时候，演讲人必须在演讲一开始就努力消除这些听众的敌意。

在课堂演讲中也是这样。假如你在倡导一个不受欢迎的主张，演讲一开始，你就必须作出特别的努力来鼓励同学们考虑你的意见。下面的例子是一位同学希望减少反对意见。他演讲的主题是，支持建设更多的核电站以满足美国在21世纪对能源的需求：

美国核电站建设在20世纪80年代就停顿下来了。但是，正如《发现》杂志上个月所说，现在到了重新考虑核能的优势的时候了。与石化燃料不同，核能不会造成温室效应，也不会使美国过度依赖外国的石油。而且，由于科技的进步，核能利用比以前更安全了。

正是这个原因，我才想做这次演讲，支持建立更多核电站以满足美国未来对能源的需求。我知道你们大多数人都反对核电站，我过去也反对。但进行过一番研究之后，我改变了看法。今天，我想把自己的一些发现告诉大家。可能我无法改变你们的立场，但是，我真诚希望你们能够放开思路听听我的几个论点。

这样真诚的呼吁，哪一位有理智的听众会视而不听呢？

> 好感
> goodwill
> 听众心中对演讲人是否具有浓厚兴趣。

☐ 介绍演讲主体内容

正如我们在第三章所说，大多数人都不是很好的倾听者。再好的听众，也需要得到尽可能多的帮助来把演讲人的思路搞清楚。帮助听众的有效办法就是在开场白里就告诉他，在接下来的演讲中应该注意倾听什么内容。下面是一个很好的例子，生物技术专家汤尼·L·怀特在哥伦比亚公共卫生学院的演讲：

很高兴来到这里，很荣幸能在这里做今年的威斯讲座……

今天我将讨论一下人类基因组排序的问题，我还要解释这一具有里程碑意义的工作带给我们的机遇，以及所有这些对公共卫生可能带来的影响。最后我还希望你们注意,伴随着这些成就一起到来的挑战和问题。

有了这样一个开场白,听众对怀特演讲的主题和要点就很清楚了。

预先介绍
preview statement
在演讲开头部分介绍本次演讲将要讨论的要点。

在一些说服型的演讲中,你也许想等到演讲开始以后才透露自己的中心思想。但是,你一定得注意,不能让听众去猜测演讲的要点到底是什么。一般情况下,你都应该做一些预先的告知,看下面的例子:

为了让大家明白为什么说流浪艺人对西班牙文化非常重要,我想给大家简单介绍一下流浪艺人的历史,看看"流浪艺人"这个词是什么意思,他们的着装风格,以及他们对当今娱乐业的影响。

今天,我想和大家一起分享获得的一些信息,首先我要告诉大家,我们的日常食物中包括很多昆虫。然后,我们将考查一下可食昆虫的历史,以及这些昆虫的营养价值。最后,我将谈谈把昆虫变成一种营养食品的可能性。

正如大家所看到的,我在校园里开助动车,而且,因为积雪未铲,在校园各处活动很不方便。我想跟大家谈谈这个问题,商量一下解决的方法。

上述这一类的预先告知还可以达到另外一个目的,由于它们一般是在开场白结束时出现,因此,它们会提供一个自然的过渡,轻松进入演讲的主体。它们发出一个信号,说明演讲的主体部分马上就要开始了。

另外还有一个作用,演讲人可以利用开场白提供特别的信息、定义或背景——如果听众希望听懂接下来的演讲,他们就必须得到这些特别信息。大多数情况下,可以很简略地做完介绍,比如下面的例子:

"人体冷冻学",是指在液态氮中冰冻人体器官或肢体并加以保存,以利今后使用的一门科学。

"三项赛",是指连续完成三项不同比赛组成的一个比赛项目。三项赛一般指游泳、自行车和跑步。有时候,独木舟会用来替代其中的一项。

有时候,你必须更详细地解释某个关键用词。在下面的例子中,一位同学在演讲中提到了内战前奴隶们逃出南方的"地下铁道"。虽然大家可能听说过"地下铁道"这个词,但是,很多人并不清楚到底是什么意思。演讲人明白这一点,因此在他的演讲中抽出一部分时间来对其进行准确描述:

"地下铁道"这个词最早是在1830年开始使用的。事实上,"地下铁道"既不是指地下,也不是指铁路。这是一个特别的网络,专门为逃亡奴隶提供食品、衣物、逃亡路线和藏身之处,帮助他们从南方逃到北方或加拿大。

为什么称之为"地下铁道"呢?因为这个网络很隐蔽,也因为参与其中的许多人都利用铁路上的行话做暗语。例如,藏身之地叫"火车站",帮助奴隶的人叫"售票员"。多年来,"地下铁道"帮助了数以千计的奴隶挣脱枷锁成为自由人。

案例与点评

到目前为止,我们看了许多开场白,也看到了如何达到开场白应该达到的目标。下面是一个完整的开场白,是从一位同学的演讲中摘录下来的。边上的点评指出了设计开场白使用的一些方法。

伴 侣 犬

开 头	点 评
门铃响了。弗朗西斯立即从它蹲着的地方跳起来,转三圈,从大门到沙发之间来回跑,然后,它跳到沙发上,开始跳上跳下。弗朗西斯疯了吗?不,它是一个"伴侣犬",它是在提醒耳聋的主人,让主人明白有客人来了。	演讲人用一个故事唤起听众注意。这个故事的效果特别好,因为内容丰富具体,还唤起我们对弗朗西斯的特殊行为的好奇。
伴侣犬就是接受过训练的一些狗,它们能够帮助有听力障碍或其他生理障碍的人。除了应答门铃外,伴侣犬还能完成其他许多任务,包括给轮椅上锁或开锁、开灯关灯、从书架上取书,甚至开冰箱拿啤酒。根据《史密斯学会》杂志的报道,美国共有3 500条狗充当伴侣犬,另有7 000只导盲犬引导盲人行走。	演讲人介绍了演讲的主题。他给犬科伴侣下了定义,并利用统计数字来说明目前有多少伴侣犬正在工作。这有助于强化听众的兴趣。
两年前,我对伴侣犬产生了兴趣,当时,我姐姐遭遇车祸瘫痪了,找来一	演讲人确立了他的可信度,解释了他本人对这个演

条叫露茜的伴侣犬。从那以后,我就开始观察露茜,为了了解这方面的知识,我问过姐姐,还看了很多文章和小册子。

讲主题的兴趣并有深入的认识。

因为姐姐车祸致残,我还掌握了很多关于生理障碍者的情况。我发现,我们其实随时有可能加入到他们当中,因为一场严重的事故或疾病,我们任何人都有可能处于和他们一样境地。我们,或者我们所爱的人都可能需要伴侣犬的帮助。今天下午,我想和大家谈谈伴侣犬,看看它们如何受训,了解它们为需要帮助的人提供了哪些服务。

演讲人使演讲主题与听众产生了直接的联系,鼓励听众应该关心这件事。他预先透露了演讲的要点,因而使听众明白接下来应该注意什么。他还提供了很好的一个过渡,马上可以进入演讲的主体。

准备开头的提示

1. 开头部分最好简短一些,正常情况下,开场白不应该超过全部演讲的10%—20%。

2. 准备资料时,应该留心开场白的材料。碰到了就用笔记本记下来,这样,等你需要的时候就可以拿出来用了。

3. 设计开场白需要有点创意。可以准备两到三个开场白,然后选择最有可能让听众产生兴趣的那个。如果不适合你的演讲,再精彩的开场白也要舍弃,千万不要舍不得。因为你一定还可以找到一个很棒的。

4. 不用担心开场白用什么措辞,可以等你准备好了演讲的主体部分以后再去操心,等你把演讲的要点确定下来,最后再来决定一个开场白会容易很多。

5. 开场白需要认真准备。有些教师说你需要逐字逐句地写下来,也有人说,写一个大纲就行了。不管采用哪种方法,反复演练还是需要的,直到可以尽可能不看笔记,而且可以很自然地进行眼神交流为止。这会使你的演讲有一个良好的开端,让你更加自信。

第九章 开头与结尾

结尾

"良好的开头是一门艺术,"朗费罗说,"但良好的结尾更是了不起。"朗费罗这是在谈论诗歌,但他的真知灼见同样适用于演讲。许多演讲人的开头和主体部分都不错,但结尾却又臭又长,让人厌烦,好端端一场演讲就给毁了。结尾是让演讲人的想法深入听众内心的最后一次机会。最后的印象也许会在听众的心里长久留存下去。因此,需要你像准备开场白一样认真准备好结束语。

不管你的演讲是哪一个类型,结束语都有两大功能:
■ 让听众明白演讲就要结束了;
■ 强化听众对中心思想的理解。
我们来看看这两大功能。

发出演讲结束的信号

让听众明白,你的演讲快要结束了,这似乎是理所当然再明白不过的了。但是,你在演讲课上一定会经常听到这样的演讲,突然收场,结果让你大吃一惊。哪怕是在日常闲聊中,谈话即将结束时也应该发出一个信号。如果谈话时对方没有任何预兆突然离开,你一定会不知所措。公共演讲中也是一样,突然的结尾会让听众摸不着头脑,或者产生若有所失的感受。

如何让听众明白你的演讲即将结束?一个办法是你直接来说,"作为结论"、"最后一点"、"结束的时候"、"这就是我的想法"、"最后我想再重申一遍",这些都是简要的线索,表明你准备结束演讲了。

你还可以通过演讲的语气和姿势,让听众明白你的演讲就要结束了。结尾应该是演讲的高潮,既然已经把一次演讲推向吸引人的高潮,演讲人就不需要再说"作为结论"一类的话了。通过语音、音调和节奏,可以形成演讲结束的自然态势,这样一来,演讲结束的时候就不致引起突然的感觉。

有一种结束演讲的办法,被比喻成音乐中的渐强。在交响乐中,一种乐器接着另一种参与进来,直到所有乐器都参与演奏。同样,演讲也是一步一步强化的,直到其力量与强度都达到了高峰(这并不一定是简单地指音量越来越大,而是许多因素的综合,包括词语的选择、戏剧性的内容、手势和停顿,当然也包括了音量)。

> 渐强的结束
> crescendo ending
> 演讲结论部分的力量和强度达到了高峰。

马丁·路德·金的演讲《我曾到过山顶》，有一个让人难以忘怀的结尾。演讲结束后的第二天他被刺杀了，那是在1968年4月，他在田纳西州孟菲斯市对2 000人发表演讲，结束演讲的时候，他用了一个让人激动的宣言，他说，尽管有人威胁他的生命，但民权运动终究会成功：

和所有人一样，我也想活很长时间，长寿是人人都梦想的事。但是，我现在管不了那么多了。我只想按照上帝的旨意行事，而上帝允许我上山去，我环顾四周，看到了希望之乡。我也许不能跟大家一起走到那里去，但是，今晚，希望我们知道，我们这个民族终将达到这片希望之乡。因此，今晚我很幸福。我无所顾虑，我不怕任何人。我的眼睛看到了我主来临的光芒。

渐弱的结束
dissolve ending
感性诉求渐次消隐，产生戏剧化的结尾结果。

另一种有效的结束方式，可以比喻成音乐中的渐弱。"一曲终了，照在歌手身上的光圈慢慢缩小，直到灯光只能照见歌手的脸，再后是眼睛。最后，灯光变成了一个圆点，很小的一个点，它随同最后的音符一起消失。"下面的一次演讲的结尾，效果跟上面描述的一样。这是道格拉斯·麦克阿瑟将军在美国陆军学院所做的令人感动的告别演说：

在梦中，我一再听到大炮的隆隆声，听到步枪的咔咔声，还有战场上传来的让人伤悲的低语。在我迟暮之年，我回到了西点军校。这几个字总在我耳畔反复回响：职责、荣誉、祖国。

今天是我最后一次为大家点名。我希望你们明白，在我跨过生死之河的时候，我最后的清醒意识一定是部队、部队、部队。

祝大家一路顺利。

最后的话如同探照灯一样慢慢隐去，把演讲带入一个感性的结尾。

你也许会觉得，我无法用那伤感的语气来结束演讲。麦克阿瑟是一个口若悬河的演讲人。这次他谈的却是非常特别的话题，也相当不同寻常，这样的场合是很难得的。但是，这并不是说你就不能有效地用这样渐隐的方法。有位同学在一次演讲中采用了这样方法，取得了很好的效果。她在演讲中回忆了很小的时候来到祖父母农场的故事。在演讲的主体部分，这位同学谈了农场见闻和在那里享受的爱与欢笑。然后，在结尾处，她最后一次唤起农场的情景和情调，形成了一个感人的渐弱式结尾：

就和我们大部分的童年时光一样，农场已经不再是以前的样子了。爷爷过世了，谷仓重修了，软球拍闲置在架子上，祖母再也不做家庭大餐了。没有这样让人愉快的东西,再去农场就变得很不一样。但是,那些回忆依然还在,我仍然看得见那些田野,我仍然闻得到干草的气息,我仍然听得到那些笑声,我仍然感觉得到那分爱。

渐强和渐弱的结尾都必须小心处理。应该多多练习,同时掌握好使用的时机。

强化中心思想

结束语的第二大功能是强化听众对中心思想的理解,有许多技巧可以使用。

总结演讲内容

最简单的方法就是复述一下演讲的重点内容。一个同学在一篇关于美国医疗保障的演讲中就用了这样的方法:

总之,美国的医疗保障制度还存在着一些平等性和经济上的问题,它可能会影响到我们所有的公民,甚至我们的国家。我在我的演讲里已经提到了一个可能会获益的方法——使用类似于加拿大的制度,可以保证更多的人能获取他们所需要的医疗保障。

作为世界上最发达的国家,该去改变医疗体制上落后于其他国家的状况了。只有让公民真正享受到医疗保障的优越性,我们的国家才能得到真正的繁荣。

总结的价值在于,它在最后明确地复述了中心思想和要点。但是,正像我们将看到的一样,结束演讲还有很多富于想象力和激动人心的方法。

采用引言结束演讲

用引言来结束一次演讲也是最常见和有效的方法,下面这篇演讲是论述政治宣传活动中电视广告滥用的问题:

在一些电视宣传片中,候选人希望用三十秒钟就可以把自己卖给投票人——我们不能忽视这类电视广告的负面作用。这些广告贬低了选举过程的价值,并使政治机构染上污点。按照历史学家亚瑟·小施莱辛格的话说,"如果和销售肥皂一样推销候选人,谁还能指望我们能够保存理性的民主呢。"

结尾的这个引言特别好,因为它的诉求正好符合演讲的主题。如果你读到一段适合你的中心思想的简短引语,应该马上记下来。

用一个有戏剧效果的陈述

你可能希望设计自己的富有戏剧效果的结尾,效果更强烈,而不是用一段引言来结束。有些演讲之所以非常著名,就是因为它们有强有力的结语。比如帕特里克·亨利传奇式的《自由或死亡》演说:

生命如此可贵,和平如此甜蜜,以至于必须以锁链和奴役为代价来换取?全能的上帝啊,切莫容忍这样的事情发生!我不知道别人会走什么样的路,但是,就我自己而言,不自由,毋宁死。

虽然你的课堂演讲不太可能这么出名,但是,你仍然可以利用富有戏剧效果的结论性陈述让听众产生很大兴趣,就像亨利一样。下面是一篇论防范自杀的演讲的结语。这位同学在演讲中不断提到一个前年试图自杀的朋友。在结尾处,他这样说:

我的朋友回到了学校,参与了他以前从没有参加过的一些活动,而且很喜欢这些活动。我很高兴很自豪地告诉大家,他仍然在为自己的生命战斗,甚至因为自杀没有成功而高兴。否则,今天我就无法站在这里帮助大家了。你们看,我的这位"朋友"就是我。我非常非常高兴地说,我成功了。

大家可以想象,听众一定会大吃一惊。结尾的这句话使演讲进入戏剧性的结尾。下面还有一个例子,利用的是同一个技巧:

给无家可归的人贴上"流民"或者"邋遢女人"的标签很容易。仅仅把他们看作是在等待施舍的人也很容易,我们经常也给他们一些施舍,然后走开。但是,就像我们已经看到的一样,大部分无家可归的人并不仅仅是在等待施舍,他们在伸手寻找帮助。大家难道不觉得我们应该向他们伸出帮助之手吗?

这个结论之所以有效果,是因为它让大家略微受到了震惊,并在心里留下了持久的印象。在这里,演讲人说到最后一句话之前停顿了一下,利用声音使结束语增加了特别的情感力量。

首尾呼应

结束语回应开场白能使听众心理上产生统一感。这是一个很容易使用的方法,会使你的演讲多一分品味。下面是一位同学利用这个方法来结束他的关于人体冷冻学的演讲。人体冷冻学是指死后将尸体冷冻起来,希望将来医学发达后能够使其恢复生命。

开头:

把时间定格。想象你的母亲或父亲突发心脏病。因为缺少血液供应,心脏正部分死亡。想象你的祖母或祖父在养老院的病床上一动不动躺着。他们年事已高,又感染了肺炎,他们的生命可能马上就要结束。想象一位好友因严重感染而住进医院,艾滋病使他的身体受到多重疾病的摧残。

对大多数人来说,这样的情景就是生命结束的征兆。目前的医学水平对他们无能为力了。但是,也许你们可以在将来的某一天和他们相遇。这听起来有点像科幻小说?也许吧。但是,有朝一日,这也许能成为现实。怎么可能?通过人体冷冻学就可以。

在这次演讲的主体部分,这位同学解释了人体冷冻学的起源,冷冻人体的科学方法,还有使其解冻并恢复生命时必须要解决的一些问题。然后,他在结论中回到了开场白部分提到的情景,使整次演讲连贯成一个整体。

结语:

所以,再想想你那饱受心脏病之苦的父亲或者母亲,你那将死于肺炎的祖母或祖父,或者你那被艾滋病折磨得死去活来的好友。如果他们选择埋葬或者按传统方式火化,他们的大脑和身体将永久地被损坏。这是绝对无疑的。相比而言,接受人体冷冻就得到了一丝微弱的希望,他们有可能在将来起死回生。无论这个机会多么渺小,但总比完全没有机会要好。

总结演讲要点、用一个引语结束、设计一个富有戏剧效果的陈述或者回应开场白,这些都是可以单独使用的结束方法。但是,大家也许已经注意到,演讲人经常会综合利用两种或多种方法作为自己的演讲的结尾。实际上,所有四种方法都可以综合为一体,例如,一个戏剧性的引语总结了中心思想,同时又回应了开场白。

另一个结尾的办法就是直接呼吁听众采取行动。但是这个技巧只适用在特定类型的劝说型演讲当中,我们将在第十五章谈到这个问题。上述四种方法适合于所有类型的演讲。

案例与点评

你是如何把上述这些方法综合使用来总结你的演讲呢?这里有一个例子,是关于伴侣犬的同一篇演讲,它的开场白部分我们在前面已经谈到过了。

结 尾	点 评
我们已经看到,训练伴侣犬需要投入很多时间和金钱,有时候每只狗需要花费一万美元。我们还知道,有些人得到了这样的狗,还必须再进行训练来确保狗能和自己协调行动。最后,我们还了解到,伴侣犬能够完成惊人的任务,能够帮助有生理疾患的人独立生活。	演讲人做了一个很好的总结。这在告知型演讲中尤为重要,因为这给了你最后一个机会来确保听众记住你的要点。
我姐姐得到她的伴侣犬已经有两年了。这段时间里,露茜已经成了她的手足,也成了她最好的朋友。她谈到露茜时说:"我不知道没有它该怎么生活。它使我的生命有了新的意义。"	因为重新提起她在开场白部分提到的姐姐,演讲人就把整篇演讲统一起来。结束语部分的引言再次强调了中心思想,并以强有力的语气结束了这次演讲。

准备结尾的提示

1. 和准备开场白一样,查资料准备演讲稿时,应该多留心可以用作结束语的材料。

2. 结束语要响亮有力,不要不愠不火。设计结束语要有创意,使听众的心灵引起共鸣。多想几种方案,选择最有影响力的一种。

3. 不要又臭又长的结束语。结尾一般只占演讲的5%—10%。如果演讲人说了"作为总结",然后却又喋喋不休地说一大通话,那一定会使听众厌烦。

4. 不要随口说说,应该详细地写下来,给自己足够的时间来练习。许多学生喜欢逐字逐句地把演讲的结束语写下来,以保证不会出错。如果你也这么做,应该确保自己能够流畅而自信地表达出来,而且要带有感情。最好不要看笔记本,也不看天花板。确保你最后能给人留下深刻的印象。

小结

第一印象很重要,最后印象也很重要。演讲需要好的开头和好的结尾。

开头部分要完成四个目标：唤起听众的注意力和兴趣，透露演讲的主题，建立可信度与好感，并简要介绍演讲主体内容。有很多方法可以唤起兴趣和注意力，你可以说明主题的重要性，把主题与听众联系在一起；你可以让听众震惊一下，也可以向听众提问，或者激起听众的好奇心；你可以用一个引语或故事开始你的演讲。

一定要在开头部分申明自己演讲的主题；否则，听众会疑惑，不知道演讲会朝哪里发展下去。确立可信度和好感意味着你要告诉听众，为什么你有资格就这个演讲主题来发表见解。建立好感虽然在课堂演讲中没有在公众演讲时那么重要，但是，如果你所持的意见比较特别的话，建立好感就特别需要了。预先介绍演讲的主体内容能帮助听众有效地倾听，更重要的是平稳地过渡到主体内容。

结尾特别重要，因为最后的印象会长期留存在听众的脑海里。结束语要达到两个目的：让听众知道演讲快要结束了；强化听众对演讲中心思想的理解和共鸣。结尾太突然的话，听众会感到茫然，所以需要事先提醒听众，让他们知道你的演讲就要结束了。当然，你可以通过你的演讲词来提示，也可以用你演讲的语气和姿态来提示。

可以利用多种技巧在结束语部分强化演讲的中心思想，包括小结演讲要点、用合适的引语来结束、做一个戏剧性的陈述、回应开场白。有时候，你可以综合运用两种或更多的技巧，设计生动而有力的结束语。

◼ 关键术语

反问	rhetorical question
可信度	credibility
好感	goodwill
预先介绍	preview statement
渐强的结束	crescendo ending
渐弱的结束	dissolve ending

◼ 复习题

阅读本章后，请回答下列问题：

1. 演讲的开头部分要实现哪四个目标？
2. 在开场白中唤起听众注意力和兴趣的七个方法是什么？
3. 在演讲开始就建立可信度和好感为什么很重要？

第三部分 演讲准备：组织和设计

4. 什么是预先陈述？为什么差不多所有时候都应该在演讲的开场白部分做一个预先陈述？

5. 准备开场白有些什么好办法？

6. 演讲的结尾部分有哪些主要功能？

7. 表示演讲即将结束的两个方法是什么？

8. 在演讲结语部分强化中心思想的四个方法是什么？

9. 准备结束语的四条提示是什么？

■ **批判性思考练习题**

1. 下面有六个演讲主题。请解释一下如何在演讲开头部分使主题和班上的同学产生关联：

社会保障

笑声

文盲

陨石

肥皂剧

献血

2. 设计一个演讲主题（最好是下次课堂演讲可以使用的），写一个开头，注意唤起听众的注意力，透露演讲主题，并使其与听众产生联系，确立你的可信度，并预先透露演讲主体内容。

3. 用练习2中同一个演讲主题，写一个结尾。请注意要让听众明白演讲快要结束了，强化中心思想，并使结束语生动难忘。

■ **运用公共演讲的力量**

大学毕业，你拿到了教育学学位，自那以后，你教过书，当过中学校长，现在又是一个社区的中学副教务长，正好是你自己读中学的那个社区。因为你有很好的公共演讲技巧，所以选你代表社区出席有学生家长、校友和居民参加的一次会议。会议目的是抗议关闭城市里最古老的一所中学。目前有一千两百名在校学生，还有数千名毕业生仍然生活在这个城市。这所学校培养了很多顶尖的学者，还有很多冠军运动队。

在会上，你需要解释关闭这所学校并拆除这栋1907年建的大楼的决定。建筑师、工程师和城市规划人员一致认为改造旧楼的办法不实际，这个城市的新增人口也要求寻找新址建设新学校。

作为这所学校的毕业生，你明白要求保留这所学校的那些人的感情。作为这个城区的教育管理人员,你也明白为什么必须要关闭这所学校。你还知道,要让演讲有说服力,你必须利用开场白来建立可信度和好感,这样,听众才愿意带着听一听的心情让你把演讲的主体内容说出来。

请试着为你的演讲拟一个开头,一定要记住开场白必须完成的四大功能。

第十章

演讲提纲

如果没有建筑设计方案和施工图,你造出的房子会是什么模样?你把厨房建在通道旁边,以方便运送杂物。这样一来,餐厅就得位于房子的另一头。当你准备饭菜入席时,你得端着盘子快跑,以免饭菜凉了。你把浴室建在楼梯最前面,方便客人使用,但浴室的门朝外开时,粗心的客人会从楼梯上摔下来。你觉得房间不要内墙是一个好主意,现代居住空间应该是开放式的。但是,当第一场雪来临时,你的屋顶就会塌下来。

设计方案和施工图是建筑的基本要素。同样,提纲也是有效演讲的基本要素。提纲之于演讲就像是建筑的设计图和施工图。有了提纲,你就可以轻而易举地掌握演讲的整个内容范围。有了提纲,你就可以判断演讲的各个部分是否充分拓展开来了,是否有足够的材料支撑主要观点,主要观点相互间是否平衡。有了提纲,你就可以确保要点能相互衔接,思路也很流畅,结构也很清晰,演讲这栋大楼才不至于坍塌。

你可以使用两种提纲,一种十分详细,用于演讲稿的准备和计划阶段,另一种十分简单,用于演讲阶段。

准备提纲

准备提纲实际上就是把演讲整合成一个整体。在这个阶段,你需要决定自己在演讲的开场白部分说什么,在演讲的主体部分组织哪些要点和论证材料,在演讲的结束语部分想说什么。

☐ 准备提纲注意事项

多年来,已经形成了一种相对统一的演讲准备提纲的模式,这个模式会在下面有所解释,同时提供了一个示范样本供大家参考。大

第十章 演讲提纲

家可以和老师一起讨论,看哪一种模式最适合自己。

说明演讲的具体目标

演讲目标的陈述应该是一个单独的单元,放在演讲计划的最前面。把具体的目标放进计划,便于评估你在设计演讲以实现目标时所达到的效果。

确定演讲的中心思想

有些教师认为,在提出演讲目标后应该紧跟着阐述演讲的中心思想。也有一些教师认为,中心思想应该在演讲计划的文本中并加以说明。这取决于你们教师的个人喜好。

明确演讲的开头、主体与结尾

如果你把演讲的各个部分都标出来,就很容易明确是否有一个开场白,有一个结束语,并完成了每一个部分的基本目标。一般来说,演讲各个部分的题目放在每页中间或者放在最左边的空白处。这些仅仅是技术上的标志,并不包括在用来说明要点和论证材料的符号系统之内。

使用统一的符号和说明模式

一般在演讲的准备提纲中,要点均用罗马数字标出来,而且都是有相同的缩进量,以便与页面对齐。分要点(二级要点)用序列号标明,而且也是保持同等的缩进量,以便彼此对齐。除外,还可能出现次级论点,甚至还有四级要点。例如:

1. 要点
    (1) 分要点
    (2) 分要点
        ① 次级要点
        ② 次级论点
            a. 四级要点
            b. 四级要点
2. 要点
    (1) 分要点
        ① 次级要点
        ② 次级要点
    (2) 分要点

这个计划为提纲提供了清晰的形象化框架,说明了演讲要点之间的相互关系。最重要的要点处在最左边,按重要的程度(次级要点、四级要点等)依次不断向右靠。这个模式形象地揭示出整个演讲

准备提纲
preparation outline
在演讲准备阶段形成的详细的提纲,包括演讲主题、特别意图、中心思想、开场白、主要观点、次要观点、连接部分、结论以及资料来源说明,等等。

形象化框架
visual framework
用各种标识性的方法清晰表明演讲人观点之间相互关系的结构框架。

的结构。

设计演讲的主体内容,你就需要明确各个要点。你需要用次级和四级要点来充实你的论点,从而使论点得到有力支持。有时候,你发现自己有一长串话要说,但又不清楚哪些是主要论点,哪些是次级论点。比如,下面这样一串话:

① 最后的晚餐里一共有 13 个人,耶稣和他的 12 个门徒。
② 迷信最常见的表现之一是数字。
③ 在美国,宾馆和摩天大楼的楼层往往不设 13 层。
④ 13 这个数字一直都被看作是不吉利的。

哪句话是要点呢?第二句("迷信最常见的表现之一是数字")的范围比其他几句更广泛些,可以成为你演讲的要点之一。第四句是分要点,可以直接支撑要点。另外两句是次级要点,它们说明分要点。重新加以排列,看上去结构是这样:

1. 迷信最常见的表现之一是数字。
   (1) 13 这个数字一直都被看作是不吉利的。
       ① 最后的晚餐里一共有 13 个人,耶稣和他的 12 个门徒。
       ② 在美国,宾馆和摩天大楼往往不设 13 层。

总之,请记住,同一个层次的所有要点都应该支撑前面的论点,或那些在提纲中更靠左面位置的要点。这样听起来有些困惑,你可以把它当成一个企业组织结构图来看待:

1. 总裁
   (1) 运营副总裁
       ① 国内运营经理
           a. 助理经理——负责东部地区
           b. 助理经理——负责西部地区
       ② 国际运营经理
           a. 助理经理——负责欧亚地区
           b. 助理经理——负责非洲地区
           c. 助理经理——负责美洲地区
   (2) 管理副总裁
       ① 财务经理
       ② 人事经理

结构图上的所有人都向更上一层和靠左一点的那个人负责,除了总裁,总裁就是要点。

用完整的句子表述要点和次级要点

下面是有关马丁·路德·金生平的同一次演讲中的两套要点表述:

效果较差的:

1. 蒙哥马利
2. 20世纪60年代
   (1) 伯明翰
   (2) 三月
       ① 200 000
       ② "梦想"
   (3) 得奖
3. 最后的岁月
   (1) 被批评
   (2) 越南
   (3) 被刺杀

效果较好的:

1. 1955—1956年,金在蒙哥马利市公共汽车联合抵制运动中开始他的民权运动生涯。
2. 金最大的成就是在20世纪60年代早期取得的。
   (1) 1963年,他在阿拉巴马州伯明翰市发起反对种族隔离运动。
   (2) 当年晚些时候,他参与了著名的华盛顿特区大游行。
       ① 约200 000人参加了游行。
       ② 金发表《我有一个梦想》的演讲。
       ③ 1964年,获诺贝尔和平奖。
3. 金的晚年是在艰难中度过的。
   (1) 因为主张非暴力运动而受到好战黑人的批评。
   (2) 他带头抗议越南战争。
   (3) 1968年4月4日,金在田纳西州孟菲斯市被暗杀。

第一个演讲要点提示也许可以,但是,为设计演讲稿做准备则基本上起不到作用。只有模糊的标签,没有明确的思想,没有明确说明主要论点和次要论点的内容,也看不出演讲人是否有清晰明确的思路。而第二个就不会让人产生这些担忧了。

总之,一份过于简单的演讲计划是没有价值的。用完整的语句表达你的主要观点和次要论点,可以确保自己形成完整的思路。

标出过渡、内在小结、内在提示

成功的演讲需要强有力的过渡、内在小结和内在提示,一个有效的方法,就是在准备提纲中就把它们考虑进去。一般来说,不要把它们合并到某种符号或缩进的次级要点中,而要把它们单独标出来,穿插在提纲中,也就是表明它们将出现在演讲的哪些地方。

附参考书目

书目
bibliography
列出准备演讲时涉及的所有资料来源。

你应该在演讲计划里加上你准备演讲时曾参考过的资料目录。这些参考书目应该包括所有书籍、杂志、报纸、网络资源，还有你进行过的访问或调查。

两种主要的书籍目录格式分别是现代语言协会(MLA)和美国心理学协会(APA)发展出来的。两种方式都被大众传播学者广泛采用。不管你采用哪种方式，都要确保关于资料来源的陈述清晰准确和连贯一致。

为演讲取个名字

课堂演讲，你也许不需要给演讲取名字，除非教师要求有一个题目。但是，在其他场合，必须要有演讲题目，方便事先对外公布，邀请方也可能有具体要求，日后演讲稿可能要发表。不管什么原因，这个演讲题目应该简洁，能吸引听众的注意力，并能概括演讲的主体内容。

一个好的演讲题目并不需要麦迪逊大街的广告商所谓的"性诉求"，也不需要闪亮炫目的装饰，只需要和演讲的内容密切相关。这里有两组演讲题目，左边一组比较直接的、描述性的，右边的相对具有修辞效果。

第一组	第二组
不洁饮用水	水龙头里的毒素
聋者的生活	沉默之声
节食的时尚之风	瘦身的艺术
美国造币厂	钞票诞生地
赌瘾	孤注一掷

你喜欢哪一组？当然，没有一组是完美的。两组各有各的优劣。第一组清晰地透露出演讲的主题，第二组比第一组更有感染力；第二组能唤起人们的兴趣，但没能清晰地告诉听众演讲者将要说什么。

还有一种类型可以考虑——提问。把演讲题目设计成一个问题，既表述清晰又具有吸引力。用这种方法，我们把第一组和第二组题目的长处糅合起来设计出第三组演讲题目。

第三组

你家的饮用水可以放心饮用吗？
你懂我在说什么吗？
饮食搭配：疗效几何？
在哪赚钱是一种生活方式？

你真的觉得自己能战胜概率吗？

有时候你会早早地就给自己的演讲取好了题目；可有时候，直到最后一刻你才会发现自己中意的题目。不管怎样，应该力争在题目的选取上有所创新。可以在几个备选方案中做比较，最后选择最合适的。

演讲准备提纲案例与点评

下面是一份六分钟的告知型演讲的演讲准备提纲，可以说明前面谈到的这些指导原则，点评部分做了一些分析和解释。

印度：一个丰富多样的国家
妮娜·尼杰哈万

提　纲	点　评
具体目标：告知听众印度地理和语言的多样性 中心思想：印度是一个地理和语言具有丰富多样的国家	把具体目标和中心思想作为独立的单元在演讲计划最前面列出，便于判断演讲构思的好坏，是否能够达到演讲人的预期目标，是否能够向听众完整传达中心思想。
开场白	把开场白清晰标出，使之成为一个特别部分，可在演讲中发挥特别作用。
1. "纳玛斯特"（Namaste） (1) 大家知道我刚刚说的话是什么意思么？ (2) 我是在用印度人的方式向大家问好。	用一个非英语词汇抓住听众的注意力。
2. 同样的一个词，纳玛斯特，在人们告别时也用。 (1) 同样一个词可以表示完全不同的两种意思。	这里演讲者从抓住听众的注意力开始转移到此次演讲的主题。

(2) 这只是印度生活多样性的一个例子。

3. 作为第一代印度裔美国人,我对印度丰富多样的文化与生活有亲身体验。

演讲者确立了自己的可信度,并简要介绍了主体部分将要展开的主要论点。

4. 今天我想让大家了解一下印度的地理和语言情况,进而了解印度文化的多样性

(过渡:让我们先从地理开始。)

把过渡部分列出,确保演讲者能够有效衔接。注意,特别标出"过渡"。

主体

标出演讲的主体,使其成为演讲的一个主干部分。

1. 印度是一个地理构造多样化的国家。

论点——用一句完整的句子说出来。接着按主题顺序展开。

(1) 印度最北面的地区是喜马拉雅山脉。

① 喜马拉雅是世界上最高的山脉,与中国隔山相望。

② 印度一侧的喜马拉雅山脉有很多山峰的高度超过两万英尺。

(2) 印度的中部地区由北方平原构成。

这三个次要论点用(1)、(2)、(3)来表示,而且是用完整的句子写出来,确保演讲人全面思考所列出的要点。

① 北方平原从西部的阿拉伯海横跨印度延伸至东部的本格尔湾,宽约200英里。

② 北方平原本身也很具有多样性。

a. 有肥沃的农场。

次论点下面的四级论点用阿拉伯数字和小写字母表示。一般不需要用完整的句

b. 有大城市如德里和加尔各答。
c. 有印度大沙漠。

（3）印度最南部由德干高原构成。
① 德干高原从北部平原延伸到印度最南端，长1 200多英里。
② 德干高原包括丰富的地理特征。
a. 有农耕和放牧场。
b. 有热带森林。
c. 有印度大部分的海岸线。

（过渡：现在，大家对印度的地理多样性有了一些了解，下面我们来看看印度语言的多样性。）

2. 印度是一个语言丰富多样的多语言国家。
（1）官方语言是印度语。
① 全国40%以上的人口讲印度语。
② 我的开场白：纳玛斯特就是印度语。

（2）除了印度语，印度宪法还承认17种地方语言。
① 这些语言彼此之间差别很大，就像英语和法语的区别一样。
a. 每一种都有自己的语法和发音
b. 有些语言有自己的字母表
② 其中很多语言的使用历史超过2000年。

子写出来。大家可以根据自己喜欢选择具体表达形式。

当这次演讲在课堂上发表的时候，演讲人利用一张很大的地图作为视觉辅助，一边演讲一边指出印度各个不同的地区。

这个过渡表明演讲人将要从论点一转向论点二。

论点二和论点一一样，也是用完整句子表达出来的。

请注意这里的主次模式。次要论点（2）说，在印度宪法里除了印度语还有17种官方认可的语言。次论点①涉及了这些语言的特别之处，a和b都处于从属地位。

(3) 印度还有1 000多种少数民族语言和方言。

① 这些语言从一个村到另一个村就可能完全不同。

② 这经常使相互交流传播变得很困难。

(4) 大多数受过教育的印度人也讲英语。

① 英语的使用源于300多年前英国人的统治。

② 约2%的印度人口说英语。

③ 大学里面普遍采用英语教学。

(5) 语言学家卡玛拉·辛哈说,印度语言的多样性是"其他国家难以企及的"。

不断向右缩进从视觉上表明各个主要论点、次要论点、次次要论点之间的关系。

在整个要点2中,演讲人利用精心挑选的论证材料来说明印度语言的多样性,论述清晰有趣。

结论

1. 我希望大家可以从印度的地理和语言中看出,这是一个怎样丰富多彩和令人着迷的国家。

2. 谢谢大家,纳玛斯特

因特网资料

把结语部分单独列出来,使之成为演讲的一个特别部分。

小结主要论点一般是告知型演讲的标准程序。

结束语和开场白遥相呼应。

书目列出了撰写演讲稿的一些参考资料。

演讲提纲

"在我一生中,还从来没有因为是听演讲而如此激动,"1820年,

第十章 演讲提纲

一位听众在听完丹尼尔·韦伯斯特的演讲后这样写道,"有好几次我觉得自己的太阳穴血液涌动,快要爆开了……我要发狂了,直到今天还有这样的感觉。"

这样的反应在韦伯斯特的听众中并非罕见。他的演说技巧影响了整整两代美国人。今天听起来也许有些不可思议,但是,在当时,他一连演讲三四个小时,甚至五个小时,而且,不用讲稿!有记者问他是如何做到这一步的,"是我的记忆力,"韦伯斯特说,"我能够靠记忆起草、修改一次演讲,并把改好的演讲按照最后的形式表达出来。"

很少有人能具有像韦伯斯特那样惊人的记忆力。幸运的是,现在大多数的演讲并不是即兴发挥,也就是说,事先进行了完整的准备和认真的练习,当然,许多用词还是要在演讲进行过程中随机应变。你的演讲多半属于这种类型。所以,你应该更多了解演讲提纲,这是即兴演讲中使用最为广泛的一种笔记提示形式。

演讲提纲的目的是帮助你记住想说的话。从某些方面来说,它是提纲的浓缩版。应该包含关键词或短语来帮助你记忆,还有基本的统计数据和那些你不想冒险忘记的引语。同时,演讲提纲还应该包含一些引导、衔接的线索,以保证演讲更加流畅。

大多数演讲人在准备演讲提纲时都有自己的习惯。当你得到足够多的经验以后,也可以轻松地做一些试验。但是,目前情况下,最好的选择还是遵循最基本的原则,请参考下面的演讲提纲样本。

演讲提纲注意事项

采用形象化的框架体系

演讲提纲同样应该采用在准备提纲中使用的形象化的框架体系——相同的符号体系和缩进模式。这会使提纲准备起来容易一些。更重要的是,在你演讲的同时你都可以立即看到演讲进行到了哪个部分。这样做有很大的优势,时不时地看看提纲,以确定自己保持在正确、符合顺序的思路上。如果每次都要东找西找讲到哪了,这个提纲就没有任何用处了。

比较下面两组提纲,这是从一篇关于美国女权主义运动历史的告知型演讲中摘录出来的:

> **演讲提纲**
> speaking outline
> 用于在演讲进行中提醒演讲人的简要的提纲。

效率不高的	效率较高的
1. 1840—1860 年	1. 1840—1860 年
(1) 世界反奴隶制大会	(1) 世界反奴隶制大会

（2）塞内加尔大会　　　　　　（2）塞内加尔大会
　　①鲁克里西亚·莫特　　　　　　①鲁克里西亚·莫特
　　②伊丽莎白·卡迪·　　　　　　②伊丽莎白·卡迪·斯丹顿
　　　斯丹顿
　　③《同情宣言》　　　　　　　　③《同情宣言》
2. 1900—1920年　　　　　　　2. 1900—1920年
　（1）全美妇女普选权协会　　　（1）全美妇女普选权协会
　　①创立　　　　　　　　　　　　①创立
　　②目标　　　　　　　　　　　　②目标
　（2）第十九修正案　　　　　　（2）第十九修正案
　　①运动　　　　　　　　　　　　①运动
　　②批准　　　　　　　　　　　　②批准

两个演讲提纲的用词一模一样，但是，效率较高的提纲形象化的框架体系更容易一眼看清，演讲人忘记自己讲到哪里的可能性小了。

确保提纲清晰易读

你也许会惊讶地发现，很多学生竟然都是在借助乱七八糟、字迹难辨的笔记发表演讲，这些笔记空闲时都难以辨认，更不要说演讲时面临压力的情况下，就更难辨认了。演讲提纲必须确保隔着一段距离也能立即看清楚，要用黑墨水和大号的字体，行间距多空一些，留下充足的页边，而且，只能单面书写或打印。

有些演讲人把演讲提纲写在索引卡上，大部分人觉得3×5英寸的卡片太拥挤了，转而选择4×6或5×8英寸的卡片，也有人选择普通A4纸。不管哪种方法，只要演讲时保证能看清楚就行。

尽量简洁

如果演讲提纲过于复杂，演讲人与听众之间的眼神交流会变得比较困难。详细的提纲会诱使演讲人不停地低头看，就像一位同学体会的这样：

安吉拉·格诺演讲的主题是介绍一种锻炼课程，该课程糅合了芭蕾和瑜伽的特点，有健身和塑身的双重功效，注重训练人体的协调性和柔韧性，并有效地强化全身的"能量库"（由腹肌、腰背肌和臀肌环绕而成），用以保护人体最长的骨骼脊柱，使其形成一个正确的生理弯曲度，并能自如地运动身体的其他部位。安吉拉为这次演讲做了认真的准备，练习到了近乎完美的程度。但是，当她在班上发表演讲时，却经常低头去看她那份详细的笔记。结果，她的演讲变化太大，也显得紧张。演讲结束后，安吉拉的同学谈到她看笔记太频繁，她很吃惊，"我甚

第十章 演讲提纲

至都不知道自己在看笔记,"她说,"大部分时间,我甚至都没有注意到演讲提纲的存在。因为我对演讲内容早已熟透了。"

许多同学都有类似的体会,这是一种很低级的错误,拥有详细的笔记是一种心理上的安全屏障。每个人都会这样想,"只要有详细的笔记,就有备无患。"事实上,许多刚开始演讲的人都用了太多的笔记。跟安吉拉一样,他们发现自己并不需要这么多笔记就能够记住全部演讲词。他们还发现,太多笔记事实上会影响良好的表达。

为了防止做太多的笔记,尽可能把演讲提纲整理得简洁一些,只需要关键词或短语来帮助你记住要点、次要点和连接词。如果你要引用统计数字,应该把统计数字记在笔记里。除非你对引用的材料烂熟于心,否则就应该把引文完整地记下来。最后,也许有两三处或四处关键的观点措辞非常重要,你希望用简单而完整的句子记在笔记里。演讲提纲的原则就是能够帮助记忆,让你保持在既定轨道上所需要的最小的量。开始时你可能觉得用太简洁的笔记会冒风险,但不久之后你会发现,这样简洁的笔记其实用起来很顺手。

留下线索

好的演讲提纲能够提醒你,不仅是说什么而且是怎么说。练习的时候,你会想好,有些观点和短语需要特别强调,有些地方需要提高音量,有些地方需要轻柔地说出来、需要舒缓地说出来或者需要更快地表达出来。你还会想好了如何把握演讲的节奏——怎样控制时机和节奏。但是,不管你事先如何做好打算,也不管你练习了多少次,一旦面对听众,你还是有可能遗漏。

> **表达提示**
> delivery cues
> 帮助演讲人记住演讲中表达关键内容的指令。

解决的办法就是在演讲提纲中加上一些表达线索,成为演讲时的提示。一个方法就是加下划线,或在你认为是重要主张或需要强调的地方加上标记予以强调。这样,在你看提纲时,就会得到提醒,知道应该强调这些地方。

另一个办法是在演讲提纲里直接写一些提示性的话,比如"暂停"、"重复"、"慢一点"、"声音大点"等。两种技巧对初学者都是很好的帮助。

演讲提纲案例与点评

下面是一份六分钟的告知型演讲的提纲,演讲内容是关于印度地理和语言多样性。通过与同一次演讲的演讲计划比较,你可以看到怎样把一份详细的演讲计划转变为一份简洁的演讲提纲。

提　纲	点　评
眼神接触	提醒演讲人与听众保持眼神接触而不要赶着把演讲一下子说完。
慢下来	
1. 纳玛斯特	
（1）知道我在说什么吗？	
（2）按印度人的方式问好？	
暂停	提醒演讲人在开场白之后停顿一下。
2. 人们说再见的时候也说纳玛斯特	
（1）完全不同的两种意思	
（2）印度多样性的一个例子	
3. 第一代印裔美国人	在开场白里包含要点，确保演讲人从演讲伊始就保持在既定的轨道上。
4. 今天印度的地理和语言的多样性	
（我们先从地理开始）	
暂停	在进入第一个要点之前，稍作停顿一般来说是个好主意。这也是发出一个信息，演讲将要从开场白进入主体。

主体

1. 印度的地理多样性

(1) 喜马拉雅山脉

① 使印度与中国隔山相望   大多数演讲者发现,在演讲提纲中将主体部分区分开来对演讲很有帮助。

② 20 000 英尺高

(2) 北部平原

① 宽约 200 英里

② 北部平原的多样性   注意演讲主体是如何与提纲计划中的眼神接触保持一致的。这使提纲便于分辨。

  a. 农场

  b. 德里和加尔各答等城市

  c. 印度大沙漠

(3) 德干高原   在整个提纲里面,关键词始终都用来帮助演讲人记忆。因为即席发言中的最终措辞都是在演讲时选择的,这个与演讲计划里的用词不一定一模一样。

① 长约 1 200 英里

② 地理特征

a. 农耕及放牧场

b. 热带森林

c. 海岸线

（现在，大家对地理……观察语言。）　　插入过渡词可确保演讲者不会忘记。

2. 语言丰富多样。

(1) 官方语言是印度语。

① 40%的人口使用

② 纳玛斯特是印度语

(2) 宪法承认的17种其他语言　　加下划线提醒演讲者强调关键词或主要思想

① 彼此不同，如英语与法语一样。

a. 语法和发音

b. 字母表

② 语言历史——超过2 000年

(3) 1 000种少数民族语言和方言

① 村与村之间不同

② 交流比较困难

(4) 受过教育的也说英语

① 2%

② 大学

(5) 卡玛拉·辛哈：语言的多样性是"其他国家难以企及的"。　　在演讲提纲中，引文一般用完整句子

暂停　　在总结之前稍作停顿通常是个好主意。

总结　　大多数演讲者在演讲计划和准备提纲中都会标出结语部分。

1. 希望大家能从地理和语言中看出多样性

2. 谢谢大家，纳玛斯特　　把最后的句子包括进来，可勾起演讲者的记忆，确保演讲按计划结束。

小结

提纲是有效演讲的基本要素。通过提纲，你可以确保思想集中、思绪流畅，还可以确保演讲的结构前后呼应。你也许可以把两种提纲形式——详细的准备提纲和简洁的演讲提纲综合应用于演讲。

准备提纲帮助你准备好演讲。在提纲中，你将陈述自己的具体目标、中心思想；标明开场白、主体和结论；标出过渡词、内部小结、内部预览。你应该以同一符号模式和缩进体系区别主要论点、次要论点和四级论点。

演讲提纲是由一些简洁的注释构成，以帮助演讲者顺利发表演讲。演讲提纲应该包括一些关键词或短语，帮助演讲人记忆，同时，

演讲提纲应该还包括一些基本的统计数据和引文。在准备演讲提纲时,可以使用在准备提纲过程中一样的形象化框架体系。尽可能让演讲提纲简洁,易于辨认。演讲者也可以给自己加一些提示——什么时候说得柔和一点,或者说得慢一些,什么时候停顿一下,等等。

■ 关键术语

准备提纲	preparation outline
形象化框架	visual framework
书目	bibliography
演讲提纲	speaking outline
表达提示	delivery cues

■ 复习题

阅读本章后,请回答下面问题:

1. 为什么准备演讲提纲很重要?

2. 什么是准备提纲?在撰写准备提纲时应该遵循的八条指导性原则是什么?

3. 什么是演讲提纲?演讲提纲的四条指导性原则是什么?

■ 批判性思考练习题

1. 下面左边一栏,是一篇关于睡眠不足的演讲提纲,提纲部分空缺。右边一栏里,随机排列了填补提纲空缺的次要论点。请选择合适的次要论点填到提纲的空缺处。

提纲	次级论点
1. 睡眠不足是交通事故和死亡的重要起因。	睡眠不足与一系列健康问题有关。
(1)	《时代》杂志报道,每年美国有 6,500 起交通死亡事件是因为在驾驶时睡着了。
①	
②	
(2)	其次,睡眠不足增加了心脏病的发病几率。
2. 睡眠不足也是导致个人健康状况较差的原因。	睡眠不足导致交通伤亡事故的统计数字让人触目惊心。
(1)	
(2)	首先,它削弱免疫系统。

① 　　　　　在造成交通事故的诸多因素
② 　　　　　中,睡眠不足是仅次于酒后驾车
③ 　　　　　的第二大因素。
　　　　　　　《新闻周刊》报道,睡眠不足
　　　　　已经成为美国最普遍的健康
　　　　　问题。
　　　　　　　第三,睡眠不足导致肠胃
　　　　　疾病。
　　　　　　　《洛杉矶时报》报道,每年因
　　　　　昏睡造成200 000交通事故。

2. 根据本章列出的准备提纲使用的格式,为第十四章末尾的演讲案例"人体冷冻学"列一份演讲计划。注意,要将具体陈述目标包括进去,标明中心思想、开场白、演讲主体和结论。使用相同的符号系统和缩进模式,完整标出主要论点和次要论点,并标出过渡语和内部小结。

3. 根据练习第2题列出的演讲计划,写一份在演讲中可能用到的演讲提纲。按照本章讨论过的演讲提纲的指导性原则来撰写。

◼ 运用公共演讲的力量

作为一起汽车失窃案件的辩方律师,你需要在陪审团开始讨论前准备好总结陈述。回顾了庭审的证据后,你决定强调下面几点以证明你的委托人无罪:

a. 汽车被偷3个小时后发现被抛弃了,发动机尚热;而在汽车被发现时,你的委托人在机场接一位朋友。

b. 对汽车脚垫上的泥鞋印进行的化验分析表明,偷车人穿13号鞋子,而你的委托人的鞋码是10号。

c. 化验分析表明,车内有烟灰存在,而你的委托人不抽烟。

d. 盗窃案的唯一目击者离车50英尺远,他说窃贼"看上去像"你的委托人;但是目击者承认盗窃案发生时他没有戴眼镜。

e. 汽车大约是在下午一点失窃的;而你的委托人声明,上午11点,他还在175英里远的一个小镇上。

f. 在一份提交给警方的陈述中,目击者称小偷的头发是金发的;但是你的委托人却是红发。

在你起草演讲提纲时,你明白这些论点可以组织成三大要点,每个要点都有两个论证理由。请按照这种方式撰写一份提纲。

第四部分

演讲的传达

第十一章

演讲语言

你玩过"图画字典"游戏吗？这个游戏的关键是"画"出一些文字，请看你画的人猜出你画的是什么字。有些文字很容易猜，比如房子、鸟和电视，即使没有艺术才能的人也可以画出这些字，使人可以立即认出来，但另外一些文字却不容易猜。试着画一下"麻木"、"困惑"或者"脱水"吧。文字越抽象，用图像形式表现起来就越难。看你怎么来画"改善"或"合适"呢？

这就是语言进化的原因。人类的交流需要建立在一个超越图像表现的内容的基础上，但是语言要发挥作用就必须对于一些文字有共同的理解，事实上我们都达成了一个约定，某些声音和字母的结合对于任何人都意味着同样的东西。如果你说"书"，只要是说英语的人都会在脑海中勾勒出你现在手上所拿的这本书的形象。但是如果你对一个朋友说，"埃比，你真是一个步行者"（Abby, you're so pedestrian）。你也许是想说她步行了很长时间，但埃比可能会很生气，因为你实际上是在说她令人讨厌又很平庸。

语言的重要性

优秀的演讲人会尊重语言和语言本身发挥作用的方式。你利用语言的能力如何？当你说某个球星篮球打得很棒时，其实意思是他打得不错吗？你是否在应该用"如果"的地方用了"假如有一天"？你是否把飓风说成一个可怕的灾难，还是说成了"好的灾难"？你做演讲时老是有一些习惯用词，"你瞧"、"比如说"、"说真的"？

如果是，你肯定是一个低效率的演讲人了。不幸的是，不仅是你，从眼镜店门口的告示，到联邦航空管理局的报告，很多美国人说的话从语言学角度看就是垃圾语言。

第十一章 演讲语言

匹兹堡铁人橄榄球队的教练谈到他的四分卫时说:"的确,这个位置就是专门被挨骂的位置。"

一个医生对事故幸存者说:"四个人已经死了,只有一个活过了2个月。"

这些话语的问题不在于它们违反了"纯正英语"的精英标准,而在于美国人总是喜欢用非正式的口吻说话。我们的语言已经随着人口的增长而注入了极大的活力。我们从其他语言那里借来了很多词汇,扔掉了一些旧词,又合成了一些新词。《韦氏大学词典》第一版是1898年出版的,共收录7万个词条。第十版是1998年出版的,有17万个词条,而且这些词还只是被认为大学教育所必须的一些词。一位专家估计,英语共有二百多万个词,每年增加约一千个新词。

但是,语言的增长与对这门语言的滥用之间有很大差别。滥用语言不仅只是文学的事情。和流行的想法相反,语言并不会反映现实。语言并不只是描述世界本身的样子。相反,语言通过赋予一些事件以意义来帮助我们形成现实感。语言并不是中立的。当我们用语言来记录一件事时,很大程度上受制于我们对这件事做出什么样的反应。

分析一下有关"安乐死"引发的持续不断的公众舆论。如果你觉得安乐死是"不道德的",是一种"杀人"形式,是"对医生救死扶伤职责的亵渎",那你多半会反对以任何形式允许其存在。但是,如果你觉得安乐死是"道德的",是让人"死得有尊严"的一个办法,是为病入膏肓的患者提供"一种可接受的选择,免除不必要的折磨",那你多半会支持在某种情况下允许安乐死存在。是什么使这两种观点针锋相对的呢?不是现代医学,不是无药可救的病人,甚至也不是安乐死行为本身。所有这些内容对两种意见来说都是一样的。两者之间的差别其实在于语言所赋予的意义。正是这个原因,一位作家这样说,语言的选择也是不同世界的选择。

语言对思维本身非常重要,思想和语言紧密相关。我们并不是先有一个想法,然后找到语言来表达这个想法。相反,我们会用语言去思考。你是不是经常有这样的情况,"我知道自己想说什么,但我就是不知道应该怎么说?"事实上,如果你真正明白自己想说什么,你多半就能够说出来。在大多数情况下,当我们寻找"合适字眼"的时候,我们真正寻找的恰好就是合适的思想。

作为演讲人,一旦找到了合适的想法,你就必须决定如何以最佳的表达方式传达给听众。要做到这一步,你需要特别留意语言的作用。除非你能够准确又清晰地利用语言,否则,没人会明白你的意思。

语言是一位演讲人表现技巧的工具。语言有特别的用途,就像其他任何一门职业所用的工具一样。你见过木匠干活吗?你我几个小时都难完成的活,一位熟练的木匠十分钟就干完了,因为他有合适的工具。他不会用螺丝刀去钉钉子,也不会拿锤子去拧螺丝。在公共演讲中也是一样的,你必须选择合适的字词来完成想要完成的工作。好的演讲人能够理解语言的意义,无论是明显的意思还是微妙的含义。他们还知道如何准确、清晰、生动和合适地使用语言。

语言的意义

外延意义
denotative meaning
字和词的字面意义或词典意义。

语言有两种意义,外延意义和内涵意义。外延意义是准确的、字面上的、客观的,描述语言指称的物体、人物、地点、思想或事件。明确外延意义的一个办法就是查找字典。例如,从外延的角度说,名词"学校"指的是"一个地方、一个机构或一栋建筑,在那里有人给出教学指令"。

内涵意义
connotative meaning
字和词通过联想或情绪激发暗示或隐含的意义。

内涵意义则变化更多,有比喻作用,而且有主观成分。一个词的内涵意义是这个词所暗示或隐含的意思。例如,"学校"的内涵意义包括这个词在不同的人身上唤起的感觉、联想和情感。对某些人来说,"学校"涵盖有个人成长、儿童时代的同学和一位特别的老师。对另一些人来说,它可能包含了挫折、戒律和讨厌的家庭作业等。

内涵意义使一些词更富有强度和感情力量。他在某些听众的心里唤起愤怒、同情、关爱、担心、友谊、思乡、贪婪、内疚等感情。和诗人一样,演讲人经常利用语言丰富的内涵意义。

例如:

恐怖分子既不听从<u>理智的呼唤</u>,也不和别人进行<u>理智的沟通</u>。他们的目标是要制造<u>恐怖、恐吓</u>人们,从而使别人<u>屈服</u>。他们衡量成功的尺度,是用<u>残酷野蛮的暴力行为</u>使人产生恐惧的程度。恐怖分子随时准备好杀人,以推进他们所谓的事业。恐怖分子可以<u>不带感情地滥杀无辜</u>,这样一个事实令人触目惊心。他们<u>在冷酷的思考和周密的谋划中从容地杀人</u>。他们<u>毫无道德之心</u>。

上述加下划线的文字具有很强烈的内涵,会使人们对恐怖主义在感情上产生强烈的厌恶。

对照而言,下面是相同内容的另一种陈述,具有不同的内涵:

恐怖分子并不想办法和自己的对手商谈。他们利用政治和心理压力寻求胜利,包括可能危害某些人生命的暴力行为。对恐怖分子而言,欲达到最终的目标可以不择手段。

除了"恐怖分子"一词外,这些文字比起第一个陈述来说,不太可能引发更强烈的反应。

哪一种陈述更好呢?这取决于听众、演讲的时机,还有演讲人的目标。你想要刺激听众的感情,召唤他们投入某项事业,就应该选择有更强烈内涵意义的字词。而你是在谈论一个容易引起争议的话题,并想保持不偏不倚的态度,就应该使用较少引起强烈反应的词。运用语言技巧选择其外延意义或内涵意义,是演讲艺术的关键。

准确地使用语言

准确使用语言对于演讲人的重要性,不亚于准确使用数字对于会计的重要性,有位同学经历了惨痛的教训后才悟出了这个道理。在一篇关于美国刑事司法制度的演讲中,他多次用到"刑事迫害"这个词。他的意思是指"刑事诉讼"。这个用词差不多毁掉了他的演讲。同学们说:"如果你连迫害与起诉之间的差别都不清楚,我怎么能相信你对我们的法庭所说的任何话?"

有时候,不准确用词的原因是因为追求词藻华丽。下面是一家杂志社业务经理的故事。

玛丽·佐·霍德特别喜欢在一个词的后面加上"istic"后缀。一天,她在杂志编辑部会议上说:"我们准备精简纸面工作,使其过分简单化(simplistic)。这是现代主义(modernistic)的做事方式。因为纸面工作减少了,我们就会有更多时间投入到杂志内容本身,这会使管理层留下深刻的印象主义(impressionistic)。"

玛丽·佐·霍德显然没有意识到,她所说的"过分简单的"(simplistic)一词并不是简洁(simple)的意思,而是指根基不牢的过度简单。而"现代主义"(modernistic)指的是一种特别的风格设计,而不是有现代(modern)精神的。"印象主义"(impressionistic),则是艺术或音乐中的印象主义流派。她的提议使编辑部不知所措。

这个故事的道理很简单,除非你明确地知道一个词的意思,否则不要用。如果不能肯定,那就查字典。

还算幸运,这样的错误在大学生中相对较少。但是,我们常常犯许多小差错,特别是在有一个词能更准确地表述我们的想法时,我们却用了另外一个词。每一个词都有其意义上的微妙差别,使其有别于其他的词。马克·吐温说:"恰当的词和差不多恰当的词之间的差别,就像闪电与避雷针之间的差别。"

如果你查看词典,你会发现下面的词是用来作为同义词使用的:

赞成:approve admire praise respect

这些词基本上表达的是相同的意思——对某人或某事持满意的态度。但是所有这些词都有自己不同的内涵。试试用最恰当的词填入下面的横线中:

(1) Everyone in the class decided it was important to _____ each other's right to voice her or his opinion.

(班里同学无不认为尊重他人发表意见的权利是重要的。)

(2) Often the most encouraging thing you can do for a child is to _____ his or her creative efforts.

(通常,你能为孩子们所做的最具鼓舞性的事情就是欣赏孩子们的创造性的努力。)

(3) It is up to the manager to _____ the company's new sales plan.

(轮到经理来对公司的新教务设计发表感言。)

(4) One cannot help but _____ the dedication of Olympic athletes who train for years to capture a gold medal.

(对奥林匹克运动员的努力大加夸赞。为了获得一块金牌,在几年时间里刻苦训练。)

正确答案是:

(1) respect   (2) approve   (3) praise   (4) admire

每个词和其他的词都有一点点的不同,每个词都传达某个特殊的意义给听众。

当你准备演讲时,应该马上问自己:"我到底想说什么?我的确切意思是什么?"应该选择正确、准确、精确的词。如果有疑问,应该查字典或同义辞典,确保能够找到最佳词汇来表达自己的思想。

作为一位演讲人,如果你胸怀大志,那就应该想出一个系统的方案来改进自己的词汇能力。多年以前,著名的美籍非裔领袖麦克尔·X就是这么做的,他把整本辞典抄了一遍,逐字逐条地抄!这是个极端办法，很少有人能这么做。更可行的方法是每天使用一个新词，而且准确地使用。这么做的目的是要学会"什么时候使用这个词是合适的……"

清晰地使用语言

假如你站在街角，看到一位行人不小心就要走到车行道上去了。你会不会说："在我看来，根据已经掌握的证据，这个毫无戒备的人处在被一辆驶近的机动车辆撞倒和变残疾的危险之中。"当然不会，你会大喊："小心！"

还有很多人沮丧地发现，他们能够正确地使用语言，却不能够清晰地使用语言。下面这个故事很有名，说明了不能清晰地表达思想会惹出多大的麻烦。一位管道工写信给当地的政府机构，问用盐酸冲洗下水道会不会有任何危险。

这个机构回函说：盐酸的功效无可争议，但其腐蚀效果与金属耐久性不可兼容。

管道工谢谢政府同意使用盐酸。

这家机构马上去函说：我们无法承担因为盐酸产生的有毒及有害残余物而造成的责任，建议您采用替换程序。

管道工再次感谢这个部门同意使用盐酸。

最后，这个部门意识到会有数百根下水管道被毁掉而惊慌失措，不得不请教一位科学家。这位科学家写道：不能用盐酸。它会在管道上咬出洞来！

请记住，人和人差别很大。对某人来说意义重大的东西，对另外一个人来说可能就是一堆废话。你无法假设你了解清楚的东西，对你的听众也就一定是清楚的。演讲中尤其如此。听众和读者不一样，他们无法查字典或再读前面的内容来发现一些词的确切含义。演讲中的用词必须非常清楚，不能有产生误解的可能。选择通俗的词汇、选择具体而不是抽象的词汇可以帮助你做到这一点。

用熟悉的词

很显然，熟悉的字眼比艰深的字眼更好些。但是，你会惊讶地看到，有很多演讲人坚持用极其复杂的字眼来轰炸听众，这是因为基于这样一个错误的认识：复杂的字眼听起来让人印象深刻。实际上，用多音节和很长的词汇填充一个演讲，只会让人觉得演讲人固执又自命不凡。更糟糕的是,这样的做法通常损害了听众的理解过程。演讲的最大障碍之一是用大词、用冗长的词。须知,短小精炼和敏锐的词汇本来可以更好地完成任务。下面有个例子,两段文字都表达同一个意思。哪一段更容易明白呢?

你预备在以下的时间里将要传达的话,是不是真正确信完全诚实和没有欺骗,各个合适的细节和特别之处都是完整的,而且没有任何误导,也没有毫无必要及无法作为证据的特性,并且基于你对神的忠贞和诚实?

或:

你可以发誓吗?你将要出示的证据是真实的,完全真实,而且,除了真实别无其他,并以此获得上帝的保佑?

第二段是证人在法庭作证时使用的标准誓言。这段誓言由短小简洁的通俗词汇构成,很容易理解。它的意义不需要你进行复杂的"精神体操"便可以理解。第一段说的意思与第二段差不多,但里面有很多固执和自命不凡的词汇,使其意义差不多无法解开。

有关技术主题的演讲,你也许不能够回避专业用语。如果发生这样的情况,应该让专业用语保持在最低限度以内,并且明确解释听众可能无法理解的那些词的定义。只要想办法,哪怕是最专业化的主题也可以变成清晰通俗的语言。

例如,下面就有个例子,共有三个段落,都是解释孕妇饮酒对未出生的婴儿造成的灾难性后果。第一段是用医学术语写的,一般人根本就听不懂:

孕妇酗酒会严重影响宫内环境,因此造成新生儿疾患的发病率和死亡率。从这种综合症状的病理生理学来看,用于乙醇代谢的酶的基因多型性可能打乱胎儿的感知能力。还有可能出现糟糕的微粒体或线粒体分裂功能,或 ATP 活动减弱。

受过高等教育、具有医学背景的人理解"病理生理学"和"多型性"以及"线粒体"都会有困难,更不用说这些词用在演讲中到底指什么呢。

第二段是希望让没有医学背景的人能听懂。里面用的词更通俗一些,但仍然保留了很多隐晦的用语,因此理解起来仍有困难:

乙醇对胎儿造成的有害影响是非常严重的。当一个孕妇酗酒时,血液中的乙醇代谢很容易越过胎盘从母体到达胎儿,并侵入羊水。这会造成一系列异常的成长症状,包括中枢神经系统紊乱、生长缺陷、成簇的面部畸形以及程度不同的其他畸形。

第十一章　演讲语言

知识渊博的听众也许能猜出"有害影响"、"中枢神经系统紊乱"和"面部畸形"的意思,但是,这些词并不会在听众的脑海里留下深刻印象。我们需要再进一步,远离专门术语,直接使用普通语言。我们来看第三段,非常清楚明白。这篇演讲是从密歇根东部大学的一位学生的演讲中选出来的,这个演讲段落说明,下一番工夫,加以想象,对日常用语表示足够的尊敬,是可以取得很好的效果的:

孕妇喝酒时,酒精会吸收到她的血液里并流入全身。喝完几杯啤酒或马爹利,她就东倒西歪了。她喝了一杯咖啡醒酒,两片阿司匹林,然后好好睡一觉。不一会儿之后,她就感觉好多了。

但是,在她睡觉时,胎儿的周围充满了母亲喝下去的东西。因为是泡在酒精里,胎儿开始感受到酒精的影响。但是,胎儿却无法醒酒。它不能够端起一杯咖啡来喝,它也抓不到阿司匹林。对于胎儿的肝脏来说,从血液中排出酒精的关键器官还没有发育成形。这个胎儿实际上是泡在酒精里。

听众喜欢这类平白直露的话。听温斯顿·丘吉尔的话不会错:要使用"简短的、平常使用的家常词语"。如果你觉得需要大词才能够让听众留下深刻的印象,那你应该记住葛底斯堡宣言,那个演讲被认为是英语语言中最美的一篇演讲,总共只有271个词,其中有251个词只有一个或两个音节。

用具体的词

具体直观的词汇,是指表示可感物体的具体字词,比如人、地方和事物。这些词跟抽象词不一样,抽象词指称普通的概念、品质或性质。"胡萝卜"、"铅笔"、"鼻子"和"门"都是具体词,"人性"、"科学"、"进步"和"哲学"都是抽象词。

当然,很少有字词是完全抽象或具体的。抽象和具体都是相对的。"苹果派"是具体的,但是,这个词组也可以用以表达爱国主义和传统道德的抽象价值。一般来说,一个词越是专一,它的意义越是具体。我们来打个比方。假定你在打高尔夫球,你可以顺着排列次序看下去,词汇的抽象意义越来越少。你从一个普通的概念入手(肢体运动),往下进到某一类型的活动(体育),再到一种特别的体育项目(高尔夫),再到其中的一个分支(职业高尔夫),最后到一个特殊的职业球手(老虎伍兹)。

一个词越抽象,它所具有的双重意义就越多。虽然抽象词在表达某些思想时是必需的,但是,它们比具体词更容易造成误解。

具体词
concrete words
指表示可感物体的具体直观的词。

抽象词
abstract words
指表示思想或概念的词。

而且，具体词在唤起听众注意力方面更有力。比如，你发表一个有关火蚁的演讲，长期以来这种火蚁在南方大发淫威，近年来又发展到了西部各州。你可以采用两种方式谈论这个主题，用抽象词或具体词：

抽象词：

火蚁自南美蔓延到美国后，成了一个大问题，而且一直得不到解决。火蚁遍布南方，现在又威胁到西部地区。这是一个很严重的问题，因为火蚁极具攻击性，已经出现了火蚁造成的人身伤亡。

具体词：

二战前火蚁从南美传到美国后，像瘟疫一样传遍了从佛罗里达到得克萨斯的十一个州。现在，火蚁又入侵新墨西哥州、亚里桑那州和加利福尼亚州。火蚁成群攻击，不管是谁的脚，只要一踏入错误的地方，几秒钟就会有火蚁叮上去。它们甚至还进入室内，爬上衣服、床上，钻进橱柜里。好在被咬的人中只有不到1％的人需要去看医生。但是，不小心躺在蚁冢上的小孩有时候会被叮死，高度过敏的成人也有可能被叮死。

请注意，第二段文字的说服力强多了。具体词用得多的演讲总能够比抽象词用得多的演讲更清晰、更有趣，也更记得住。

消除混乱

用词混乱
clutter
演讲中用词多且乱，观点表达不清。

混乱的演讲似乎成了一场流行病。像"之前"、"如果"和"现在"这样一些简单的词，现在好像都出毛病了？本可以用这些词的地方，却被"此前"、"设想"和"到了现在这个时间点"所替代。天气预报员就是不说"可能有雨"，而是说"看起来目前我们正在体验凝结活动"；政治家就是不说"我们碰到了危机"，而是说"我们面临着一个相当难办的情形，若不成功化解，会引起非常大的麻烦"。

这类用词混乱对于清晰和有说服力的演讲来说是致命伤。它迫使听众在一大堆文字中摸索真实的意义。发表演讲时，语言应该简洁活泼，切忌堆砌大量辞藻。不要用暧昧的词语，把你的想法尖锐和确切地表达出来。总之，应该注意不要使用重复的形容词和副词。没有经验的演讲人或作者往往习惯把两三个意思相同的形容词堆在一处，比如"一个学识渊博、受过教育的人"，或"一个炎热、出汗和干燥的日子"。

下面是一位同学的演讲稿,可以做这样一些修改删除意义重复用词:

西丁·布尔是美国土著<u>最重要和意义非凡</u>的领袖之一。1831年<u>这一年</u>,他出生于格兰德河附近,<u>就是</u>现在属于<u>南达柯他州的一部分的那个地方</u>。他是一名勇敢的无畏的战士,1867年他被选为汉克帕帕西屋克斯族的首领。<u>此后在接下来的岁月里</u>,他还在切因纳和阿拉帕霍吸引了<u>无数和大量</u>的跟随者。对于<u>今日今时</u>的人们来说,他最知名的是在1876年,他领导了小比格霍恩战役,击败了卡斯特将军。虽然最终在<u>违背他意愿的前提下</u>去南达柯他州的斯坦丁洛克保护区<u>有保留地</u>生活,但是,他对西屋族生活方式的尊重和奉献从未屈服。

请注意,修改后的演讲简洁得多,也更容易理解,演讲人的想法不再隐藏在一大堆废话里。

一旦明白了其中的原理,这种修改工作其实很容易做。最难的是,认识什么是杂乱无章,然后迫使自己舍弃那些不必要的字词。写演讲提纲的时候,就应该注意有无用词混乱现象。做好不断修改大纲的准备,直到自己的想法能够被清晰、明确地表达出来。就像修改一篇散文或学期论文一样,这会多花一点时间。但是,坚持下去,你会成为更有效的演讲人或作者。

你可以用录音机来练习演讲,帮助你消除混乱。当你回放录音的时候,注意一下,看看自己的演讲里有没有暧昧软弱的用语,而且还要看看有没有一些口头禅,比如"你知道"、"比如"和"真的"。多练习几遍,集中精力删除掉演讲中的废话和令人费解的语句。一开始你可能会觉得很难而且不自然,因为你在强迫自己打破旧习惯。但是如果你保持下去,你会慢慢养成不需要那些含混的字词就可以流畅地演讲。这不仅会使你成为更好的演讲人,而且还会帮助你在会议、谈话和集体讨论中把自己的想法更有效地表达出来。

使用生动的语言

你的话可以说得很准确,但不一定很清晰。同样,你的话可以说得很准确,也很清晰,但不一定有趣。请看马丁·路德·金其著名的《我有一个梦想》演讲中试图表达的部分思想:

回头是我们不能做的事。我们必须继续努力,反对警察暴行、隔离居住、剥夺投票权和其他异化行为。只有在这些问题得以解决后,我们才会得到满足。

下面是金的这部分演讲内容:

我们无法回头。有人问民权运动人士:"你们什么时候才会满足?"只要黑人仍然是警察令人发指的暴力行为的受害者,我们就永远得不到满足;只要我们疲惫不堪的身体无法在汽车旅馆和城市旅馆里找到歇息之地,我们就永远得不到满足……只要密西西比的黑人不能投票,只要纽约的黑人没有可以信赖的选举对象,我们就永远得不到满足。不,不,我们得不到满足,除非公正如巨浪翻滚,除非正义如大潮奔涌,否则,我们就得不到满足。

真是令人热血沸腾!如果你希望用自己的演讲去感动人们,那就得使用令人感动的语言。枯燥无聊的语言必然使演讲枯燥无聊,生动活泼的语言才能让你的演讲具有鲜活的生命力。要有鲜活的生命力,这两点最重要:意象与节奏。

意象

> **意象**
> imagery
> 使用生动的语言创造有关物体、行动或思想的精神形象。

优秀的小说家,一个明显的差别是有能力用文字制造出场景来,使你沉醉其中。这些文字场景让你"看到"鬼魂出没的凶宅,让你"感觉到"雪花在你脸上融化,"听到"鸟儿在春天的早晨的啼啭,"闻到"野营地飘来的烧烤味,"尝到"墨西哥餐馆里热辣的恩奇拉达菜。

演讲人也可以用同样的方法,利用意象把演讲稿写活。有三种制造意象的方法是:利用具体词、明喻和暗喻。

具体词

我们在本章开头谈到,选择具体的词而不是抽象的词是强化演讲清晰度的重要方法之一。具体词还是创造意象的关键。下面两段演讲内容,是从罗纳德·里根纪念盟军登陆40周年大会上发表的著名演讲中摘选出来的。里根在战场原址发表演讲时,戏剧性地重述了美国突击队员的英雄主义精神,他们攀上霍克角的悬崖,合力将欧洲从希特勒的魔爪中解救出来。

我们站在法国北海岸这个偏僻的多风之地。现在的风是和缓的,但40年前的此刻,风中充满了硝烟和勇士的呐喊,风中夹杂着枪弹的呼啸和加农炮的怒吼。

1944年6月6日黎明时分,225名突击队员从英国登陆艇上纵身跃下,奔向这些悬崖脚下……突击队员一抬头,看到敌人正从悬崖

第十一章 演讲语言

上用机关枪扫射他们,用手榴弹炸他们。美国突击队员开始冲锋,他们在悬崖壁的绳梯上一边开枪还击一边奋力向上攀爬。

一个突击队员中弹跌落,另外一个马上顶替他的位置。一条绳索被切断,突击队员会迅速抓住另一条继续攀爬。他们一次次地往上爬,一次次地被敌军火力压下来,但最后他们还是站稳了脚跟。很快,突击队员们一个接着一个登上了悬崖。他们夺取了悬崖顶这一小片坚实的土地,收复欧洲大陆的进攻正式开始了。

具体的词汇唤起了人们对场景、声音、触觉、嗅觉和口味的印象。我们不仅得知美国突击队员合力赢得了登陆战役的胜利,还形象地看到突击队员在悬崖下顶着敌人的机枪扫射冲上悬崖,步枪射击声和士兵的吼声如在耳畔响起。具体词形成场景和声音的意象,感觉和情感的意象,使我们如身临其境深深为演讲所吸引。

明喻

营造意象的另一个办法是通过使用明喻达到效果。明喻就是在事物之间进行明确的比喻,尽管这两个事物有本质上的差别,但两者也有某种共通之处。明喻里面总含有"像"、"如同"这类的词。下面的例子,都是从学生演讲中摘选来的:

小时候,一走进祖父母的房间,我就感觉自己好像被一块巨大的安全毯包裹起来了。

空气污染正在慢慢腐蚀华盛顿特区的各种纪念碑,就跟阿尔卡-塞尔泽药片一样。

这些鲜明、新颖的比喻,使演讲人的思路清晰地表达出来,充满活力。但是,许多比喻却常常是陈词滥调,比如:

新鲜如雏菊	饥饿如狗熊
身材美如小提琴	勤劳如蜜蜂
壮如公牛	大如高山
倔强似骡子	快乐像云雀
盲目如蝙蝠	轻如鸿毛

这类陈词滥调在日常谈话中并无不妥,但演讲时就应该尽量避免了。否则,你有可能"枯燥如洗碗工",而且会发现听众"呆若木鸡"了!

暗喻

你还可以利用暗喻在演讲中营造意象。暗喻是在有某些共通之处的两个事物之间的隐含的比较。和明喻不同,暗喻直接说出来,不用"比如"和"像"一类的词。例如:

明喻
simile
用"就像"、"好比"等词做比较,表示两者之间的相似关系。

陈词滥调
cliché
用滥的、陈腐的语言。

暗喻
metaphor
不用"就像"、"好比"等词,把一事物比喻另一事物的语言。

美国的城市是世界观察美国社会的窗口。(海瑞·西司诺斯)

随着全球化的进程,同样的海水洗刷着所有人类。我们在同一条船上,没有安全的岛屿。(柯非·安南)

有时候,演讲人会营造更长的暗喻。下面的例子是从中国2002年全国英语演讲大赛上选出来的演讲稿。演讲者是中国复旦大学的学生张洁宣:

全球化不应该成为一个熔炉,不同的人进去后出来时变得全是一样的。全球化不应该是一个民族失去自己本身的过程。

我的理解是,全球化应该成为一个宏大的交响乐团——在这个乐团里,每个乐手都有自己特定的位置和作用;乐团里每个成员都是唯一的,他们人人都重要,每个人的角色别人无法替代;乐团是建立在每个参与者共同贡献的基础上,这个基础能够而且必将演奏出世界和平与繁荣的美妙乐章。

这个隐喻把演讲者的思想表达得更加生动,更加容易记忆。有效地利用隐喻和明喻,是为演讲增色的绝好方法。把抽象的思想具体化,把不清楚的加以澄清,传达出具体的感觉和感情。

节奏

语言可通过文字的选择和搭配而增添节奏感。有时候,一句陈述句的吸引力几乎完全取决于它的节奏,比如下面的儿歌:

豌豆粥热,豌豆粥冷;

豌豆盛于锅,整整放九天。

并没有什么特别深的含义,吸引人的就是词语的组合,带上了音乐的韵律,读起来朗朗上口。

和诗人一样,有时候演讲人必须想办法利用语言的节奏,吸引听众,强化语言的冲击力,从而使自己的观点得以强调。温斯顿·丘吉尔就是利用语言节奏的专家。下面一段话节选自他著名的二战演说,读起来,好像是一首诗而不是演讲稿:

我们不知道这场可怕的战争,最终到底将走向哪里,因为它在越来越多的地区无情地蔓延。我们知道战争是残酷的,我们知道战争是漫长的。我们无法预测也无法度量战争的各个阶段和战争的惨烈程度……我们还看不到什么时候可以喘一口气,但有一点我们深信不疑:希特勒横行的足迹和腐烂的爪印,终将被彻底抹去,如果确有必要的话,就把他从地球上铲除干净。

因为丘吉尔无与伦比的表达能力,大大强化了这段话的影响力。

节奏
rhythm
通过文字的选择、应用,形成有规律的声音效果。

第十一章 演讲语言

仅仅是语言本身,就有振聋发聩的韵律效果,使全篇的意思得以强调。我们现在明白了,为什么约翰·肯尼迪说,丘吉尔"使英语行动起来,投入战斗"。

当然,演说不是写诗。演讲人不能过于强调节奏,更不能因为韵律而损害主题思想。应该通过对语言节奏的控制来更好地传达你的思想。也许对语言的节奏感和流动感你还没有什么感觉,但是通过学习和训练,你会对语音、语调和节奏变得非常敏感。丘吉尔和其他优秀的演讲人都有各自的演讲风格,他们所用的也无非是这四种基本手段,现在你就可以轻松拿来,强化你演讲的节奏感。

排比

第一个手段是排比,就是相关字眼、短语或句子成对或成系列的排列。例如:

> 无论贫富,无论智愚,无论精明或是笨拙,无论德行,无论男女,每一个人都得完全依靠自己,什么时候都一样。(伊丽莎白·卡·斯丹顿)

排比的效果,可以从下面两段话的比较中看出来。试比较:

> 我作为共和党人在这里说话。我作为一个女性在这里说话。我作为美国的一名参议员在这里说话。我作为一名美国人在这里说话。(玛格丽特·蔡斯·史密斯)

比较:

> 我作为共和党人在这里说话。我作为一个女性在这里说话。我作为美国的一名参议员在这里说话。我还作为一名美国人在这里向大家发表演说。

第一个陈述明确、前后一致,而且有动人的力量。第二个则不然,因为它破坏了平行结构,最后一句破坏了前面三句话相同的句式进展,结果把一句强有力的、连贯的话变成了一个模糊、不协调的陈述。

反复

让演讲富有节奏感的第二个办法是重复。这意味着在一个连续的从句或句子的开头或结尾重复同样的一个或几个词。例如:

> 当你看你的路时,你看到了我的路。当你看你的房子时,你看到了我的房子。当你照顾你的孩子时候,你也照顾我的孩子。(惠特尼·扬)

> 我们不会疲倦,我们不会动摇,我们不会失败。(乔治·W·布什)

> **排比**
> parallelism
> 用一组内容相关、结构相同的字、词、句组成系列,突出意思的层层推进。

> **反复**
> repetition
> 在句子或连续性从句的开头或结尾重复使用相同的字或词。

就像大家看到的一样，重复也会带来排比效果。除了产生强有力的节奏感外，重复还把一系列概念统一起来，因为反复说了不止一次，更强调了这些概念，从而有助于形成强烈的情感共鸣。

押头韵

押韵
alliteration
用头韵体相近的词。

第三个可以增加你演讲节奏的手段是用押头韵法，最普通的押头韵法是首字母的辅音读音接近或相邻。例如：

和平（peace）是发展（progress）的必要条件，但发展对和平来说并不是全部。（Liaquat Ali Khan）

一个民族建立在对道德的承认，我们的学校（college）、我们的社会（communities）、我们的国家（country）都应该反对仇恨的情绪。（希拉里·克林顿）

通过加重读音，押头韵法抓住了听众的注意力，使观点更容易被记住。有选择性地使用，可以为你的演讲带来意想不到的效果。但是如果用得过于频繁，会使演讲变得很滑稽，听众反而忽略了演讲本身的内容。

对句

对句
antithesis
在排比句中把相互对立的概念并列传达。

最后，你还可以尝试对句的手法，把相互对立的概念以排比的形式放在一起。例如：

不要问你的国家能够为你做什么；而要问你能够为自己的国家做什么。（约翰·肯尼迪）

你们作为一个家庭的成功，我们作为一个社会的成功，并不取决于白宫发生了些什么，而是取决于你们自己家里发生了些什么。（芭芭拉·布什）

对句法一直以来都是成功的演讲人最喜欢的工具，它通过排列整齐的短语，能使演讲产生特别好的效果。

大家可能在想，意象和节奏对名人来说也许很好，但对于普通的演讲人来说是不是太花哨了。事实并非如此。意象法和节奏法都很容易使用，可以使最普通的演讲产生活力。下面这段是从一位同学有关祖父母和其他大屠杀幸存者的演讲中摘选出来的：

祖父母去世后，我会继续讲述他们的故事。我会告诉我的孩子们，有很多男人女人被无缘无故地杀害了……我希望你们也来讲这样的故事。正如大屠杀的幸存者、作家艾莉·韦塞尔所说的："经历不传递下去，无异于丢失了体验过的经历。"大屠杀的数百万死难者，请你们在坟墓里安息吧，你们并没有被人遗忘。大屠杀的幸存者们，请你们放心吧，我们听到了你们的呼喊，我们通过你们的遭遇吸取了教训,我们愿意为自由与和平而战。但愿世上的人们再也不会在"怎么可能发生这样的事"的疑惑中倒地而亡。

这是生动和感人的语言。意象鲜明,节奏强烈。大家想一想,自己在演讲中能不能采用类似的手段呢。

使用合适的语言

下面是约翰·汉考克1774年美国独立战争期间发表的一篇著名演讲的一部分。汉考克谴责了英国士兵在波士顿大屠杀中枪杀五名美国人,他说:

你们这些别有用心的恶棍,你们这些杀人犯,你们这些屠杀亲人的家伙!你们邪恶的双手沾满了无辜人民的鲜血,他们的鲜血染红了大地,你们还敢在这片大地上行走吗?你们无耻的野心使那些牺牲的人们在风中呻吟,他们的呻吟响彻天空,你们还敢呼吸这空气吗?……告诉我,你们这些血腥的刽子手,你们那些大大小小的流氓,你们那些恶魔……你们难道感觉不到良知穿透你们野蛮的胸膛时产生的悸动与刺痛吗?

真是生动感人,汉考克的听众很爱听。但是,你能想象今天再用这样的语言演讲吗?除了准确、清晰和生动,语言还必须是合适的。要适合当时的场合,适合听众,适合主题。

☐ 适合当时的场合

适合于某些场合的语言也许不适合另外一些场合。有该说方言的时候,有该用俚语的时候,有用文学形式的时候。体育版上合适的内容,不一定适合头版,在街上听起来顺耳的话,拿到教室就不一定了。打个简单的比方。教练可能称球员为"你们这些家伙"(甚至更糟的话),但在正式场合,演讲人一定会说"尊贵的来宾"。大家想象一下,把这两个场合颠倒一下,什么样的荒谬效果都会发生。根据不同场合,调整演讲时的遣词造句应该是常识。

☐ 适合听众

演讲还必须适合于不同的听众。记住这一点,特别在处理科学技术方面的话题时会大有帮助。如果是面对一群医生,你可以使用"parotitis"(腮腺炎)一词来指称由病毒引起的、主要特征为腮腺肿大的病症，听众一定会明白你的意思。如果是对一群非医学专业的听众演讲，比如班上的同学，"parotitis"这词也许就不合适了。在这种情况下，你说"流行性腮腺炎"也许是更合适。

对于有可能冒犯听众的词语，你得格外小心。如果你是夜总会客串的说笑人，来点黄段子甚至不敬神的话也并不过分。但是，如果是在正式的公共演讲场合，大部分听众都会厌恶。请记住，对听众发表演讲时，人们一般预计演讲人会提高和修饰自己的用语。听众自然认为演讲人会回避骂人的话和其他一些恶劣的用语。如我们在第二章看到的一样，这样的语言从道德上是值得怀疑的，因为它违背了基本的价值观。大多数听众还会讨厌因为宗教或种族而抨击别人的言论。如果你在演讲中包括了这样一些内容，那不仅仅违反重要的道德责任，而且肯定会使很大一部分听众讨厌你。

当然，并不是所有时候你都能明确地肯定听众对你的演讲产生了什么样的反应。一条基本规则是，应尽量回避会使听众茫然或有可能冒犯听众的用语。如果不知道是否合适，宁可小心为好。这样你犯错误的可能性会少一些。小心的意思是："如果吃不准，就别说"。

☐ 适合主题

用语还必须适合演讲主题。解释如何更换自行车轮胎，如何进行汽车保养时，你不会使用暗喻、对比和押韵的手法。但是，在一篇赞颂达·芬奇的演讲中，你也许会用到这三种手法。换胎、保养的话题需要的是直接的描述和解释，有关达·芬奇就需要用到特别的语言技巧唤起人们的崇敬和欣赏。

☐ 适合演讲人

不管什么场合，也不管什么样的听众和演讲主题，演讲的用语还必须适合演讲人。如果戈尔使用杰西·杰克逊的宗教韵律，结果一定很可笑。每一个公众演讲人都有自己的用语风格。

"好极了"，你也许在想，"我也有自己的风格。我用抽象词、俚语和技术行话得心应手。我就是我。这是我的演讲风格。"但是，要求用语适合演讲人，并不是就可以忽视适合演讲的其他要求。一个人的日常用语风格和作为公众演讲人的风格是有区别的。成功的演讲人是经过多年磨炼才慢慢养成自己的风格的。可以确信他们都潜心研究过如何有效地使用语言。如果你具备了良好的语感，也可以学

第十一章 演讲语言

习他们的经验,分析自己的长处和短处,多看多听优秀的演讲,无论是现在的公众人物鲍威尔、克林顿,还是历史上的伟人芭芭拉·乔丹、马丁·路德·金,仔细研究他们的演讲技巧,让自己的演讲发挥准确、清晰和生动活泼的特点,并使这些技巧融入自己的演讲中。但是,演讲的时候不要"成为"别人。应该"学习"别人,把学到的东西用到自己的语言风格中去。

使用公正的语言

"士兵(soldier)上战场,一定要带上精良的武器。"

"提高教育质量永远是黑人(Negro)领袖优先考虑的问题。"

"任何对残疾人(crippled)的歧视都是令人完全不能接受的。"

40年前,听到这些话大部分美国人根本不会有任何疑问。今天,同样的话会让人皱眉头,说不准还会使有些听众愠怒。原因是:

美国军队里,有男人也有女人。"士兵上战场的时候,他一定要带上精良的武器",这种说法忽视了女兵的存在,还有可能被误解为只有男兵上战场才可以携带精良的武器——女兵及爱她们的人不能接受这样的说法。

"黑人(Negro)"这个词60年代可以被接受,民权领袖马丁·路德·金都用了。但现在这个词已经脱离了它的原意,这段话的意思会令人不悦。现在用的更多的是"Black"或"African American"。

"残疾人"(crippled)这个词现在被认为有讥笑和蔑视的成分。很多年前就被"有障碍的人"(handicapped)替换了。人们之所以用"handicapped",是因为它不带主观判断的色彩,也没有全面地形容个人能力受限的具体内容,比如看、走、听、读等。

几个世纪以来,英语一直是一门男性主导的语言,有无数的字词和短语都倾向于男性,并传递对女性和少数族裔刻板印象、误导性以及含有贬低的意味。今天,这种情况正在发生变化,变化的速度也许没有一些人希望的那样快,但对另外一些人来说也许是太快了,无论如何,变化的确在发生。随着美国社会越来越多样化,我们的语言所包括和反映的内容也更加多样化。听众希望公共演讲人用语能够尊重社会各类人群,这无疑是一种进步。

诽谤或其他形式的骂人的语句是不允许的,因为它贬低了个人或群体的尊严,使所有人群的权利被侵害,一个民主社会会严肃对待

> 公正用语
> inclusive language
> 避免在性别、种族、宗教、身体缺陷、性取向或其他要素的基础上,形成刻板印象,贬低或居高临下对待别人。

这类错误。但是用性别歧视语言,其影响不仅仅是诽谤。即使演讲者集中精神,在种族、宗教、残疾和性别等方面,还是会粗心地使用一些老套、带贬低性的语句。

从演讲的准确性来说,回避使用带有性别歧视的用语确实是很重要的。如果演讲时说话的口气听起来好像所有的士兵(或医生、律师、消防人员)都是男性,显然是不准确的。说所有的小学教师(或秘书、护士、航空服务人员)都是女性同样也是不对的。在这些问题上保持准确,和保证演讲的其他部分不出错同样重要。

我们在第五章已经看到过,回避使用性别歧视的用语也是适应听众的一个重要方面。可能你自己并不在意是否性别歧视,但是,任何一位听众,不管是男人还是女人,他们会在乎,如果你在演讲中用到这些词,他们会很反感。

当编辑、语言学家最初提出一些公正的用语以替代传统的词汇和短语时,有些人感到不解和愤怒。他们认为,改变语言本身一定会损坏语言的美和纯洁。殊不知,英语在过去的几百年里一直都在变化,以后还会不断变化下去。今天,公正的用语已经十分流行了,很多演讲人都乐于接受这些用语。

■避免使用作为类称的"他"

效率不高的:外科大夫每次走进手术室,他都有可能面临因为治疗不当被起诉的风险。

类称"他"
generic "he"
用男性的"他"来总称女性和男性。

效率高的:外科大夫每次走进手术室,他或她都有可能面临因为治疗不当被起诉的风险。

有时候,更好的办法是用复数来解决问题。例如:

效率高的:外科大夫每次走进手术室,他们(they)都有可能面临因为治疗不当被起诉的风险。

■既指男子,也指女子时,避免使用"他"

效率不高的:如果有一个很大的彗星撞击地球,那会毁灭所有人类(mankind)。

效率高的:如果有一个很大的彗星撞击地球,那会毁灭所有人类生命(human life)。

效率不高的:不管猫已经变得多么受人欢迎,狗仍然是人类(man)最好的朋友。

效率高的:不管猫已经变得多么受人欢迎,狗仍然是一个人最好的朋友。

■ **避免根据性别来判断职业和社会角色**

效率不高的：在目前的经济环境下，做一个小商人（businessman）不是一件容易的事。

效率高的：在目前的经济环境下，做经商的人（businessperson）不是一件容易的事情。

有时候，可以通过调整句式来解决问题。例如：

效率高的：在目前的经济环境下，拥有一家小企业很不容易。

■ **避免与主题无关的个人品格评价**

效率不高的：帕特里克·斯皮格尔，一位居家父亲，向市政厅提出了一项开辟自行车专用车道的方案。

效率高的：帕特里克·斯皮格尔向市政厅提出了一项开辟自行车专用车道的方案。

效率不高的：赖斯，一位非裔美籍女性，对美国对外政策具有重要影响。

效率高的：赖斯对美国对外政策具有重要影响。

■ **用群体自我描述的语言来称呼他们**

尊重别人的一种最基本的办法是，用他们描述自己的语言来称呼他们，这样就可以避免对他们的冒犯。

效率不高的：尽管近年来取得了很大改善，搞同性恋关系的人们面临各种歧视。

效率高的：尽管近年来取得了很大改善，女同性恋和男同性恋仍面临各种歧视。

效率不高的：米歇尔·王，是对美国生活具有重大影响的亚裔人之一。

效率高的：米歇尔·王，是对美国生活具有重大影响的美籍华人之一。

最近有一种趋势，从含义宽广的指称"亚裔"转化为更精确的指称，而不是用一个独特的民族或文化标签来统一指称少数族裔。不久以前，"西班牙裔"（Hispanic）还是一个正确的称呼来表示从拉丁美洲来的移民，包括墨西哥、中南美洲、古巴和加勒比岛国等地。然而，现在则不然，许多墨西哥裔美国人希望被称为"奇卡诺人"（Chicano 或 Chicana），而其他拉丁美洲国家移民常常喜欢被称为"拉美人"(Latino 或 Latina)。来自其他族群的人同样也乐于使用特别的指称,例如:

效率不高的:美国军队中的印第安密码传令员在二战中发挥了极其重要的作用。

效率高的:美国军队中的土著美国密码传令员在二战中发挥了极其重要的作用。

效率更高的:美国军队中的那伐鹤人(Navajo)密码传令员在二战中发挥了极其重要的作用。

和现代生活的许多方面一样,有关公正语言的问题,有时候会变得很复杂。语言是活的,处于不断的进化中。有时候被认为是公正的用语,在另外的场合会恰好相反。如果你要做很多公共演讲,或者要写文章,建议你应该买一本指南书,是专门讲不带性别歧视的用语的,比如罗萨莉·玛奇奥的《谈论人:公平与准确用语指南》。

小结

人类所有的发明创造中,语言是最让人惊奇的。我们通过语言来分享经验,表述价值,交换思想,传递知识,保存文化。甚至,语言决定了思维本身。语言不仅反映现实,还有助于形成我们的现实感,因为是语言使事件产生了意义。

优秀的演讲人尊重语言,也尊重语言发挥作用的方式。词语是演讲人发挥技巧的工具,它们有着特别的用途,正如其他任何一门职业需要使用特殊的工具一样。作为演讲人,应该格外注意词语的含义,知道如何准确、清晰、生动、合适地使用它。

词语有两层意义,外延和内涵。外延是指准确的、字面上的客观意义。词语的外延意义也可以称之为字典意义。内涵意义则更为多变,指一个词暗示或隐含的意义。内涵意义还包括同一词语在不同人身上引起的所有联想和情感。

准确使用语言对演讲人很重要,就像准确使用数字对会计一样重要。除非确切了解一个词的含义,否则不要去用它。如果不能肯定,可以去查字典。在准备演讲的过程中,应该不断问自己:"我到底想说什么?我说的到底是什么意思?"

选择准确和精确的词,清晰地使用语言,会使听众立即把握演讲的主题思想。使用普通人都明白的、不需要任何专业知识背景的通俗词语就可以做到这一点。选择具体词汇而不是抽象词汇,消除词语的混淆,都有助于听众理解演讲的主题思想。

生动地使用语言有助于增强演讲的活力。使语言更生动的一个办法是采用意象法,也就是用词语来构成一幅图画。你可以利用具体语言、明喻和暗喻来构成意象。

让演讲生动的另一个办法是利用语言的节奏感。有四种办法可以让语言产生节奏感,这就是排比、重复、押韵和对比。

合适地利用语言是指根据演讲的具体场合、听众和演讲主题来做调整。它还意味着养成演讲人自己的语言风格。如果你的语言在各个方面都是合适的,那你演讲成功的可能性就大得多。

在演讲中注意使用公正的用语,那你的成功机会就更大。虽然公正用语这个话题很复杂、也有争议,但是,有很多不带性别歧视的用语已经被广为接受,演讲人都不应该忽视这个问题。

◘ **关键术语**

外延意义	denotative meaning
内涵意义	connotative meaning
具体词	concrete words
抽象词	abstract words
用词混乱	clutter
意象	imagery
明喻	simile
陈词滥调	cliché
暗喻	metaphor
节奏	rhythm
排比	parallelism
反复	repetition
押头韵	alliteration
对句	antithesis
公正用语	inclusive language
类称"他"	generic "he"

第四部分 演讲的传达

▣ **复习题**

阅读本章后,请回答下列问题:

1. 语言是怎样帮助我们形成现实感的?
2. 外延和内涵有什么差别?如何有效使用外延意义和内涵意义来有效地传达信息?
3. 演讲中有效使用语言的四个标准是什么?
4. 演讲中清晰地使用语言必须做好哪三件事?
5. 用生动活泼的语言使演讲充满活力有哪两个办法?
6. 应该在演讲中使用合适的语言,"合适"的意思是什么?
7. 为什么公共演讲人使用公正的语言很重要?演讲中有五种不带性别歧视意义的用语方法现在已经被广为接受,这五种方法是什么?

▣ **批判性思考练习题**

1. 按照从抽象到具体的顺序,排列下列词语。
   (1) 住宅小区、建筑、餐厅、结构、公寓
   (2)《蒙娜丽莎》、艺术、油画、创造活动、肖像画
   (3) 通讯系、大学、教育机构、斯坦福、学院
   (4) 汽车、车辆、法拉利、运输、赛车

2. 用清晰熟悉的字词改写下列句子。
   (1) 我的求职目标是获得最大化经济回报的职位。
   (2) 期待这个学院的所有教授在他的教学职责方面达到最高的优异标准。
   (3) 在可能发生的不测火灾中,绝对需要所有人员撤离大楼,而不得有不恰当的拖延。

3. 下列句子中使用了一个或多个不同的表达手法,包括:暗喻、明喻、排比、重复、押头韵和对句等,请一一指出。
   (1) "我们是一些对现实犹豫不定的人。我们是一些探索自己未来的人。我们是一些寻求国民家园的人。"(芭芭拉·乔丹)
   (2) "副总统职位是美国政治中一个甜蜜的陷阱。它近乎一份奖品,被设计成处处受限制。"(霍华德·法因曼)
   (3) "我们不该让民主制度因为神经错乱的、丧失信心和令人失重的政治而变得卑下。"(阿尔·戈尔)
   (4) "美国不像一条毯子——完好无损,同样的颜色、同样的质

料、同样的尺寸。美国更像一条被子——漏洞百出,尺寸不一,用一个共同的威胁拼缝在一起。"(杰西·杰克逊)

4. 分析马丁·路德·金的演讲"我有一个梦"。找出演讲人是怎样使自己的语言清晰、生动和合适的方法。并思考金是如何使用通俗和具体词语的,是如何使用意象和节奏方法的。

◼ 运用公众演讲的力量

大学毕业后,你在校园附近创办了一家很成功的企业。学校邀请你参加开学典礼,向秋季入学的新生发表演讲。在演讲的开场白部分,你想告诉听众当年你自己作为大学新生在上学头几天的感受。你认为最好的办法是用几个明喻来表达你当初的感受,比如类似"开始大学生活就像……"这样的排比句,请思考后把各个比喻句写出来。

第十二章

传达方式

如果你把大卫·莱曼每天的节目录下来,逐字逐句背出来,然后站在朋友面前背诵,你会得到莱曼同样的效果吗?不可能。为什么?因为你讲笑话的方式和莱曼不一样。是的,他的那些笑话都很好笑。但是,大卫·莱曼的笑话里还有别的东西:他的传达方式,他的音调升降,他的面部表情,还有,他的手势,他停顿的时机把握得相当好,所有这些都是专业级的表演水准。你知道,这需要花很多年的训练才能达到这样的效果。

没有人指望上演讲课会把自己变成一位数百万美元身价的脱口秀主持人。但大家都明白,对于任何一种公众演讲来说,良好的传达方式都是至关重要的。哪怕是一篇中等水平的演讲稿,如果发挥得好的话,也可能会取得不错的效果;而本来写得极好的演讲稿,却完全有可能被弄得一团糟。

这并不是说完美的表达方式可以把一大通废话变成千古流传的演说。如果内容空洞无物,演说技巧就是再好也无法化腐朽为神奇。但是,光有话要说还不够,你必须知道,有时候怎么说比说什么更重要。

非语言传播
nonverbal communication
基于人的语音、语调和肢体语言,而不是语言,来进行的传播。

传达方式还是一种非语言传播,它并非完全基于你的语言,还在于你如何运用自己的声音和肢体来进一步传达你的主题思想。最近有很多关于非语言沟通的研究,不管是一个正式演讲还是日常谈话,演讲者的非语言沟通方式都会对他的影响力产生很大的影响。如果在你的演讲里能够运用非语言沟通的方式来帮助你增强语言的感染力,你的讲话会更有效。

第十二章 传达方式

什么是好的传达方式

温德尔·菲利普斯是19世纪初美国废奴运动的领袖。他被誉为那个时代最伟大的演说家。下面的故事能说明其中的原因:

内战结束后不久,安多瓦的一个学生得知菲利浦斯将去波士顿演讲,就步行了22英里赶去听他的演讲。一开始,长途跋涉看来不值得,因为那学生发现菲利浦斯并没有那么出色,他只是在用差不多类似于日常谈话的方式做演讲。菲利普斯站在讲台边,一只手轻轻搁在桌子上,娓娓道来,好像将近过了20分钟,菲利浦斯得出了结论,然后坐了下来。那位学生看看手表,惊讶地发现,他已经听了一个半小时了!

真正好的传达技巧并不让人注意到技巧本身,他会传达演讲人的思想,清晰而生动,不会让听众分心。如果你演讲时支支吾吾、两脚动来动去、眼睛东张西望,那你的主题思想肯定无法表达出来。如果你装腔作势,不是摆出吓人的样子,就是扯开嗓门大吼大叫,那你的演讲效果肯定不会好。听众都欣赏内容和表达技巧俱佳的演讲,这样的演讲往往富有现场交流感。

刚开始练习演讲时,你也许会有很多关于演讲方式的问题:"我应该表现得慷慨激昂,还是应该低调一些?""我应该站在哪?""我应该做什么样的手势?""我应该讲多快?""什么时候应该停顿一下?""眼睛应该看着什么地方?""如果出现差错了该怎么办?"

这些问题并没有固定的答案。因为传达方式是一门艺术,而不是科学。对一位演讲人有用的经验,对另一位演讲人也许不适用。对今天的听众很管用的方式,对明天的听众来说也许毫无作用。你无法靠一本书里的教条成为有经验的演讲人。没有任何东西能够替代你自己的经验。所以,请鼓足勇气!教材可以教你一些基本的原则,帮助你朝着正确的方向前进。

准备发表你的第一次演讲(或者是第二、第三次)的时候,应该在一些基本的演讲技巧上集中精力。比如说话要条理清晰,避免出现干扰听众注意力的动作,与听众保持眼神交流。一旦这些基本的演讲技巧能够运用自如了,站在听众面前有足够的自信,你就可以开始锻炼其他的演讲表达技巧了。最终,你会发现自己能够控制好时机、节奏和演讲的各个要素,如同娴熟地指挥一个交响乐团。

传达方式

共有四种基本的演讲传达方式：书面演讲、背诵演讲、即兴演讲和即席演讲。我们来逐个进行分析。

📋 书面演讲

有些演讲必须得逐字逐句地念，而且必须根据仔细准备好的讲稿认真地读出来。这样的例子包括工程师给专家委员会的报告，总统发表国情咨文报告。在这样的场合，务求绝对的准确性，因为演讲的一字一句都会被媒体、同事，也许是敌人详细分析。总统演讲时细微的措辞表达错误甚至会引起国际纠纷。

时间有限也可能是照稿演讲的一个因素。如今的政治宣传活动，很多是通过广播电视播放的。如果候选人购买一分钟的广告时段，付出很大一笔钱，这一分钟的演讲必须非常言简意赅。

这种演讲看似很容易，但也要求有很高的技巧。有些人做得很好，"好像是当场发挥出来的，具有很强的生命力"；而总有一些人每次都会把好端端的一篇演讲稿给糟蹋了。他们的声音听起来软弱无力，造作又勉强。他们在一些字词上犹豫不决，在错误的地方停顿，不是太快就是太慢，声音单调，一口气读完，中间看都不看听众。

现在大概没有人比得上得克萨斯州前州长安娜·理查茨更善于书面演讲了。通过多年的练习，她掌握了自然流畅的演讲技巧，能够传达出浓厚的情感，哪怕是在逐字逐句地读演讲稿。你可以从她1996年致芭芭拉·乔丹的悼词中听出来。在休斯敦面对一千五百名听众，她以动人的言辞回顾了乔丹的一生，好像在跟一群朋友随意交谈一样。

如果你必须照着讲稿念，也应该尽最大努力学一学理查茨。要多加练习，大声朗读，确保演讲听起来自然流畅。想办法和听众保持眼神交流，还要保证演讲稿放在一眼就能看清楚的地方。还有，需要保持一种好像是在即席演讲的直接和诚实去和听众交流。

📋 背诵演讲

在很多传奇式的演讲名家中，最让我们惊奇的，就是他们能够把又长又复杂的讲稿完全靠记忆表达出来。如今，除了短篇演讲靠记

书面演讲
manuscript speech
逐字逐句写了演讲稿，照本宣科的演讲。

第十二章 传达方式

忆背诵以外,一般不再习惯这么做了。可以凭记忆背诵的短篇演讲包括祝酒词、贺词、欢迎词等。如果你要做这一类的演讲,那你一定要尽全力记下来。只有背得滚瓜烂熟,你才能在演讲时与听众保持交流,而不是竭尽全力回忆要说的内容。那些盯着天花板或望着窗外,边讲边回忆的演讲人,和埋头念稿子的人能有什么差别呢?

即兴演讲

即兴演讲就是在没有准备的情况下发表的演讲。很少有人喜欢即兴演讲,但有时却无法避免。事实上,你今后一辈子发表的大多数演讲都会是即兴的。有人临时请你"说两句",课堂讨论、会议、报告过程中,前面的人讲了,你也必须讲几句。

即兴演讲 impromptu speech 在很少准备或完全没有准备的情况下发表演讲。

如果出现这样的情况,千万不要紧张。没人指望你仓促发表一次"完美"演讲。如果你正在参加会议或讨论,应该注意其他演讲人都说了些什么,最好做一个简要的记录,你就能自然而然地整理出自己要说的话。这样,轮到你的时候就不至于无话可说。

针对前面的演讲发表自己的意见时,可以采用这样四个简单的步骤:首先,表明你是否接受上述的观点;其次,说明你想表达的观点;第三,用合适的统计数据、案例或证词来支持你的观点;第四,总结自己的观点。这个"四步法"可以帮助你迅速而清晰地组织好自己的思想。

如果时间允许,请用一张纸把自己想说的话以提纲形式很快写下来。可以采用起草正式演讲提纲的方法,迅速写下关键词或短语。它能帮助你想起自己要说的话,避免使自己处于嘟嘟哝哝说不出话来的尴尬境地。

一般情况下,你可以不离开座位坐着发表非正式的演讲。如果你被要求走上讲台去演讲,那就应该从容不迫地走上去,深呼吸(但不要让人看见),与听众保持眼神交流,然后开始讲话。不管自己内心多紧张,都要尽力表现得镇定自若,让人从外表上看自信十足。

演讲一旦开始,记住应该与听众保持密切的眼神交流。如果你一紧张语速就会变得很快,那就应该叮嘱自己用较慢的速度讲话。可以多用一些"我要说的第一点是……其次,我们看到……作为结论,我想说的是……"之类的提示语,帮助听众跟上你的思路。如果事先抽时间做了些笔记,那就应该利用它。清晰、明白和准确地表达自己的思想,听众会觉得你思路清晰,十分自信。

不管你是否意识到,日常生活中你已经作过成千上万次即兴演讲。比如你告诉一位新同学如何报名选课、向老板解释你为什么上班迟到、面试时回答提问,等等。在更正式一点的场合发表即兴演讲,你没有理由不能胜任。如果你保持镇定,组织好自己的思想,并且准备一些提示的话,你一定会讲得很好。

和其他所有的公共演讲一样,要成为很好的即兴演讲人,最好的方法还是多练习。如果给你布置一个作业,要求你在课堂上即兴演讲,那就应该尽全力照着这里说的方法去做。当然还可以自己进行即兴演讲练习,选一个简单的、自己比较了解的话题,然后对此话题的某个方面进行一两分钟的即兴演讲。什么话题都行,不管是严肃的还是轻松的话题。也不一定需要听众,你可以对着空房间发表即兴演讲。最好能对着一支录音笔或者录音机即兴发挥,然后播放出来,听听效果如何。这样做的目的是为了获取经验,让自己集中注意力迅速思考,然后清晰明确地表达出来。很多人发现这是非常有效的方法,能够迅速提高即兴演讲的水平。

即席演讲

即席演讲
extemporaneous speech
经精心准备和事先练习,利用简单提纲发表演讲。

从字面上理解,"即席演讲"和"即兴演讲"是一样的,但是从技术上来说,这两种演讲是不同的。不同的是,即席演讲是经过精心准备的,而且进行过事先练习。演讲时,即席演讲人只是利用有限的笔记或提纲来提示自己的记忆,确切的措辞是在演讲时即兴发挥的。

这并没有听起来那么难。一旦有了提纲或笔记,而且也知道谈的是什么主题,顺序如何,你就可以开始练习演讲了。进行即席演讲时,每次用词会有些不同。当你反复练习后,各部分最好的语句自己会冒出来,然后留在你脑海里。

即席演讲有很多优点。它使演讲人能够更准确地控制自己的思路和语言,比起即兴演讲来,它稍微容易些,有更大的自主性,比根据回忆或者完全根据讲稿来演讲效果更好些,这个方法可以用于更多的场合。它还能促使演讲人使用听众比较喜欢的日常谈话的形式。

谈话特性
conversational quality
以日常谈话的形式发表演讲,尽管已预演多次,听众仍觉新鲜自然。

不管演讲人预演了好多次,听众听起来总像是随口说出来的。当你进行即席演讲时,因为已经做了适当的准备,你会对自己的思路有全面的控制,但是又不受演讲稿的约束,你可以自由地与听众进行眼神交流,可以自然地做手势。

关于即席演讲的优势,伊丽莎白·多尔1996年在美国共和党全国大会上发表的著名演讲最能说明问题。伊丽莎白支持丈夫入主白宫,面对在圣地亚哥集会的代表和全国电视观众,她走下讲台,和听

第十二章 传达方式

众在一起发表演讲,此举打破了150年的传统。她手上没有讲稿,打破了与听众的物理和心理障碍。很多看过电视节目的人评论那次演讲更像是一次真诚的谈话。

伊丽莎白是美国最成功的演讲人之一。她是经过多年练习才取得那么高的演讲成就的,你无法在课堂演讲中指望自己也能够达到那样的高度。但是,和数以千计的学生一样,你也可以培养自己的即席演讲技巧,到学期结束时你可以达到相当娴熟的水平,为毕业后未来的发展奠定良好的基础。有一位同学回顾他的课堂演讲经历时说:"一开始,我没有料到自己不用讲稿就能开始讲话。但是,我惊讶地看到自己取得了那么大的进步。直到今天,不用讲稿演讲还是叫人感到紧张,但是,我很自信自己能够做到,而且我知道结果会使自己与听众的联系更紧密。这是我从全部演讲课程中得到的最有价值的东西。"

演讲人的声音

你的声音怎样?不管属于哪一类,都可以肯定你的声音是独特的,因为没有两个人的声音完全一模一样。因为这个原因,声波纹像指纹一样有时候也拿来当作刑事证据,用以确定一个人的身份。人类的声音是通过一系列的复杂步骤产生的:先从肺呼出空气开始,空气呼出时,经过声腔引起震动,并发出声音。声音经过咽喉、口腔和鼻腔时会被放大和修正,引起共鸣。共鸣声再通过舌头、嘴唇、牙齿和上腭的调节形成了元音及辅音。声音的各种组合最后形成了单词和句子。

经过这个生理过程产生的声音会极大地影响到演讲的成功与否。天生一副金嗓子当然是宝贵的财富,但是,没有金嗓子也能完成演讲。历史上最著名的演讲人都只有很普通的嗓子。亚伯拉罕·林肯的嗓音尖厉刺耳,温斯顿·丘吉尔有轻微的口齿不清和严重的口吃,威廉·罗杰斯说话有很重的鼻音。和他们一样,你也可以克服天生的劣势,把自己的嗓音发挥到极致。如果你说话声音太轻,人们听不清楚,或者像机关枪一样吐出一连串字眼,或者慢吞吞像报杂货铺清单,那你的演讲注定要失败。丘吉尔和罗杰斯都学会了控制自己的声音,你也可以做到。

你应该学习利用的声音方面的控制包括:音量、音调、频率、停顿、变化、发音、吐字和方言。

☐ 音量

音量
volume
演讲人声音的大小。

以前，声音洪亮是一个成功的演讲人必不可少的基本要求，可是今天，电子扩音技术使得最微弱的声音也可以在任何背景下听清楚。但是在教室里不用麦克风演讲，你应该根据教室的音响效果、听众规模和噪音大小调节自己的音量。如果声音太大，听众会觉得这个人粗俗；如果声音太小，听众听不到你说什么。记住，自己听自己的声音要比别人听起来响一些。所以，演讲一开始，你就应该迅速观察离你最远的那些听众。如果他们露出困惑的表情，身体前倾，或者以别的方式显出听得很费劲，那你应该把声音放大些。

☐ 音调

音高
pitch
演讲人嗓音的高低。

演讲中，音调高低可能影响到一个词或语音的意义。夏洛克·福尔摩斯发现了具有决定意义的一条线索时，发出"啊"的一声，宣布大获全胜；马上，他发现这条线索并非最后定论时，又发出了"啊"的一声。两个"啊"之间音调有明显的差别。如果你大声念前面那句，你的声音也许会在第一个"啊"上高一些，而在第二个"啊"上低一些。

音调的变化使你的声音富有热情和活力。你声音的音调变化，透露出你是在提问还是在做陈述，证明你是在说真心话，还是在讽刺人。音调的变化可以让你听上去高兴或悲伤，愤怒或欢喜，冲动或不安，紧张或放松。

变调
inflections
演讲人音量和音调的变化。

单调
monotone
演讲人音量和音调保持不变。

日常谈话中，我们下意识地通过音调变化来传达意义与情绪。不会利用音调变化的人，人们会觉得格外单调，而单调的唯一功能，就是能够帮助催眠。很少有人用绝对单调的口吻说话，很少有人音高丝毫没有变化。但是，很多人容易落入重复性的音高模式，这样的重复和单调一样容易让人入睡。练习演讲时，你可以用录音机把自己说的录下来，播放出来自己听，可以防范自己重犯这一类毛病。如果你所有的句子都使用同一种音调，不是向上就是向下，那就应该想办法变化一下音高模式，使其适合话语的意义。和戒除其他很多"坏习惯"一样，开始时这样做不容易，但最终一定会使你成为更好的演讲人。

第十二章 传达方式

📖 频率

频率是指一个人说话的速度。美国人说话的频率一般在每分钟120—150字,但在实际演讲中,并没有统一的频率标准。丹尼尔·韦伯斯特演讲速度大约每分钟90个字,富兰克林·罗斯福的演讲速度是每分钟110个字,约翰·肯尼迪约为每分钟180个字。马丁·路德·金《我有一个梦》的演讲,开始的时候每分钟92个字,结束的时候是每分钟145字。最佳演讲频率取决于多个因素:演讲人的声音特点,演讲人希望营造的气氛,听众的构成,以及演讲环境。

如果你希望把汽车赛激动人心的情景传达出来,也许会讲得快一些。较慢的频率也许适合于描述阿拉斯加原野的宁静。较快的频率有助于营造幸福、愤怒或惊讶的感觉,而较慢的频率则更适合于表达悲伤或厌恶。如果你要解释复杂的信息,也许慢一点比较好,但如果这条信息听众已经熟悉,可以用较快的频率。

避免走两个极端:一是讲得太慢,听众感到无聊;二是讲得太快,听众跟不上演讲人的思路。演讲新手往往以极快的速度把演讲说完。不过,一般来说,语速快比较容易改变,但语速较慢的人,改正起来就比较困难。

上述两种情况,关键都是要意识到问题的存在,集中精力解决,特别要在练习时注意控制自己的演讲速度。最后,一定要在演讲提纲上写上掌握演讲速度的提醒词,确保自己不会忘记做必要的调整。

📖 停顿

如何停顿以及什么时候停顿,这是演讲新手面临的一大难题。哪怕是一小会儿的沉默,感觉都会像100年一样长。等到更加镇静和更加自信后,你会发现停顿是一个很有用的工具。它可以表示一个单元的结束,让听众有个喘息的时间,并使上述这句话的冲击力发挥最大效果。"合适的字眼也许是很有效的,"马克·吐温说,"但是,没有任何一个字眼比把握得当的停顿效果更好。"

马克·吐温说得对,这里的关键是对时机的把握。"对一个听众来说,"他提醒我们,"停顿应该短一些;对另一个听众,停顿的时间也许应该长一些,而对再一个听众,也许应该更长一些。"回顾自己的演讲经历,马克·吐温说:"当停顿得当的时候,效果好极了;如果停顿不当,人们发出轻轻的笑,而不是哄笑。"

培养敏锐的时机感,既是常识问题,也是经验问题。你不可能一

频率
rate
演讲人说话的速度。

停顿
pause
演讲过程中暂时中断。

有声停顿
vocalized pause
用"呵"、"啊"或"嗯"之类的语气词来替代停顿。

开始就把握得很好，但你应该坚持练习。多听成功人士的演讲，看看他们是如何利用停顿来调节演讲节奏和频率的。练习演讲的时候，也练习一下自己对时机的把握。

停顿应该确保在一个单元结束后进行，而不是在讲述中间突然停顿，要不然听众会茫然。更重要的是，不要用"嗯"、"啊"或"呵"之类的语气词来替代停顿。这些"有声停顿"会产生灾难性的后果，不仅会使听众觉得演讲人智力有缺陷，而且也会让人觉得演讲有欺骗之嫌。

声音变化

声音变化
vocal variety
演讲人频率、音高和音量的变化所产生的声音和表达的丰富多样。

平直、无趣和缺乏变化的声音对演讲来说是致命的危害，就像平淡、冷漠和没有变化的日常生活会让人觉得人生好像走到了尽头。读一读下面这首幽默诗：

我和公爵夫人在一块喝茶。
事情和我担心的一样可怕；
低沉的唠叨出自她的腹肚，
人人都以为那是我在说话！

再来读一下詹姆斯·乔伊斯的"我整天都在听海浪的声音"中的一段：

灰色的风、寒冷的风吹向我去的地方。
我听到下面很远的地方传来流水的声音。
整天、整夜，我听到它们来来回回激荡。

很显然，你不会用同样的方法朗读上面两个段落。你会明显变化说话的频率、音调和音量，并且会停顿一下，以突出幽默诗与乔伊斯深重的忧郁之间的差别。发表演讲的时候，你也应该用同样的方法调节自己的声音，以便传达自己的思想和感情。

附录中有一个很好的例子，这个演讲者叫做萨加得·扎赫·切诺伊，在来美国的里士满大学念书之前，他是印度孟买长大的。在三年级的时候，切诺伊被挑选在一个校级的比赛上演讲，它讲到了他在里士满大学受到的热情接待以及他是如何来理解他人以克服文化上的差异的。

如何养成活泼又有表现力的声音呢？总的说来，应该把演讲当成你与听众分享你的思想的机会。你的责任感和交流的愿望会帮助你，让你的声音和平时的谈话一样迸发出火花。

对你目前说话的声音做一个分析，看看哪些方面需要加以改进。

把自己的演讲录下来，听听效果怎样。可以在家人、朋友和同学面前试一试，也可以找老师谈一谈，看看他们有什么建议。声音变化是日常交流中的自然特点，没有理由不让它成为你演讲中的一个自然特点。

发音

我们所有人时不时都会发错音，这些都是大家很熟悉的词，请大声念出来：

genuine　真诚的　　　err　犯错误
arctic　北极　　　　　nuclear　原子核的
theater　剧院　　　　February　二月

很可能你会至少发错一个词的音，因为这些词是英语中最常发错音的词。

单词	常见的错误	正确的发音
genuine	gen-u-wine	gen-u-win
arctic	ar-tic	arc-tic
theater	thee-ate'-er	thee'-a-ter
err	air	ur
nuclear	nu-cu-lar	nu-cle-ar
February	Feb-u-ary	Feb-ru-ary

> 发音
> pronunciation
> 某一给定词语的标准发声和节奏。

每个单词都有三种用途：读、写、念。大多数人认识和理解的单词量都大于日常写作中使用的单词，而且比日常谈话中使用的词多出三倍以上。正是这个原因，我们在念阅读和写作范围内的单词时，常常会出现错误。另外，我们也会因为习惯而把很多常见的单词念错。

问题在于，我们发错音的时候，一般自己都不知道。幸运的话，听别人正确的发音，或者有人在私下里纠正我们的发音，我们才会学会这些词的正确发音。不幸的话，我们会当着一屋子人的面发错一个音，这些人会皱皱眉头，或者发出咕哝声，甚至会大声发笑。哪怕是很有经验的演讲人，也会掉进这样的陷阱。在最近一次关于总统选举的报道中，一位电视新闻主持人多次提到在选举人的大学里（e-lec-tor'-e-al college）获得多数选票。他说完后，另一个主持人就接着说："还需要 270 票才能在选举团（e-lec'-tor-al college）里赢得多数。"尽管第一个主持人试图保持镇静，但他很明显表现出了窘迫。

大家可以在要好的朋友和家人面前反复练习，如果你对某些词的发音有疑问,应该立刻查字典。

☐ 咬音吐字

> 咬音吐字
> articulation
> 把字词发出音来的口腔技巧。

和发音不一样,咬音吐字是指把字词清晰准确地发出音来。并不是所有的发音错误都是咬音吐字不清。你可以把一个词念得很清楚,但仍然可能音发错。比如,你有可能把"Illinois"里面的"s"发出音来,或者把"pneumonia"里面的"p"发出音来(这里的 s 和 p 都是不发音的),你犯的是发音错误,而不是咬音吐字的问题。

咬音吐字不清可能是因为上腭开裂造成的,也有可能是舌头太大造成的,或者是下颌对不准造成的,甚至有可能是牙托或固牙装置没有装好造成的。如果问题严重,可能需要专业的语音校正师予以校正。但是,大部分情况下,发音不准都是因为懒惰造成的——不愿意灵活使用嘴唇、舌头和下巴,这些器官的运用使语言清晰易懂。有位学者说,美国人的发音是"西方世界咬音吐字最模糊的",我们当中确有许多人习惯于突然发话,含糊不清,还喜欢低声咕哝,好像不愿意清清楚楚地发出声音。

在大学生中,咬音吐字不清比发音错误更常见。我们都知道"let me"不是发"lemme","going to"也不是发"gonna",但我们还是坚持用不正确的方法发音。

单词	错误的咬音吐字方法
ought to	otta
didn't	dint
for	fur
don't know	dunno
have to	hafta
them	em
want to	wanna
will you	wilya

如果你咬音吐字不清,应该想办法找出并消除这一常见的错误。和纠正其他坏习惯一样,粗心大意造成的咬音吐字不清只有通过坚持不懈的努力才能克服。结果会是,不仅你的演讲会更清晰,而且老板可能会聘你,更有可能让你处理责任重大的任务,还会提升你。莎士比亚说:"吐字发音需多加注意,不能让它影响前程。"

第十二章 传达方式

☐ 方言

大多数语言都有方言,每一种方言都有特别的口音、语法和词汇。方言一般建立在地区或民族口语的模式上。美国有四大方言:东部方言、新英格兰方言、南部方言和通用英语。这些方言影响到各地人们谈话的方式。

美国也有很多历史很久的民族方言,包括黑人英语、犹太人英语、西班牙人英语和印第安人英语。最近几年,还有诸如海地英语和古巴英语等新的方言的出现。随着美国文化越来越多元,语言也变得越来越多样化。

多年以来,语言学家对方言进行了一系列研究。他们的结论是,本质上来说,没有哪一种方言优于其他方言。没有所谓正确或错误的方言,方言也不显示语言的优劣之分。因为不同的地区或民族背景形成的每一种方言,对于生活其中的语言使用者来说都是"正确"的。

在公共演讲中,什么时候用方言合适呢?答案还是取决于听众到底是谁。如果听众听不懂那种方言,那么,不管是地方方言还是少数民族方言,都会给听众造成麻烦。在这种情况下,方言会使听众对演讲人的性格、智力和能力产生怀疑。正是因为这个原因,职业演讲人会花很大精力去学习大部分电视新闻播音员使用的通用美语。这个"方言"已经在全美国被广为接受,差不多适合所有听众。

这并不是说,如果希望成为成功的演讲人,你就一定得像电视新闻播音员一样说话。只要听众熟悉你说的那种地区或民族方言,你就可以说,当然使用某种方言还必须适合当时的情景。例如,在北方演讲,南方的政治家会避免大量使用南方地区的方言;如果是在南方演讲,他也许会有意使用大量南方地区方言。这是与听众形成更多共同立场的有效方法之一。

尽管并不是严格意义上的方言问题,但是,来自非英语国家学生的英语水平问题经常会在演讲课上得到突出显现。所幸的是,教师和同学一般都会尽全力帮助并鼓励母语不是英语的外国学生。近年来,许多母语不是英语的学生发现演讲班是一个很有促进作用的环境,帮助他们的英语水平得到大幅度提高。

> 方言
> dialect
> 由不同的语音、语法和词汇而形成的地方语言。

演讲人的形体语言

你去参加一个聚会,通过接触,你对周围的人都有了印象:强特看上去脾气很好,尼可尔有点紧张和不安,梅根开朗直率,贝肯热情大方。看得出来,阿明很高兴能认识你,而塞斯却不是。

你是怎么得出这一结论的呢?你不是根据他们说什么,而是根据他们的姿势、手势、眼神和面部表情得出结论的。如果你坐在阿明边上,他说:"这个晚会真不错,能认识你很高兴。"但是,他却隔着你朝别的地方张望。尽管他彬彬有礼,但你知道他并不是真的很高兴认识你。

在公共演讲中,基本上也是同样的情况,下面这个故事说的是一位同学头两次课堂演讲的情况,包括他的非语言传播在两次演讲中产生的效果:

西恩·奥康纳的第一次演讲并不是很好,虽然他选择了一个有趣的话题,查阅了大量资料,还认真地加以练习,但是,他没有考虑到非语言传播的重要性。轮到他演讲了,他似乎一脸苦相,像走向绞刑架一样走上讲台。他的声音很不错,但是,手却根本不听使唤。两只手不停地翻笔记,摸衬衣纽扣,而且还在轻轻敲讲台。整个演讲过程中,西恩都低着头,而且不停地看手表。不管他的话是怎么说的,他的身体却在说:"我不想上讲台!"

演讲终于结束了。西恩冲回座位,一下子瘫在那儿,松了一大口气。不用说,他的演讲肯定不成功。

走运的是,有人为西恩指出了非语言传播的问题,而且,他花了大力气加以纠正。他的第二次演讲完全不同。这次,他从座位上站起来,自信地走上讲台,两只手自然了,集中精力和听众保持着眼神交流。其实,西恩和第一次走上讲台时一样紧张。但是,他发现,只要努力让自己看上去自信一些,就真会变得自信了。演讲结束后,同学们反应热烈,他们说:"真了不起,你看上去对自己的演讲话题很有把握,你还把这热情传达给了大家。"

事实上,西恩第二次演讲的内容并不比第一次演讲好很多。使他两次演讲表现不同的是他的非语言传播技巧,从离开到又回到座位的这段时间里,他的行动都在说:"我很自信,控制得住情绪。我有一些有价值的话要说,希望你们大家也能这么想。"

姿势、面部表情、手势和眼神交流，所有这些都会影响到听众对演讲人的反应。我们如何利用这些形体语言来交流，被称为非语言传播。雷·伯德惠斯特是这门学问的创始人之一，他估计，人体动作可发出约 70 万个生理信号。研究显示，在某些情形下，这些信号能够解释演讲人传达出来的大部分意义。研究还确认了希腊史学家希罗多德在 2 400 年前观察到的现象："人们相信自己的眼睛，胜过相信自己的耳朵。"当演讲人的肢体语言和所说的话不一致时，听众宁可相信看到的身体语言，而不是听到的说出来的话。

下面分析影响演讲效果的非语言传播的几个重要方面。

肢体语言
kinesics
利用身体动作进行系统化交流的方法。

个人外表

如果你是詹妮佛·洛佩兹，你可以穿着任何奇装异服走上奥斯卡颁奖台发表演讲。如果你是爱因斯坦，你可以穿着皱巴巴的长裤、毛衣和网球鞋走上国际科学大会的演讲台。虽然某些听众会就你的着装发表一通意见，但你的名声不会因此受损，事实上，你的名声还会因此而越来越大。你将会成为少数、极少数生活在规则之外的人，因为这些人本来就不是循规蹈矩的人。

那么，如果一家公司的总裁穿着詹妮佛·洛佩兹一样的衣服出席股东大会，或者美国总统穿着皱巴巴的衣服和网球鞋发表电视讲话。这位总裁或总统可能很快便要另找工作了。除非特殊需要，每一位演讲人都应该穿适合演讲环境的衣着出现在演讲台上。

美国总统可以穿着高尔夫球衣拍照，也可以穿着休闲服在戴维营接受周末采访。但是，同一位总统却必须穿上保守西服，系上领带出席国会会议。同样，企业管理人员在冬季销售大会上讲话，却有可能穿休闲衬衣，因为在这样的气氛中，穿制服显得太正式了。但是，回到旧金山、芝加哥或纽约后，同一位经理却应该穿上裁剪合身的制服。

多项研究确证，个人外表在演讲中起着很重要的作用。听众总会在听你说什么之前先看到你的外表，就像你会根据听众和具体的演讲场合来选择自己的言辞一样，你必须穿上相应的衣着。虽然演讲的力量有时候会弥补个人外表的缺陷，但是，这样的情况并不很多。不管是哪种演讲场合，个人外表都应该帮助唤起良好的第一印象，这个印象会使听众更愿意听你演讲完。

身体动作

演讲新手常常不知道演讲时身体应该怎么动。有些人不停地在讲台上来回走动,担心一停下来就会忘词。另外一些人就像永动机似的,不停地左右换脚站立,肩膀上下扭动,摆弄笔记,或者把手伸到口袋里玩硬币。还有一些人干脆就变成一尊雕塑,笔直地站在讲台上面无表情,身体自始至终一动不动。

这些举动通常都是因为紧张造成的。如果你很容易做出让听众分心的举动,老师一定会发现并向你指出,你应该在以后的演讲中慢慢纠正。稍加注意后,这些毛病会得到纠正,渐渐地你会当着听众的面越来越得心应手。

和演讲时的动作同样重要的是,演讲开始之前和结束之后你做了些什么。当你站起身来准备讲话的时候,应该努力做出镇定的样子:身体应该站直。很自信,哪怕内心已经紧张到了顶点。走上讲台以后,不要靠在讲台上,也不要急着马上就说。让自己有时间安定下来,整理一下提纲,摆成你希望的样子。不出声地站好,等着听众安静下来听你演讲。要跟听众建立眼神交流。然后,也只有在这个时候,你才可以开始演讲。

演讲结束后,也应该与听众保持视线接触,这会让你最后的话有时间为听众所理解。除非你要留在讲台上准备回答问题,否则应该把东西收起来,回到自己的座位上去。这么做的时候,应该显得很镇定,举止从容。不管做什么,不要在结束讲话之前就收拾提纲,结束演讲时更不要大声出气,说诸如"我的天,总算完了"之类的话。

所有这些建议都是常识。但是,大家会惊讶地发现,还是有很多人需要这样的建议。练习演讲的时候,应该花一点时间注意自己在演讲之前和结束以后的动作。这也许是在听众面前改善自我形象的最容易,也许是最有效的方法。

手势

很多同学不知道在演讲时拿自己的双手怎么办,这件事情让他们头疼。"是不是应该背在背后?是不是应该任其垂在身体两侧?放在口袋里?放在讲台上?还有手势呢?什么时候做手势?怎么做?"哪怕在日常生活谈话中能够很轻松自如地以手势表达自己思想的人,到了听众面前也会觉得双手无处可放。

合适的手势的确可以使演讲产生更大的冲击力,但是,有很多人

手势
gestures
演讲人演讲时手和胳膊的动作。

认为,大量优雅的手势是所有的演讲人必须具备的。这里并没有多少理论。有些有成就的演讲人经常做手势,也有一些很少做。只要符合这样一个准则:不管做什么手势,都不应该让手势吸引听众太多的注意力,从而使演讲的要点被听众忽视掉。演讲时的手势应该自然,能够帮助演讲人澄清或强化思想,而且适合听众和演讲的场合。

在演讲的这个阶段,你有很多事情要专心,而不仅仅是手势问题。手势往往在你获得足够多的经验和自信心以后会自然而然地表现出来。同时,确保你的手势不要影响演讲的思路。不要让自己的手不停地挥动,不要彼此搅在一起,也不要把关节捏得咯咯响,也不要玩手指上的戒指。一旦消除了这些让人分心的小动作,那你应该忘记自己的手,应该想着如果跟听众交流,你的手势也就会自然了,就如日常生活的谈话里一样。

眼神交流

眼球本身不会表达出任何感情,但是,如果操纵眼球和围绕眼球的面部肌肉,还有眉毛,我们就能够传达出很多非语言的信息。这些微妙的信息有很强的表现力,因为眼睛是"心灵的窗口"。我们看着一个人的眼睛来帮助我们判断一个演讲人的真实程度、智力水平、待人的态度和感觉。

跟很多其他方式的交流一样,眼神交流受文化背景的影响,参与谈话的时候,阿拉伯人、拉丁美洲人和南欧人往往直视跟自己谈话的人。来自亚洲国家和非洲某些国家的人往往不会有太多的眼神交流。在肯尼亚,一个妇女和她的女婿间的谈话可能在背对背的情况下进行。

关于公共演讲,不同文化之间似乎有相当广泛的一致——人们都明白某种程度的眼神交流是很重要的。在大多数情况下,与听众建立交流的最快办法是和颜悦色地看着他们。如果回避听众的眼光,那一定会失去听众。很多研究证明,在美国,如果演讲人回避听众的目光,听众会觉得演讲人举棋不定,或者内心不安,甚至有可能被认为是不诚实和不诚恳的。因此,毫不奇怪,教师都建议学生演讲的时候,80%—90%的时间应该看着听众。

仅仅看着听众是不行的,怎样看才是最重要的。空洞的对视和完全不看听众差不多效果。还要注意不要只看着一部分听众而不看其他人。演讲课上,有些学生只看着教师一边;另外一些学生只看着

> 眼神交流
> eye contact
> 用视线和另一个人的眼睛直接接触。

一两个认真听讲的同学或好友。实际上,应该和全部同学都建立视线联系。

对小规模听众演讲时,比如在课堂上对同学演讲,你一般可以短暂地直视听众。如果听众规模很大,你一般只能扫视听众,而不要跟任何一个人建立直接的视线接触。不管听众的规模有多大,你都希望自己的眼睛能够传达出信心、真诚和责任感。你的眼神应该传达出这样的信息:"很高兴能够和大家交流,我相信自己正在说的话,也希望大家能够相信我说的话。"

练习传达

俗话说,熟能生巧。但只有在恰当的练习后才有效。不管你练习多长时间,也不管你练得多辛苦,如果不明白升半音和降半音之间的差别,那你根本不可能练好钢琴。同样,除非以恰当的方法进行恰当的练习,否则,你的演讲水平也不会有大幅度提高。这里有五个步骤,对学生的演讲练习很有效。

■ 大声朗诵演讲准备提纲,看看你写下来的内容是如何转换成口语的。是不是太长?是不是太短?要点是不是很清楚?论证材料是不是很明确、很有说服力、很有趣?开场白和结论部分是不是安排得很好?回答这些问题的时候,按照需要修改演讲稿。

■ 准备好演讲提纲。应该按照第十章讨论过的方法进行。利用同样的符号来标记演讲提纲,确保演讲提纲一眼就能够看得很清楚。尽量把演讲提纲整理得简单一些,做出提示标志。

■ 按照演讲提纲反复大声练习。确保所有的事例都要以谈话的方式讲出来,复述所有的引语和统计数字。如果你的演讲包括了视觉辅助材料,练习的时候也应该把它们包括进去。头几次你可能会忘记什么东西,或者犯几个错误,但是,不要担心,继续练下去,尽量完成全部演讲。集中精力在演讲思路上,而不要逐字逐句地背。练习几次之后,你应该能够以临场演讲的方式完成演讲,而且轻松程度会让自己大吃一惊。

■ 现在到了完善演讲的时候了。在镜子面前练习,看看自己眼神交流的效果,看看有没有让听众分心的小动作。把演讲录下来,看看音量、音高、说话速度、停顿和嗓音变化方面的情况。最重要的是,应该当着朋友、室友和家人的面练习,只要是愿意听你演讲,愿意提出真诚意见的人都行。不要害羞,不要怕问别人。大多数人都喜欢就某些事情发表自己的见解。你的演讲是准备来给人看和听的,而不是用来在镜子前发表或录在录音机里的,所以,你需要别人帮你提前找出演讲中的毛病。

■ 最后,正式搞一次着装"彩排",并且要尽量接近真实演讲的环境。有些学生喜欢在一间空教室先练几次。不管你在什么地方"彩排",都应该让这最后的真实练习让你倍感自信,盼望着早日在全班面前演讲。

要使这些练习方法发挥作用,你必须早早动手。不要等到演讲到来的那一天,也不要等到演讲的头天晚上。单单进行一次练习,不管这一次练习有多长时间,都是不够的。至少要让自己提前几天练习,提前的时间越长越好,使自己对演讲的传达方式有绝对的把握。不管你有多么聪明也不管你的准备提纲做得多么好,真正起作用的是演讲时效果如何。保证自己有足够多的时间做准备以确保演讲成功。

回答听众提问

作为市政府办公大楼的负责人,德莉亚·塞丹诺将在会上提出一个方案,是她和同事为改善大楼的安全保障而起草的。市政府雇员、市民代表和媒体都到齐了,准备听她报告安全保障方案。她把要说明的要点列出了提纲后,准备在简要说明方案之后回答听众提出的问题。

德莉亚意识到,那个方案代价很高,会有些争议。刚一讲完有就人举手提问,对此她并没有感到意外。秘书办公室的一位雇员提问:"这个安全系统会影响在这栋楼办公的人的日常生活吗?"德莉亚预计到了这个问题,早就准备好了答案。她重复了那个人提出的问题,好让别的人都听到,然后回答说,唯一的变化就是要求大家戴上安全卡。"稍稍有些不方便,但可以保障我们员工和公众的安全。"她补充道。

接下的问题更尖锐:"一栋楼的安保系统要花50万美元,但是,我们这个城市在大街上走路都不安全,这笔钱花得值吗?"提问题的记者看来有些敌意,德莉亚很小心,她没有显出自我辩护的口吻。她指出,市民代表在上次投票中已经批准了这笔预算。

第三个问题是关于安全报警系统的技术方法。这个问题技术性很强,德莉亚只是解释了问题的主要部分。然后,她介绍了一位专家,请他作解释。德莉亚还主动说,会后她会留下来回答关于技术方面的更详细的问题。

她总共用了25分钟时间,快结束时,她说还可以再回答两个问题。两个问题问完后,她简要总结了这次会议,说明新系统将大大改善安全保障,让在这栋大楼里工作的人感到更安全。

德莉亚演讲完毕后,计划委员会负责安全系统的委员阿特·沙弗尔走过来,祝贺她完成了一次成功的发布会。"你的表达好极了,"他说,"提问部分极其重要。这表明我们已经从各个角度思考过各种问题,能够回答听众的疑问。"

如果你参加过新闻发布会,听过演讲人演讲后回答问题,你会明白,提问部分可以使一次演讲效果更好,也可以使一次演讲砸锅。演讲人如果把问答部分处理好了,像德莉亚·塞丹诺一样,那会使演讲效果、可信度和感染力大大加强。相反,如果回避问题,或者听众提问后后显出不耐烦的样子,那肯定会造成相反的效果。

问答部分是公共演讲常见的程序,不管是新闻发布会、商务推介会、听证会还是课堂作业,问答可能会穿插整个演讲过程,也可能是在演讲完成之后进行。不管是哪种情况,对听众问题的回答往往是演讲人最后的陈述,因此有可能留下很深印象。

▢ 为答听众问做好准备

要回答好听众的提问,第一步是要认真对待,就像演讲本身一样。哪怕有经验的演讲人,如果没有为问答部分进行充足的准备,也会结结巴巴说不清楚。准备工作可分为两个步骤,是为可能出现的问题准备好答案,并预先练习如何回答。

准备好可能提出的问题

你在准备演讲稿时就应该预先准备听众可能会提出的问题。把所有问题都写下来,然后准备好答案。用完整的句子把答案全写下来,确保完全思考好这些问题。

如果你进行的是劝说型演讲,那一定要准备好答案,以便回答听众可能提出的反对意见。可以肯定,这些问题一定会在某个时候提出来。

如果是就技术性的话题发表演讲,一定要准备好就此提出的一些专业问题,可能还有一些要求用通俗语言澄清某些疑点的问题。

第十二章 传达方式

你也许要准备好一份材料分发给大家,供人们会后了解更多信息。

练习如何回答

很多演讲人发现,在自己家里或办公室里一个人写一份答案很容易,但当着很多人的面,在公开场合承受着压力向听众做解释,却是两码事。你会发现你仔细准备好的答案说出来时结结巴巴的,前后不连贯。

可以让朋友或同事听你演讲,提出问题,再回答问题,并评判你回答问题的水平。这个办法是政治候选人和企业领袖经常使用的。他们的员工会向他们提出大量问题,然后才召开新闻发布会。还可以把准备好的答案用录音机录下来,不断回放,修正自己的回答,直到你觉得满意为止。

当你练习回答时,应该设法把答案简化,而且一针见血。许多简单的问题可以在 10 秒或者 15 秒内回答清楚,哪怕是复杂的问题,也只用 1—2 分钟来回答。如果多加练习,你会发现保持在这个时间限度以内是很容易的。

当然,不管提前多长时间,不可能把所有问题全部预测出来,有些人问一些你没有预想到的问题,有些准备好的问题可能根本就没有人问。但如果你做了精心准备,就会发现一旦有不曾预料到的问题提出,需要你做出调整,并不是一件很难的事情。

应对提问的策略

如果你曾观察过有经验的演讲人是如何顺利处理听众提问的,就会明白应对提问和保持演讲顺利并使演讲效果得以强化,是很讲究艺术性的。下面的建议可以帮助大家有一个良好的开端。

说明提问的方式

你应该在演讲一开始就说明自己喜欢的提问方式。比如你可以简单地说:"在我演讲过程中,任何时候、任何问题,请随便提问。"或者说:"演讲结束后,我将很高兴接受大家的提问。"当然,如果会议程序早已很清楚了,那就没有必要就这个问题发表任何意见。

用积极的态度对待提问

积极的态度有助于体面地回答问题。应该饶有兴趣地接受来自听众的提问,提问说明听众希望了解更多的热情。尤其是当听众觉得你已经准备好了或者你十分清楚某个观点时,这一点尤其重要。你不能回答说:"我在演讲开始的时候已经说清楚这一点了。"也不能说:"这个答案是很明显的。"应该利用这样的机会来强化和补充自己的观点。如果你轻视听众提出的问题,让他觉得受到了羞辱,听众有可能会对你的人格产生负面印象。

同样,说话态度尖刻,或者为自己开脱的演讲人,也会使听众产生隔膜。应该把问答当作交流思想的机会,而不是对你能力、智力和个人的挑战。如果听众中有人误解了演讲的哪个部分,解答部分正好是澄清的好机会。

哪怕有人提出一个含有敌意的问题,你也应该保持冷静,避免发脾气,不要用嘲笑和挖苦的口气回答问题,也不要与听众争论。大部分听众都会因为你避免发生争执而尊敬你。

仔细倾听

如果不仔细听清楚提问,就很难把问题回答好。应该专心听提问人提出的问题。看着她或他的眼睛,而不要四处张望,不要看地板,也不要看天花板。如果听众提问时碰到困难,你还应该鼓励他们说完。

面临不清楚或者笨拙的问题时,可以重复一遍,比如:"如果我听懂了你的问题,在我听起来你是在说……"另一个选择是请那位听众重新说一遍那个问题。大多数人都会更清楚地把问题说一遍。如果你仍然听不明白,请提问人举一个例子来说明他或她的意思。

面向全体听众回答问题

有人向你提问的时候,你应该看着提问人。提问后,你应该面向全体听众回答问题。这会引起所有听众的注意。如果你只对着提问人回答问题,你会发现听众大部分都走神了。

如果听众人数众多,一定要复述一遍问题。这有助于你对问题的正确理解,可以保证所有听众明白你将要回答的问题。另外,重复或者复述问题也让你有时间整理答案。

诚实和直率

有些演讲人害怕回答问题,担心会碰到自己难以回答的问题。如果你回答不了每一个可能的问题,地球不会因此而停转。如果你不知道答案,那就诚实地说出来。不需要道歉也不需要逃避,最重要的是,千万不要糊弄。应该让提问的人明白,你是拿他或她的问题当回事的。演讲结束之后,应该主动尽快找到答案。如果身边有了解此问题答案的人,应该问问他们是否知道答案。

保持既定方向

在现场问答过程中,很容易走失方向,也会失去对主题和时间的控制。除非有人组织问答活动,否则,演讲人要负责让问答保持在正确的轨道上。有时候,需要防止单独一个提问人占据太长时间。可以允许提问人再提一个跟进的问题,但是,不要让自己被拖进与提问人之间的一场辩论中去。如果有人试图提出两个以上的问题,应该斩钉截铁地说:"这是一个非常有趣的问题,但是我们需要给其他人提问的机会。"

有时候,听众不提问,而是讲很长的一段独白,你可以通过插话控制局面:"你说得非常有趣,但是,你有没有特别的一个问题是我可以回答的?"如果那个人继续说下去,你可以主动说会后再跟他或她好好谈谈。

某些情况下,提问部分是由主持人事先规定好的,有时候,演讲人必须决定应该拿出多长时间与听众互动。确保你有足够时间分配给有重要意义的问题,但不要让问答没完没了地拖下去。快结束的时候,主动要求再回答一两个问题。回答以后,收拾起自己的东西,然后谢谢听众抽时间来耐心听自己的演讲。

小结

演讲的效果受到传达方式的影响很大。

好的演讲并不需要人们特别注意到演讲技巧,它会清晰有力地传达出演讲人的思想,决不会使听众分心。你应该集中精力于进行有智慧的演讲,回避让人分心,要与听众保持视线接触。一旦掌握了这些基本要素,你可以继续完善自己的演讲技巧,使演讲技巧强化自己的思想。

有四种基本的传达方式:书面演讲、背诵演讲、即兴演讲和即席演讲。最后一种方法,即席演讲,可能是在课堂之外大部分演讲时用得到的方法。

传达的要素之一是演讲人的声音。要高效率地利用自己的声音,想办法控制自己的音量、音调、频率、停顿、嗓音变化、发音、吐词和方言。音量是声音的响度,音调是高和低的调门。频率是说话的速度,如果时机把握准确,停顿可以产生极大的影响,但是应该避免有声停顿,比如"嗯"、"哈"和"啊"等。声音变化指音量、音调、频率和停顿的变化,对声音可能产生的活力和动力非常关键。大多数人在日常生活中都以轻松的口气说话,但是,对于公共演讲人来说,应该确保正确地发音,清楚地发音。还应该避免在不合适的情景下使用方言。

姿势、个人外表、面部表情、身体动作、手势和眼神交流都会影响听众对演讲人的反馈。人的面部或者身体不易改变,但是,人的装束和仪容却必须适合演讲的场合。演讲人还应该学会控制手势和身体动作,利用这些非语言方式来强化自己的信息,而不能因为这些因素让听众分心。与听众保持眼神交流是增强演讲效果的好办法。

如果演讲包括提问部分,还应该为此做好准备,因为这会影响听众对演讲人的最后印象。应该预测可能会提出的问题,准备好答案,然后练习如何回答这些问题。一旦提问和回答部分开始了,就应该认真倾听听众提出的问题,以积极的态度对待他们提出的问题,并简洁、体面和直截了当地回答。应该面对所有听众回答提问,不能仅仅看着提问人。确保按时结束问答部分。

■ 关键术语

非语言传播	nonverbal communication
书面演讲	manuscript speech
即兴演讲	impromptu speech
即席演讲	extemporaneous speech
谈话特性	conversational quality
音量	volume
音高	pitch
变调	inflections
单调	monotone
频率	rate
停顿	pause
有声停顿	vocalized pause
声音变化	vocal variety
发音	pronunciation
咬音吐字	articulation
方言	dialect
肢体语言	kinesics
手势	gestures
眼神交流	eye contact

第十二章 传达方式

◾ 复习题

阅读本章后,请回答下列问题:

1. 什么是非语言交流?为什么它对有效的演讲非常重要?
2. 好的演讲方式有哪些要素?
3. 在演讲中,应该注意声音要素的哪八个方面?
4. 在演讲中,处理形体语言的四个方面是什么?
5. 在练习演讲方式的时候,应该遵循哪五个步骤?
6. 怎样准备问答部分?在回答的时候需要注意些什么?

◾ 思考题

1. 改善声音变化的最佳方法,是大声朗读带有强调语气和感情色彩的诗歌。从你最喜欢的诗歌里选出一些来,大声练习朗读这些诗歌。朗读的时候,利用自己的声音变化使诗歌"活"起来。调整自己的音量、频率和音高,找到合适的停顿处。把你认为需要强调的关键词或者短语画线,调节音调。通过变调来进行强调,突出意义。

为了让这个方法起作用,你必须克服听上去"造作"或"太戏剧化"的担心。大多数刚刚开始演讲的人在提高了音量、频率和音高及表情之后,演讲的效果都会提高很多。这会让你更加意识到可以利用自己的声音来表达更广泛的情绪和意义。另外,在你自己听起来"造作"的东西,在听众听起来可能不是如此。让自己的声音带有热情、激情,你在捕捉听众的注意力和兴趣方面还可以有很大的发挥余地。

如果可能的话,把朗读诗歌录在录音机里。如果对听到的内容不满意,可以继续练习,重新录音,直到满意为止。

2. 把声音关掉,看 10 分钟电视剧。里面的人物通过服装、手势、面部表情等能够表达出什么来?再以同样方法看一部电视喜剧。在这两种电视剧中,非语言信息有什么差别?准备好到班上去报告观察结果。

3. 参加校园演讲会。你可以选择来自校外的某位客座演讲人的演讲,也可以选择一位演讲名声好的教授上课时的演讲。准备好就演讲人的声音和非语言交流特点作一个报告。

首先要分析演讲人的音量、音高、频率和停顿以及声音变化、发音、吐词。然后分析演讲人的外表、身体动作、手势和眼神交流情况。解释演讲人的演讲方式如何强化了演讲人的思想,或者是否使听众分心了。最后，记下演讲人利用的至少两个演讲方法，是你想在下次演讲当中加以利用的。

■ 运用公共演讲的力量

你有商务专业学位，也有计算机特长，你利用这些优势在大学毕业后成功开设了一家网上销售公司。现在已是第三年了，你的公司准备好了一份提案，要为一家大型体育用品零售商设计一个电子销售网络。在面向这家零售商的管理层进行的 30 分钟的演讲中，你将全面评估这个电子销售网络的主页设计、现场图和安全协议。

你注意到日程上还有一项安排，演讲结束后有 30 分钟的答疑时间。根据以往的经验，你知道这种答疑对你非常重要，要为此做好充分的准备。你将采取哪些步骤做好准备呢？

第十三章

巧用视觉辅助

梅格·福格特是一位受过大量救生技能训练的前救生员,她决定针对人们在紧急状况时应采取的措施举办专题演讲。演讲的一部分是解释如何施行心肺复苏,也就是所谓的CPR。

演讲前一周,梅格打电话给当地的红十字分会借用一个真人大小的人体模型,她将会用它来演示CPR。她在排练中使用这个人体模型,以确保演示时准确无误,并且让她的解说和演示协调一致。到演讲的那天,梅格已经能够在解释概念和演示CPR步骤的相互转换中游刃有余,而丝毫不会影响到她和听众的目光交流,也不会在表述中出错。

通过向她的同学进行CPR示范而不光是口头表述,梅格让她的演讲变得更有趣,也更有效地表达了自己的理念。后来,她的一个同学评价说梅格的演讲比他在红十字会见过的CPR示范还要好。

俗话说得好,"百闻不如一见"。人们发现,如果演讲是用文字和图画一起来表现的话,演讲者所传达的信息会更有趣,掌握起来更容易,保留印象的时间也越长。你能够以图画的形式来表现用CPR救人的相关步骤吗?如果你参加了梅格的演讲,你就可以做到。她的现场演示更有效地让人理解她的理念,远远超过仅凭口头表述所能达到的效果。

视觉辅助的优点

视觉辅助有多种优势,最主要的优点是清晰度。如果你在论述一个对象,通过展示这个对象或其表示物,你可以更清晰地表达你的思想。如果你在引述统计数字,以此说明某些东西如何起作用或展示一门技术,那么,视觉辅助会使你的信息在听众看起来更生动。毕竟,我们生活在一个读图时代,电视和电影已经让我们习惯于期待视觉图像。在演讲中运用视觉辅助,就可以让听众更容易准确地弄清楚你想要传达什么。

视觉辅助的另一大优点是趣味性。由视觉图像所引发的兴趣是很强烈的,因此,视觉辅助在许多领域都得到了普遍使用,而不仅仅是在演讲中。在上一代人的时代,大多数大学教材都是枯燥无趣的一页接一页的文字。如今,因为加入了照片、图画和其他视觉辅助,教材就直观多了,也更有趣了。现在的百科全书里面尽是照片和地图,哪怕字典,现在也都有一些小插图了,这样可以使一些字的定义显而易见。演讲中当然也可以这样做。

另外,视觉辅助还有一项优点是可保留性。视觉图像留在我们脑海中的时间,会比语言更长。看过梅格·福格特CPR演讲的人也许不一定能够记住所有应对紧急情况的细节,但他们很有可能记住了她施行CPR的示范。甚至也许当他们在需要给遭遇事故或突发心脏病的人实施CPR的情况下,他们仍能记得那次演示。我们都知道,话语会"左耳进右耳出",但是,视觉图像往往却会留存下来。

事实上,如果运用得当,视觉辅助几乎可以强化演讲的各个方面。一项研究显示,普通的演讲者如果运用视觉辅助的话,留给人的印象是准备更充分、更可信,也更有专业精神。而且,视觉辅助可以帮助提高演讲的说服力达40%以上。另一项研究发现,在报告中使用多媒体演示的商务演讲者比那些不使用的演讲者更显著有效。

还有资料表明,视觉辅助是消除怯场的有效方法。视觉辅助帮助提高听众的兴趣,从而使演讲者获得更大的自信。

基于上述理由,我们会发现视觉辅助在自己的演讲中有很大的价值。在本章中,我们主要关注适合课堂演讲的视觉辅助。但是,这里总结出来的原则,对所有演讲场合都适用。对于课堂之外的演讲,比如在商业和社区组织中,这里提出的大部分建议,应该都可以适用。

让我们先来了解一下可能用到的不同视觉辅助,然后再学习准备视觉辅助的各项须知,最后再看看展示视觉辅助时的相关指导。

第十三章　巧用视觉辅助

视觉辅助的种类

☐ **实物**

特蕾茜·克林斯特别热衷于高山滑雪。当轮到她进行一次知识演讲的时候,她选择的具体目标是"告诉我的听众如何选择合适的滑雪用具"。演讲的那天,她带了一副雪橇、一双皮靴、一些绑带和滑雪服到课堂上。之后,她很容易地就把滑雪应该准备的合适用具解释清楚了。

因为把用具拿给同学看了,特蕾茜在解释自己想法时的效果比仅仅用文字描述要好得多。她还使不滑雪的同学也对她的演讲产生了很大的兴趣。她的一位同学事后对她说:"我不滑雪,但是我觉得你的演讲很吸引人。因为用到了雪橇和其他滑雪用具作为视觉辅助,结果我发现自己对高山滑雪很感兴趣了。现在我开始有些了解我那些滑雪的朋友在说些什么了。要是没有这些视觉辅助,我一定是一头雾水。"

特蕾茜的例子说明,把演讲涉及的实物带到课堂上去,是阐明自己的想法,并让这些想法产生戏剧性冲击效果的好办法。

如果你谈的是吉他,为什么不带一把吉他到班上去让大家看看呢?如果你想说明不同种类的高尔夫球,有什么会比把每一种高尔夫球的样本都拿给大家看更好的主意呢?或者假设你想告诉听众一些关于秘鲁玩偶制造的事情,你可以把不同的玩偶拿到班上,并告诉同学们是如何制成的。

在某些情况下,你还可以利用活的对象当视觉辅助。比如说,一位教练回到大学夜校公共演讲课发表关于摔跤的演讲。演讲那天晚上,他带了两名高中学生,在他讲解基本动作时由他们在一旁进行示范。

然而,有很多实物并不适合作为课堂演讲使用的有效视觉辅助。有些太大,难以搬进教室。有些则太小,听众看不清楚。还有一些也许是你找不到的。如果你就当地博物馆的某件甲胄作演讲,理论上讲你是可以将它搬到课堂上去,但是博物馆可不会同意,你得运用其他形式的视觉辅助。

☐ **模型**

如果你想论述的东西太大、太小或得不到,你也许可以使用模型

模型
models
可以按比例反映实物体细节的物体。

来演示。一种是实物大小模型,比如我们在本章开头谈到的梅格·福格特的 CPR 演讲中使用的人体模型。另一位主修人类学的演讲者使用了实样大小的人类头骨模型,展示考古学家如何利用头骨碎片重构早期人类的外形。

你也可以使用一样较大物体的小比例模型。有位演讲者在"9·11"恐怖袭击之后,利用这类模型帮助解释世贸中心倒塌的结构因素。另一位演讲者把一台吊式滑翔机的模型拿来示范吊式滑翔的设备及其使用技巧。

第三种是小物体的大比例模型。理科老师使用此类模型来帮助学生将诸如分子之类的极微小的结构形象化。

照片

如果既没有实物也找不到模型,你可以使用照片。在法庭辩论中,律师经常利用照片展示犯罪现场;建筑师会利用照片向潜在客户展示该公司设计的楼房;抵制酒后驾车的活动家会利用照片展示酒后驾驶的悲惨后果。

然而,除非照片被放大到让听众可以毫不费力就能看清楚,否则,展示时的效果也不会太好。正常大小的照片如果不在听众当中传阅,听众就无法看清楚;然而传阅照片又会使听众分心。书本中的照片也是一样。哪怕是开本很大的书,要让全体听众看见也是很困难的。

那么,如何把照片放到足够大,达到演讲目的呢?有位同学谈到画家佛莱达·卡洛时,利用很大的艺术海报说明了自己的观点。还有一位演讲者利用彩色复印机放大的照片,来显示不同种类的热带鱼多姿多彩的漂亮斑纹。他把照片放大到了 18×24 英寸,钉在白色招贴板上,让所有听众都能看清楚。

另一种选择是去复印店把照片转换成幻灯片,用投影仪放出来。这种方法花费很少,效果惊人。

最后,PowerPoint 和其他多媒体手段都是将照片运用到演讲中去的出色工具。你可以使用自己的或是从网上下载的照片,你都可以轻松调整照片的尺寸和位置,一目了然又具有视觉冲击力。

图画

示意图、草图和其他形式的图画都是极好的替代照片的视觉辅助手段,制作起来成本也不高。另外,这些图画是为演讲而专门制作的,可以更准确地解释你的想法。虽然真实性可能会差些,但其准确性正弥补了这方面的不足。

图 13.1 是一位同学就纳瓦霍的沙画作演讲时用的一幅图。这位同学希望让听众明白沙画是什么样子的,同时解释其象征意义和宗教含义。如大家所想象的,如果没有这样的视觉辅助,他不可能把纳瓦霍解释清楚。

图 13.1

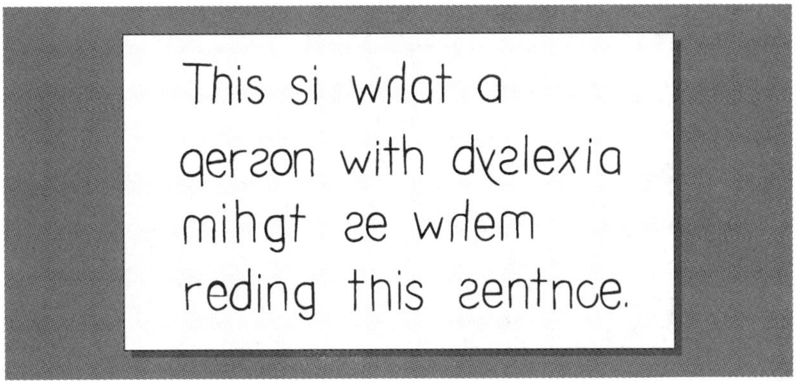

图 13.2

图 13.2 显示的一幅排列错误的文字,用在一篇关于阅读困难症患者所面临的种种困难的演讲中。这个视觉辅助特别有效果,因为它帮助演讲者把复杂的思想变成了直观的东西,使听众一眼就看明白了。

□ 图解

图解
graph
用以表示统计趋势和样式的形象化的辅助手段。

图解是个好办法,可以简化和标明一连串统计数字。听众不容易掌握一连串复杂的数字,你可以利用图解的形式来显示统计数字的趋向和模式,帮助听众消除难点。

最常见的图解类型是线图。图 13.3 显示的线图,用在一篇关于美国电影业的演讲中。演讲者是这么解释的:

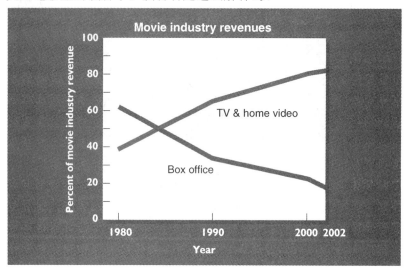

图 13.3

线图
line graph
用一条线和多条线显示数据的变化趋势。

饼图
pie graph
用圆形中的饼状分布突出显示分布模式。

这张图是根据《新闻周刊》的统计数据制作的,从图中可以看出,家庭录像机革命对美国电影业产生了巨大的影响。从 1980 年到 2002 年,电影业的票房收入比例出现大幅下降,从 61% 跌至 18%。与此同时,通过 DVD 和 VHS 播放获得的收入的百分比翻了一番,从 1981 年的 39% 上升到了 2002 年的 82%。

饼图最适合说明简单的分布模式。大家每年都可以在报纸上看到一个饼图,用来显示全国预算的使用分配。图 13.4 显示演讲者如何使用饼图帮助听众形象地看到过去的一个世纪里,工作女性婚姻状态的变化。左图显示单身、已婚和丧偶或离婚的工作女性在 1900 年的百分比。右图显示同样的分组在 2000 年的百分比。

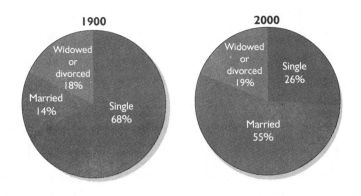

图 13.4

这两张饼图有助于演讲者说明三个要点：1)处在丧偶或离婚状态的工作女性的比例自 1900 年以来保持相对稳定的状态；2)处在单身状态的工作女性的比例在过去的 100 年里有了相当大的下降；3)处在已婚状态中的工作女性的比例翻了三倍多,已经成为美国工作女性中占绝大多数的群体。

因为饼图是用来突出一个整体的各个部分的相对关系,因此,一张饼图中的分块数量应尽可能少些。较理想的饼图应该是分成两到五个部分,无论如何最多都不能超过八个部分。

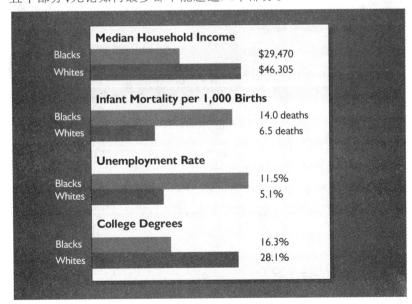

图 13.5

第四部分 演讲的传达

柱状图
bar graph
用垂直或水平的柱状图形对两个或多个项目作比较。

柱状图是对两个或更多项目之间作比较的特别好的方法。它具有易于理解的优点，即使对于从来没有看过图表的人也是这样。图13.5 就是一个柱状图的例子，是用于一篇题为《美国的种族政策》的演讲。该图直观地显示了白人和黑人之间在中等家庭收入、婴儿存活率、失业率和大学教育等方面的现状。因为使用了柱状图，演讲者的观点更生动易见，比起她仅仅口头引用数字的效果要好得多。

▢ 表格

表格
chart
概括大量信息时常用列清单式的直观手段。

表格在总结大量信息时特别有用。有一位同学的演讲题目是"美国：移民国度"。这位同学用一张表格来显示美国人移民的主要来源地区(图13.6)。这样的分类对于饼图或柱状图来说太多，无法进行有效的显示。但是，列在一张表格里以后，演讲者就可以使听众很直观地理解这些信息了。

Region of Birth	Percent of U.S. Immigrants
Mexico	28 percent
Asia	27 percent
Europe	16 percent
Caribbean	11 percent
Central America	6 percent
South America	6 percent
Africa	2 percent
Other	4 percent

图 13.6

表格在说明一个过程的步骤时也特别有价值。有位演讲人在一篇关于野外求生术的演讲当中，使用了多个表格，其中包括一张概述被蛇咬伤后的紧急处理步骤的表格。另一位演讲人有效地利用表格帮助听众跟上自己的步骤，学习如何制作卡普奇诺咖啡和其他特别的咖啡饮料。

你还可以利用表格来传达听众也许希望能记录下来的一些信息。例如在一篇关于消费者保护组织的演讲中，演讲者可以使用表格让听众准确地了解，可以往哪里写信或是打电话求助。

初学演讲的人在使用表格时，最容易犯的错误是在表格中堆积过多的信息，使表格挤得满满的，根本看不清楚。我们稍后会谈到，视觉辅助应该清晰、简单和宽松。表格上的项目不应超过7—8个,各项中间应该留有充分的空隙。如果不能够在一张表格里容纳所有的内容,可以再增加一张。

录像

作为视觉辅助,录像会起到非常好的效果。如果你谈到撞击引发的车祸,还有什么比放映碰撞测试的慢动作录像更有效呢?如果你要描述在美国主题公园看到的各种过山车,最好的视觉辅助莫过于用一盘录像带来展示正在运行中的过山车。录像的详细、直观和生动,没有其他视觉辅助可以与其媲美。

尽管有很多优点,但在演讲中利用录像还是一件很复杂的事。播放录像需要繁琐的设备,会使听众的注意力从演讲者那里分散,如果使用不当可能会导致弊大于利。如果打算在演讲中使用录像,那就应该学学布莱恩·多姆考斯特,他就是我们前面提到过的用录像来说明过山车的。布莱恩写信到阿罗动感有限公司,一家专门定做过山车的制造商,希望该公司提供一盘描述山车运行的录像带。拿到后他去学校的影像中心进行编辑,转录到自己的空白带上,演讲时播放。

布莱恩明白,录像带如果没有编辑好,那还不如不放。因此,他尽力保证录像带编辑清晰、专业,而且还不能让这一视觉辅助分散听众对演讲思想内容的注意。预演练习时,他都把录像包括进去,这样,录像就可以和演讲的内容合为一体了。他还专门到教室里用录像设备练习了一次,保证演讲的当天可以无懈可击地表现出来。那是一次令人难忘的精彩演讲,录像的优势在演讲中得到了充分发挥。

幻灯片

为提高演讲的效果,还可以将照片转成幻灯片,用投影仪放出来,用幻灯片展示图画、图解和表格。幻灯片不贵,制作起来也很容易,能产生很好的视觉效果,是演讲中使用最广泛的方法之一。

如果你使用幻灯片,就不要一边演讲一边在幻灯片上写写画画。应该提前准备好幻灯片,确保所有文字都足够大,让坐在最后的人也能看清楚。大致的规则是:所有的数字和字母,不管是打印的还是手写的,都应该至少有四分之一英寸的大小。

此外,还应该提前检查投影仪,确保仪器正常工作,而且要知道如何使用。如果有可能,尽量在预演的时候就用投影仪配合练习,这

> 幻灯片
> transparency
> 写或画在透明薄膜片上,通过投影仪投射出来。

样有助于确保幻灯片的使用可以和全篇演讲协调一致。

🗖 多媒体演示

多媒体演示，使演讲者能够将包括表格、图解、照片和录像等多种视觉辅助结合在一个演讲中展示。专门用于演示的软件主要有微软公司的 PowerPoint, Corel Presentations 和苹果公司的 Keynote。可以根据自己学校目前具备的技术资源，你也许能在演讲班上使用多媒体演示设备。特别是商务会议场合，多媒体手段天天都在使用。

在本章附录中，你会看到关于如何在演讲中运用 PowerPoint 的完整介绍。如果你访问网址"www.mhhe.com/lucas8"的"演讲的艺术"在线学习中心，你就可以找到使用 PowerPoint 2000 和 PowerPoint 2002 的详细指导。

虽然每一种多媒体演示软件有些差别，但是，所有软件都能让你在一次演讲中使用范围广泛的材料。假如你要谈论玛雅建筑，而且希望让听众看到著名的玛雅文化遗址的照片。这些照片是从互联网上下载的，你可以直接保存到计算机里，跟别的视觉辅助资料放在一起使用。假如你要制作一张图表，来说明世界不同地区恐怖袭击事件都有所上升，你可以使用演示软件的图表制作程序，专门制作一张具有专业水准的图表。

一旦你创建好演讲所需的所有辅助资料，并且在计算机里保存好了，那你就可以根据任何顺序将它们从计算机里调出来供演讲使用。在演讲期间，你可以利用计算机来控制多媒体辅助资料的展示。计算机可以与显示器或是大屏幕投影连接。有些系统还有无线鼠标，让你在演讲时可以一边随意移动一边控制计算机。

尽管有这么多的优点，但多媒体演示也有其自身缺陷，设备成本昂贵是其中之一，而且，学会使用这些软件，设计图表和表格，编辑音频和视频资料，组织并预演演讲过程，以便达到流畅和专业的效果，也需要花去相当多的时间。如果你计划作多媒体演示，一定要确保自己有足够多的时间准备，保证其发挥最佳效果。

和任何一项复杂的科技产品一样，总有可能会出现有缺陷的设备。你应该提前调试好计算机、投影仪等设备，而且，在听众到来之前，你应该再次检查所有设备。确保你非常熟悉这些设备的用法，万一出现简单技术问题时可以自行处理。演说的内容磁盘或 U 盘一定要有备份，以防不时之需。

最重要的是，要有思想准备，即便所有多媒体设备都出错时也能

多媒体演示
multimedia presentation
运用计算机技术，在演讲中将多种视觉和听觉展示手段综合加以运用。

够进行演讲。这种情况下的演讲效果，可能没有你原先计划的好，但总比没有演讲要强得多。听众会同情你的处境，而如果你在恶劣的条件下照样完成了演讲，他们会给予你很高的评价。

☐ 演讲者

有时候可以用自己的身体当作视觉辅助手段，比如指挥家用双手指挥交响乐队，舞蹈家展示现代舞技巧，魔术师玩魔术等。有位同学作了一次关于哑剧艺术的演讲，在演讲中，她通过示范表演说明了哑剧表演的基本技巧。除了说明她的观点之外，她还让同学完全沉浸在自己的演说过程中。许多同学还发现，做这种演示可以有效减缓演讲时的紧张感。

要做好演示需要经过特别的训练，保证做出来的动作和所说的话协调起来，控制好对演讲时间的掌握。

如果演示的某一过程超过了分配给你的演讲时间，那就需要特别注意了。如果你计划显示一个很长的过程，那你也许可以学学电视明星艾梅莉尔·拉加斯和玛莎·斯图尔特等人的技巧。他们会把制作一道墨西哥名菜或是假日装饰的大部分程序详细提供给观众看，但同时也准备好了第二份样品放在旁边，可以在节目最后一分钟拿给观众看。

视觉辅助准备须知

不管你是手工制作还是在计算机上制作视觉辅助材料，有六大基本原则，可以保证视觉辅助手段更富有吸引力。不管你是在课堂里还是课堂外演讲，是在商务谈判还是政治演讲，面对20个人还是200个人，这些原则都是必须要遵循的。

☐ 预先准备好视觉辅助材料

不管你计划用哪种视觉辅助材料，都应该在演讲之前就准备完毕。这样做有两点好处：其一，这意味着你会有足够的时间和材料可以用来设计有创意、有吸引力的视觉辅助，使其能够真正强化你的演讲。对于花了很多努力设计视觉辅助手段的演讲者，听众显然会有更积极的反馈。

其二，预先准备好视觉辅助材料意味着你可以用它们进行演讲练习。视觉辅助材料只有在和演讲内容结合为一体时才会产生良好的效果。如果你放错了地方，或者视觉辅助材料掉到地上了，或是演讲时别的什么事情出了岔子，不仅使听众分心，也会让自己心绪不宁。你可以提前进行准备，从而避免这样的灾难。

□ 视觉辅助要简单好用

视觉辅助的目的是要传达你的思想，而不是展示你的艺术技艺，也不是展示你计算机制图技术。视觉辅助应该简洁、清晰、富有针对性。每一项视觉辅助材料都应该限制在较小的信息量以内，而且一定要防止在使用演示文件时堆积太多的信息。你可以制作一张计算机图像，展示两个表格、一张照片，10行的文字使用5种不同字体，而且在一张图像上使用250种颜色。但是，谁能看明白呢？这样的演示文化非但不会强化你的演讲效果，反而有可能分散了听众的注意力。

有效运用视觉辅助的基本原则是，只有当视觉辅助有助于说明你的观点时才使用它。看看讲到的这些视觉辅助手段，你就会明白它们应该都是明白清晰的，且不被滥用的。它们包含足够多的信息，可以传达出演讲者的思想，但千万不可多到使听众产生混淆或分心的程度。

□ 确保视觉辅助足够大

如果听众看不见或看不清，视觉辅助就形同虚设了。这是显而易见的道理，然而，点头赞同是一回事，恰当地准备好视觉辅助材料又是另外一回事。尤其是初学者，往往都会设计得过小。

设计视觉辅助的时候，要对演讲场地的大小心里有数。确保视觉辅助大到足以让现场的所有人都能看得到。如果你手工设计一份示意图或表格，应该注意上面的字不要写得太小。准备视觉辅助的时候，你可以走到最后一排位置去检查一下能否看清。如果你看不清楚上面的文字和图画，听众多半也看不清楚。把视觉辅助上的字号弄得足够大，你就可以避免说些废话，诸如："我知道有些人可能看不清楚上面的字，但是……"

如果你准备用计算机制作图像，请记住，大多数专家都推荐用黑体字，主标题用36磅字号，副标题用24磅字号，其余的正文用18磅字号。图13.7演示的是这些规格的字号与12磅字号的比较。

那么，全都用大写字母怎么样？可以确保文字大到能够让听众

第十三章 巧用视觉辅助

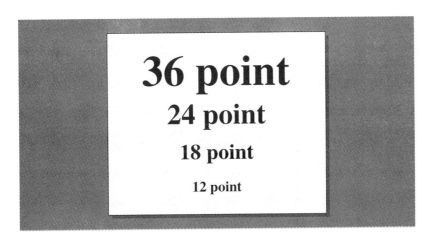

图 13.7

轻松阅读,这似乎是一个很棒的方法。但是研究表明,一连串的大写单词比起正常文本阅读更困难。大写形式使用在标题或是单个需要特别强调的单词时会比较合适。

使用容易辨读的字体

计算机程序里都有种类繁多的字体,可以用来使你的演示文件变得丰富多彩。尽管试验各种字体是非常有趣的一件事,但是,并非所有字体都合适。一般说来,应该避免使用装饰性的字体,比如图13.8中左图的字体。这些字体看起来很费力,也容易使听众分心。

字体
font
同一文字设计的各种不同形体。

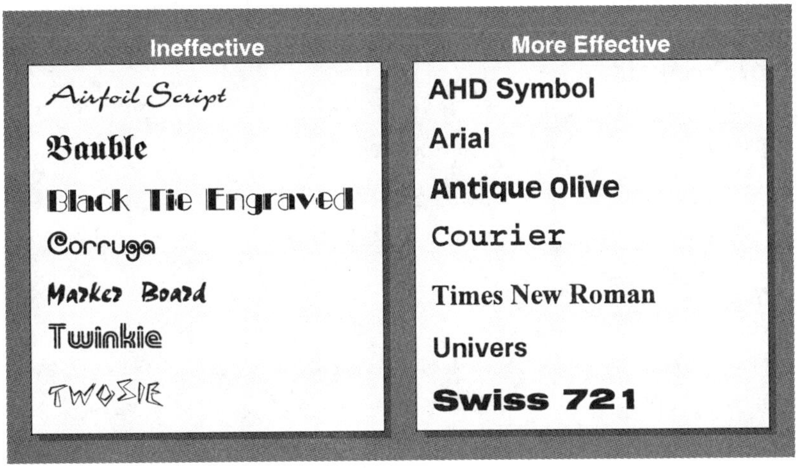

图 13.8

相比之下，图13.8中右图的字体不如左边的令人兴奋，但却更清楚也更方便阅读。如果你用这些字体，你的视觉辅助就会更贴近听众。

□ 使用有限的几种字体

视觉辅助材料中的字体稍有变化是有吸引力的，但是太多变化却会使听众分心，如图13.9中左图，每一行都用了不同的字体。大多数专家都推荐，一页演示文件中的字体数目不要超过两种，一种用于大标题或正题，另一种用于副标题和正文。标准的做法是将黑体用在标题上，罗马体用在副标题或正文中，如图13.9中右图所示。

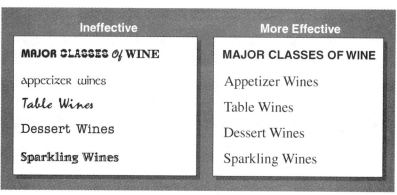

图13.9

□ 有效利用色彩

色彩会使视觉辅助材料更加丰富多彩。如果利用得当，色彩会让辨识率增强78%，理解率增强73%以上。当然，关键是要"利用得当"。有些颜色彼此并不能搭配。红色和绿色配在一起看起来很吃力，而且如果有人色盲，这两种色彩看起来是一样的。蓝色和绿色的许多灰度都太接近了，不太容易区分，还有橙色和红色、蓝色和紫色搭配时都有同样的问题。

还有人在一份演示文件里使用了太多颜色。一般而言，表格和图表都应该限制在少数几种颜色范围内，而且，颜色只发挥功能性的作用，前后一致地加以使用。通常的做法是，在浅色背景上使用深色的打印字或手写字母，尤其是在利用招贴板或幻灯片的时候。如果使用投影仪进行多媒体辅助演讲，你可能会发觉在深色背景上用浅色字效果更好。在任何情况下,都应确保背景和正文有足够的对比度,使听众能够清楚地看到。

你还可以利用色彩来突出视觉辅助中的关键点。有位学生在一次关于噪音污染的演讲中,利用表格来说明日常的噪音水平,并指出它们潜在的听觉损伤危险(图 13.10)。他把对听力绝对有伤害作用的噪音用红色表示,把有可能造成听觉损伤的噪音用蓝色表示,把属于安全范围的噪音用绿色表示。这些色彩强化了演讲者的思想,同时也使表格更简洁明了。

IMPACT ON HEARING	DECIBEL LEVEL	TYPE OF NOISE
Harmful	140	Firecracker
to	130	Jackhammer
hearing	120	Jet engine
Risk	110	Rock concert
hearing	100	Chain saw
loss	90	Motorcycle
Loud	80	Alarm clock
but	70	Busy traffic
safe	60	Air conditioner

图 13.10

视觉辅助展示须知

选择和制作视觉辅助时应该细心,另外,还要注意如何在演讲中展示这些视觉辅助材料。不管设计的视觉辅助材料有多好,如果不能恰当地展示、清晰地表述,并把视觉辅助材料和演讲的其他内容融为一体,那一切工夫全都是浪费。这里有七点相关指导,可以帮助大家充分地利用视觉辅助达到最好效果。

☐ 避免使用黑板

乍一看,拿黑板当视觉辅助手段是个不错的主意。然而,事实并非如此。在演讲期间,你有很多的事情要做,没有时间考虑在黑板上清晰地书写内容。许多学生花很多时间在黑板上写字,大部分时间背对着听众,结果把很好的演讲给弄砸了。哪怕你的视觉辅助内容已经提前在黑板上写好了,它也很少能够达到像在招贴板或是幻灯片上显示出来的生动、整洁的效果。

放在听众看得见的地方

提前看一下教室,以决定把视觉辅助材料放在什么地方。如果使用招贴板,应该找那些结实的招贴板,视觉辅助材料放在上面应该不会翻卷起来,也不会翻过去。另一种选择是用泡沫板,这是一种很薄的泡沫聚苯乙烯,两面都是高质量的绘图纸。

如果展示一个实物或模型,一定要把它放在教室里人人都看得见的地方。将视觉辅助放在讲台前的桌子上,前排的学生可能没有任何问题,但后排的学生就不一定看得见了。有必要的话,可以一边陈述一边把东西举起来给大家看。

把视觉辅助材料放到最佳位置以后,演讲人不要挡住听众视线,应该尽量站在视觉辅助的一侧,并用靠近它一侧的手指它。可能的话,用一支铅笔、一把尺子或其他东西当教鞭。用教鞭可以让你站在离视觉辅助材料较远一点的地方,可以避免挡住和你同一侧的听众视线。

避免在听众中传阅

视觉辅助材料一旦到了听众手里,那就麻烦了。至少有三个人对它的兴趣超过对你的兴趣,也就是刚刚看过的人,刚刚拿到手的人和等着拿的人。这三个人可能都不知道你讲到哪里了。

为所有听众每人准备一份材料也不是一个好办法。你无法保证听众能够在你需要他们看的时候才去看它。事实上,他们很有可能自顾自地花大量时间去研究它而根本不注意你在讲什么。虽然分发材料是可贵的做法,但对于初学演讲的学生来说,分发的材料只会增加你演讲的难度。

当然,你时不时会需要听众拿一些材料带回去看。如果这样的话,应该把这些准备分发的材料放在身边,直到完成演讲之后再分发,这样就不会引起听众分心了。掌握好视觉辅助材料,就是掌握好了自己的演讲。

第十三章　巧用视觉辅助

☐ 讨论到相关地方再展示

就像分发视觉辅助材料一样,在整个演讲过程中始终展示辅助材料也会让听众分心。如果把它们放在看得见的地方,总会有一些人会有兴趣看这些东西而不是听你演讲。

如果你准备使用一个实物或模型,应该把它放在看不见的地方,直到快要讲到时才拿出来。讲完后,应该把它放回到看不见的地方。招贴板上的表格、图解或图画也是一样。如果你用的是黑板,应该用一大张白纸盖在上面。到了需要展示时,揭开白纸就可以看到了。用完后,再把白纸盖上去,或者把它拿走,这样可以防止听众分心。

☐ 面向听众,不要面向视觉辅助材料讲

解释视觉辅助材料的时候,很容易与听众断开目光接触转而面对着视觉辅助材料说话。当然,听众主要还是在看视觉辅助材料,你也需要一边讲一边时不时地看一眼视觉辅助材料。但是,如果你的眼睛一直盯着视觉辅助材料,你就会失去听众。要和听众保持目光交流,你才可以得到反馈,知道你的讲解是否为听众所理解了。

☐ 清晰简洁地解释视觉辅助材料

视觉辅助材料本身并不能够解释自己,和统计数字一样,它们需要有人来翻译,使它们与听众产生联系。例如,图示 13.11 就是一项很好的视觉辅助材料,但是,你明白它的意思吗?如果你有偏头痛,那你可能明白其中的意义,因为它显示的是偏头痛的时候所体验到的不同痛区。但是,尽管如此,这幅图的全部含义也不一定就全部清楚了,除非有人专门替你讲解。而对偏头痛缺乏了解的人就根本看不懂了。

视觉辅助很有用处,但听众必须明白看什么和怎么看。不幸的是,很多初学演讲的同学经常会急急忙忙搬出视觉辅助材料,根本就没有清晰和准确地解释其中的含义。一定要让视觉辅助材料根据听众做出一定的调整。不要说"大家可以看到……",然后很快就直接来看视觉辅助。应该把视觉辅助材料的含义告诉听众,描述其主要特征,或是把表格或图解的含义逐条解释清楚,统计数据和百分比都应该解释明白。记住,视觉辅助材料只有经过合适的解释才有意义。

图 13.11

利用视觉辅助进行演讲练习

本章多次提到利用视觉辅助进行演练,最后我们还得再次强调。千万别重复下面这位演讲者的惨痛教训:

几年前,一位年轻的工程师做出了一种机器的先锋设计。接着他需要解释自己的发明,并说服自己的上司,让别人相信他的发明是值得投资的。有人告诉他必须要充分准备自己的演讲,要事先准备好幻灯片和其他的视觉辅助,还要在会议室里多次练习。

不幸的是,虽然他在工程阶段工作出色,但他没有拿出做工程的热情来准备这次演讲。最糟糕的错误是,没有花时间去练习使用那些演讲设备。他本想把灯光调暗一点,结果却看不清自己的讲稿了。第一张幻灯片出来以后,那不是他自己的内容,而是上一个演讲者的。等他找出自己的幻灯片以后,除了第一排的人以外,其他人都看不清楚。

他无法把光标指向他正在讲的那一行,于是他就离开讲台走到屏幕前用手去指。但是,他的麦克风又留在讲台上了,结果后排的人既听不到他在说什么,也看不见他在干什么。

等他把机器调出来以后,他站得太近了,看不清里面的关键部分。由于光线太暗,他看不清自己的讲稿,不知道接下去该讲什么了。他伸手去找钢制教鞭,因为他不知道如何使用镭射笔,结果在屏

第十三章 巧用视觉辅助

幕上戳了一个洞。

他绝望了,扔开了幻灯片,打开了灯,惊惶失措地一口气念完了所有余下的内容,吐字发音一点都不清晰,完全听不明白他在讲什么。最后,他坐了下来,听众和他自己都十分尴尬。

这听起来好像是《星期六夜间直播》中的节目,但是,这是一个真实的故事。这个故事听起来让人特别难过的是,事情本来不该如此。只需稍微努力一点,稍微思考一下,稍微准备一下,这位年轻的工程师就可以大获成功,而不是把这次演讲变成了一场灾难。

在选择好了自己的视觉辅助材料后,大家应该勤加练习,以免重蹈这位工程师的覆辙。应该用设备练习,确保你可以操作设备,而不至于在正式使用时弄得一团糟。要多次从头至尾完整地练习演讲,掌握如何处理视觉辅助材料,如何做手势,每一个步骤要花多少时间等。使用视觉辅助,就像演讲练习一样,没有什么能比准备更重要的了。`

小结

视觉辅助多种多样,最常见的是把演讲涉及的实物或物体模型带来。示意图、草图和其他形式的图画都是很有价值的,因为你可以精心设计用来准确地解释你的想法。图解是展示数字的有效工具,而表格主要用来总结大量的信息。虽然录像带可用作视觉辅助,但是必须要进行仔细编辑,并与演讲的其他部分有机结合。照片必须放得足够大,以便所有听众都能看清楚。如果你有合适的设备,你可以把多种视觉辅助手段效果结合起来使用,再加上声音,就成了一场多媒体演讲。最后,你自身也可以用作视觉辅助,你可以表演一些动作,来展示某些过程或思想。

不管你用的是哪一种视觉辅助手段,都需要进行仔细的准备。如果预先准备,把视觉辅助弄得简单好用,确保文字的尺寸足够大,让所有听众看见,色彩简洁、突出重点,那么,你的视觉辅助展示一定会大获成功。如果你是用计算机制作演示文件,那就应该只用有限的几种字体,并且确保所选择的字体能够让听众看清楚。

除了认真设计,还必须掌握展示的技巧。避免在黑板上写写画画,也不要在听众中传阅资料。应该讨论到相关地方再展示它们,应该把视觉辅助材料放在听众毫不费力就看得见的地方。展示视觉辅助材料的时候,应该与听众保持目光交流。要面对着听众而不是视觉辅助材料演讲,并且要将视觉辅助材料的内容解释得明白、准确。最重要的是,要使用视觉辅助进行演练,使其与演讲的其他部分有机地结合起来,显示出专业水平。

◾ 关键术语

模型	model
图解	graph
线图	line graph
饼图	pie graph
柱状图	bar graph
表格	chart
幻灯片	transparency
多媒体演示	multimedia presentation
字体	font

◾ 复习题

阅读本章后,请回答下列问题:

1. 在演讲中运用视觉辅助的主要优点是什么?
2. 在演讲中能够使用的视觉辅助手段主要有哪几种?
3. 本章论述视觉辅助准备时,列出了哪几条须知?
4. 本章关于视觉辅助的展示方面给出了哪些指导意见?

◾ 批判性思考练习题

1. 找一个"如何做"的电视节目来看(例如烹调或园艺节目),或者地方新闻节目中的天气预报栏目。注意看主持人是如何使用视觉辅助来帮助传达信息的。它们使用了哪几种视觉辅助手段?这些视觉辅助手段如何强化了信息传达的清晰度、趣味性和可保留性?如果没有视觉辅助,演讲者将如何才能有效地传达自己的信息?

2. 思考一下,看看如何用视觉辅助手段来解释下面的内容:

(1) 如何利用海姆利斯急救法帮助噎住的人。

(2) 在美国、法国、德国、英国和日本全国大选中投票的选民的比例。

(3) 有关学生贷款方面信息的咨询机构。

(4) 不同蝴蝶品种的翅膀花纹。

(5) 1985年以来美国人在健康方面支出总量的增长情况。

(6) 如何更换自行车轮胎。

(7) 攀岩的基本用具和方法。

3. 在课堂演讲中至少一次使用视觉辅助材料。设计视觉辅助材料时要有创意,而且要遵循本章提供的各条须知。演讲之后,分析一下如何有效地利用了视觉辅助材料,学会了视觉辅助材料的哪些用法,下一次演讲,你在使用视觉辅助材料时会有何改进。

■ 运用公共演讲的力量

假如你是一位兽医,拥有一家小型宠物店,你和当地的无痛屠宰团体紧密合作,帮助控制本社区过多的猫狗数量。你和工作人员一起每年花很长时间,在没有经费或者经费越来越少的情况下处理社区遗弃的猫狗。现在,人们请你到市政当局去演讲,代表社区提出的立法请求实行更严格的动物登记法和约束法。

在演讲中,你计划引用一些统计数字:1)比较本地狗的数量与过去五年里发出的执照数量;2)显示同一时期当地执法机关为未加管束的宠物而发出的少量传票。你在大学里上过公共演讲课,了解视觉辅助材料在显示统计数字时所起的重要作用,因此决定利用一张表格来说明一组统计数字,再用一张图表来显示另一组数字。

表格用来显示哪一组统计数字更合适一些?图表又适合哪一组呢?在本章提到过的三种图表(柱状图、线图和饼图)中,哪种适合展示你的统计数字?为什么?

附录二　使用演示文稿 PowerPoint

商业会议、法庭演讲、军事简报和大学讲座有什么共同点？在所有这四种情况下，你都可以见到演讲者使用演示文稿 PowerPoint 来表达自己的意见。一项针对 300 位专业讲师的调查显示，他们中 94%的人至少在部分演讲中使用演示文稿。另一项研究显示，因为有了 PowerPoint 促成了美国 90%的演讲变成了多媒体演讲。

在第十三章中，我们讨论了多媒体演讲的基本原则。现在我们专门来讨论演示文稿。如同所有展示视觉或听觉的辅助手段一样，演示文稿也有正效果和负效果。当我们计划在演讲中使用演示文稿时，将首先观察分析其正负效果及其因素。

演示文稿的正效果与负效果

只要使用得当，演示文稿(简称 PPT)可以极大地有助于交流。你可以用到第十三章中谈到的每一种视觉辅助形式，用不着既要应付招贴板、投影仪，还要操作 CD 播放机、投影仪和录像机。你可以用演示文稿把文本、照片、图表、表格、声音甚至录像全部放进你的演讲，一切只需要点击鼠标。

可惜的是，演示文稿常常被不当使用了。演讲者经常过于让它来主导演讲，让观众对他们熟练的操作而惊叹，同时也让听众在短暂而引人入胜的声像刺激中忽略了信息。技术专家赫伯·洛弗兰斯说，有时候看起来是"演示文稿的展示越奇妙，有价值的信息传达得越少"。

另一个极端是，演讲者不用心地把他们的讲演内容堆积在一起，以为使用了演示文稿就能奇迹般地创造一次完美的演讲，而不管用得多么不恰当。这些演讲者还不如从来不知道有演示文稿这玩意来得好。

还有一个问题是，一些演讲者用演示文稿来说明演讲的每一个要点，当文字出现在屏幕上时，演讲者就看着内容读给观众听。这样

附录二 使用演示文稿 PowerPoint

并不比单调地朗读手稿更有效,很少能够与观众产生真正的交流。

准备使用演示文稿

如果你想要有效地应用演示文稿,你必须清楚地知道究竟为何、怎样、何时在演讲中使用演示文稿。比起把所有讲到的内容放在屏幕上让观众去读,你应该做出选择:演讲的哪些内容适合用视觉或听觉辅助去表现。这需要仔细考虑。

演示文稿对于以前从未使用过它的人来说,最惊人的启发应该是,一流的演讲需要付出多少时间和精力。你不仅对演讲的所有内容负责,而且你还面对这个额外的负担:决定在演讲的何处使用演示文稿;集合图像和声音;设计一流的演示文稿;掌握设备操作。

第一步是决定在演讲的哪个部分使用演示文稿能达到最好的效果。在你已经逐步展开了演讲内容后,考虑在哪里需要用演示文稿来解释和强化你的思想。与其用演示文稿表现每一个想法,不如用来真正增加信息的要点。

举例来说,如果你讲解美国女性选举权的历史,你应该加入美国宪法赋予妇女投票权的第 19 条修正案的文本,它承认女性从 1920 年开始享有选举权;著名的女性选举权运动领袖的照片,像伊丽沙白·凯迪·斯坦顿、苏珊·B·安东尼和凯瑞·夏普曼·卡特;还有主要历史事件和改革运动日期的表格。如果你在讲西尼罗河病毒,展示关于病毒如何传播的图表、症状的列表、近年来发病趋势上升的曲线图,以及表现病毒在美国不同种族之间传播的路线,会是很有意义的。

在你准备演讲时,应该思考如何使用演示文稿这一工具来超越传统视觉辅助手段的效果。同时要记住:太多的视觉辅助弊大于利。

开始使用演示文稿

一旦你决定了演讲中的哪一部分用演示文稿来表现,那就开始为你的演讲做准备吧。内容你可以创造包括文字、图像和声音的幻灯片,它有助于你把想法传达给观众。用术语来说,为一次演讲准备的所有幻灯片被称作演示文稿。你可以把一页幻灯片当作一项独立

幻灯片
slide
PowerPoint 演示文稿的单独一页。

演示
presentation
一个 PowerPoint 文件,包含为某次演讲准备的所有幻灯片。

的视觉辅助材料,而一套演示文稿可以当作一个包含了所有各种演讲辅助手段的文件夹。

屏幕要素

如果你过去没有使用过演示文稿,你需要花点时间来熟悉它的屏幕要素。图 A.1 表现了这些要素在演示文稿 2002 中的位置。在最顶端,Microsoft PowerPoint 的标题之下,是菜单栏,通过它来实现主要功能,如打开或关闭、选择字体、插入图像和预览幻灯片。点击菜单栏上的按钮,下拉式菜单显示出更多选项。菜单栏下方是上工具栏,为例如增加新幻灯片、加粗体、变斜体、撤销前项动作或保存幻灯片这些任务提供快捷方式。

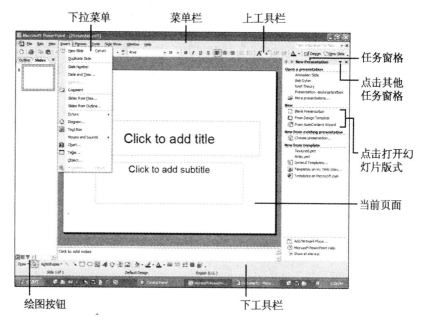

图 A.1

另一工具栏在屏幕底端。左下方角落的"绘图"按钮上有三个带图标的按钮,这些按钮可以让你转换不同视图方式。下工具栏同样包括了各种功能的快捷方式,像增添文本框、图表、剪贴画和颜色。

屏幕的主要部分是以所谓"普通视图"方式表现的,这种视图把屏幕分成三部分。中央部分展示当前幻灯片页面,左边的窗格可以浏览幻灯片大纲与翻阅幻灯片之间转换,右边是任务栏,包含了新建演示文稿和安排幻灯片版式的工具。

附录二 使用演示文稿 PowerPoint

模板

PowerPoint 软件提供了三种新建演示文稿的方式：内容提示向导、空演示文稿和设计模板。

内容提示向导主要为商业演讲设计，此模板中带有超过 20 种不同的演示文稿的预定大纲和范文，像员工培训、会议安排和销售产品或服务。尽管在某些场合很有用，内容提示向导还是很少应用于商业环境以外的演讲中。

空演示文稿没有任何预置设计。一些有经验的演讲者喜欢这种方式，灵活性很强，但对新手来说可能会让他们感到泄气。

大多学生喜欢选择设计模板这一项，所有幻灯片都由预置的颜色、字体和图表组合而成。模板的样板会出现在屏幕右边，点击任何一个你都可以在屏幕中央预览（见图 A.2）。

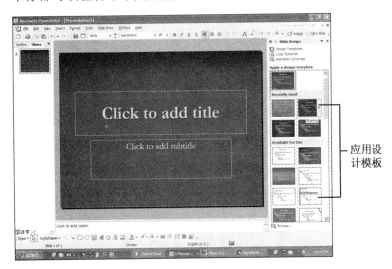

图 A.2

使用设计模板时，要避免带有繁复背景的模板，那会转移听众对信息的注意力。

幻灯片版式

设计模板和空演示文稿为你在幻灯片上安排各项元素提供了超过 24 种编排方式。在你的电脑屏幕右边的窗格里可以浏览这些编排方式（见图 A.3）。点击任一编排方式，它就会出现在你的屏幕中央。

321

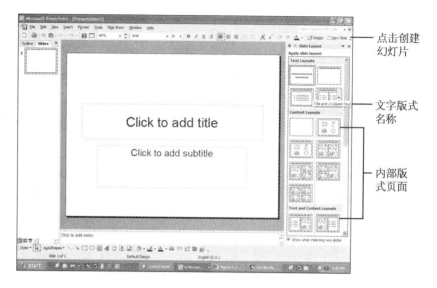

图 A.3

了解了演示文稿的基本元素,你就可以开始为演讲制作幻灯片了。你可以在制作过程中逐步熟悉创建幻灯片,怎样插入文本、图像和声音,怎样把幻灯片编排得看上去明快专业,怎样增加特殊内容如动画,还有幻灯片之间如何过渡等。

演示文稿幻灯片要素

演示文稿幻灯片的主要要素是文本、图片和声音,可以单独使用也可以组合起来。有许多种类的影像可以供你使用,从录像到固定的图像如照片、剪贴画和图表,让我们逐个来介绍。

☐ 文本

多数演示文稿幻灯片包含某些类型的文本。可以是简要说明幻灯片主题的标题,也可以是幻灯片中的几行文字。文本可以单独使用,也可以联系照片、剪贴画或其他影像一起使用。

举例来说,图 A.4 幻灯片,取自于一个关于中国长城的演讲。演讲者把这张幻灯片与他对于秦朝建造长城的最初状况的解说联系起来。除了一张开始建造长城的皇帝——秦始皇的图片,幻灯片上还有标题和标明"秦始皇"和秦朝持续时间的文字。幻灯片注明了秦始皇画像的作者。

图 A. 4

照片

演示文稿的好处之一是：你可以轻松地用照片来活跃演讲。如果你介绍自己的经历，你可以用演示文稿展示自己的照片。说到其他主题，你可以从网上下载照片。以下是一些关于当代和历史照片的最好的在线资源网站：

- Google 图像搜索（www.google.com/imghp? hl＝UTF-8＆oe＝UTF-8＆q＝）。这是网上最全的图像资源，你可以通过数千个网站搜索任何主题的照片。
- Pics4Learning（http://pics4learning.com）。数千张捐赠的图片，没有版权限制。图片按类别分成建筑、历史、宗教、天气等等。
- The Amazing Picture Machine（www.ncrtec.org/picture.htm）。可搜寻的照片数据库，尤其在天文、世界领袖和艺术方面最佳。
- Free Stock Photos（http://freestockphotos.com/）。提供数千个历史人物和当代人物的照片链接，个人可以免费地使用。

剪贴画

剪贴画包括图画和符号，反映日常事物、过程和思想。例如，一张显微镜的画代表着科学,一架航天飞机环绕地球的卡通画表现了旅行。

如果你使用剪贴画,要当心别用得太多,一张幻灯片上只能用一幅。注意图片的感情基调要和你的演讲相称,而且确定所有用到的图片风格一致。

有无数关于剪贴画的在线资源,以下为两个主要的网站:

- Microsoft Design Gallery Live (http://dgl.microsoft.com/? CAG=1)。大量的剪贴画集合,可以按分类和关键字进行查找。也包括声音和动态图像。
- Barry's Clip Art Server (www.barrysclipart.com)。含有数千张捐赠的剪贴画,没有版权限制。

剪贴画
clip art
包括各种图画和符号,范围广泛,反映日常事物、过程和思想。

图表

正如我们在第十三章看到的,图表可以生动地表现统计趋势和模式。演示文稿提供了好几种把图表组合进演讲的方式。一种选择是从网上下载图表,行政单位、报纸和杂志的网站都是寻找现时主题的图表的好地方。另一个选择就是利用演示文稿的图表生成程序把你所收集的资料变成图表。

图 A.5 是你进入图表生成程序时的界面,数据单是一个独立的窗口。当你在数据单上更改标签和数字时,图表也会相应地改变。你还可以换成另一种图表形式,饼图或柱状图。不论你用哪一种,务必遵循第十三章中所说到的有效使用图表的原则。

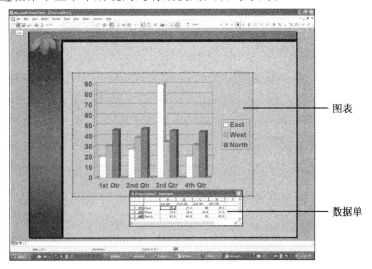

图 A.5

附录二　使用演示文稿 PowerPoint

☐ 声音

如果你正在就一个话题，例如语言发展、鸟鸣或爵士乐进行演讲时，你或许会想要播放一些声音片段来表达你的看法。演示文稿提供了数种在演示文稿中插入声音的方法。你可以从 CD 上摘录片段来播放，也可以播放网上下载的声音，还可以使用你自己录制的声音。

无论使用哪种类型的声音，最重要的是它要完全为你传达信息起作用。所有插入的声音文件必须保持在一定长度以内，帮助你表达出演讲重点而不至于喧宾夺主。切记，观众是来听你讲话的，而不是来听那些别人创作的音乐的。

☐ 录像

演示文稿提供了一系列在演讲中插入录像的方法。在以你自身经历为主题的演示文稿中，你可以放上个人的录像。这些录像可以经过编辑保存成文件形式，用于演示文稿幻灯片上。另一选择是从因特网上下载非线性影像，只要你小心遵守版权规定。

就像声音一样，录像是为了传达信息，只在必需的时候才被插入。它同样要经过技巧性的编排，也要与演讲的其他部分融合到一起。注意：视频文件会占用大量磁盘空间，而且不适于在比较老的电脑上演示。你要是想在演讲中加入录像，记得事先检查你要使用的电脑，确保视频播放速度正常，声音与图像同步。

幻灯片版式

把你想要使用的文本、图像、声音和录像准备好了之后，下一步就是设计幻灯片版式。演示文稿带有许多高级的版式样式，你也可以按照第十三章论述的基本原则使用颜色、字体、空间、动画等各种元素，自己来创造新锐而专业的幻灯片。

☐ 颜色

演示文稿为幻灯片的颜色安排提供了极大的选择，会让你忍不住把所有颜色都试一遍。但想要有效地运用视觉辅助，必须只用几种有限的颜色，并保持统一。背景用一种颜色，标题用一种颜色，其他文字用一种颜色,在幻灯片中自始至终。举例来说,以中国长城为主题的演示文稿的所有幻灯片的背景都是红色,标题文字都是金色,其他文字都是白色。这种一致性把幻灯片整合起来,让整个演讲看起来更为专业。

在选择颜色时,记住深色背景与浅色文字在液晶投影上能造成最好的对比效果。演示文稿提供了 12 种不同色彩组合的预设选项(见图 A.6),点击就能改变你幻灯片的颜色。

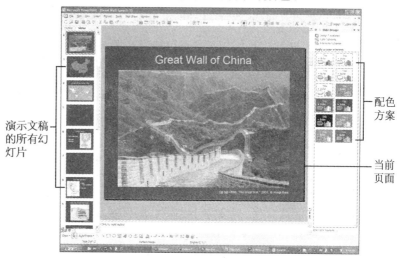

图 A.6

字体

演示文稿有很多种字体供你选择,但都属于两种基本的类型:衬线字体和无衬线字体。衬线字体每个字母都有小"尾巴";无衬线字体没有这种小"尾巴",正如你在本段开头所看到的字体,举例来说,请看图 A.7。

衬线字体在大段落的文章中易于阅读,而无衬线字体更适合标题和小段文字。大多数多媒体专家都推荐无衬线字体用作幻灯片的标题和题目。同时也有些专家认为,所有幻灯片里的文本都应该使用无衬线字体。

PowerPoint2002 中大多幻灯片上的默认字体是一种称作 Arial 的无衬线字体。通常情况下,你不必更换这种字体,但如果幻灯片显示了另外一种字体,或者因某种原因想换一种字体,也能很容易做到。当你选择字体时请遵循以下原则:

衬线字体
serif font
每个字母的头尾处都有边角,强调一个词,而非一个字母,适合正文编排。

无衬线字体
sans-serif font
每个字母的头尾处没有边角,强调单个字母,适合标题运用。

附录二　使用演示文稿 PowerPoint

Serif Fonts	Sans-Serif Fonts
Times New Roman	Arial
Bookman Old Style	Antique Olive
MS Reference Serif	MS Reference Sans Serif
Book Antiqua	Tahoma
Palatino Linotype	Verdana

图 A.7

■ 选择一种清晰且易于辨认的字体。

■ 避免全部使用大写字体，它们很难阅读。

■ 在一页幻灯片中不要超过两种字体——大标题和主题用一种，副标题和其他文本用另一种即可。

■ 与其在页与页中转换不同字体，不如所有幻灯片都用一致的字体。

■ 大标题和主题的字号介于 36 至 44 磅之间；副标题和其他文本的字号介于 24 至 32 磅之间。

☐ 空间

使用演示文稿时最容易犯的错误是在一页幻灯片上放太多内容，影响了演讲者的信息传达，也让观众感觉混乱。对只含有文本的幻灯片，一个基本原则是一页上不要超过 6 行字。如果你把文字和图片放到一起，就必须限制行数，让文字足够大，能让观众轻松地阅读。

排除幻灯片上的其他要素，设计幻灯片时尽量保持一种视觉平衡的轻松感。见图 A.8，这是一张关于著名的墨西哥裔美国领导人 Cesar Chavez 的幻灯片。注意它的标题是在幻灯片的顶部中间，照片占了左边的一半，而文字占了右边足够的空间，与照片所占地位取得平衡。

把这张幻灯片与图 A.9 作一下比较，后者包含的元素与前者相

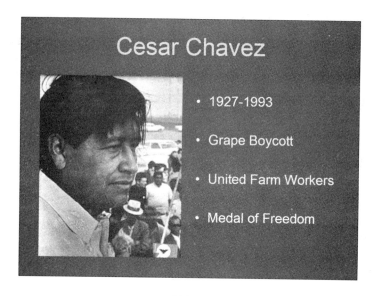

图 A.8

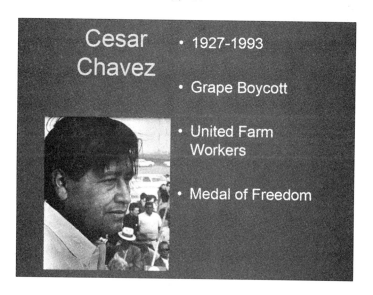

图 A.9

同,但这些元素安排不当。标题没有放在中间,而是放在照片上方,由一行变成了两行,照片尺寸被缩小了,它的视觉冲击力就不如第一张幻灯片了。图 A.9 的照片也太过于接近幻灯片底部,因此把照片与标题各自分离。右边的文字离照片太近了,在幻灯片上的位置也太高,缺乏良好的视觉平衡感。

你若是使用演示文稿的默认编排方式,在视觉平衡上就不会有大问题。但要记得在幻灯片边缘留下一定空间,因为在投影屏上看到的画面通常会比你在电脑屏幕上看到的要来得小一些。

动画效果

看到"动画"两个字,你可能会想到卡通人物和迪斯尼的电影。然而在演示文稿里,动画表示的是内容在幻灯片上出现或消失效果。没有动画效果的话,播放幻灯片时,所有内容是在同一时刻出现的。通过动画效果,你可以控制文字、图片甚至部分图表在什么时候出现在屏幕上。使用得当的话,可以起到很好的修饰作用。

在你发表演讲的时候,思考一下怎样使用动画效果才能有助于传达信息。但你要小心谨慎,因为动画效果容易分散观众的注意力。只用几种特定的动画效果,并且要保持其一致性。

> 动画效果
> animation
> 演示内容在幻灯片上出现或消失的效果。

借助演示文稿来演讲

一旦制作完成幻灯片,就该进行演示了。与使用演示文稿的其他方面一样,需要仔细做好各项准备。如果你不能正常使用电脑或投影仪,或是由于光线昏暗幻灯片显示得不清楚,或是你没有在恰当时刻进行展示,那么即使再专业的幻灯片也不能发挥效用。

第十三章中列举的借助其他视觉辅助手段演讲的原则也同样适用于演示文稿。这里我们来专门讨论使用演示文稿的一些细节,对于使用演示文稿的演讲者来说特别重要。

检查幻灯片

在演讲前,得花些时间反复检查你的幻灯片,确定没有任何东西遗漏、放错位置或是拼写错误。你可以在幻灯片分类视图状态下快速浏览所有幻灯片(见图 A.10)。播放幻灯片视图也是不错的方法,放映时幻灯片会出现在屏幕上。别忘记在此过程中保存修改的内容。

了解如何操作幻灯片

正式演讲时,你应该能轻松自如地放映幻灯片及操作动画效果。为此,你必须知道该如何操作电脑去完成这些指令。大多设置指令有多项选择,要是你过去没有使用过演示文稿,可以通过不

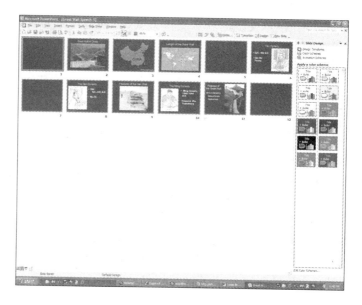

图 A.10　幻灯片浏览视图

同选项多加练习,决定你要使用哪一种,然后将它贯穿始终。

　　一旦有了使用演示文稿的经验,这些操作方法就变得比较熟悉了。以防万一在演讲中忘记,你可以跟着有经验的演讲者多做练习。

借助演示文稿练习演讲

　　在第十三章中我们建议,使用视觉辅助手段来练习演讲,这对于使用演示文稿来说特别重要。如果你不知道必要的操作方法,使用设备时到处出错,或者无法把语言讲述与幻灯片融合起来,那你就会很快地失去信誉,同时也失去听众的关注。

　　在用演示文稿练习演讲时,不要仅仅随便点击鼠标或是在说话时飞快地翻幻灯片,要贯穿演讲每个部分,确定你清楚地知道每一张幻灯片该在什么时候放出、该在什么时候结束,以及在每一张放映时你该说哪些话。把演讲的提示以线索的方式标记下来,那会提醒你何时展示幻灯片、操作动画效果,以及何时替换另一张。

　　最好在你开始讨论一个要点时同步放映这一张幻灯片,恰到好处地展示每一张幻灯片,同时,调整动画效果出现的时间,使之正好在讲到相关要点时出现。这样精确的控制得益于多多借助演示文稿进行演讲练习。

　　除了让幻灯片和演讲融合,在练习与观众进行目光交流时你也

附录二　使用演示文稿 PowerPoint

要花费心思。这是演讲中很重要的一点,但当你使用演示文稿时就会是个特殊的考验了,因为演讲过程中你要操作所有的设备机器。在练习时,要把鼠标和键盘使用熟练,播放幻灯片时只需要往下看一眼或者根本不用看。

同样,集中思想发表演讲,不要回头去看屏幕上幻灯片放映到哪里。你可以在每次切换幻灯片时瞥一眼电脑屏幕,看看投影屏幕上放的是什么。解说幻灯片时看屏幕是可以允许的,但该记住要面向观众而非屏幕发表演讲。

用演示文稿练习演讲,比起其他形式的演讲,你要花更多时间去练习。不管你的幻灯片制作得多好,如果你不能有效展示,都不会有多大的影响力。所以早点开始准备吧,用充足的时间来确保你的演示能和幻灯片本身一样有感染力。

☐ 到讨论时再展示幻灯片

如同其他视觉辅助一样,你想要演示文稿幻灯片只在你讲解到的时候才显示出来。为了实现这一要求,你可以根据需要在幻灯片之间插入空白页。这样做,可以让听众注意力集中在所讲的内容上,而不会被前一张幻灯片转移注意力。

记住不管何时视觉辅助显示出来,都会有至少一部分观众不再听你讲而去注意它。使用空白幻灯片是避免以上情况的一种方法。在演示文稿的最后插入空白幻灯片也是一个好主意,那样最后一张有内容的幻灯片就不会在你已经讲完的时候还在被展示了。

☐ 检查房间和设备

在理想环境下,你至少可以在发表演讲的房间里演练一次,使用演讲那天你将会用到的电脑、鼠标和投影仪。如果做不到这样,尽量在几天以前事先查看那个房间,试一试设备。如果你在演讲之前没法进入,那么就早一小时或一小会到达,熟悉一下设备,保证可以正常使用。

不同的电脑和投影仪之间会有很大区别,不同房间里的多媒体连接也不相同。所以即使你过去使用过演示文稿,你仍然要检查一下会场里的多媒体安装情况。多数经验丰富的演讲者会事前安排一位技师,在他们抵达的时候在场,有任何问题的话就可以请技师处理。

同样要加以考虑的是设备的位置。如果你使用一个便携式投影仪，就需要一张桌子来放置它，就像电脑、鼠标和讲义需要放在桌子或者演讲台上。确保你有地方可以站，不会挡住投影仪，它的光也不会直射你的眼睛。你有可能会需要重新一下座位，或者是投影仪和屏幕的位置，以保证每个人都能看清。

还要注意灯光。检查一下投影仪亮度是否够，能够超过房间的照明而在屏幕上留下清晰的影像。如果不能，看看能否把屏幕附近的灯光变暗。如果你只是使用几张幻灯片，那么只要在放映时调暗灯光就行了。如果灯光控制开关离你演讲的地方很远，安排某个人帮你控制灯光，并给他明确的指示。

虽然这些看起来都很繁琐，但任何一个用过演示文稿做演讲的人都会告诉你，这些都是必要的。

☐ 想好备选方案

尽管你做了所有的准备和练习，设备问题还是很可能会让你失败。不止一个带着演示文稿而来的演讲者发现：电脑出故障了、投影仪坏了或是电源接口与他的电脑不通用。

你碰到了会怎么做？你不能把演讲取消，就像老话说的"戏还得唱下去"，这就是你为什么总是需要一个备选方案的原因了——尤其是课堂外的演讲。

一种方法是制作投影幻灯片来代替演示文稿幻灯片，投影幻灯片几乎在全世界任何地方都可以使用，专业的演讲者通常都随身携带一套投影幻灯片到会场，以防演示文稿出问题。

即便你有投影幻灯片作为演示文稿的补救措施，还是有既不能使用演示文稿又不能使用投影幻灯片的可能性，你要为此做好准备。在这种情况下，你可以发放印刷好的讲义。甚至某些场合连这些措施都无法保证，重要的是要事先考虑到那些可能存在的复杂因素，准备一个备用方案以防发生任何状况。

版权与合理使用

我们多次提到，从网上下载照片、剪贴画、图表、表格和录像用于演示文稿是多么便捷。但重要的是，在使用时，必须考虑到并遵守相关的法律。

版权法规定,你要是想用别人的原创作品的话,就必须得到他的允许(或得到作品持有者的允许),并为此付费。除了这些限制,法律允许教师和学生出于教育目的"合理使用"有版权的材料,可以从网上下载这些材料,包括图像和声音。以下是合理使用电子版材料的基本原则:

■ 你可能会为了上一堂特殊的课,而在多媒体演示文稿里用到一些有版权的材料。如果你要在讲义里包含这个演示文稿的话,就可以继续使用这些材料。

■ 在没有得到原作者书面允许的情况下不得把有版权的材料再次发表在网上。换句话说,如果你下载了一些有版权的照片用于演讲,而你要把该演示文稿发表在个人网页或其他网站上,这时就必须得到照片版权拥有者的书面允许。

■ 未经允许的情况下,使用有版权的电影、录像或其他动态影像不要超过3分钟或10%内容。

■ 未经允许的情况下,使用原创的音乐和歌词不要超过10%内容或30秒。

■ 未经允许的情况下你可以使用单张完整的照片或图画,但对于一系列作品不要超过15张或是这一系列的10%。

■ 在演示文稿中用到版权材料时,需要标明出处和版权符号。对于文字材料,要写明原作者姓名、原标题和出版日期。对于图像和音乐来说,要写明该作品的名字(倘若有的话)和版权所有者的姓名。一般资料来源说明用10号字体,打在每一项引用内容的下面。

不但在通过书籍、杂志和其他印刷物寻找资料时要记住这些原则,通过网络搜寻图片和音乐时也要想到。记得下载材料时要记下出处和版权信息,不然事后你就要花额外的时间去找了。

演讲案例与点评

下面是一篇以中国长城为主题的演讲稿,阅读时,请注意它是怎样达到本书所讲的"有效演讲"标准的:敏锐的聚焦、清晰的组织、有效的衔接、充实的材料等等。观看演讲录像时,请特别注意幻灯片的制作,演讲者把演示文稿与演讲的内容融为一体,还有,他在解释幻灯片内容时,始终与观众保持目光交流。

中国的长城

演　讲	点　评
中国有句古话"不到长城非好汉"。去年我去中国的时候游览了长城,我不知道自己是不是变成了好汉,但我知道了长城确实很伟大。	演讲者引用一句俗语开场,以此吸引听众的兴趣和注意力。他提到自己在中国时候游览过长城,使听众建立起对他的信任。
你们可以从这张照片里看到,长城雄伟壮美,城墙在群山中连绵不断,烽火台在山谷上遥相呼应。长城蜿蜒穿过大半个中国,从东部沿海开始,途经北京,一直到西部的甘肃省。它是世界上最长的人类建筑,全长达4 000千米。如果把长城搬到美国并把它拉直的话,可以纽约为起点,穿越大西洋,经过西班牙、英格兰和法国,最后到达德国柏林。	演讲者的第一张幻灯片是一幅具有震撼力的照片,展现了长城蜿蜒于群山之巅的雄姿。第二张幻灯片展示了长城在中国大地上伸展的空间之辽阔,让不熟悉中国地理的人也能够明白长城的地理方位。演讲者解释了在假定条件下,长城将会从纽约延伸至德国柏林。幻灯片里的动画效果加深了视觉印象,并戏剧化地表现了长城不同寻常的长度。
在此我愿意将长城的奇迹与你们共享。我会集中讲述建造长城的三个主要时期:第一阶段秦朝、第二阶段汉朝和第三阶段明朝。让我们回到2 000年前,最早的一段长城是在那时开始建造起来的。	预先告知演讲正式内容将会谈到的三个要点。在你观看光盘上的这场演讲时,注意演讲者是如何通过在本段内容中播放空白幻灯片,来避免听众分散注意力的。
据我们所知,长城最早是在公元前221年开始被建造的,秦始皇让最优秀的将军带领30万士兵重修城墙,把战国时期修建的分散的城墙连接起来。秦朝人使用木头框架,在其中填	进入第一个要点。与此同时,他投影了一张幻灯来展示秦始皇的画像和秦朝的年代。当他讲完这一节时,又放映了一张空白幻灯片,

满石块和泥土,仅仅用 12 年时间,就完成了 3 000 千米长的城墙。

虽然长城被证明可以有效地抵御北方部落的入侵,但在中国国内仍然引起了争议。阿瑟·沃德隆在《中国长城:从历史到神话》中写道:"那些被迫修建长城的人,他们的尸体堆满了路边。"为了修建长城,人民被强迫进行重体力劳动,还被沉重的赋税压榨,变得苦不堪言。一年之后秦始皇驾崩,农民起义推翻了秦朝。长城巍然挺立,而秦始皇的帝国已经覆灭了。

修建长城的第二阶段主要是在汉代,从公元前 206 年到公元 220 年。汉武帝下令增修长城,以保住汉朝军队击败北方部族所得到的土地。劳工在长城原有的基础上,加长了 300 千米。他们修建了木制框架,在其中填满柳木、芦苇,以及碎石与水的混合物。从这张汉代长城废墟的照片可以看到,那时的长城从建筑外观上来看,都与现在看到的长城大不相同。

1 100 年后的明朝,是长城建造的第三个重要时期。1368 年,明朝初年,皇帝朱元璋下令扩建长城。他之后的几个皇帝继续加固和扩建长城直至到达现今的长度。明代的建造者们在建筑工艺上取得了三大重要的进步,形成了长城与众不同的特色。

这张照片非常好地体现了这些建

这样听众们就会把注意力集中在他下一章节表述的语言信息上。

这一节提供了秦朝建造长城时的详细介绍。注意他在引用长城建造所付出的人力代价的相关资料时,是如何确认资料来源的。

这一节开头的标识提醒听众,演讲者将进入下一个要点的内容。展示了有汉武帝的画像和汉朝的年代的幻灯片后,演讲者展示了一张照片,以此说明汉代的长城和现存的长城有什么不同。

当演讲者开始讲述第三个要点的时候,他迅速地从汉代长城废墟的幻灯切换到了有明朝年代和皇帝朱元璋画像的幻灯片。从整体上加强了演讲结构的一致性。

这一节,演讲者是通过

筑特色。首先,他们使用烧制过的砖块而不是泥土和石头,来修建更坚固的墙体;其次,他们建造了3 000多个烽火台来监视山口要隘的入侵者。这些烽火台就像强大的前哨基地耸立于长城之上,当你亲眼目睹,你就会了解这是长城最震撼人心的特色之一;第三,明朝的建造者将长城修建得如此高大,敌人要攻破几乎是不可能的。事实上,长城宽到足以让士兵们骑好几匹马并排站在上面。

总而言之,中国的长城具有悠久的历史,建造过程历经秦朝、汉朝和明朝1 000多年,成为人类工程史上的宏伟杰作。尽管长城已不再担当保家卫国的重任,但它仍具有中国文化和中国国际身份的标志性作用。既然大家对长城已经有了更深入的了解,我希望你们对此能有一个完整的认知——长城为什么不仅在中国,更是在世界范围,被公认为是人类的奇迹遗产。

一张表现长城建筑特色的照片开始的。每谈到一个特色,他都会用动画效果让恰当的文字出现在幻灯片上。这种视觉与口头元素的组合,再加上演讲者对动画效果出现时机的把握,使讲述非常有成效,也为如何发挥演示文稿的优势提供了出色的示范。

进入结论部分后,演讲者总结归纳了要点内容,并在结尾强调了他的中心思想。为了确保听众不再将注意力停留在前一节谈论的长城的建筑特色上,演讲者在总结过程中插入空白幻灯片。

第五部分

各类公共演讲技巧

第十四章

告知型演讲

邓美兰是一家大城市医院药房的负责人。这天上午,回复了大批电子邮件后,她接待了一位制药公司的销售代表,这位代表到医院来跟她讨论联邦食品与药品管理局刚刚批准投入使用的一种新的止痛剂。邓美兰看了这位销售员带来的材料,提了很多问题,都是关于这种药如何能够在本院病人中使用的问题,并记了详细的笔记。

稍后,邓美兰决定看看做的幻灯片,几个小时后她将作午餐演讲。这次轮到她给一批药剂师作报告了,他们都来自同一个地区的医院,每月开一次会,彼此交流一些情况。她在便携式电脑上再次看了看幻灯片,看起来漂亮极了。而且,下星期在医院的管理人委员会的会议上,她可以再次利用这些幻灯资料。

午餐会很顺利,美兰按时回到办公室,主持两点的部门会议。她希望部门的员工都了解这种新止痛药,因此把早上看过的材料发给大家,并根据她早些时候记下的笔记回答一些问题。

坐到办公椅上后,邓美兰打开电脑,不禁惊呼:20份新邮件。她发现,其中一半是午餐会的听众发来的,大家都称赞她的演讲"很吸引人",然后请她把"信息量极大的"幻灯片通过电子邮件发给他们。这是多么令人"欣慰"的一件事啊!

邓美兰并不认为自己是一位"演说家"。但是,她的大部分工作都涉及清晰而有效地吸收和交流信息。邓美兰的经历具有普遍性。在最近的一项调查中,五所美国大学的毕业生按要求列出他们认为工作最重要的演讲技巧。结果,他们都把告知型演讲列在第一位。在另一项调查中,62%的人回答说,他们"差不多不停"在做告知型演讲。

哪些人在做告知型演讲呢?商务经理阐述下一年的预算,建筑师评估一栋新建筑设计方案,部队军官对下属训话,工会领导对工人

第十四章　告知型演讲

解释新合同的详细内容,教会工作人员简要说明一个基金计划,教师在教室里上课。在无穷无尽的情形中,人们都需要将一些情况告知另外一些人。这种交流能力将在人们的一生中发挥作用。

你的第一次课堂作业可能就是一个告知型演讲。让你在这样的演讲中扮演一位教师。你们可能要描述一个物体,展示某种东西怎么工作,报道一次事件,解释一个概念等。你的目的将会是传递知识和理解。你的演讲可能要根据这样三个基本标准进行评估:信息传达是否准确?信息传达是否清晰?对听众有意义、有乐趣吗?

在本章,我们将研究四种类型的告知型演讲以及告知型演讲的基本原则。我们也会运用到前面几章讨论过的各种一般性原则。

> **告知型演讲**
> informative speech
> 旨在传达知识和帮助理解的演讲。

告知型演讲的分类:分析和组织

告知型演讲有很多种分类方法。在这里,我们集中讨论常用的四种告知型演讲:1)关于实物的演讲;2)关于过程的演讲;3)关于事件的演讲;4)关于概念的演讲。这些并不是严格规定的范畴,但是,它们提供了有效的分析和组织告知型演讲的方法。

关于实物的演讲

在这里,"实物"系指任何看得见、摸得着和外形稳定的东西。实物也可以是活动的、有生命的东西,包括地点、结构、动物,甚至包括人在内。下面是一些关于实物的演讲主题:

骑公牛	地铁
大峡谷	股市
人类的眼睛	伊丽莎白·卡迪·斯丹顿
海藻	数字相机
漫画	美国陆军

> **实物**
> object
> 任何看得见、摸得着和外形稳定的东西。

你不可能把上述实物所有信息都讲给同学听。你只能够选择其中一个,并集中在演讲主题的某一个方面。根据上面这些话题,我们列出一些关于实物的告知型演讲的具体目标:

告知听众,让他们了解漫画的社会功能。

告知听众,让他们了解大峡谷的地质特征。

告知听众,让他们了解伊丽莎白·卡迪·斯丹顿在美国女权运动中的作用。

告知听众,让他们了解购买数码相机时应该注意哪些事项。

告知听众,让他们了解海藻的商业用途。

注意,上述陈述都非常简单。正如我们在第四章看到的,具体目标不能太泛,否则无法在有限的时间里完成。"告知听众,让他们了解照相机"就是一个太泛的目标,课堂演讲没有时间完成这个报告。"告知听众,让他们明白购买数码相机时应该注意什么"则更精确,而在一次简短的发言中,这一目标也更容易说清楚。

如果你的具体目标是要说明演讲主题的历史,你可以把演讲要点按时间顺序罗列出来。

例如:

具体目标:告知听众,让他们了解弗里德里克·道格拉斯的主要成就。

中心思想:虽然生而为奴,但是,弗里德里克·道格拉斯成为历史上最伟大的美籍非洲人。

要点:1. 道格拉斯在马里兰州当了20年奴隶;

2. 逃亡到北方以后,道格拉斯成为废奴运动的领袖;

3. 内战期间,道格拉斯参与组建了联邦军队中的黑人军团;

4. 战争结束以后,道格拉斯成为黑人民权运动的不懈奋斗者。

如果你的具体目标是要描述演讲主题的主要特征,你可以按照空间顺序来组织演讲:

具体目标:告知听众,让他们了解西班牙的主要地区。

中心思想:西班牙共有五大地区。

要点:1. 北部山区从大西洋开始,横跨西班牙最北部地区,一直到沿岸平原;

2. 艾布罗盆地由大片的平原构成,沿艾布罗河延伸;

3. 沿岸平原顺着西班牙东海岸延伸;

4. 加达尔奎维尔盆地气候干燥,但它是西班牙南部肥沃的地区;

5. 梅塞塔是一个巨大的高原,覆盖了西班牙中部地区。

大家会发现,许多关于实物的演讲可以归纳为主题顺序。这里有一个例子:

具体目标:告知听众,让他们了解正在开发的新能源汽车。

中心思想:正在开发的新能源汽车主要是指电能、天然气、甲醇

第十四章 告知型演讲

或氢气驱动的汽车。

要点：1. 第一种新能源汽车由电能驱动；
　　　2. 第二种新能源汽车由天然气驱动；
　　　3. 第三种新能源汽车由甲醇驱动；
　　　4. 第四种新能源汽车由氢气驱动。

不管利用时间顺序、空间顺序或者主题顺序中的哪一种组织方法,都应该按照第八章讨论过的要点进行：1)把演讲限制在两到五个要点之内;2)各要点必须分开;3)各要点都要用同一种措辞;4)各要点的时间长度要均衡。

□ 关于过程的演讲

过程是一系列的行动,导致具体的结果。关于过程的演讲可以解释某种东西是如何形成的,某件事情是怎么做的,某种东西是如何起作用的。这里列出了一些关于过程演讲的具体目标：

告知听众,飓风是怎样形成的；
告知听众,如何撰写个人简历；
告知听众,如何救助溺水的人；
告知听众,东方人是怎样编织地毯的；
告知听众,如何自己制作网页。

这些例子说明,共有两种关于过程的告知型演讲。一种是解释一个过程,目标是让听众知道了解各个步骤,以及他们是如何相互联系的。如果你的具体目标是"告知听众,原子弹是如何发挥作用的",那你将解释制作原子弹的基本步骤,以及它们是如何引发核爆炸的。

第二类演讲也是解释一个过程,目的是让听众更好地操作这个过程,或者学会一种特别的技能。假如你的具体目标是"告知听众,如何像专业摄影家一样去拍照"。那么,你就应把专业摄影的基本技能告诉他们,并说明如何利用这些技能。让听众学会利用一些摄影技巧,是你这次告知型演讲的最佳成果。

这两种关于过程的演讲,都有可能需要视觉辅助的帮助。至少,你应该准备一张图,把步骤或技巧的大致意思表示出来。在某些情况下,你需要当着听众的面演示各个步骤或技巧。有一位同学就表演了魔术,并说明了这些魔术后面的技巧,另一位同学表演了哑剧的基本方法；还有一位同学表演了空手道的基本功。在这些例子中,演示不仅仅阐明了演讲的内容,而且还吸引了听众。

过程
process
导致具体结果的一系列行动。

就一个过程来进行告知型演讲时,一般需要按照时间顺序来组织演讲,从头到尾一步步解释整个过程。例如:

具体目标:告知听众,如何自己制作网页。

中心思想:自己动手制作网页共有四个步骤。

要点:1. 第一步是决定在网页中安排什么内容;

   2. 第二步是设计页面;

   3. 第三步是把页面以 HTML 文件的形式存储下来;

   4. 第四步是将网页上传到互联网上。

有时候,与其一步一步引导听众,倒不如集中讲解某一过程的主要原理或技巧。然后,可按照主题顺序组织演讲,每一个要点解释一个单独的原理或技巧。例如:

具体目标:告知听众,魔术家表演魔术的主要方法。

中心思想:魔术家利用机械装置、灵巧的手法这两种常用方法来表演魔术。

要点:1. 许多魔术技巧都依赖于机械装置,不需要魔术师有很高的手法;

   2. 另外一些魔术技巧依靠魔术师的手法技巧来蒙蔽观众的眼睛。

"紧凑"在过程演讲中尤其重要。你必须对每一个步骤了如指掌。如果一个过程中有 4—5 个步骤,就应该把每个步骤分成小单元,防止要点太多,听众难以全部接收。例如,在解释如何制作家庭鱼缸时,一位同学提出了以下要点:

1. 首先选择鱼缸的尺寸;

2. 确定鱼缸的形状;

3. 明确购买鱼缸的预算有多少;

4. 鱼缸买来后,还需要一个过滤系统;

5. 还需要加热器;

6. 还需要准备一台空气泵;

7. 以上事情安排妥当后,必须为鱼缸选择一些砂石;

8. 再找一些植物;

9. 适当的装饰可以增加水族馆的效果;

10. 准备一些鱼;

11. 大多数情况下都是淡水鱼,因为它们比较常见;

12. 海水鱼又贵,又需要特别养护。

毫无疑问这些要点太多,听众很难把握。演讲人最好按照下面的大致过程来组织演讲。

1. 制作家庭鱼缸的第一步是选择一个合适的鱼缸
   (1) 鱼缸的尺寸;
   (2) 鱼缸的外形;
   (3) 鱼缸的成本。
2. 第二步,装备鱼缸
   (1) 一套过滤系统;
   (2) 一个加热器;
   (3) 一个空气泵;
   (4) 一些砂石;
   (5) 一些植物;
   (6) 一些装饰物(视个人而定,不是必需的)。
3. 第三步是鱼的选择
   (1) 淡水鱼使用较为普遍;
   (2) 海水鱼比较贵,且需要特别养护。

大家可以看出,第二层的小标题把原来的 12 个要点都涵盖其中了。而且,这样层次更清楚,第一层要点只有 3 个,便于听众记忆。

关于事件的演讲

《兰登书屋字典》对事件的定义是:"任何发生或被认为正在发生的事情。"根据这个定义,下面是适合做事件演讲的例子:

大屠杀	面试
登山	500 年祭
民权运动	理疗
残疾人运动会	注意力缺乏症
花样滑冰	小比格恩角大战

事件
event
任何发生或被认为正在发生的事件。

和其他类型的演讲一样,集聚要点、挑选一个具体目标,比较合适在一次小型演讲中完成。再来看上面这些有关事件演讲的具体目标:

登山:告知听众有关登山运动必须的装备。

500 年祭:告知听众有关墨西哥 500 年祭节日的各项活动。

小比格恩角大战:告知听众在小比格恩角发生的著名战役。

理疗:告知听众有关物理疗法的技巧。

我们可以看出,这些事件可以通过不同的方式进行讨论。如果你的任务是要叙述一个事件的历史,那可按时间顺序来组织演讲,将事件按照发生的先后一一列举出来。例如：

具体目标：告知听众美国残障人权利运动的历史。

中心思想：美国残障人权利运动在过去的30年里取得了巨大进步。

要点：1. 开始于20世纪60年代中期的加利福尼亚州贝克莱；

2. 1973年联邦健康法的通过标志着第一次重大胜利；

3. 1990年，美国国会批准了美国残障人法案，这是美国残障人权利运动的一个里程碑；

4. 目前，这一运动正在向美国之外的其他国家发展。

对于一个历史事件可以选择不用叙述的手法，而采用分析的方法，去解释事件的起因和影响。如果这样的话，就应该按照因果关系来组织演讲。假设你的具体目标是"告知听众，让他们明白'永不沉没的'邮轮泰坦尼克号沉没时为什么会有那么多人遇难"，那么，由因推果，你大致可以这样总结：

具体目标：告知听众，"永不沉没的"泰坦尼克号沉没之时为什么会有那么多人遇难。

中心思想：邮轮下沉已成定局，在此紧急关头没能把尽可能多的乘客和船员转移到救生艇中，才造成船上近三分之二的人死亡。

要点：1. 泰坦尼克下沉时有两个主要原因造成大批人员死亡：

(1) 备用救生设备不足以容纳船上所有人员；

(2) 附近的加利福尼亚号轮的无线电操作员关掉无线电睡觉去了。

2. 这两种情况造成的后果是灾难性的：

(1) 当所有可用的救生艇装满人后，还有1 500多人留在船上；

(2) 加利福尼亚号没有收到求救信号，泰坦尼克号开始下沉时，该船仍在前进。

除了讲述发生了什么或如何发生以外，还可以采用其他方法来处理事件演讲。很多时候，你可以集中一个角度，或者综合利用多个角度来解释某个事件，比如其特征、起源、含义、利益、发展趋势等。在这种情况下，应该按照主题顺序来组织演讲。务必确保各要点符合逻辑。

具体目标：告知听众女子体操的四个传统项目。

中心思想：女子体操中的四个传统项目是自由体操、跳马、平衡木和高低杠。

要点：1. 自由体操综合了舞蹈、特技和翻滚；
2. 富有爆发力和观赏性的空中动作是跳马的主要特点；
3. 平衡木要求准确的动作和完美的协调；
4. 高低杠则要求力量、灵活和轻盈的统一。

关于概念的演讲

概念包括信仰、学说、思想和原则等。它们比物体、过程或事件更抽象。下面是关于概念的告知型演讲的部分主题：

儒教	非洲中心论
电影理论	科学概念
教育哲学	心理学原理
女权主义原则	宗教信仰
原教育主义	国际法

概念
concept
一种信仰、理论、学说、思想和原则等。

我们从中选择一些主题，来看看关于概念的演讲形成的一些具体目标：

告知听众，非洲中心论的基本原理是什么；
告知听众，有关原教育主义的合法解释；
告知听众，中美两国的家庭观念有何差别；
告知听众，女权主义思想中的家长制概念；
告知听众，电影理论的主要原理有哪些。

关于概念的演讲一般是按照主题顺序组织的，一个常用的方法便是列举概念的主要特征或方面。例如：

具体目标：告知听众，非洲中心论的基本理论是什么。
中心思想：非洲中心论的基本理论有理论和实践两方面。
要点：1. 理论，从非洲而不是从欧洲的视角来考察历史和社会事件；
2. 实践，要求修改课程设置，以适合非裔美国儿童的需求与文化体验。

比较复杂的方法是，界定概念，找出其中要素，并用具体的例子来说明。这里有一个很好的例子，是从一个同学关于伊斯兰教的演讲中抽出来的：

具体目标：告知听众，有关伊斯兰教的基本理论。
中心思想：伊斯兰教的思想可以追溯到先知穆罕默德，这在《古兰经》里已有记载，并产生了多种教派。

要点：1. 伊斯兰教是先知穆罕默德于公元600年创立的；
   2. 伊斯兰教的教义写在《古兰经》中，《古兰经》是伊斯兰教的圣经。
   3. 今天，伊斯兰教分成了多个教派，最大的两支是逊尼派和什叶派。

还有一种方法是解释与某个主题对立的思想或观点。例如：

具体目标：告知听众，支持和反对征收电子商务税的主要论点。
中心思想：支持者与反对者都有合理的经济学论点。
要点：1. 赞成方认为，如果对电子商务免税，那会使得传统商业遭受不公平竞争压力；
   2. 反对方认为，对其征税以后，会使网络商业活动受到打击。

  从这些例子中可以看出，关于概念的演讲通常会比其他类型的告知型演讲更复杂。概念是抽象的，对于第一次接触这些概念的人来讲，是很难解释清楚的。解释概念的时候，应该特别注意避免使用专业术语，多用例子、多做比较把概念解释清楚，力求通俗易懂。

  实物、过程、事件和概念的区分并不是绝对的。有些话题不只适合一个范围，可以视个人把握演讲的水平而定。你可以把《独立宣言》当成一个实物来处理，阐述它在美国历史中的地位，你也完全可以讲它的意义，在这种情况下，你又可能会谈到概念——一个与自由和民主关系密切的思想。

  再举一个例子，介绍庞贝古城，由于维苏威火山喷发而毁于一旦，可以把它当成一个事件向人们介绍。然后，关于引起火山喷发原因适合采用过程型演讲。其实，最为重要的是怎样灵活地处理自己的话题。是作为一个实物、一个过程、一个事件还是一个概念。一旦作出选择接下来的工作将会迎刃而解。

  关于告知型演讲，还有一句忠告给大家：不管用哪一种方法，一定要多站在听众的角度上想一想，怎样才能使他们容易地分清事实和思想。一个办法是利用足够多的过渡、分清条理、多加总结；另一个办法是，遵照这句老生常谈："先简要告诉听众你要说的是什么，然后，一步一步说出来，最后再来个总结，重申你都讲了些什么。"换句话说，就是在开场白部分先把演讲的要点亮出来，结束时再把要点总结一下。不仅便于听众理解，也让听众更容易记住。

告知型演讲指南

本书前面各章节其实都与告知型演讲的原则密切相关。选择一个话题和具体目标、分析听众、收集资料、选择论证细节、组织演讲、利用文字传达意思以及发表演讲,只有每一步都做到位,才能保证整个演讲取得成功。在这里,我们强调如下五点,帮助大家避免许多演讲人常犯的错误。

☐ 不要过高估计听众的知识水平

在关于气象学的一次演讲中,一位同学说:"如果现代天气预报方法在1900年就存在,那么,高文斯顿飓风灾难也许永远都不会发生。"然后,他又谈到了其他的一些事情,但都是和高文斯顿飓风有关,折腾来折腾去的,却不知道听众并不了解高文斯顿飓风,他们根本不知道它造成了怎样的灾难。

这位演讲人假定听众已经知道所讨论的话题或事实。但是,听众并不是气象学专家,也不是美国历史专家。即使是听说过那次台风也只是稍有印象而已。有些人甚至连高文斯顿在什么地方都不知道。只有演讲人知道那次飓风。高文斯顿飓风1900年9月8日发生在得克萨斯州高文斯顿,造成6 000多人死亡,是美国历史上死亡率最高的一次自然灾害。

许多演讲人可能会犯的一个通病就是过高估计听众所掌握的信息量。在大部分告知型演讲中,听众只是对你演讲话题的某些细节略有所知(这已经是最好不过的了)。因此,你应该一步一步地引导听众,而不能走捷径。不能够假定他们都知道你的意思,相反,必须详尽解释一切,帮助他们对你的话题有个十分清楚的了解。起草演讲稿时就必须设想第一次听演讲的人能不能完全听懂。

假如你的演讲主题是保护性关税。虽然很多同学肯定都听过,但是你不能保证他们对保护性关税有很深入的了解。因此,一开始你就应该告诉他们什么是保护性关税。如何告诉呢?

保护性关税,是针对进口货物征收的一种海关税。与其他税种不同,其主要目的不是财政意义上的而是经济意义上的。也就是说,保护性关税的目的并不是致力于提高国家的税收,而是保护其国内产业不受外国竞争者的冲击。

对了解商业运作的人来说,这已经很清楚了,但不了解的人就很容易困惑。这样的陈述方法像是在帮助听众回顾已熟悉的知识,而不是普及新知识的演讲。

这里恰巧有另一个关于保护性关税的演讲案例:

何谓保护性关税?举例说明一下:假设你的公司生产汽车轮胎,而在马来西亚也有这样一家公司,由于劳动力价格低,那家公司的轮胎在这里卖得比你便宜。结果,你快要破产了。

于是你向政府寻求帮助。政府就设立关税,使你不至于被便宜的外国轮胎搞垮。这意味着政府对每一只马来西亚生产的、在美国销售的汽车轮胎额外征收了一项关税。如果这项关税足够高,马来西亚生产的轮胎可能卖得比你的还贵。

关税就这样保护了你的公司。因此也就有了保护性关税这个名词。

这个陈述简单明了,就像是老师讲解新名词时用的语气。

是不是太简单了?也许同学们会认为你太小看他们了?其实不是。很多学生不敢把话说得简单是因为他们担心听众会认为自己是个头脑简单的演说人。他们认为有必要说些专业术语和复杂的句子以显示自己很聪明。但是,没有任何东西比真理更重要。优秀的演讲人所要接受的考验就是把最复杂的观点简单明了地说出来。任何人都可以在书上找到一个学术性的定义,学究气十足地来解释保护性关税。但是,用平实的语言来解释这个词却需要更困难的工作和创造性的思维。

另外,要记住:读者可以一而再、再而三的反复研究印刷文字,直到能提炼出中心思想。听众却不能。他们必须在你说话的同时就理解你的意思。你越是假定他们知道很多,他们就越有可能无法理解。

如果你在演讲之前在听众中做过问卷调查,你就应该比较清楚他们对话题的了解程度。如果没有的话,你最好针对这个听众群中知识准备较低的一端来讲。有些专家建议,准备演讲要假设听众对话题一无所知。这话也许有点极端,但确实是一个好的方法,确保你定义好每一个特殊用语,说清楚每一个观点,阐明每一个概念,论证每一结论。听从新闻记者的话总不会出大错:"永远不要高估听众的知识水平,永远不要低估听众的智商。"

第十四章 告知型演讲

让话题与听众直接产生联系

英国剧作家奥斯卡·王尔德的一场新戏在首演时给搞砸了。他来到了俱乐部。

"奥斯卡,你的戏演得怎么样?"一位朋友问。

"啊,"他俏皮地自嘲,"戏演得好极了,但是观众却一团糟。"

演讲人在糟糕的告知型演讲结束后也会说类似的话自嘲。"啊,"他们说,"演讲很不错,就是观众不感兴趣。"他们至少还是说对了一点——观众没有兴趣。那么,演讲好不好?无论用哪条客观标准来判断都不能说好。演讲的好坏是以它对特定听众的影响力来衡量的。没有一个让听众睡着了的演讲能称得上是好的演讲。让听众产生并保持兴趣是演讲人的责任。

告知型的演讲有一个大的障碍必须克服。演讲人必须意识到自己感兴趣的东西不一定所有人都会感兴趣。比如说,一个数学家,有可能会被一道完美的方程式所吸引,但是大部分人都不会想听。一旦你选了一个可能使听众产生兴趣的话题,你就应该采取特别的措施使其与听众产生直接的联系。你应该根据他们的利益和关注做出调整。

从开场白开始。你不应该说:

我想跟大家谈谈压抑的问题。

你应该这么说:

大家会不会在演讲时感到特别紧张?或者在跟室友、配偶或伙伴吵架时感到血压升高?会不会因为论文拖延了整整一个礼拜而担心得要命?如果会的话,那么,你患抑郁症了。

从一开始就应该让你的观众参与进来。看看有一个学生是怎样在她的演讲中介绍特莉莎嬷嬷的。她的同学都听说过特莉沙嬷嬷,但是演讲人想在一个更个人化的基础上把话题与他们联系起来。她是这样开始的:

想象你是一个小孩,躺在印度加尔各答肮脏的路上。你严重脱水,不管你怎样乞求,没人分一点水给你喝。你非常虚弱而且营养不良,因为你已经好几天没吃东西了。你由于结核病而痛苦地咳嗽着。你没有家人,没有朋友,看起来,也没有未来。

当你绝望地想闭上眼睛的时候,温柔而有力的手臂向你伸了过来,把你从肮脏的地上抱起。你重新获得了力量,你睁开眼睛看到:她那张布满皱纹的脸带着岁月的痕迹和爱的信息,就像一道光照进了你黑暗的世界。

对于许多特莉莎嬷嬷帮助过的可怜的印度人来说,这是再熟悉不过的故事了。

不要在开场白中说完就完了。只要有可能,你就应该把听众带进演讲中去。毕竟,没有什么东西比听众自己——更能让他们产生兴趣的了。不要仅仅罗列统计数据和概念,好像你在背诵一份购物清单。要想方设法从听众的角度、用听众的方式来讨论你的话题,让你的论据为听众所了解。尽量让演讲离听众近一点,再近一点。

这里有一个例子,解释人们是如何发现自己是"潜在的左撇子"的,也就是那些天生是左撇子,因为从小人们教他们使用右手,所以长大后选择了使用右手。你有大量的事实论据,可以像下面一样背诵:

根据《科学》杂志的报道,天生左撇子的人群中,有一半人认为自己是右撇子,因为他们用右手吃饭、写字、运动。但是,如何判定一个人到底是不是天生的左撇子呢?根据《正手》一书的作者阿布拉汉姆·布劳的观点,有很多简单的方法可以用来测试。一方面,大多数左撇子可以自如地用左手回写或倒写。当左撇子在自己两手相握时,一般会把左边的大拇指放在上面。与此相对照,抓扫帚时,天生的左撇子一般会把左手放在右手下面。最后,使用右手的时候,天生的左撇子会按顺时针方向画圈,而天生的右撇子却会按逆时针方向画圈。在三个或者更多的类似测试中做出如此反应的人,极有可能就是潜在的左撇子。

这是很有趣的现象,但这么说并不能使听众产生兴趣。让我们再来试一下:

因为你用右手吃饭、写字、运动,你就认定自己是天生的右撇子?《科学》杂志说,有一半的天生左撇子是一直使用右手长大的。如何判定你是不是潜在的左撇子呢?你可以试试《正手》一书的作者阿布拉汉姆·布劳设计的几个测试。

首先,拿一张纸,看你能否用左手回写或倒写。如果你是左撇子,你多半可以毫不费力地做到,而不需要任何的培训和练习。

其次,在自己面前两手相握,你把哪一只手的大拇指放在上面一般就说明了哪只手是你的正手。

再次,握住一把扫帚,通常你会把正手放在下面。

最后,用右手在纸上画圈。如果你按逆时针方向画圈,那么你应该是天生的右撇子;但是,如果你按顺时针方向画圈的话,那你极有可能是天生的左撇子。

第十四章 告知型演讲

如果你在这几个测试中有三次测出是左手，极有可能你就是一个潜在的左撇子。

看看这些频繁使用的"你"和"你的"，直接指向了听众。这样的演讲能让听众聚精会神认真听。

☐ 不要太专业化

一次告知型的演讲太过专业化了，这是什么意思呢？可能是指演讲的话题太深奥，使听众无法理解。任何一个主题都可以变得通俗化，但也只能到一定的程度。演讲人应该明白的重要一点是，哪些东西是可以向普通听众解释的，哪些东西是无法解释清楚的。

> 行话
> jargon
> 某一行业特有的专门用语。

假如你的演讲主题是扩音器。演示如何操作扩音器，并不是很困难（如何用开关、调音量，如何调音调和功放）。解释扩音器能够派什么用场也相对容易（它能扩大从无线电、CD 机、磁带机或现场表演中接收到的声音）。但是，全面而科学地解释扩音器的工作原理就是另外一回事了。除非听众知道一些声学的基本原理，否则不可能在短时间内解释清楚。

哪怕主题并不那么专业，用来解释的语言却有可能是专业的。每一种活动都有自己的行话，高尔夫球、化学是如此，摄影、芭蕾也是如此。如果你在和一群专家谈话，你可以使用专业术语，而且能为大家所理解。但是面向普通听众——比如你在演讲班上作告知型演讲时，你必须尽可能避免使用专业术语。

开始时，这样做非常困难。很多人喜欢使用行话，而且难以摆脱。但是，随着你做演讲次数的增多，你会越来越擅长用日常用语来做演讲。

举个例子，这里有两种陈述来解释人体冷冻学。人体冷冻学是指人死后将其尸体冰冻起来，希望以后医学科学发展，有能力使其复活。第一个陈述里充斥了大量的专业术语，因此对普通听众产生的影响微乎其微：

人体冷冻有多种选择，包括冷冻尸体头部或整具尸体。两种方式的冷冻过程都包含复杂的科学程序。为了获取最佳效果，这些程序必须在生物作用结束后立即施行。必须采取措施使组织分解降低到最低水平，以确保受试体在无法预知的未来成功复苏。

第二个陈述则非常容易理解。这是从本章后面附录的一篇关于冷冻学演讲中摘录出来的，它表明专业信息也可以让普通人轻松理解。

现在,如果有人签合同进行死后冷冻,那么,可以进行一个特殊的程序,这个程序在《人体冷冻学:期盼明天》一书中有大致的介绍。

首先,在死亡之前,个人必须决定到底是将自己的全部身体冷冻起来,还是只冷冻头部。如果全身都冷冻起来,那必须在死去的同时就进行尸体保存。最好是在死后几分钟之内,马上接上心肺机,类似葡萄糖及肝磷脂之类的化学品会在充氧血液中循环,以使冷冻造成的损害降到最低水平。同时,尸体的内部体温会利用低温设备尽快降低。如果只冰冻头部,那就必须进行稍微不同的一个程序。必须用外科手术将头部从尸体上切下来,保存在单独的容器里。你可能会奇怪:"为什么只保存头部呢?"答案是:人体染上疾病后,会处于非常糟糕的状态,可以选择只保存头部,因为,相信医学将来一定能够重新塑造一具新的躯干。

清楚多了,不是吗?整段话里唯一的专业术语就是"葡萄糖"、"肝磷脂"和"充氧血液",而且这些词汇并不会妨碍听众的理解。其他的用语都很直接,观点也易于把握。这就是你在告知型的演讲中必须努力做到的。

☐ 避免抽象词汇

小说家约瑟夫·康拉德说:"我的任务首先是要让大家看见。"而他也确实做到了这一点。看看下面这段话,康拉德描述了船上发生爆炸后的惨状:

> 我第一个看到的是梅亨,他的眼睛肿得像两个茶托,张大了嘴,长长的白头发竖立着,在他的头上围成一圈,就像银色的光环。他正准备下去,突然看到了主甲板上出现的景象:甲板高高的隆起来,然后在他眼前变成碎片,这使他在梯子的最上层吓得呆住了。我难以置信地看着他,他也瞪着我,带着那种受过惊吓后摸不着头脑的痴呆表情。我不知道自己已经没有头发、没有眉毛、没有睫毛了,我的浅浅的胡须已经烧焦了。我的脸一团黑,一边的脸颊裂开了,下巴还在滴血。

演讲不是小说。但是,无论在小说里还是在演讲里,太多的抽象词汇会使人无聊。很多的告知型演讲其实都能通过演讲人像小说家一样对颜色、特殊事物和细节的关注而得到了极大的改善。

避免抽象的一个方法是描述。一说到描述,我们总会想到外部

描述
description
用清晰、生动的语言来描绘一个人、一件事或一个思想。

事物,比如康拉德描述过的爆炸情形。但事实上,描写也可以用来传达内在的心理感受。这是一位学生所作的演讲,他努力向听众传达自己第一次高空跳伞时那种刺激的体验:

> 我们等着飞机升到足够起跳的高度,12 000英尺。我的脑海里一大堆的思绪在狂奔:"好吧,你一直等待的时刻到啦。一定会很棒的。我真的准备好从12 000英尺的高空跳下去了吗?万一哪里出了错怎么办?我还能退缩吗?现在上吧,别担心,没事。"

虽然我们都没有经历过高空跳,但是在类似的场合中,我们都体会过类似的情绪。那么,接下来呢?

> 现在到了跳的时候。我的手掌心在不停地冒汗,心脏狂跳,好像要蹦出来一样。"预备——"教练喊道。我跃入蓝天之中,心里想着:"我在这里干什么?"

是啊——然后呢?

> 空气阻力发出的尖啸声让我往后倒,如同一片枯叶被狂风吹打。在约10秒的时间里,我的身体被甩出去,下降的速度被猛地加速到每小时120英里。空气如同看不见的飞毯一样托着我的身体。除了风在我脸上呼呼擦过,没有一点其他的声音。大地看上去一片轻柔,一片绿色,河流像一条条银色的带子。不管从哪个角度看,都是一幅全景图。自由的降落产生了莫大的喜悦,一切的担忧和怀疑都消失了。身上的每一根神经都充满了刺激,但是我却有一股宁静的感觉。想到我不是一个人在天上,恐惧感顿时消失了。

当我们听这位演讲人发言的时候,几乎就跟他一起飞上天了。在他谈到自己毫不费力地飘浮在空中的时候,我们分享他的想法,感受他的心跳,体会他的狂喜。生动的描述使演讲真实,吸引我们去深入体会。

另外一个避免抽象的方法是进行比较,使你的主题在具体和通俗的语言中表现出来。说明彗星或大陨石撞击地球时会发生什么事情吗?你可以这么说:

> 如果彗星或大陨石撞上地球,产生的冲击力将会是灾难性的。

没错。但是"冲击力将会是灾难性的"是一个模糊而抽象的概念,不能明确地传达你的意思。现在,假如你加这么一句:

> 灾难性的冲击是什么意思,我们可以说,那就像是世界上所有的原子弹在同一个地方爆炸了。

现在,你把抽象的概念变成了具体的东西,使听众对此有了一个深刻的理解。

比较
comparison
两个以上人、事物或思想等之间相似之处的陈述。

对照
contrast
两个以上人、事物或思想等之间不同之处的陈述。

和比较一样,对照也可以使概念具体化。假如你想说明一个人购买六合彩中奖的可能性有多少时,可以说:"例如,在整个州里六合彩中奖的几率是七百万分之一,是一个天文数字。""天文数字"这个词表明,你认为七百万分之一是很小很小的几率。但是,相对于什么而言呢?一位演讲人是这么做对照的:

在典型的州六合彩中,选对六位数字的几率为七百万分之一。相对而言,被雷电击中的几率有两百万分之一;在扑克机上发到同花大顺的几率为六十五万分之一;被汽车撞死的几率为六千分之一。也就是说,被雷电击中或被汽车撞死的几率远远大于州六合彩中奖的几率。

让你的想法富有个性

个性化
personalize
用于听众经验相关的新颖方式阐述演讲者的观点。

听众总是希望能够在听演讲时听到一些有趣的事。一串又一串的数字和枯燥的事实是最大的忌讳。而感性的、个人的生活经历会在最大限度上使演讲生动有趣。记住,人对人的兴趣是极大的。听众会与故事产生互动,而不是统计数字。无论何时,都应该尽可能地使用通俗易懂的语言表达出自己的想法。

假如你在讨论精神性厌食症,它在美国造成数百万年轻女性的饮食紊乱。你注意到,每一百个年轻女性中就由一个是精神性厌食症的受害者,而且这个数字每年都在上升,女子占到了厌食症患者的 45%。你还注意到,厌食症的影响包括体重极度下降、骨骼发脆、脉搏减弱和大脑损伤。而且,尽管可以进行药物治疗,住院,甚至强迫进食,但是,近 20% 的厌食症患者还是会难逃死劫。

这些都是些干瘪的数字。如果你想让听众参与其中,那就需要一个由人构成的例子,是厌食症患者。有一位演讲人一开始就谈到了她的好友朱莉:

朱莉是我最要好的朋友。我看着她从一个懵懂的小姑娘长大成人,父母宠她,把她惯成一个任性的姑娘。我看着她长成一个大姑娘,第一次约会前,费尽心思,头发梳了又梳,衣服换了又换。而我也一直盼着能像她那样。

谁也想不到,可怕的事毕竟发生了。朱莉闪闪发光的秀发失去了往日的光泽,变得枯涩易断。她的大眼睛失去了往日的光芒,再也不像从前那样笑得那么开心、那么肆无忌惮。到后来,她一天要称七次体重,穿布袋一样的衣服好盖住瘦弱的骨架,还不停地絮叨着要减去最后那两磅顽固不化的赘肉。一切的一切都表明了一点:朱莉得了厌食症。

演讲的主体部分,演讲人围绕朱莉,从不同的方面来介绍厌食症。然后,在结论中,她用朱莉的故事进行了一个悲剧性的结尾:

我们大家已经明白,厌食症是严重的疾病,有深刻的起因和灾难性的、可能致命的后果。朱莉就属于那些没能战胜厌食症的不幸者中的一个。她才17岁就离开了我们。我们永远都不可能在一起上大学,住同一间寝室。她也永远都无法实现自己的护士梦了。我们永远也没有办法一起长大,不能一起看着我们的孩子长大成人。厌食症残害了我最漂亮、最有活力的朋友。

这是十分有说服力的一个结尾,让听众大为震惊。因为在熟悉的话题中引入了演讲人的亲身体验,摆脱了枯燥的统计数字和医学术语的束缚,给人一种真切、生动的感觉。一位听众说道:"听了你的演讲,我再也不会只从一个角度去看厌食症了。"

演讲案例与点评

下面的演讲案例说明了应该如何具体展开本章讨论的告知型演讲。请注意,演讲人是如何把一个非常专业的话题,变得清晰、易懂,而很少用到专业术语。同时,请注意演讲人是如何与听众实现互动的。

人体冷冻学
简恩·里奇特

演 讲	点 评
把时间定格。想象你的母亲或父亲突发心脏病。因为缺少血液供应,心脏正部分死亡。想象你的祖母或祖父在养老院的病床上一动不动躺着。他们年年已高,又感染了肺炎,他们的生命可能马上就要结束。想象一位好友因严重感染而住进医院,艾滋病使他的身体受到多重疾病的摧残。	用一组简短的假设开头,这是抓住听众注意力的好办法。由于与听众直接相关,这里提到的各种假设情形效果比较好。
对大多数人来说,这样的情景就是生命结束的征兆。目前的医学水平对他们无能为力了。但是,也许你们	演讲人提出了两个问题,引起听众的好奇心,进一步拉近听众和演讲人的距

可以在将来的某一天和他们相遇。这听起来有点像科幻小说？也许吧。但是，有朝一日，也许能成为现实。怎么可能？通过人体冷冻学就可以。

离。然后，适时地提出自己的演讲主题。

人体冷冻学研究怎么把人体冷冻起来，希望将来医学的发展能使冷冻人体苏醒。本人对人体冷冻的前景产生了浓厚的兴趣，因而查阅了很多有关人体冷冻学的资料。看过几十篇报纸和杂志文章之后，对人体冷冻学略有所知。现在就向大家简单介绍一下人体冷冻学的历史、方法和未来。让我们首先从人体冷冻学的发展说起吧。

提出人体冷冻学定义，建立可信度，并预览了演讲主体部分将要讨论的要点。在开场白里明确地陈述演讲要点，这在告知型演讲中特别重要。

虽然冷冻人体的概念相对较新，但是，保存人体的想法却是相当古老的。例如，早在1770年，本·富兰克林就写道，他希望"浸在马德利拉白葡萄里，直到被重新唤起生命。"他并没有等到那个时候，但是，富兰克林的梦想却活了下来，发展成为现在的人体冷冻学。

演讲进入第一个要点。从历史的视角，帮助听众了解到，人类对长生不老的渴望推动了人体冷冻学的发展。

人体冷冻一直都是科幻小说的素材，是很多电影的情节工具，比如《奥斯汀·鲍威尔斯》和《沉睡者》，也是无数报刊文章的主题。但是，人体冷冻一直处于虚构范围内。直到1964年，物理学教授罗伯特·艾丁格在他的著作《永生的前景》一书中说明，人体冷冻是有可能实现的。三年以后，也就是1967年1月12日，73岁的詹姆斯·贝福德成为接受人体冷冻的第

简要说明人体冷冻学在当代的发展。这一段里的细节使演讲丰富多彩。如果演讲人只是说"接受人体冷冻的第一例发生在20世纪70年代"，那会逊色多少！具体的时间和人物使演讲人的讲解多了几分深度和细致。

一人。

自从贝福德被冷冻以来,人体冷冻学的知名度与日俱增。目前,美国共有四家人体冷冻研究机构,两家在加利福尼亚,密歇根和亚利桑那各一家。到目前为止,世界各地共有80人接受了人体冷冻,估计另有800人签约死后接受人体冷冻。他们是想让身体通过超低温冷冻保持在静止的活跃状态,也许要冰冻几个世纪,希望将来的医学有能力恢复他们的生命。到那个时候,也许今天所有的疾病都可以治愈,而且有可能进行全功能的手术恢复健康。

完成了演讲的第一个要点。因为人体冷冻经常和科幻小说联系在一起,听众就希望知道美国四家人体冷冻研究机构和80个已经接受了人体冷冻的人的情况。

大家也许会问,如何做到这一步呢?人体冷冻学是如何发挥作用的?

演讲人提出问题,让听众明白她准备进入第二个要点了。

现在,如果有人签合同进行死后冷冻,那么,可以进行一个特殊的程序,这个程序在《人体冷冻学:期盼明天》一书中有大致的介绍。首先,在死亡之前,个人必须决定到底是将自己的全部身体冷冻起来,还是只冷冻头部。如果全身都冷冻起来,那必须在死去的同时就进行尸体保存。最好是在死后几分钟之内,马上接上心肺机,类似葡萄糖及肝磷脂之类的化学品会在充氧血液中循环,以使冷冻造成的损害降到最低水平。同时,尸体的内部体温会利用低温设备尽快降低。

本段和下一段的解释提供了一个极好的模式,说明可以利用日常用语来解释技术信息。因为演讲人并非人体冷冻学方面的专家,她很仔细地把信息来源交代得很清楚。

如果只冷冻头部,那就必须进行

请注意,演讲人把话题

稍微不同的一个程序。必须用外科手术将头部从尸体上切下来，保存在单独的容器里。大家可能会奇怪："为什么只保存头部呢？"答案是：人体染上疾病后，会处于非常糟糕的状态，可以选择只保存头部，因为，相信医学将来一定能够重新塑造一具新的躯干。

和听众联系起来了，她用"大家"这个词，而且还提出了听众可能产生的疑问。

一旦头部或身体准备好进行冷冻，一种称为抗凝剂的液体就会在周身或头部循环起来，它起抗凝作用，有助于防止细胞损伤。在约20天时间里，将为病人进行长期存储的准备，也就是把尸体或头部的温度降到华氏320度以下。到达这个温度后，病人就会被存储在一个灌满液化氮的钢质圆筒里。根据 Omni 杂志中的一篇文章："在这个温度水平上，生物功能会停止，病人会在几百年时间内保持不变。"

演讲人完成了就人体冷冻学如何发挥作用的讨论。请注意她是如何解释"抗凝剂"的。这是很小的细节，但说明了演讲人在全篇都注意到了如何用简单易懂的语言解释技术用语。

我们现在已经了解了人体冷冻学的发展过程，也明白了冷冻程序的工作原理，大家也许想知道：这样做要花多少钱？冰冻后的人如何解冻？

过渡。向听众发出信号，将进入下一个讨论要点。

根据《财富》杂志上的一篇文章，人体冷冻保存的费用从6万—12.5万美元不等。还可以将人体冰冻研究机构列为人寿保险受益人，采取灵活的付费方式。这些费用可能很高，但是，就像一位人体冷冻会员所说的那样："拿钱去交保险费，比面对自己逃脱不了的死亡容易多了。"

因为费用问题一直是人们所关心的，因此演讲人确保了演讲中包含这方面的信息。本段末尾的引语增添了一种讽刺性的幽默。

但是，费用还不是唯一的问题。

本段开头表明演讲进入

哪怕你负担得起接受人体冷冻的费用，科学家也还没有完成涉及冷冻和解冻的所有细节问题。《新科学家》杂志解释说，问题在于，冷冻过程本身会造成大量的细胞损害，因为在冷冻过程中，细胞会脱水，并使脆弱的细胞膜破裂。到目前为止，只有几种人体组织可以在冰冻之后再解冻，包括精液、胚胎和骨髓，这些组织的内部含有的细胞数量较少。目前还不可能冷冻并解冻的复杂的器官，比如心脏或肝脏，更不用说完整的肢体和大脑了。

下一个次要点，处理和解冻有关的问题。与其他部分一样，演讲人又一次说明了信息来源，清晰明白、直截了当地传达了信息。

需要一种方法，减少冷冻过程给细胞造成的损害。当前，科学家们正在致力于解决这一问题。研究正在进行中，希望能够找到更好的冷冻抗剂，或者叫抗凝剂，减少冷冻给细胞带来的损害。根据《人体冷冻学：期待明天》一书，科学家还在开发微型机器，使其能够在分子水平上修复细胞。有朝一日这些机器有可能修复冷冻过程中受到损害的细胞，因而使冷冻的病人完全恢复生命。在此之前，已经冷冻的人只好保持目前的冷冻存活状态，希望有一天科学能够想出办法来解决这些问题。

演讲人解释说，科学家们正在加紧努力，希望找到减少因冷冻引起的细胞损害的方法。这样，他们就能使冷冻的病人重获新生。说明了人体冷冻学目前的研究状况，并给演讲主体部分画上了圆满的句号。

作为结论，我们已经看到，人体冷冻学已经不仅仅是科幻小说的题材了。它从一个幻想发展到了已有80人被冷冻，数百人作出选择，愿意死后接受冷冻。如果科学家找到了如何成功解冻的办法，我们可以确信，人体冷冻会引起一股热潮。

"作为结论"发出信号，说明演讲进入结论阶段。提供了一个极好的结论，把演讲主体部分发展起来的各个要点做了一番总结。

所以,再想想你那饱受心脏病之苦的父亲或者母亲,你那将死于肺炎的祖母或祖父,或者你那被艾滋病折磨得死去活来的好友。如果他们选择埋葬或者按传统方式火化,他们的大脑和身体将永久地被损坏。这是绝对无疑的。相比而言,接受人体冷冻就得到了一丝微弱的希望,他们有可能在将来起死回生。无论这个机会多么渺茫,但总比完全没有机会要好。

最后一段,把演讲主题再次与听众联系起来,使全部演讲统一起来,演讲人又一次提到三个假设情形,与开头呼应。结尾一句使演讲产生了一个强音,留给听众很大的思考余地。

小结

告知型演讲在日常生活中很普遍,看似简单,却需要高超的技巧。提高自己的表达能力,会让人一辈子受益。

告知型演讲可分为四类:关于实物的演讲,关于过程的演讲,关于事件的演讲和关于概念的演讲。这些区分并不是绝对的,但是,在分析和组织告知型演讲时很有帮助。

实物包括地点、结构、动物,还有人。关于实物的告知型演讲一般按照时间顺序、空间顺序和主题顺序来组织。过程是指一系列产生最终结果的行动。关于过程的演讲主要解释某个事物或事件是如何形成的,如何发挥作用的。条理清晰在关于过程的演讲中尤为重要。因为听众必须跟上这个过程的每一个步骤。时间顺序和主题顺序是关于过程演讲的常见的组织类型。

大多数情形下,你可以从多个角度考察一个事件。解释其渊源、起因、效果、含义和特征等等。一般来说,关于事件的告知型演讲是按时间顺序、因果关系或主题顺序来组织的。概念包括信仰、理论、思想和原则。关于概念的演讲,通常会比告知型演讲的其他类型复杂一些,都是按主题顺序来组织的。

不管你的告知型演讲是什么主题,都应该谨慎认真,不要过高估计听众的知识水平。大多数情况下,听众只不过对你所谈的话题略有了解。因此,你不能对他们期望太高,避免过于专业化,确保你的思想和用语让非专业人士也能够听得明明白白。

同样重要的是,应该知道,你感兴趣的东西,别人不一定感兴趣。让告知型演讲有趣和有意义是演讲人的责任。避免过于抽象,要利用描述、比较和对照来让听众明白你在谈什么。最后,应该让自己的观点具有个性特征。不管主题是什么,务必找到一个办法,用个性化的语言,再带点戏剧性,以获取听众的共鸣。

◼ 关键术语

告知型演讲	informative speech
实物	object
过程	process
事件	event
概念	concept
行话	jargon
描述	description
比较	comparison
对照	contrast
个性化	personalize

◼ 复习题

阅读本章后,请回答下列问题:

1. 本章讨论的告知型演讲有哪四个类型?请给每个类型举个例子。
2. 为什么告知型演讲人必须谨慎,不能过高估计听众对演讲话题的了解?为了确保自己的思想不被听众误解,你能够做什么工作?
3. 发表告知型演讲,怎样才能把演讲主题与听众联系起来?
4. 为避免演讲太过专业化,哪两点是必须做的?
5. 哪三个办法可以避免告知型演讲太抽象?
6. 如何理解告知型演讲人应该让自己的思想富有个性?

◼ 批判性思考练习题

1. 下面列有一组告知型演讲的主题。你有两个任务:1)选择四个话题,并为这四个话题分别准备一个具体的目标陈述。目标陈述至少应包括一个实物主题、一个过程主题、一个实践主题和一个概念主题;2)完成目标陈述后,你分别会采用哪种演讲类型来准备演讲提纲,并请解释。

爱好	文化习惯
体育	教育
动物	科技
音乐	媒体
科学	卫生

2. 分析附录中简尼弗·布鲁厄的演讲《死为瘦身》。找出其中的具体目标、中心思想、要点和组织方法。根据本章讨论的告知型演讲指南来评析这篇演讲。

■ 运用公众演讲的力量

作为当地一家连锁咖啡店经理，你应邀为一个美食协会演讲，谈谈如何制作地道的卡普契诺咖啡。记录下了自己演讲中的要点：

1. 首先，准备好咖啡。
2. 研磨咖啡，粗细适中。
3. 把研磨好的咖啡放进咖啡机的滤壶里。
4. 轻轻地把滤壶里的咖啡抹平。
5. 把滤壶锁好，把咖啡机的顶盖盖好。
6. 打开开关，抽出蒸馏咖啡。
7. 还要准备好起泡牛奶。
8. 将冷牛奶倒入蒸热的大口杯，至三分之一处。
9. 将咖啡机的蒸汽出口放到大口杯里的牛奶下面。
10. 完全打开蒸汽口。
11. 把蒸汽出口放到牛奶的表面以下，圆周式移动大口杯。
12. 注意，不要太热，否则要烫坏泡沫。
13. 待到有足够多的泡沫形成且很均匀以后，关掉蒸汽出口，将其从水管旁拿开。
14. 准备将咖啡汁与起泡奶混合起来。
15. 卡普契诺的正常比例是三分之一的咖啡汁兑三分之二的起泡奶。
16. 有些人喜欢将咖啡汁倒进起泡奶里。
17. 也有人喜欢将起泡奶倒进咖啡汁上面，或者用勺子往上面浇。

如果你上过演讲课，你就知道这些要点太多了，听众跟不上。请仔细分析这份清单，会发现很容易分成三个要点，每个要点里可以有几个次要点。要点和次要点各有哪些呢？

第十五章

说服型演讲

这天是雷蒙·特鲁吉罗特殊的校园一天,路上他先去图书馆还了一本已经到期的书。"您看,"他对图书管理员说,"我上个星期就知道这本书过期了,但是,我得了流感,床都下不来。我还得支付罚金吗?如果您需要,我可以找医生开一个证明来。"图书管理员嗯嗯呃呃地说:"好吧。你没有其他罚款纪录,就这一次,下不为例。"

雷蒙大松一口气,接着就上早晨的课去了。中午,他在校园里碰到一个朋友。"一起去吃午餐吧?"她问。"去不了啦,"雷蒙说,"我得去餐桌边安排签名的事情,我们反对提高学费。我们稍后见吧。"

到了下午,雷蒙去电脑销售公司上班。正好赶上每周员工例会。他在会上提了意见,希望采取措施增加消费者满意度。他说:"我注意到大多数人没有意识到他们只有7天时间可以把没拆封的货来全额退款。大多数的店都实行14天退货的政策。正因为我们这个期限比人家短,我们失掉了一些顾客。可能现在改变开始会有点不便,但长远来看还是对我们的生意很有帮助的。"在听完雷蒙的话之后,销售经理说:"我还一直认为七天时间足够多了,但你让我相信我们还是需要有点改变。让我们试一下吧!"

如果你问雷蒙一天怎么过的,他有可能说:"我去图书馆还了一本书,我去上课,然后,安排募集请愿签字,我因为工作要去见一个职员。"事实上,他一天的大部分时间都用在说服上了,说服人们做勉为其难的事情,或者做以前没有做过的事情。

说服的重要性

我们大多数人每天都在做很多说服人的工作,虽然我们并没有

> 说服
> persuasion
> 创造、强化或改变人们的信仰或行动的过程。

意识到这一点,也不一定称其为说服。说服是一个创造、强化和改变人们的信仰或行动的过程。进行说服性的演讲(和写作)会在你一生的各个时期让你受益,从人际关系到社区活动到职业发展都是如此。在一项最新的研究中,经济学家把律师、销售代表、公关专家、顾问、管理员等都归入了依靠自己说服别人的能力的人群,经济学家的结论是,说服占到了美国国内生产总值的26%!

理解说服的原则对于成为一个公民和消费者至关重要的。在20岁时,平均每个美国人已经接触了一百万条电视商业广告,平均每天150条。政客、广告商、生意人、各种利益团体、资金筹集者、社区活动家,都在竞争以引起你的注意,从你这里得到选票、钱、时间和支持。你对说服知道得越多,就越能有效地利用你的辩证思考来评判每天暴露在面前的各种说服性信息。

说服在过去的两千多年里一直都是研究的对象,直至今天,它仍然是一些学者激烈辩论的主题。关于说服是如何起作用的,已经有很多值得尊敬的理论,还有数量庞大的科学模型来说明说服的过程。在本章及下一章里,我们会探讨一下公共演讲中关于说服的原则。

当你讲话是为了说服时,你是在当一个倡导者。你的工作是改变听众的想法,让他们同意你的观点,也许因为同意你的观点而采取行动。你的目标也许是捍卫一个思想,驳倒一个对手,推销一个计划,或者激发人们采取行动。因为说服型演讲人必须清楚明白地交流信息,你也需要告知型演讲的很多技巧。但是,你还需要新的技巧,帮助你完成整个过程——从传递信息到影响听众的想法或行动。当你掌握了这些技巧,不仅在公共演讲上,还在生活的其他方面都受益匪浅。

说服中的伦理问题

如我们在第二章所述,当你要面对听众发表演说时,道德伦理问题就出现了。不管在什么情形下,你的演讲都需要符合伦理道德,用来传递信息的方法也应如此。当然这对你也是种挑战。你愿意为保证演讲的成功而偏离事实吗?哪怕只是一点。篡改数据,断章取义,把观点当事实,或者偏听偏信?

正如马丁·路德·金所说,用不道德的方式不可能得到真正有利的结果。得到听众对演讲者的信用度很重要。当你在做说服性演讲时,把我们在第二章中提到的关于演讲道德观的要点记在心上,尽力去完成每一步。确保你的演讲是符合伦理的,并准备好回答听众可能会提的那些问题。把你的演讲主题演讲透彻,以免误导听众。了解一件事情的各个方面,找出有竞争性的观点,确保你举的事实是真的。

仅知道事实是不够的。你还需要对你说的话负责。有道德原则底线的演讲是不能有任何欺骗性话语的。在摆出数据、证言和其他证据时要特别注意公正和准确。

记住语言的力量,并有责任心地使用。尊重言论自由,不使用侮辱性的话语。最后,还应查看一下第十六章所讨论的情感吸引的问题。如果你在演讲中要加入情感吸引的因素,确保与你的话题相符,而且建立在事实和逻辑的基础上。考虑到这一点,针对最高的标准,让你的演讲可信又符合道义。

说服的心理学

跟其他类型的公共演讲一样,如果以系统的方法来处理说服型演讲,那你的效果会更好。说服是一个心理学过程。它总是发生在两个或更多观点之中。演讲人认为由医生协助进行的自杀是不人道的,但有些听众却认为在某些情况下,这样的做法是可行的。演讲人希望每一位听众都立即签名学习CPR,但是,大部分听众却宁愿推后,等"有时间"再来学。不同的观点也许是完全对立的,也许是程度上的不同。不管是哪一种情形,肯定有不一致的情况存在,否则,也就没有进行说服的必要了。

说服演讲的挑战

在所有公共演讲中,说服是最复杂和最难的一种。你的目标比告知型演讲高,听众分析和适应的要求也更高。在某些说服型演讲中,你将处理有争议的话题会触及听众最基本的态度、价值观和信仰。这会增强听众对说服的抵制情绪,使你的说服任务更难完成。

例如,很容易解释极刑的历史,但要说服听众,让他们赞成废除极刑或者在某些州恢复使用就困难得多了。在说服型演讲中,你不仅需要讨论听众对极刑的认识,而且还必须面对听众有关犯罪和公正的不同态度,关于极刑是否有利于震慑犯罪分子,关于剥夺人类生命的价值观,等等。符合一部分听众的论证思路也许不符合另一批听众,甚至会使另一批听众产生反感。对某些听众完全有道理的东西,对另外一些听众可能就完全没有理性了。不管你在演说主题上是多么资深的专家,不管你如何精心准备好了演讲,也不管你的演讲有多大的说服力,有些听众就是不同意你的意见。

但这并不是说,说服就不可能实现了。你应该带着一个现实的思想走上讲台,能够做到什么,不能够做到什么要心中有数。你不可能指望通过一次演讲就把一群死心塌地的民主党人变成共和党人,也不可能指望把一个爱吃肉的人转变成素食者。如果听众比较中立,不带明显的偏向,你可以希望自己的演讲至少使其中的某些人转变立场。即使听众强烈反对你的观点,只要你这次演讲能让其中的少数人重新审视自己的观点,那你也是成功的。

你在说服型演讲是否成功,取决于你如何根据听众的价值观、态度和信仰裁剪信息的能力。说服是一种战略活动。正如商人或军事领袖要作出战略决策,以获取一笔大业务或者赢得一次战斗一样,一个说服型演讲人也必须具有用战略来赢得听众的观点。在第五章里,我们讨论过听众分析和说服的基本原则。在这里,我们需要强调另外两个原则,第一个原则有关听众如何处理和回应说服内容,第二个原则有关如何确定说服型演讲的听众目标。

□ 听众如何处理说服信息

我们容易把说服看成是演讲人对听众所施加的影响。事实上,很多研究表明,说服是一个演讲人与听众一起互动的过程。虽然美国的听众很少在演讲时打断演讲人,但是,他们不会被动地坐在那里接受演讲人所说的一切。

相反,他们会和演讲人展开心理上的拉锯战。他们听演讲的时候,会主动地评估演讲人的可信度、表达能力、论证材料、用语、推理能力和情感召唤力。他们也许在某个点上作出积极的反应,在另一个点上作出消极的反应。有时候,他们也许会在内心里和演讲人争论。这种心理上的拉锯战有时会非常激烈,尤其是在听众与演讲的主题有很紧密关联时,而且相信这样的演讲会对听众的思想和生活产生直接影响。

从某种意义上说,在说服型演讲中,演讲人和听众之间心理上的"较量",和面对面辩论的情形是类似的。我们来看看下面这个例子。

乔丹:联邦政府确实需要取缔仇恨言论。一些妖魔化同性恋的出版物会引发暴力行为,有时甚至是谋杀。

凯莎:我同意,针对同性恋的暴力行为是错误的,但是,不能用查禁的办法对待这些出版物。没有证据证明这些出版物实际上引发了暴力行为。另外,第一修正案不是保证了自由言论的权利吗?即使是恶性事件诱因的言论。

乔丹:言论自由是重要的,但是,人们也有不受迫害地生存的权利,我们的政府难道没有责任尽力保护人们不受歧视?

凯莎:我们不能在言论自由上妥协。让政府当中的某个人来决定什么是可接受的言论,哪些是不可接受的言论,这是相当危险的想法。我们一旦取缔仇恨言论,那就会马上开始禁止其他形式的表达。

乔丹:不一定。我们已经禁止了某些形式的言论,因为这些言论对社区是危险的,比如危及总统的生命安全,或者在拥挤的大楼里高喊"着火了"。仇恨言论与禁止这些又有何区别呢?

在说服型演讲中,也会发生同样的争辩,只是听众有所不同,这里的听众是凯莎。

对一个演讲人来说,这一点有什么意义呢?这意味着你必须把自己的说服型演讲看成是一种与听众的心理对话。最重要的是,你必须预见听众对你的观点可能产生的反对意见,然后在自己的演讲中回答这些问题。否则,你无法打消听众的怀疑。

当你准备说服型演讲时,应该把自己放在听众的角度上,想象他们会有什么样的反应。你必须对自己的演讲抱苛刻的态度,就像你的听众也会对你毫不客气一样。在他们有可能提出问题的任何地方,都要想办法回答。在他们想要提出批评的任何地方,都要想办法回应这些批评。如果你的论证过程出现漏洞,一定要想办法马上堵上漏洞。别寄希望于运气。

> 与听众的心理对话
> mental dialogue with the audience
> 说服型演讲中,演讲人和听众"你来我往",在心理上展开的辩证。

目标听众

不幸的是,不管如何精心设计,你都无法说服所有的听众。有些人坚决反对你的观点,你绝对没有任何改变其观点的机会。另外一些人已经跟你的观点一致,因此没有说服他们的必要。跟大部分听众一样,你的听众也会包括这样一些人:对你的观点,有些人抱敌视的态度,有些人支持,有些人犹豫不决,还有一些人并不关心。你本想让你的演讲能吸引所有人,但是,不可能。通常,你的演讲只要到达一部分听众。这一部分听众就是你的目标听众。

集中精力在目标听众上,并不意味着你就可以忽略其余那些听

> 目标听众
> target audience
> 演讲人最希望说服的那部分听众。

众。你必须把听众整体的想法和感情放在心上。但是,不管你的意愿多么崇高,也不管你费多大力气,你都无法说服所有听众。因此,决定自己要说服哪一部分听众才是有意义的举动。

广告给了我们有效的启示。成功的商业广告总是针对市场的某个特别层面的,其吸引力是经过特别设计,专门用来针对目标听众的。互助基金很大一部分广告专门针对妇女。为什么呢?因为越来越多的妇女开始投资股票市场。另一方面,啤酒广告是针对男士的,尤其是蓝领工人,因为他们是喝啤酒最多的人。软饮料广告呢?他们是想吸引年轻人,因此,它们的主角都是青少年,播放他们的音乐,反映他们的价值观。

对于你的课堂演讲来说,你并没有大型广告公司那种复杂的研究能力。但是,如我们在第五章所见,大家可以利用观察、采访和问卷来找到班级里赞成你的观点的同学。这就是你那个版本的市场调查,你可以从中确认自己的目标听众,也能够找到你必须在讨论中加以关注的议题,这样才有说服力。一旦明白了目标听众在哪里,你就可以调整自己的演讲,适应他们的价值观和关心点,也就是说要有针对性。

例如,这里有一位同学,阿米·沙皮诺,为她的说服型演讲做目标听众确定工作。她想说服同学在器官捐献卡上签字,将生命的礼物传下去。

我的听众一共有22名学生。我的听众分析问卷表明,有3个人反对在任何情况下捐献自己的器官。不管我怎么说都无法说服他们。我的问卷还显示,有4位学生已经在器官捐献卡上签了字。我不需要说服他们。另外15位学生可以说服,假如他们更多地了解对器官捐献的需求,也了解这个过程是如何进行的话。他们是我的目标听众。

阿米不仅准确定位了自己的目标听众,她还从听众分析问卷调查中了解到说服的关键在于澄清一些问题。

我的目标听众可以按下述方法细分:7名学生表示,"害怕还没到时候就被提前宣布死亡了",这是不想在器官捐献卡上签字的主要原因;5名学生担心其身体会被"切碎或破相";另外有3名学生引述宗教原因来说明自己反对的理由。问卷还显示,15名学生中的10名对器官捐献的需求并不完全了解。

有了这些信息之后,阿米就能够准备有说服力的演讲了。这个演讲将专门针对同学的态度和关于在捐献卡上签字的想法。在演讲

第十五章 说服型演讲

中,她说明了对器官捐献的需求,她解释说,有数以千计的人,他们唯一的存活希望就是进行心、肝或肾移植。她还仔细回答了同学担心的问题并对反对意见作出了回复。她说,有严格的安全措施来防止医生在病人尚未死亡时就撤走抢救设备,以得到可供移植的心肝等器官。她表明,捐献的器官会被仔细取出,就跟医生在病人身上进行手术一样。她说几乎所有的宗教领袖都赞成捐献器官是拯救生命的办法。结果,她说服了好几位同学在捐献卡上签了字。

这里,我们集中讨论三种主要的说服型演讲,以及如何有效地组织这样的演讲。我们首先将研究事实问题的演讲,然后是价值问题的演讲,最后是政策问题的演讲。

有关事实问题的说服型演讲

什么是事实问题

1990年以来,哪支大学篮球队赢的场数最多?谁是进入美国最高法院的第一位非裔美国人?从纽约到巴格达有多远?这些事实问题可以肯定地回答。你可以在参考书中找到答案,任何一位通晓事理的人都不会跟你发生争执。答案要么是对,要么是错。

但是,许多事实问题并不能绝对地回答。是有一个正确的答案,但我们并没有足够多的信息来说明它是什么。有些问题涉及一些预测:明年的经济会转好还是变坏?谁会赢得本季的超级杯?2010年加利福尼亚州会遭受另一次大地震吗?

另外还有些是事实混淆不清或不能下结论的一些问题。中东下一步会发生什么?性取向是基因决定的吗?每天大量服用维生素有益于人的健康吗?莎士比亚名下的那些剧本真是他本人写的吗?没有人知道这些问题的最终答案,但是这并不能阻止人们猜测答案所在,也不能阻止人们说服另外一些人,让别人相信自己的答案才是正确的。

事实问题
question of fact
有关一种主张的真实或虚假与否的疑问。

分析事实问题

在某些方面,就事实问题而进行的说服型演讲,和告知型演讲很相似。但是,两种演讲在不同情形中为不同的目的服务。告知型演讲强调客观,演讲人担当一个讲师的任务,尽量公正地传达信息,而不是支持某一个特别的观点。就事实问题进行的说服型演讲是有偏重的。演讲人是要当一个倡导者。他或她的目标是要尽量有说服力地表述对事实的某个观点。演讲人也许提到对立的观点,但提出来只是为了进行反驳。

比如,肯尼迪谋杀案。40多年后,对1963年11月22日达拉斯到底发生了什么,一直都还有无休止的公众辩论。李·哈维·奥斯瓦尔德是一个人行动的,还是阴谋团伙中的一分子?肯尼迪共中了多少子弹,从哪个地方打中的?如果有阴谋团伙,谁涉及其中?告知型演讲人仅仅会重述两边已经知道的事实,而不会就哪一方正确作出结论。说服型演讲人根据已知的事实作出结论,并希望听众接受自己的观点。

法庭审判同样如此。在刑事审判中,一般至少总会有一个已知的事实——已经发生了一桩犯罪行为。但是,被告真的犯下了这桩罪行吗?如果是这样,因为什么理由?起诉官希望说服陪审团,让他们相信被告有罪。被告律师努力说服陪审团,说明被告无罪。认为对事实的哪一种看法更有说服力,这取决于陪审团。

组织关于事实问题的演讲

就事实问题进行的说服型演讲,一般是按主题来组织的。例如,美国航空航天局科学家的一份报告宣称,火星生命在数十亿年前就已经存在了。这些科学家在一次新闻发布会上演讲,说服大家同意他们的观点,并在CNN进行了现场转播。以演讲提纲的形式写下来,大致如下:

具体目标:说服听众,让他们相信火星生命在30亿年前就已经存在了。

中心思想:对在南极洲发现的火星陨石的科学分析显示,生命在30亿年前就存在于火星上了。

要点:1. 陨石中包含的一种分子,可能是活体有机物分解的结果。

2. 陨石中的结晶体跟地球上的细菌形成的结晶体有同样的形状。

3. 陨石中的结晶体跟在地球上有30亿年历史的化石中发现的结晶体还有其他关键的相似处。

再举一例,假定你想说服同学,让他们相信经过基因改良的农作物会对环境和人体健康造成严重威胁,你的具体目标、中心思想和要点可能是这样的:

具体目标：说服听众，让他们相信，经过基因改良的农作物会对环境和人体健康造成严重威胁。

中心思想：基因改良的农作物有造成环境和健康危险的潜在可能。

要点：1. 基因改良的农作物会伤害益虫，同时生成很难控制的超级昆虫和超级杂草，因此造成环境大破坏。

　　　2. 基因改良的农作物会带来有害毒素，并在食物中制造新的过敏物质，而消费者却一无所知，因此会造成健康问题。

有时候，可以按照空间顺序来安排就事实问题进行的说服型演讲。例如：

具体目标：说服听众，让他们相信偷猎野生动物是一个严重的国际性问题。

中心思想：偷猎正在威胁全世界动物物种的生存。

要点：1. 在非洲，偷猎者猎取数以千计的豹、犀牛和大象。

　　　2. 在亚洲，偷猎者使孟加拉虎、雪豹和麝香鹿大批消失。

　　　3. 在南美洲，偷猎使美洲虎和沼泽鹿到了绝种边缘。

　　　4. 在北美洲，偷猎使秃鹰、灰熊、大灰狼和巨型水獭数量急剧下降。

请注意，在上述例子中，演讲人的目标仅限于说服听众接受基于事实的观点。有时候，引起说服型演讲的争论会超过事实问题而发展到价值问题上。

有关价值问题的说服型演讲

□ 什么是价值问题

迄今最优秀的电影是哪一部？克隆人类在道德上是否说得通吗？新闻记者的道德责任何在？这些问题不仅仅涉及事实问题，而且还要求价值判断，也就是基于一个人对价值观的想法的判断。比如什么是对错，什么是好坏，什么是道德和不道德，什么是合适和不合适，什么是公平和不公平，等等。

以克隆为例，可以在纯粹事实的层面展开讨论。比如，克隆的科学方法是什么？或者克隆和基因工程的区别在哪里？不同国家关于克隆的法案有哪些？这些都是事实性的问题。这些答案和你的个人

价值问题
question of value
有关概念和行动的价值、权利和道德等的疑问。

立场没有关系的。

假如你问,道德上讲,克隆人公正吗？或者,为了治疗艾滋病和癌症来克隆人体细胞是否符合伦理道德吗？就变成价值问题了。你的回答不仅取决于克隆方面的知识,也和你的道德价值观有关系。

☐ **分析价值问题**

和许多人的想法不同,价值问题并不仅仅只是个人意念的事。如果你说"我喜欢骑自行车",你并不需要说明为什么喜欢骑自行车,你只是在作一个关于个人喜好的陈述,而不是评价骑自行车作为一种运输形式或一种体育价值。哪怕骑自行车是有史以来所发明的让人最难受的一种活动,它仍然可以成为你最喜欢的一种运动。

另外一方面,如果你说"骑自行车是陆上移动的最佳形式",那就不再是一个关于个人爱好的陈述了,是一个关于价值问题的陈述。骑自行车是不是陆上移动的最佳形式,这并不取决于你的喜好。要论证这个陈述,你不能说:"因为我喜欢,所以,骑自行车是陆上移动的最佳形式。"

反过来,你必须论证自己的观点。第一步是要界定你所说的"陆上移动的最佳形式"的意义。你是不是指能够让人们以最快的速度到达目的地的一种移动形式？这种形式相对便宜？很好玩？没有污染？对使用者有益处？换句话说,你必须建立自己的标准,以评判是否是"最佳陆上移动形式"。然后,你可以说明骑自行车如何能够符合这些标准。

就价值问题发表说服型演讲时,你必须确保给自己的价值判断树立标准。

☐ **组织价值问题的演讲**

就价值问题进行的说服型演讲,几乎都是按照主题来组织的。最常见的方法是,第一,树立价值判断的标准,第二,用这些标准来衡量你的演讲主题。

回到骑自行车上来。如果按照主题顺序来组织这次演讲,第一个要点就是树立最佳陆上移动形式的标准。第二个要点将是显示骑自行车如何符合这些标准。下面是你的"具体目标"、"中心思想"和"要点"的样式:

具体目标：说服听众,让他们相信骑自行车是最佳陆上移动形式。

中心思想：骑自行车是陆上移动最佳形式，因为它比步行或跑步快，不利用动物或人，没有污染，而且有益骑车人的健康。

要点：1. 理想的陆上移动形式应该满足四大标准。
　　　　（1）应该比步行或跑步快。
　　　　（2）应该不利用动物或人。
　　　　（3）应该没有污染。
　　　　（4）应该对使用它的人有益。
　　　2. 骑自行车满足上述所有陆上最佳移动形式的标准。
　　　　（1）骑自行车比步行和跑步快。
　　　　（2）骑自行车不利用动物或其他人的能量。
　　　　（3）骑自行车不会造成空气污染，不会造成陆地污染，不会造成水污染，也不会造成噪音污染。
　　　　（4）骑自行车对骑车人的身体健康益处极大。

就价值问题进行演讲时，你并不需要机械地首先树立价值判断标准，其次针对自己的演讲主题上应用这些标准。但是，你必须确保用一些可资证明的标准来进行评判。在下面的例子中，请注意演讲人如何将她的第一个要点拿来作道德标准的评判，用第二个要点来做法律标准的评判。

具体目标：说服听众，让他们相信极刑从道德和法律上来讲都是错误的。

中心思想：极刑违反《圣经》，也违反美国宪法。

要点：1. 极刑违反《圣经》所说的"汝等不可杀人"戒律。
　　　2. 极刑违反了宪法禁止"残忍和异常惩罚"的条文。

如大家所见，就价值问题进行的演讲也许对我们的行动有很深的含义。一个人如果被说服，认为极刑从道德和法律上讲都是错误的，那他就会支持立法废除死刑。但是，就价值问题进行的演讲并不直接支持或反对具体的行为，它们并不催促听众做任何一件事情。一旦超越了正确或错误的争论，进入到什么事情该做或不该做的领域，你就从价值问题转向了政策问题。

有关政策问题的说服型演讲

□ 什么是政策问题

政策问题其实每天都发生。在家里,我们就春假期间做什么进行讨论,是否要购买一台高清晰电视机,周末看什么电影等。在工作中,我们讨论是否要罢工,销售一项产品的时候利用什么策略,如何改进管理层与雇员之间的交流。作为公民,我们要思考是否投票支持或反对某个政治候选人,对学校发生的暴力行为采取什么措施,如何保持经济增长,如何保护环境,等等。

> **政策问题**
> question of policy
> 有关一项特殊目标的行动应该或不应该采取的疑问。

所有这些都是政策问题,因为它们关乎一系列不同的行动。政策问题不可避免会涉及事实问题(除非我们知道关于一位候选人对某些事情的立场,否则,我们如何决定是否要投票支持某个人呢?)。这些问题也可能涉及价值问题(你在堕胎问题上支持的政策,会受到你是否认为堕胎是道德行为的观点的影响)。但是,政策问题总是会超越事实问题或价值问题,之后才能够决定某些事情是否应该做。

严格来讲,政策问题一般包括"应该"这个词,如下面这些例子:

- 应该采取哪些措施,保护美国不受恐怖主义袭击。
- 同性婚姻是否应该合法化?
- 应该采取什么样的步骤确保美国所有人都得到足够的保健?
- 大学应该如何解决狂欢酗酒问题?
- 我们州是否应该成立网上投票机构来进行所有投票活动?
- 美国应该为奴隶制向非裔美国人赔款吗?

□ 政策问题演讲的种类

就政策问题进行演讲,你的目标也许是争取被动同意,也许是促使听众立即采取行动。决定希望达到哪一个目标是很关键的,因为它差不多影响到演讲的所有方面。

争取被动同意的演讲

> **争取被动同意的演讲**
> speech to gain passive agreement
> 演讲人希望通过演讲说服听众同意其政策,但并不鼓励采取支持行动。

如果你的目标是同意,那你会努力让听众同意你的观点,认为某个政策是较好的,但是,你不一定鼓励听众采取什么行动来落实这项政策。例如,假定你希望说服大家,让人们相信美国应该废除选举人制度,通过直选来选举总统。如果你寻求同意,你会努力让听众同意,总统应该由全体人民直接选举产生,而不是由选举人来选举。但是,你不会促使听众现在就采取行动,以便改变总统选举的程序。

下面有一些具体目标陈述,是争取同意的政策演讲中的具体目标陈述:

说服听众,游乐园的设施应该有更严格的安全标准。

说服听众,标准化分数不应用来决定大学是否录用学生。

说服听众,联邦政府应该在所有的校车上安装安全带。

说服听众,学校不应允许软饮料公司在学校安放自动售货机。

说服听众,所有的运动队都应该把鄙视美洲原住民的队名和吉祥物改掉。

上述例子中,演讲人的目标是要影响听众的思想,说服他们,让他们相信演讲人提的政策是必要的,也是可行的。演讲人并没有要求听众采取行动支持其政策。

获取行动的演讲

如果你的目标是立刻行动,那你希望听众不仅点头同意,而是行动起来。除了说服他们,让他们相信你倡导的事业是靠得住的,你还要努力唤起他们立即采取行动,在请愿书上签名,要求废除选举人制度,投入宣传活动,要求降低学费,购买有机食物要求投入一个筹资活动,要求投票支持某位政治候选人,花时间去参加残奥会,等等。

这里有一些寻求立刻行动的政策性演讲的具体目标陈述:

说服听众,让他们通过"红十字"会献血。

说服听众,让他们在下届总统选举中投票。

说服听众,让他们在反对减少学生贷款的请愿书上签名。

说服听众,让他们开始日常锻炼。

说服听众,让他们花时间参加"人类栖居地"组织的活动。

有些专家说,只要有可能,都应该寻求听众立刻采取行动。虽然唤起同意比召唤行动容易得多,但是,听众会想:"当然,我同意你的观点。"这样想并没有做出多大的承诺。一两天之后,这个听众也许会完全忘记你的演讲,也忘了自己是同意还是反对。

行动会强化思想。有很多资料显示,如果你能够说服一位听众采取某种行动,哪怕仅仅是签一个名字,在汽车保险杠上贴一个标语,或者参加一个会议就得到了更管用的承诺。一旦一个听众代表演讲人的立场而采取行动,不管这样的行动多么琐碎,他或她都更有可能一直保持与演讲人同样的立场,并在未来采取行动来支持演讲人的观点。

当你在说服型演讲中号召采取行动的时候,你应该尽量具体地

> 获取立即行动的演讲
> speech to gain immediate action
> 演讲人希望通过演讲说服听众采取行动以支持其政策。

说明自己的建议。不要仅仅催促听众"做点什么",准确告诉他们做什么,如何做。

分析政策问题

不管你的目标是要争取听众被动同意还是促使听众立即行动,都会面临三个基本问题:需求、计划和可行性,这是讨论政策问题不可避免的。

需求

需求
need
分析政策问题的第一步,存在严重问题吗?需要改变现行政策吗?

如果不说明某个政策有需求,那么说服就毫无意义:

校园里需要更多的学生停车泊位吗?

需要出台新的法规严格管理丢弃的废旧电脑吗?

有必要在美国推行全国统一的身份证吗?

你的第一步是要说服听众,让他们相信某些事情目前的状态出问题了。毫无疑问,你曾听过这样的话:"东西没坏,修它干吗。"除非相信旧的政策不起作用了,否则,人们并不想接受新的政策。"举证责任"总在要求实行变更的演讲人那边。如果你发表演讲,要求支持一项新政策,你必须提供让听众满意的证明,说明现存的政策出了严重的问题,证明这个问题会随着时间的发展而越发严重,说明现在就必须采取行动来解决这个问题(当然,你也许是在捍卫现存的政策,如果是这样,你也得证明的确没有变更的必要——现在发展得不错,以后还会更好)。

举证责任
burden of proof
演讲人负有责任证明改变现行政策的必要性。

计划

政策问题演讲的第二步是计划。一旦你显示出一个问题的存在,那就必需解释解决此问题的计划。

应该做什么来让学生得到更多的校园泊车位?

需要出台哪种特别法规严格管理丢弃的废旧电脑?

全国统一的身份证应该包含哪些信息?谁来负责采集信息和制卡?

计划
plan
分析政策问题的第二步,当前政策存在的问题在哪里?演讲人有何计划加以改变吗?

回答这些问题特别重要,假如你要求有新的政策的话。仅仅抱怨问题很容易,但真正有挑战性的是想出解决办法。

在大多数课堂演讲中,你都不会有时间详细描述自己的方案,但是,至少应该突出其主要特征。不管你计划做什么,一定要确保解释清楚其中可能会对听众接受意愿有很大影响的各项内容。

可行性

政策性演讲的第三个基本要素是可行性。一旦有了一个计划,你还必须向听众表明,这个计划是能够起作用的。它能够解决问题?或者,它会形成新的更严重的问题吗?

在校园里建一个多层停车库,会为学生提供更多的停车泊位,但是,这会使学生的学费有较大幅度的上涨。

新的法案会减少废弃电脑引起的污染。然而,实施起来代价昂贵且推行困难。

全国身份证可以帮助人们验证身份,保证安全。但它也会限制公民自由,给政府留下过多的个人信息。

这些担心值得注意的。每当你倡导一项新政策时,都必须准备好证明它是切实可行的。不管一个问题可能有多么严重,听众一般都希望得到某种保证,觉得演讲人的计划会切实解决所存在的问题。提供这种保证的办法之一,就是显示与你的计划类似的措施已经在其他地方成功实施。

如果你反对政策变更,论点之一可能是,这样的变化不现实,会产生更多的问题。例如,许多家长和教育工作者说,实施标准化的全国性测试供中学生毕业考试用,会破坏各地区学校系统的自主性,形成联邦政府对全国各地中学教育的控制。另外一些反对者因为这样的考试会产生歧视,不利于少数种族和民族团体,也不利于其他有特殊需求的儿童。如果听众接受这些论点,他们也许决定,不应该采纳标准化的全国中学考试。

演讲内容分配给需求、计划和可行性应该各有多大比例呢?答案取决于你的话题和听众。如果你的听众没有意识到废弃电脑对环境造成的危害,那你就必须花相当多时间在需求上面,之后再讲计划与可行性。另一方面,如果听众已经了解美国社会安全系统中的问题,你可以很快提醒他们确有此需求,然后把大部分演讲花在计划与可行性上面。

假如你倡议每包香烟另课 3 美元的税,以便降低青少年抽烟的比率。许多人会提出疑问,不知道提高烟价是否能解决问题。因此,你应该把演讲的相当大一部分时间花在可行性上面,表明在很多大幅度提高香烟税的国家,青少年吸烟人数下降了六成。

可行性
practicality
分析政策问题的第三步,演讲人的计划能解决问题吗?会产生新的、更严重的问题吗?

组织关于政策问题的演讲

要在政策问题上想办法说服听众是关键,虽然第八章里解释过的基本组织模式在讨论政策问题时可以用到,但是,有四种特别模式在政策问题演讲中特别有用,包括:问题—方案顺序、问题—原因—方案顺序、比较优势顺序和门罗促进序列。

问题—方案顺序

> 问题—方案顺序
> problem-solution order
> 组织说服型演讲的一种方法,第一个要点中说明存在的问题;第二个要点中说明解决问题的方案。

如果你倡议一项政策改革,你的要点自然落在问题—方案顺序。在第一个要点,你要通过对问题的范围和严重程度的论述来阐明对新政策的需求;在第二个要点,你要解释解决这个问题的计划,并表明其可行性。例如:

具体目标:说服听众,让他们明白需要采取行动来处理司机边开车边打手机造成的安全隐患。

中心思想:解决司机边开车边打手机造成的安全隐患问题,需要个人和政府一起采取行动。

要点:1. 司机们打手机给驾驶增添了更多的危险。
    (1)研究显示,司机使用手机时,造成交通事故的可能性高出4—8倍。
    (2)在过去三年里,司机开车时使用手机造成的交通事故,留下了令人震惊的伤亡数字。
2. 通过个人和政府的共同努力,这个问题可以得到解决。
    (1)每个司机自身要做到只有遇到紧急情况才使用手机。
    (2)政府应该通过立法,禁止开车时使用手机。

在反对政策改革的演讲中,同样也可以利用问题—方案顺序。在这样的演讲中,你的工作是要捍卫当前的制度,并攻击对手提出的方案。因此,在第一个要点,你也许会提出没有必要改变;在第二个要点,你可以证明,如果存在一个严重的问题,所说的新政策不仅不能解决它,而且这个政策本身还会引起新的问题,举例如下:

具体目标:说服听众,让他们相信,国会不应该通过立法使英语变成美国的官方语言。

中心思想:让英语成为美国的官方语言,既没有必要,也不实际。

要点:1. 让英语成为美国的官方语言没有必要。
    (1)由于美国的移民传统,它一直有着广泛的多语言基础。

(2) 虽然有这样的多样性，从长期来看，移民到美国来的人几乎都用英语作为主要语言。

2. 让英语成为美国的官方语言是不切实际的。

(1) 它会耗费时间和金钱，而这些时间和金钱可以更好地用在其他事情上面。

(2) 它不利于一些州和地区适应当地居民直接的语言需求。

问题—原因—方案顺序

可以对问题—方案顺序做一些变化，按照问题—原因—方案顺序来组织演讲，就会形成三个要点：第一个要点说明问题所在，第二个要点分析问题的起因，第三个要点拿出解决方案。例如：

具体目标：说服听众，如果他们要喝酒，就要采取行动做到有责任地饮酒。

中心思想：大学生过量饮酒是一个严重的问题，这个问题可以通过开展无酒精的活动，以及克服引起过量饮酒的社会压力加以解决。

要点：1. 过量饮酒是大学生中的一个严重问题。

(1) 学生过量饮酒，会给社会的医疗资源增加负担。

(2) 学生过量饮酒，会给自身带来很大问题。

2. 跟大学生活相关的两大起因是社会压力和大量的饮酒活动。

(1) 大学有大量活动都离不开喝酒，如各种派对。

(2) 过量饮酒的大学生是因为有很大的社会压力。

3. 有一些解决问题的办法，是可以马上实施的。

(1) 选择无酒精的娱乐活动。

(2) 学会控制引起过量饮酒的社会压力。

有些教师喜欢这种组织方法，因为它要求演讲人分析问题的起因，这就使得人们更容易看出所提倡的方法是否能够根除问题。

比较优势顺序

如果听众已经同意问题的确存在，那么，你可以使演讲集中在比较几个方案的优势和劣势方面。在这种情况下，你不妨按照比较优势顺序来组织演讲，别在问题上浪费时间，而应该通过每个要点来解释清楚为什么你的方案比其他解决办法更好。

> 问题—原因—方案顺序
> problem-cause-solution order
> 组织说服型演讲的一种方法，第一个要点说明问题所在，第二个要点分析产生问题的原因，第三个要点提出解决问题的方案。

> 比较优势顺序
> comparative advantage order
> 组织说服型演讲的一种方法，集中解释为什么演讲人提出的解决问题的方案要比别的方案好。

假如你希望说服听众,让他们相信美国太空计划应该将其重点从哗众取宠的载人飞行,转变不载人的科学研究上来,让这些项目收集其他星球和太阳系的本质等方面的信息。利用比较优势顺序后,你就能够把不载人的科学任务与载人太空飞行相比较,并显示为什么前者是更好的选择。你的具体目标、中心思想和要点可以是这样:

具体目标:说服听众,让他们相信,美国太空计划应该将重心放到不载人的科学任务上,用以收集关于其他星球和太阳系的信息上。

中心思想:不载人的科学飞行成本较小,且益处更多。

要点:1. 不载人的科学飞行比载人太空飞行成本小得多。
2. 不载人的科学飞行比载人太空飞行得到更多实际益处。

门罗促进序列

门罗促进序列
Monroe's motivated sequence
说服型演讲的一种方法,旨在唤起听众立即行动。这一方法共有注意力、需求、满足感、形象化和行动五个步骤。

阿兰·门罗是普度大学的演讲学教授,他于20世纪30年代创立了门罗促进序列。门罗序列专门用于政策演讲,用于立即唤起听众的行动。这个顺序共分五个步骤,符合关于说服的心理学原理。

■ 注意力。首先,你要引起听众注意。在开场白部分,你可以利用第九章介绍的一种或多种方法做这一点:和听众建立联系,表明话题的重要性,作惊人的陈述,唤起好奇心或制造悬念,提出一个问题,讲一个戏剧性的故事,或者利用视觉辅助物。

■ 需求。抓住了听众的注意力,提起了他们的兴趣以后,接下来你需要让他们感觉到有改变的需求。表明目前的情形出现了严重的问题。把这样的需求表达清楚,用强有力的论证材料证明这一点。比如利用统计数字、实例和证词,这些材料和听众的价值观或重要的利益直接相关。到这一步,听众应该会对这个问题产生担忧,这样一来,他们就做好了心理准备,可以听你讲解决的办法了。

■ 满足感。唤起需求后,你通过提供问题的解决办法来满足这种需求感。你提供自己的计划,说明这个计划如何发挥作用。一定要拿出计划的详细内容,帮助听众理解。

■ 形象化。拿出方案以后,你通过形象化来强化实现这个方案的欲望。这一步的关键是利用生动的形象让听众明白将如何在这个政策当中受益。让听众看到,一旦采纳这个计划后,事情会有很大的改善。

■ 行动。一旦听众相信你的政策是有益的,下一步你就要号召他们行动了。把你希望听众做的事情准确地表达出来,告诉他们要怎么做。把他们可以写信的地址留下来,告诉他们去哪里可以加入青年共和党,让他们明白如何签名接受咨询。然后,用鼓动性的语言作出结论,强化他们采取行动的责任心。

很多学生喜欢促进序列,因为它比问题—方案顺序更详细一些。它显示人们思考的过程,并一步一步地引导听众,使其达到所希望的行动。这个序列效果极好,可以从很多成功案例中看出来,尤其是电视广告。下次你看电视的时候,请注意广告片。你会发现,其中许多片子都是按促动序列组织的。下面有个例子:

注意力:这是一个晴朗的春日。春暖花开,微风荡漾。镜头落在两个女人身上,她们大概 30 岁上下,正穿过一个公园。突然一个女人停下来,弯下身来把手放在臀部。她的眼里闪着泪,呼吸急促。

需求:"你还好吧?"她朋友问。"我有点过敏症状。"那个女人回答。"每个春天都是这样。在我感觉很棒的时候,花粉热却毁了一切。你继续游玩吧,别管我。"

满足感:"我过去也有同样的问题。"朋友说。"但我用了'均降'。它帮我把花粉热彻底赶走了。现在在春天我可以自由自在了。你也可以试试。"画外音告诉我们,"均降治花粉热最有效,而且吃了不会打瞌睡。"

描绘:一周后,还是这两个女人在慢跑。步伐轻快,呼吸匀畅。"均降真的很管用",那个女人停下来说,"我感觉我脱胎换骨了。多亏了均降。我又可以享受春天了。"

行动:当观众受花粉热之苦或其他过敏症时都急切地用均降。

当你想要让听者采取你想要的行动时,试试促动序列吧。它非常有用,下面是一个学生利用演讲鼓动同学们为当地租户权利法案请愿书签名。

注意力:你的公寓里出现过成群蟑螂在碗柜里奔跑的情景没有?因为空调坏了,你有没有在房间里大汗淋漓的时候?或者因为火炉坏了而冻得发抖?或者等了好几个月却拿不回自己的保证金,哪怕你离开公寓的时候把房子打扫得跟来的时候一样干净?

需求:这个城市的每一处,学生和其他公寓租户成为不负责任和不道德的房东的受害人。仅仅在去年一年,城市住房部就接到 200 多宗投诉,但并没有采取行动来制裁这样的房东。

满足:这些问题可轻松地加以解决。我们应该通过一项强有力的租户权利法案,确定租户的权利,明确房东的责任,并对违反租户权利的行为课以重罚。

描绘：这样的法案在全国许多大学的校区都在起作用。如果在这个城市通过这样一项法案，大家就不再需要担心公寓里出现不合标准的卫生及安全条件。你们的房东不能违反租约条款，也不敢克扣你的保证金。

行动：租户的权利法案已经提交到市议会了。大家可以在请愿书上签名，帮助这个法案顺利通过。我将在演讲之后散发这份请愿书。我还请大家帮着在朋友当中传递这份请愿书，并请下个星期在市议会就这个法案进行辩论的时候到场支持。如果我们团结起来，就可以让市议会通过这项法案。

门罗促进序列和第十章讨论过的大纲方法中的标准是一致的。下面的大纲显示，演讲人可以把这个顺序合并到请同学报名参加自卫班的一次演讲中去。这份大纲是以完整形式提供出来的，包括了演讲中的各要点的论证材料。

具体目标：说服听众通过为国际同情组织作贡献来帮助世界范围内的儿童。

中心思想：为国际同情组织作贡献能够打破致使数百万儿童贫困的恶性循环。

开场白

注意：1. 每天早上你醒来要吃面包的时候，数百万的儿童却是日复一日地又开始在长期的饥饿与贫穷中挣扎。

2. 通过这个叫"国际同情"的组织资助一个孩子两年，我就能看到这给孩子生活带来的变化。

3. 今天，我想鼓励在场所有人加入到国际同情组织中来。

主体

需求：1. 发展中国家数百万的儿童都在遭受贫穷、饥饿和教育匮乏。

(1) 从亚洲到南美的发展中国家，贫穷破坏了孩子们的生活质量。

(2) 每天，饥饿夺去了大约两万个儿童的生命。

(3) 缺乏教育又导致饥饿、贫穷的恶性循环。

满足：2. 国际同情组织能够打破这个恶性循环。

(1) 成立于1952年的国际同情组织，向全球22个国家的儿童提供食物、衣物、教育、避难所和医保服务。

(2) 每月只需28美元，你就能资助一名儿童。

(3) 我已经资助了厄瓜多尔的一个叫约瑟·弗朗西斯科的小男孩两年。

描绘：3. 国际同情组织作为一个真正有效的慈善机构，有非凡的业绩。

(1) 根据"更好事业局"的评估，筹集的资金中78%都直接用在了那些儿童身上。

(2) 国内外的审计确保所有资金的接收、保管和处理都是为了每个孩子。

(3)《聪明理财》杂志将国际同情组织评为全美十佳慈善组织之一。

结论

行动：1. 因此我鼓励你们每个人都通过国际同情组织来资助一个儿童。

2. 正如国际同情组织所表示的那样，"当我们靠个人不能改变世界时，我们却可以改变一个孩子的世界。"

演讲案例与点评

下面的说服型演讲，是在一个演讲班上进行的，谈的是政策问题，并提供了一个"问题—解决"方案的优秀例子。大家看这篇演讲的时候，应该注意演讲人如何处理需求、计划和可行性的问题。另外请注意，她是如何预测听众潜在的反对意见，并在演讲的不同阶段回答这些反对意见的。最后，请注意这次演讲内容很清晰，不拖泥带水。观点表述得清清楚楚，非常干脆。

分币问题

苏珊·英格拉汉姆

演　讲	点　评
"为你的想法给五分钱。""省五分钱等于挣回五分钱。""天上掉下来的钱。"	开头的引语抓住了注意力，因为这些话说得聪明，在原话的基础上作了恰当的改变。

好吧,也许这些话听起来并没有老古话入耳,但是,美国经济生活中的一个事实是,分币正在淘汰中。过去几十年通胀使几分钱的糖块、几分钱的玩具和几分钱的泡泡糖消失了。事实上,几分钱再也买不到任何值钱的东西了。分币时代过去了,现在到了让这种经济恐龙灭绝的时候了。

引述三个传统谚语并加以改造是一个聪明的办法,让演讲人很容易进入自己的主题,并说明了中心思想。最后一句"现在到了让这种经济恐龙灭绝的时候了",特别有效果。

可以肯定,你们中的大多数人会说,分币很讨人厌。但是,我们为什么要废弃分币呢?我们为什么必须改变已经在很长时间里发挥过作用的东西呢?没有分币,我们会怎么办?为这次演讲做准备工作的时候,我就问过自己这些问题。但是,作为查询资料的结果,我相信,继续使用分币是一件代价很高的事,我相信,我们废弃分币以后仍然能够生活。今天,我希望说服大家相信这一点。

在这一段里,演讲人用三个问题开始,这是大部分听众在演讲的这个阶段都会提出的问题。演讲人说明,她改变了对这三个问题的看法,这是她进行大量资料查询工作的结果。她的意思是说,听众也应该改变自己的看法。

我们先从这里开始:请大家注意,分币给我们带来了很大麻烦,个人、企业和整个国家都是一样。许多美国人觉得分币是无用的讨厌物。根据我在班上进行的调查,约三分之二的同学发现分币很是讨人厌。分币占地方,会让自己的钱包、口袋鼓鼓的。如果你想找到其他硬币,分币会添麻烦。在你排队付款时,搜寻分币会使后面的人等更长时间。当你真正需要硬币时,比如复印、打电话或用自动售货机的时候,分币又派不上用场。

演讲人一开始就说明了第一个要点,即分币给个人、企业和整个国家都带来了麻烦,同时也就进入了演讲的主体。她在本段重复使用"大家",使演讲的主题跟听众产生了联系,并使听众的注意力集中在演讲上面。

事实上,许多人不用分币。美国

演讲人利用统计数字和

造币厂的一项调查显示,接受调查的 12 000 人中,只有一半的人每天使用分币。另外一半人中,大部分人家里有分币,但主要是等着积到足够数量的时候拿到银行去换整币。这可能要等很长时间。在《洛杉矶时报》的一篇文章里面,作家诺尔·甘特解释说,大学的最后两年,他和室友把所有分币都存下来了,这是为了在毕业典礼上玩"天上掉钱"游戏。他们装了六坛子分币,看上去像是一大笔财富。毕业典礼的头一天,他们把坛子倒出来数了数,总共才 21.56 美元,只够买饮料!

例子证明她的观点:许多人并不使用分币。诺尔·甘特的故事效果极好,因为这故事内容丰富,讲述了许多大学生认同的一个情形。

分币让个人感到麻烦,也让企业界头痛。全国便利店协会估计,在其成员单位每年共 100 亿美元的现金交易中,每一枚分币平均要花掉两秒钟时间。这意味着,处理分币必须要花掉总共 550 万小时,年度费用为 2 200 万美元。根据《财富》杂志,某些银行处理 1 美元分币的时候,总共要花费多达 30 美分的费用。这让接受分币的企业承受很大的损失。

本段的统计数字表达得很清楚,而且来源可靠。虽然大多数听众开始时都对废除分币的需求表示怀疑,但是,演讲人的证据到最后赢得大多数人的赞同。

让分币保持流通,对整个国家也造成很大损失。财政部每年要回收约 70 亿枚分币,因为这些分币变形或有磨损。根据财政部的资料,多达数十亿枚分币进了蛋黄酱罐、咖啡罐、存钱罐和抽屉,或者干脆就给扔掉了。在上述的调查当中,美国造币厂报告说,6%的美国成年人干脆连同垃圾一起将分币倒掉!

在本段和接下来的一段,演讲人提供了统计数字表明让分币保持流通,会对整个国家造成损失。

为了保证足够多的分币流通，美国造币厂每年要生产约120亿枚新分币。制造这些分币的成本为每分币0.66美分，加起来为每年8 000万美元。财政部官员对《美国新闻与世界报道》说，如果把存储和搬运费用算进去，企业交易一分币的成本远远大于一分币本身的价值。

本段的证据特别有力，根据美国财政部官员的证词形成了一个结论，即"在企业活动中，完成一笔一美分的交易的收入还不够背后的成本。"

大家现在可以看到，分币的确带来相当大的麻烦，所幸，这个问题很容易解决。

在第一个、第二个要点之间加一个过渡，这有助于听众跟上演讲人的思路。

我推荐的办法和硬币联盟支持的方案相似。硬币联盟是一个设法从经济生活中消除分币的组织。这个方案有四个基本步骤。首先，联邦政府应该立法确定最小分币的约整，并使其标准化。这个约整过程发生在一笔交易全部加起来之后，但必须在销售税加入之前。因为约入的购买数量大致等同于约出的数量，这不会对消费者产生额外的费用。

现在，演讲人进入了第二个要点，她在这个要点提出了解决分币问题的办法。解决的办法有四个步骤，每一个步骤都得到了清楚地解释，这样，听众都能准确理解演讲人说的到底是什么意思。

其次，消费税也应该按最小分币值进行约整。消费者和国家都承担单笔交易中同等的增加或损失最多两美分的机会。从本质上说，这跟你递交所得税报表时所做的事情差不多，只是，在计算所得税的时候，你会把所有数字约整到最小美元单位。

说明了自己的方案如何起作用之后，演讲人还回答了听众有可能提出的潜在疑问。请注意，如果演讲人没有解释购买和销售税按最小币值约整的过程，演讲的效果就会受到影响。

因为这个方案的前两个步骤会减除对分币的需求，第三步就是让美国造币厂停止生产分币。就像我们看到的一样,光是制造这些分币的成本一项,就可以节省纳税人每年8 000万美元。

这个方案的第四步是,让人们兑换掉流通中的分币,因此可以从货币供应中彻底根除分币的存在。

我承认,很难想象一个没有分币的世界,但是,有很多证据证明,这个方案是可行的。詹姆斯·本菲尔德是硬币联盟的执行总裁,他说,美国于1857年停止生产半美分,结果发现,类似的约整办法效果相当好。我们没有任何人怀念半美分。几年之后,我们中再也不会有人想念分币了。

不管大家意识到了没有,我们当中有许多人已经在购买行为中约整最小分币了。大家想想,在便利店的出纳机旁边,不是有一个"拿一个分币,留一个分币"的罐子吗?每次你从盒子里拿走几个分币,用来支付你购买的东西,或者从自己的零钱里留下几个分币放进罐子里,实际上你就是在约整最小分币。

作为结论,分币给个人、企业和国家都带来很大麻烦。浪费在使用和制造这些分币上的时间和金钱,可用来做更有意义的事情。按照最小分币值约整购买和支付,停止生产新的分币,并让旧分币退出流通以后,由分币造成的麻烦就可以彻底根除而不会引起经济动荡。我们已经习惯了没有一分

演讲人讲到了她的方案的最后一步,也就是要彻底根除分币在经济中的流通。

方案讲解完毕以后,演讲人现在就来表明其可行性。在本段,她认为,分币可以从美国经济中消除,就如同半分币在19世新年纪也被消除了一样。

在这里,演讲人强调了她的方案切实可行,她把这个方案和听众的日常生活联系起来。处理可行性的问题,在这一类演讲中尤其重要,因为听众很可能对演讲人的方案表示怀疑。

演讲人归纳要点,开始总结。

本演讲最后的一句话效果尤其突出。这句话把开场白部分的语气和内容回应一下,使演讲有很强的结束意味,并强调了演讲人的观点,

钱糖果、一分钱玩具和一分钱泡泡糖的生活,同样,我想,经过一段时间以后,我们也会习惯于"省一分钱就是挣来一分钱"的生活。

即,从经济生活中消除分币是很容易做到的。

小结

说服型演讲是一个创造、强化和改变人们信仰或行动的过程。当你说服的时候,你是在当一个倡导者。你的工作是要推销一个方案,捍卫一个思想,驳斥一个对手,或者激发人们采取行动。你的说服能力将使你在从个人关系到社区活动、到职业目标的生活的各个方面受益。

在任何一种说服型演讲中,你是否能够成功取决于你根据听众的价值观、态度和信仰调整自己演讲内容的能力。用心的听众并不会被动地坐在那里全盘接受你的观点。他们虽然在听,但是,他们会积极地评估演讲人的可信度、论证材料、语言能力和推理水平以及情感吸引的能力。

应该把自己的演讲看作是一种与听众的心灵对话。最重要的是,你需要找到自己的目标听众,预测他们可能提出的反对意见,并在演讲中回答这些问题。除非能够直接消除听众产生怀疑的根源,否则,你不可能转变一个怀疑者的立场。

说服型演讲也许会以事实问题为中心,或以价值问题为中心,或以政策问题为中心。有些事实问题可以肯定地加以回答。另外一些事实问题并不能回答,要么是因为事实不清晰,要么是因为并没有足够多的信息提供给我们。进行事实问题的说服型演讲时你的作用跟律师在法庭上的作用差不多。你要尽力说服听众接受你的事实和观点。

价值问题涉及一个人的信仰:什么是正确的,什么是错误的;什么是好的,什么是坏的;什么是道德的,什么是不道德的;什么是合乎伦理的,什么是不合乎伦理的,等等。就价值问题进行说服型演讲时,你必须为自己的价值判断建立标准,使自己的观点站得住脚。虽然价值问题经常对我们的行动有很深的含义,但是,关于价值问题的演讲并不会直接支持或反对特别的行动。

跨越了争论对错而进入应不应该做某事的阶段,你就进入了政策问题。当你就政策问题进行演讲时,你的目标也许是唤起被动的同意,或者是直接点燃行动的火花。在两种情况下,你都面临三个基本的问题——需求、计划和可行性。你的演讲如何讲述这三方面的问题,取决于你的演讲主题和听众。

组织政策问题演讲有多种方法。如果你倡导对某政策进行变更,你的要点自然会落在问题—方案顺序,或者是问题—原因—方案顺序。如果你的听众已经同意问题的确存在,你也许能够利用比较优势顺序。你想立即唤起听众的行动时,应该考虑采用门罗促进序列,其五大部分基于关于说服的心理学原理。

◼ 关键术语

说服	persuasion
与听众的心理对话	mental dialogue with the audience
目标听众	target audience
事实问题	question of fact
价值问题	question of value
政策问题	question of policy
争取被动同意的演讲	speech to gain passive agreement
获取立即行动的演讲	speech to gain immediate action
需求	need
举证责任	burden of proof
计划	plan
可行性	practicality
问题—方案顺序	problem-solution order
问题—原因—方案顺序	problem-cause-solution order
比较优势顺序	comparative advantage order
门罗促进序列	Monroe's motivated sequence

◼ 复习题

阅读完本章,请回答下列问题:

1. 告知型演讲和说服型演讲之间有什么差别?为什么做说服工作的演讲比告知信息的演讲更有挑战性?

2. 为什么说听众是在跟演讲人进行心理对话,这是什么意思?这种心理上的互动对于有效的说服型演讲有什么含义?

3. 说服型演讲的目标听众是谁?

4. 什么是事实问题？关于事实问题的说服型演讲跟告知型演讲有什么差别？举例说明有关事实问题的说服型演讲的具体目标陈述。

5. 什么是价值问题？举例说明有关价值问题的说服型演讲的具体目标陈述。

6. 什么是政策问题？举例说明有关政策问题的说服型演讲的具体目标陈述。

7. 解释被动同意与立即行动之间的差别，这是有关政策问题的说服型演讲要实现的两个目标。

8. 讨论政策问题时必须处理的三个基本问题是什么？如何确定你在某次特定的演讲中针对这三者所分配的时间？

9. 在政策问题的说服型演讲中，用得最多的四种组织方法是什么？

10. 门罗促进序列中的五大步骤是什么？获取听众立即行动的演讲，为什么这种促动序列特别有用？

批判性思考练习题

1. 回顾本章开始处雷蒙·特鲁吉罗的故事。和雷蒙一样，大部分人每天都以普通的对话形式进行一定量的说服工作。把自己一整天的交流活动记录下来，把你试图说服别人接受你的观点的所有事例专门标记下来。选择一些例子，准备一份简要的分析报告。

在分析报告中回答下列问题：1)你在说服的过程中，谁是听众？2)你的说服信息中，"具体目标"和"中心思想"是什么？3)你是否提前进行说服演讲训练？或者是根据当时的情况临场发挥？4)你的具体目标是否实现？5)如果你再次遇到这样的情形，会做出哪些策略上的改变？

2. 下面有四个说服型演讲的具体目标。请分别解释一下，看它涉及的是事实问题、价值问题、还是政策问题。然后，重新写一遍具体目标陈述，使其适合关于上述三种问题中的一种。例如，如果原来的目标陈述是关于政策问题的，请写一份新的具体目标陈述，使其处理同样的话题，作为事实问题或作为价值问题。

案例：

原来的陈述：说服听众，让他们明白，在儿童监护争端中，法官偏袒生身父母而不维护养父母的做法是不公平的。（价值问题）

重新写过的陈述：说服听众，让他们明白，法庭应该确立明确的

指导原则来解决儿童监护案中养父母与生身父母之间的争端。（政策问题）

a. 说服听众,让他们贡献一部分时间担任社区义工。

b. 说服听众,让他们明白,电视屏幕上的暴力内容是今日社会暴力行为的主要起因。

c. 说服听众,让他们明白,应该采纳全国性的销售税办法,以帮助偿还国家债务。

d. 说服听众,让他们明白,企业在筛选潜在雇员的时候进行基因测试是不道德的行为。

3. 选择一个有关政策问题的说服型演讲的话题。就这个话题起草两份具体目标陈述,一份是用于争取同意的,一份是用于促使行动的。写好具体目标陈述,解释一下,寻求行动的演讲与寻求同意的演讲之间有何不同请具体说明。

4. 分析本章列出的示范演讲及点评（见《分币问题》）。因为这是一次就政策问题的演讲,所以要特别注意在说明一个严重的问题确实存在的时候,演讲人如何处理需求、计划和可行性。演讲人是否表达得有说服力？她是否提供了一个明确可行的方案解决这个问题？她是否说明自己的方案是可行的？

5. 选择一个按照门罗促进序列组织的电视广告片。准备一份简要的分析报告。在报告中,你必须：1)说明广告希望诉求的目标听众；2)按广告中出现的顺序描述促动序列中的每一个步骤。

6. 附录中珍尼弗·康拉德做的一次演讲（《终极礼物》）。因为这次演讲是按门罗促进序列组织的,因此,要特别注意演讲人如何一步步发展注意力、需求、满足、描绘、行动序列。找出这次演讲中符合这个顺序的每一个步骤,解释这次演讲的说服力如何一步步增强。

▍运用公共演讲的力量

作为当地一家工会的领导人,你的任务是要向罢工的工人说明管理方提供的一份合同。虽然合同并不能符合工会的所有要求,但是,你相信是一个不错的机会,因此,在演讲中,你将建议工会成员投票接受这份合同。

合同内容已经过激烈讨论,你知道42个成员中的一些人会投什么样的票。有一个问题是,管理方答应保证维持现有工人的全部利益,但希望减少新来工人的利益。虽然所提出的合同限制了这些削减的范围,你知道,共有12名成员投票反对那些限制未来新进工人的利益的任何提议。但是，已经有8名成员赞同你的意见，他们投票表示不会罢工，并表示将投票接受任何合理的提议。在没有下定决心的那些投票者当中，还有一些人觉得，由于罢工只到了第二个星期，如果拒绝这个提议，则有可能得到一个更好的合同要约。

　　哪些人是你演讲的目标听众？你将如何说服他们投票接受合同提议？在问题—方案、比较优势、门罗促动序列中你会利用哪些组织方法？原因何在？

第十六章

说服的方法

罗杰·道森有一个秘诀。他保证,掌握了这个秘诀,可以从任何人那里得到你想要的任何东西。你可以发展"个人超凡魅力的气质,它会让人尊重你、理解你,并且乐意赞成你的意见。"你可以获得"一股对你来说非常重要的新力量,你会惊异假如没有它你怎样活下去!"

罗杰·道森的秘诀是什么呢?他把它叫做"强大说服力的秘密"。这个秘密价值太大了,以至于美国最大的公司支付道森每天10 000美元来分享它;"每月图书俱乐部"选择道森的书《强大说服力的秘密》来作为他们的主打书籍之一;数以千计的人购买了他的《强大说服力的秘密》录音带。

道森真的能给人们改变他们生活的"神奇的说服技巧"吗?答案也许是否定的。说服的秘密太复杂了。但是,道森的书、磁带和企业座谈的受欢迎显示,人们对有效说服的战略和策略有着持久不衰的兴趣。

什么能使一个演讲者具有说服力?为什么听众接受某个演讲者的观点,而拒绝另一个人的呢?演讲者怎样打动听众采取行动来支持一项事业、一次运动或一个候选人呢?千百年来,人们不断试图寻找这些问题的答案——从古希腊哲学家亚里士多德到现代传播研究者。许多问题得到了解答,可以这样说,听众是被这样四个中的一种或更多的原因说服的:

  因为他们觉得演讲者有很高的可信度。
  因为他们被讲演者的证据征服了。
  因为他们相信演讲者的推理。
  因为他们的情感被演讲者的思想或言语打动了。

在这一章里,我们将逐个探讨这些原因。我们不会发现任何魔术般神奇的秘诀,让你成为一个无法抗拒的、魅力无穷的演讲人。说

第五部分 各类公共演讲技巧

服是一项复杂的工作,没有一个简单的公式或简单的技巧。但是,当你学习了本章中讨论的原理,并将它们运用到实践中,你会大大增加赢得听众的机会。

建立可信度

这里有两组相像的陈述。你可能会更相信每组中的哪一句?

美国国务院需要对管理进行较大的调整,以完成其在21世纪的任务。(科林·鲍威尔)

美国国务院不需要任何对可见未来进行任何大幅调整。(史迪芬·金)

恐怖小说进入了更深奥微妙的阶段,因为作者加入了新的人物类型和剧情手段。(史迪芬·金)

与其他形式的流行小说相比,恐怖小说的受欢迎程度在下降。(科林·鲍威尔)

> **气质**
> ethos
> 亚里士多德首创,现代人称之为"可信度"。

你多半会选择每组的第一句。如果是这样,你很可能是被你对演讲者的感性认识影响了。当鲍威尔谈到关于国务院的管理,你多半会尊重他的判断,因为他是受美国总统乔治·布什领导的国务卿。当金谈到恐怖小说的趋势走向时,你会尊重他的判断,因为他是《卡莉》、《闪光》等40余部书的作者。有些老师称这些因素为"来源可信度"。另一些人则称之为"气质",这个词是亚里士多德创造的。

可信度的要素

> **可信度**
> credibility
> 听众对演讲人是否可信的认识。两大因素影响可信度:能力和性格。

多年以来,研究人员花了大量时间研究可信度及其对演讲的影响。他们发现,很多东西影响了演讲者的可信度,包括社交能力、活力、天生的吸引力和演讲者与听众感受到的相似之处。不过,总的来说,一个演讲者的可信度受两个因素影响:

能力——听众如何看待演讲者的智力、专业水平和对相关话题的知识。

性格——听众如何看待演讲者的真诚度、可信度和对观众的幸福是否关心。

听众越喜欢演讲者的能力和性格,他们就越愿意接受演讲者所说的话。毫无疑问,大家通过自己的亲身经历,都能熟悉这一点。假设你在上一门经济学课程。这门课程的任课老师是一位杰出的教

394

第十六章 说服的方法

授,他在权威杂志上发表过大量文章、在重要的国际委员会中任职、获得过许多研究奖项。在课堂上,你会坚信这位教授所讲的每一句话。有一天,这位教授有事缺课,他在经济系的一位同事——完全有资格替代,只是不那么知名罢了——来代课。也许这位代课老师讲的课与那位杰出教授的课一模一样,但是,你并不会给予同样的信赖。代课老师没有原来老师的可信度高。

重要的是要记住:可信度是一种态度。它不在于演讲者身上,而是存在于听众的意识中。一位演讲者可能对某一话题来说有很高的可信度,而对另一话题来说则很低。回顾我们在前面假设的两个陈述,大多数人会更愿意相信史迪芬·金关于恐怖小说的讲话,而不去相信他对于美国国务院的谈话。

可信度的种类

一位演讲人的可信度不仅在不同听众中有所不同、在不同话题中有所不同,还在演讲的过程中有所变化,我们可以从诸多差别中分出三个类别来:

初始可信度——演讲人开始演讲之前的可信度。

派生可信度——演讲人在演讲期间所说和所做的一切产生的可信度。

最终可信度——演讲人在演讲结束时最终获得的可信度。

所有的三种都是动态的。很高的初始可信度对任何演讲者来说都是很大的优势。但是,它也可能在演讲中被破坏,导致很差的最终可信度。相反的事情也可能发生。一个初始可信度低的演讲者可能在演讲中增强他或她的可信度、最终获得很高的可信度,就像下面这个例子:

巴利·德文斯在一家大型非营利性研究机构负责计算机和信息系统。工作后不久,他购买了一套价格非常昂贵的内部电子邮件系统,并在机构的所有电脑上安装了它。巴利想到了可能会有一些故障发生,但是故障的发生次数远远超出了他的想象。他花了几乎六个月的时间才把系统恢复正常,尽管如此,人们还是继续抱怨,说他们在使用期间不断损失很多信息。

一年后,这个基金会得到很大一笔大合同,总裁决定为整个组织购买一套新的计算机系统。她让巴利负责购买这套系统,并负责培训员工使用。她还提议让他在一次员工周例会上把他的计划大致说一下。

> **初始可信度**
> initial credibility
> 演讲人开始演讲之前的可信度。

> **派生可信度**
> derived credibility
> 演讲人在演讲期间所说、所做的一切所产生的可信度。

> **最终可信度**
> terminal credibility
> 演讲人在演讲结束时获得的可信度。

如大家预料的一样,巴利站起来跟员工讲话的时候,初始可信度很差。人人都清楚地记得那个电子邮件系统带来的所有麻烦,他们特别不情愿再次体验这样的事情。但是,巴利意识到了这一点,并且对此有所准备。

一开始,他提醒各位,总裁授权他购买一套真正地道的系统,会使他们的工作更方便,并改进整个办公系统的协调能力。然后,他承认说,安装内部电子邮件系统之前,他对大家说过同样的话。话一说完,大家哄堂大笑,气氛顿时轻松了。接着,巴利利用一台准备去购买的测试用的笔记本电脑播放了一系列 PowerPoint 幻灯片,展示了新系统的功能,并说明了安装的时间。他还解释说,他去多家已安装这套系统的公司看过,他们都说那套系统效果不错。

在整个发言期间,巴利一直都保持着这么一个态度:"我知道以前那个电子邮件系统是某种灾难性的事件,但是我已经努力,确保我们不再受那样的苦了。"当他讲完的时候,大部分员工都急于得到新的电脑了。巴利赢得了极高的最终可信度。

在课堂演讲中,你不会面临像有争议的公众人物遇到的那种可信度问题。不过,可信度在所有演讲场合都是很重要的,不论听众是谁,也不管是在哪里发生。在你发表的任何一次演讲中,你都会有某种程度的初始可信度,这个可信度可能通过你所传达的信息和你的表述方式得到强化,也可能会变弱。你的最终可信度会影响你下一次演讲的初始可信度。如果你的同学看到的你是一个真诚和有能力的演讲者,他们会更愿意接受你的观点。

强化可信度

如何在演讲中建立你的可信度呢?也许,答案是令人沮丧的、普通的。由于你在演讲中所说的和所做的都会影响到你的可信度,那么你就应该让自己显得有能力和值得信赖。演讲内容富有条理会改进你的可信度;贴切、清楚和生动措辞如此;流畅、有活力的表达是如此;强有力的证据和严谨的推理也是一样。换句话说,作一次出彩的演讲,你会获得极高的可信度!

话听起来不错,但实用性不大。有一些具体的、屡试不爽的方法是你可以用来在演讲中提高自己的可信度,包括展示你的能力、建立与听众共同的立场,并带着责任心来演讲。

展示你的能力

强化你的可信度的一个有效方法就是针对演讲话题来展示你的专业知识。你是否全面研究了这个话题？那就说出来吧。你是否经历过让你具有特别的知识和洞见的事情？那也说出来。

这里是两位学生展示他们能力的方法。第一位强调他进行的学习和研究：

我以前关于不明飞行物的知识知道得不太多，直到在高中的科学课上进行了一次研究。从那以后，我阅读了相当多的有关材料，包括伊利诺伊州伊凡斯通市的那家权威的不明飞行物研究中心的最新报告。结果，我认定，有证据强烈显示，地球受到过，并且一直有外星飞船的访问。

第二位同学，安德鲁·金尼，强调了他有关汽车安全带的个人经历。他娓娓道来几年前因为没有系好汽车安全带而险些在一次车祸中丧生的经历。除了他损伤的臀部以外，他还遭受了胃部刺穿和严重的内出血，以至于医生曾认为他不可能幸存下来。如今，在经过3次臀部手术后，他仍依靠着拐杖，并且在他的余生中再也不可能参加任何体育活动了。

通过真实又详尽的细节阐述，安德鲁的个人经历抓住了每个听众的注意力，而且在系好安全带这一问题上建立了可信度。在演讲后，他的一个同学说："真是个有说服力的演讲！我们一直听别人说要系好安全带，我又那么的不情愿。从现在起，开车的时候我会一直系好的。"

建立与听众的共同立场

另一个提高自己可信度的方法，就是建立与听众的共同立场。攻击听众的价值观、拒绝听听众的意见，不仅无法说服听众而且让人们产生敌对意见，使人们站到对立面去，抗拒你的观点。就像一句俗话说的"泼醋不如沾蜜，甜话多引好意"。对说服也是一样。应该显示对听众的尊敬。如果想让自己的想法得到听众的认同，就要说明自己的观点与听众相信的是一样的，那你的演讲会有更大的说服力。

建立共同立场在说服型演讲的开始阶段尤其重要。一开始就要使听众产生认同。你应该表明，大家的价值观、态度和经验都是差不多的。让他们因为赞同而点头，那么观众会更乐意接受你最终的提议。马萨诸塞州有一位经商的妇女，她希望向一批科罗拉多州的听众推销她的产品，她是这样开头的：

> 建立共同立场
> creating common ground
> 演讲人在演讲中和听众的价值观、态度和经验建立联系的技巧。

我从来没有来过科罗拉多州，但是我真的非常渴望做一次旅行。150年前，我的很多祖先离开了马萨诸塞州，来到了科罗拉多州。我不明白他们为什么要去。他们驾着有帷盖的四轮马车，带着他们全部的财产，许多人死在了路上。活下来的人建造了自己的房子，建立了自己的家庭。现在我看到了科罗拉多，我明白了他们为什么那么起劲往这里跑！

听众们大笑着鼓掌，演讲人有了个很好的开头。

这种建立共同立场的方法经常用于课堂以外的演讲中。我们现在来看看一个不同的方法，是一篇赞成提高学费的课堂演讲——一个非常不受同学们欢迎的观点。他是这样开始的：

众所周知，这个班级同学有许多不同的地方。但是撇开我们的年龄、专业、背景或目标，我们都有一个共通点——我们都关注这所学校的教育质量。但是这个质量已经接近危险了。因为预算削减，教师工资与其他学校相比差距太大，图书馆的购买经费也大大削减了，越来越多的学生被挤出了他们本来需要去上课的教室。不管我们喜欢还是不喜欢，大家都面临同一个问题，这个问题影响到了我们许多人。今天，我想讨论一下这个问题，看看这个问题能否通过提高学费的办法加以解决。

通过强调对一个问题的共同认识，这名学生希望与听众站在同一个立场上。做到了这点后，他慢慢转移到了更有争议性的想法上面。

流畅、痛快和自信地表达自己

大量研究表明，演讲人的可信度受到其表达方式的极大影响。例如，讲话语速略快的人一般被认为更聪明自信，比语速较慢的人给人的印象要好得多。说话的声音多样化、表达方式生动的演讲者给人的印象也会好一些。而说话经常不着边际，说起来犹豫不决，或者字里行间夹杂着"啊"、"哦"、"嗯"之类词的人，一般来说就比镇定自若和热情洋溢的演讲者在听众心里的印象差得多。

所有这些都说明，应该在演讲之前进行全面练习，这样，你才能够流畅和有表现力地传达自己的思想。除此以外，你还需要采取措施来强化自己的可信度（一定要看第十二章，假如你对自己的演讲的表达方式有任何怀疑的话）。

先把演说的技巧搁在一边，强化自己可信度的最重要的方式，往往是以坚定自信来表现自己演讲的思想。哈里·杜鲁门总统曾在一

第十六章 说服的方法

次演讲中说:"诚信、真诚和直爽的态度,比任何特别的天赋和华丽的辞藻都重要。"如果你希望说服别人,那么你首先就要说服自己。如果你希望别人相信和在乎你的想法,那么你就必须首先相信和在乎自己的想法。让听众明白你的真心,明白你的演讲不仅仅是一次课堂练习。你的精神、你的热情和你的坚定信心都会对听众产生影响。

利用证据

证据由具有说服力的材料构成——案例、统计数字、证词——用它们来证明或反证某些事情。正如我们在第七章中所见的,大多数人有疑心。他们怀疑没有得到论证的东西,不喜欢一概而论的话。他们希望演讲者论证自己的观点。如果你希望你有说服力,那么你必须用证据来论证自己的观点。当你说出开放性话题,就应该拿出证据来证明自己的观点是正确的。

在课堂演讲中,证据尤其重要,因为很少有学生是演讲问题的专家。研究显示,初始可信度很高的人在演讲中需要提供的证据比初始可信度低的人要少一些。不过,对于大部分演讲者来说,强有力的证据都是绝对必要的。这样的证据可以强化你的可信度,有助于打消听众的心理驳斥。

目标听众反对你的观点时,证据也是极其重要的。我们在第十五章中看到,在这样的情况中,听众不仅仅只是对你的观点产生怀疑,他们还会在演讲的每一处向你提出挑战。他们会在心里和你较劲,他们会提出问题,会萌生反对意见,会想出一些反证来"回应"你说的任何一句话。演讲的成功,一部分取决于你预测这些内在反馈并加以回答的水平高低。

下面的例子说明演讲人如何利用证据来进行说服型演讲:

证据如何起作用:个案研究

我们假设你的一个同学正在谈论关于经常暴露在高分贝音乐和其他噪音中的有害影响。演讲者不会告诉你她是怎么想的,而是提供你强有力的证据来证明她的观点。看个案的时候,请注意演讲人如何与听众保持心理上的对话。在每个关键点,她都想象大家可能在想什么,会预测到有哪些问题和反对意见,并拿出证据来回答问

> 证据
> evidence
> 演讲中用来证明或否定某一观点的论证材料。

题,解答疑难。

她是这么开始的:

像我们这样的大学生,成天都暴露在高分贝的音乐和其他噪音中。我们参加派对、俱乐部和音乐会,那里的音量太高,我们不得不大声喊叫来让身边的人听见我们在说些什么。我们把随身听 CD 机的音量调得如此之高,以至于穿过半个房间也能听得见。我们极少对此进行深入思考。但是我们应该这么做,因为过量的噪音会对我们的健康和幸福产生严重的影响。

你是如何回应的?如果你已经知道了这些由噪音污染引起的问题,你可能会点头表示同意。但是假如你不知道呢?或者不同意呢?假如你热衷于摇滚音乐会,用很高的音量来播放你的随身听,你可能不想听到这些不好的话。单泛泛地说,过量的噪音会对"我们的健康和幸福造成严重的影响",那么你是不会被说服的。你会在心里对演讲者说:"你怎么知道?能证明吗?"

因为预测到了这个反馈,演讲者拿出了证据来论证自己的想法:

美国医学协会的报告说,有 2 800 万美国人因为严重的听力损害而受苦,其中有 1 000 万人是因为过量噪音引起的。

"那可真是不幸。"你可能会想,"但是每个人随着年龄的增长都会损失听力。为什么我要现在就关注它呢?"演讲者回答说:

根据《健康》杂志的说法,越来越多由噪音引发的失聪受害者都是青少年,甚至是少儿。国家聋耳研究院院长詹姆斯·斯诺博士的报告说,由噪音引发的听力损害从 10 岁起就有可能产生。听力学家丁·卡瑟奇、西北大学耳疾研究项目的负责人,说:"我们这里有 21 岁的耳聋患者,他们跟比自己年长 40 岁的聋子一并行走。"

"这些事实确实让人吃惊。"你自己对自己说,"很幸运,我没有注意到自己的听力有任何不妥。如果发现有什么问题,我会小心,等自己听力好些再听。"演讲者比你先行一步,她说:

听力损害的问题在于,它是慢慢对人产生影响的。《西尔拉》杂志注意到,今天的重金属迷知道 15 年后才发现听力损害的问题。而到那个时候,一切就都太晚了。

"你是什么意思?太晚了?"你心里在问。演讲者告诉你:

跟很多生理疾病不一样,听力损害是不可逆转的。高频率的噪音会损坏内耳负责将声音传递到听觉神经的毛细血管。一旦损坏,这些毛细管就再也无法治疗和恢复了。

"这我可不知道,"你对自己说,"还有别的没有?"

第十六章 说服的方法

最后一点,反复暴露在高分贝音乐和其他噪音里面,损害的不止是听力。《防治》杂志报道说,过量噪音已经跟紧张、高血压、慢性头疼、疲劳、学习障碍甚至是心脏病联系起来了。很容易明白,为什么鲁特杰斯大学噪音技术援救中心主任吉尔·力伯迪警告说"噪音比其他污染影响更多的人"。

现在你被说服了吗?你多半会思考一下,下次调高自己的立体声耳机音量时,会想一想可怕的后果。下次参加摇滚音乐会而又坐在靠近扬声器的地方时,会想到戴上耳塞。你也许会开始重新评估对待噪音污染问题的态度。为什么?因为演讲人并没有把自己的意见当常识一样倒出来,而是用证据证明了自己的每一句话。在说服型演讲中,你应该努力做到这一点。

利用证据的提示

在第七章中讨论过的论证材料——例子、统计数字、证词——可以在一次说服型演讲中作为证据。我们在那一章看到,利用每一种材料都有一些指南,不管你是在进行何种类型的演讲。在此,我们看看说服型演讲中运用证据的四条提示。

使用具体证据

不管你使用的是哪种证据——例子、统计数字、证词——如果你用具体而不是一般的术语表达出来,会更具有说服力。例如,在关于噪音污染的演讲中,演讲者并没有说:"很多人都有听力损失。"听众会搞不清楚到底有多少人。说"2 800万美国人有严重的听力损失",演讲人就把自己的观点表达得有效果多了。她还表明自己对这些事实有很强的把握感,因此增强了自己的可信度。

使用新颖的证据

如果你对听众举新例子,那么这个证据就会更有说服力。如果引述听众已经熟知的数字和事实,那么你所获得的东西会极少。如果这些事实和数字过去没有说服听众,那么现在也照样不会说服他们。你必须跨出一步,超越听众已经知道的东西,拿出全新的证据来,让听众说:"嗯,这我可不知道。也许我应该重新思考一下这件事情了。"找到这样的证据并不容易,一般来说,需要挖掘,需要创新,但是得到的回报相当大。

利用来源可靠的证据

大量研究显示,听众觉得可靠和令人满意的资料,比不可靠和不令人满意的资料更有说服力。毕竟,听众会对看起来或听起来有偏见或以自我利益为中心的证据心存疑虑。例如,评估航空业当前的安全状态时,他们只会被航空业专家的意见说服,而不是航空公司的老板。评判一家公司与正在罢工的工会之间的冲突时,他们一般会对任何一边的统计数字保持警惕。如果你希望更有说服力一点,尤其是针对精明的听众,那么就应该依靠来自不带偏见的客观资料。

将证据的关键清晰表达

要说服听众,你需要利用证据证明一个观点。但是,常常有许多演讲新手提出证据时,却没有把想要证明的论点说清楚。很多调查显示,不能指望听众自己形成你希望他们得出的结论。利用证据的时候,一定要确定听众明白你试图得出的关键。

让我们来看看多恩·弗兰多芙是如何突出证据的关键点,来支持"国际同情组织"是一个有效的慈善机构这一演讲主题的。首先她承认许多同学对于慈善机构财务实施的怀疑,她使用不同来源的证据证明,捐赠到"国际同情组织"的善款被分发到了需要帮助的儿童手里:

关于这一点,很多人都想:"我的钱究竟有多少是真正到了我所帮助的儿童手里?"任何怀疑的人都会这样认为。从我的课堂调研来看,超过50%的人认为他们的钱只有不足一半是给了那些孩子。我也是由于这样想,所以一开始不情愿资助儿童。

因为这样,我阅读了一则"更好事业局"的报告。报告表明,大家捐赠的钱款有78%是直接给受助孩子。剩余的其中9%直接给了基金会,另外13%是用于管理和包括增加覆盖面等的。

另外一个令我放心的因素是,当我浏览"国际同情组织"网站时,我发现他们内部定期核对账目,并且每年都对外查账。这两项查账制度确保了善款被合理地调配和分摊给每一个孩子。

通过这个证据,很清楚,"国际同情组织"是一个杰出的组织,并当之无愧被《聪明理财》杂志评为"全国十佳慈善组织"。

就像多恩的例子,你想表述强有力的证据来支持你的立场。但是你也应该确保,正如多恩所做的,要总结你通过例子来想对听众表达的内容。

证据是亚里士多德所称"逻各斯"的东西中的要素之一,这就是一个演讲者的逻辑诉求力。逻各斯的另外一个重要因素是推理,它与证据合并起来后,有助于使演讲者的观点更有说服力。

逻各斯
logos
古希腊哲学中的理念,用于表示演讲人的逻辑诉求力。包括证据和推理两个要素。

第十六章 说服的方法

推理

故事说的是汉克·威尔逊,他是20世纪30年代布鲁克林道奇棒球队威力巨大的队员。威尔逊是位了不起的球员,但是,他喜欢享受。他爱喝酒出了名,据说,他在城里经常玩到通宵,天亮才肯回到下榻的宾馆,勉强睡几个小时,到下午比赛时准时到达比赛场。

这令威尔逊的经理麦克斯·卡雷十分恼火。在一次球队开会时,卡雷花了很多时间讲了喝酒的坏处。为了说明自己的观点,他站在事先放了两只杯子和一杯蚯蚓的桌子旁边。一只杯子装着水,另一只盛有杜松子酒,而杜松子酒就是威尔逊最喜欢喝的一种酒。卡雷将一条蚯蚓装进有水的杯子里。蚯蚓在里面很欢快地游动。接下来,他又将同一条蚯蚓扔进杜松子酒里。蚯蚓很快发硬,然后死了。

房间里发出窃窃私语,有些队员明显大感吃惊。但是,威尔逊却不以为然。他好像对此并无兴趣。卡雷等了一会儿,希望这位任性的高手产生迟到的反应。还是什么反应都没有,他就主动说:"你明白了我的推理吧,威尔逊?"

"当然,队长!"威尔逊答道,"这证明你如果喝杜松子酒,就永远不会生虫子!"

这个故事说明什么?不管你的证据多么有力,但除非听众听明白了,否则,这样的证据根本就没有什么说服力。因此,大家应该明白如何清晰地推理。

许多人觉得,推理是哲学家深奥研究,其实,我们在日常生活中每天都要用到推理。推理只是根据证据得出结论的一个过程。有时候,我们推理进行得很好,比如我们知道,树上结霜就意味着道路会很滑。有时候,我们的推理效果不是太好,比如,我们推断盐泼出来了会带来坏运气。大多数迷信,其实都是错误的推理。

我们在第一章看到,推理是批判性思维的重要组成部分,它在我们生活中的许多方面都发挥作用。我们每天都在接受大量说服型信息的攻击,从电视广告到政治宣传。有时候,这些信息中的推理是可靠的,但是更多时候都是错误的推理。比如有人告诉我们说,百事可乐会使我们更年轻,或者说用戴尔电脑能把写繁琐的论文变得毫不费力。除非大家明白如何清晰地推理,否则,我们很容易成为哗众取宠的广告和油嘴滑舌的政治家的猎物。

推理
reasoning
在证据的基础上得出结论的过程。

公共演讲中的推理是生活中推理活动的延伸。作为公共演讲人,我们有两个推理方面的事情需要考虑。首先,必须确保自己的推理是可靠的;其次,必须努力让听众赞成自己的推理过程。那么,我们来一起看看推理的四大基本方法,看看如何在自己的推理过程中使用这些方法。

☐ 根据具体事例推理

根据具体事例进行推理的时候,一般是从几个具体的事实推向一个总体的结论。例如:

事实1:我上学期的体育课程很容易。

事实2:我室友的体育课程很容易。

事实3:我兄弟的体育课程很容易。

结论:体育课程很容易。

从这个例子可以看出,我们每天从具体的实例中推理,尽管自己不一定意识到。我们来考虑以下对话中出现的普遍结论:政客都是腐败的。教授都是书生气的。宿舍的食品都是糟糕的。会计课很难学。共和党都是保守的。水兵是很辛苦的。这些结论是从哪里来的?它们来自观察个别的政客、教授、共和党人、会计课和水兵等。

在公共演讲中,也会发生同样的事情。一个演讲者得出的结论,说美国的饮用水质量越来越不安全了,因为多个城市近年来已经爆发大规模的水质疾病,这位演讲人就是在根据具体事例做推理。如果一个演讲者说:商业性的空中飞行越来越不安全,因为去年发生过好几起重大的飞机失事案件,那也是他根据具体事例做出的结论。

不能保证这样的结论总是正确的。不管有多少具体事例(在演讲中,你也只能举出几个例子),总会有例外存在的可能性。多少世纪以来,人们在欧洲观察到无数白天鹅,从来没有见过别的任何一种颜色的天鹅。看起来,所有的天鹅都是白色的这一点无可置疑。但是,在19世纪,人们在澳大利亚发现了黑天鹅!

根据具体事例推理指南

当你根据具体事例进行推理时,应该遵循以下几条基本原则:

首先要避免轻率作结论。避免证据不足就迅速作出结论的倾向。确保抽取的具体事例的样本要足够多,可以说明自己的结论。

其次,用词也要注意。如果你的证据并不能让你作出一概而论的结论,那么就要让自己的论点得到支持。假定你是在谈论美国国家公园系统过度开发和商业化开发的情况,那么你首先要把这个问

根据具体事例推理
reasoning from specific instances
根据具体事例推断一个总体结构。

仓促下结论
hasty generalization
演讲人在证据不充分的基础上,仓促形成总体结论。

题提出来,你要谈到一些特殊的例子,比如尤斯米迪公园、黄石公园、艾复格莱迪斯公园。然后,你才能得出自己的结论。你也许可以说:

如我们见到的一样,美国的国家公园系统每年接待超过4亿人,结果,有些公园被交通、污染和垃圾所掩盖。我们还看到,越来越多的公园被用作采矿、伐木和其他形式的商业目的。因此,我们作出这样的结论显然是相当可靠的:必须采取新的措施才能确保国家公园的漂亮、宁静和生物多样性,供我们自己和后人游玩。

如果说"美国的国家公园正处于毁灭的边缘",那就把话说大了,认真的听众会明白这里面的差别。

第二,应用统计数字或证明材料来论证自己的观点。由于不可能在一次演讲中拿出足够多的具体例子使自己的结论站稳脚跟,你需要用证明材料或统计数字加以补充,显示所举出的具体事例事实上是有代表性的。假定你谈论的是身份盗窃的事情,说盗贼利用盗窃来的身份开信用卡账户,骗取贷款,接管银行账户,甚至以别人的名义建立刑事档案,你可以说:

美国增长最快的犯罪行为之一是身份偷窃,身份偷窃已经给美国各地很多无辜的人造成了灾难。特莉莎·梅依是佐治亚州的一位英语教授,她就成了加利福尼亚一名同名妇女的受害人。此人获取了她的社会安全号,然后去申请贷款,贷款到期不还,并申请破产,这一切都是打着这位教授的名义进行的。在俄亥俄州,一位成功的女商人的社会安全号被一个盗窃者偷走了,而这个盗窃者又逃出了俄州,并利用俄亥俄州这位妇女的名义拿到了驾照和多张信用卡,进行了多宗犯罪行为。结果,这位成功的商业女性本没有任何不良记录,但却在办抵押的时候被拒绝了。

这些特殊案例有助于形成有说服力的结论,但是听众很容易把他们当作主观和非典型的而不予支持。为了防止这种倾向发生,你可以继续说:

虽然这些例子都是极端的,但是他们能够代表美国正在发生的一些问题。根据《洛杉矶时报》发表的一篇报告,全国范围之内,身份盗窃案件的投诉已经从1992年的4万宗不到,上升至1993年的75万宗。基地设在新罕布什尔州纳叔华的一家防诈骗公司图像数据LLC公司估计,每5名美国人之一,或每个家庭都有一名成员会成为某种形式的身份诈骗的受害人。贝丝·吉文斯是非营利性消费者权益机构——隐私权利信息交换站的负责人。她说,这个问题已经到了十分严重的地步,而且已经开始"大规模传播"了。

有了这样的背景材料,哪怕是疑虑重重的听众也不能说你举的例子是孤立的。在一次演讲中,当你根据特殊事例推理时,可以说明自己的结论,然后拿出支持结论的具体事例,也可以先说出具体事例,再形成一个结论。回头看看国家公园的例子,演讲者首先提出了三件事实,然后提出一个结论(无疑,作出这样的结论是公平的:我们需要采取新的措施,确保美国国家公园的美丽、宁静和生物的多样性,供我们和后人休闲游玩)。

现在再来看那个关于身份偷窃的案子。在这个例子中,结论——"每5名美国人之一,或每个家庭都有一名成员会成为某种形式的身份诈骗的受害人"——首先说出来,然后再举两个事例。只要你的事实支持结论,以哪种顺序作出结论都可以。

根据原理推理

根据原理推理
reasoning from principle
根据普遍原理推出具体的结论。

根据原理推理与根据具体事例推理正好相反。它是从普遍走向特殊的。根据原理推理的时候,你是从普遍的原理走向特殊的结论的。我们都熟悉这种推理形式,比如下面:

1. 所有的人都是有生有死的。
2. 苏格拉底是一个人。
3. 因此,苏格拉底是有生有死的。

这是根据原理推论的典型例子。根据一个总体的陈述(所有的人都是有生有死的)转向一个小前提(苏格拉底是一个人),最后得出一个结论(苏格拉底是有生有死的)。

演讲者经常会利用根据原理的推理来说服听众。美国历史上最著名的例子之一,就是苏珊·安索尼著名的演讲《美国公民投票是一种罪行吗?》。这次演讲在1872—1873年间进行过很多次,当时,法律禁止妇女投票。安索尼的演讲是根据以下思路来推理的:

1. 美国宪法保障所有美国公民都有投票权。
2. 妇女是美国公民。
3. 因此,美国宪法保障妇女有投票权。

这也是根据原理推论的例子。它从一般原理(美国宪法保障所有美国公民都有投票权)出发,通过一个小前提(妇女是美国公民)进展到它的结论(美国宪法保障妇女的投票权)。

根据原理推理指南

在演讲中,根据原理进行推理的时候,应该特别注意普遍原理。听众是否在不需要证据的情况下接受一个原理?如果不是,应该拿出证据来支持它,之后才能进入小前提。也许你还需要证据来论证小前提。如果大前提和小前提听起来都有坚实的基础,听众会乐于接受你得出的结论。

例如,假定你计划谈谈美国人饮食中食盐过量的问题,你先要确定一个目标:

具体目标:说服听众,使他们限制速食、罐装食品和冰冻食品消费,因为里面含食盐太多。

接着,你决定根据原理进行推理,以助于说服你的听众。你的辩论大致如下:

1. 过量食盐对健康不利。
2. 速食、罐装食品和冰冻食品含有过量的盐。
3. 因此,过量的速食、罐装食品和冰冻食品对健康不利。

为了让自己的证据更有说服力,必须论证大前提"过量食盐对健康不利"。可以引述医学上的证据和医学资料。你的部分演讲可能是这个样子的:

食盐的过度摄取跟高血压有联系,而高血压是心脏病、肾病和中风的主要起因。在日本北部,人们的典型食品包含大量的钠,因此高血压是那里最主要的死因。但是,在食盐较少的地区,比如新几内亚的一些原始部落里,高血压和与高血压相关的死亡几乎没有听说过。

论证了自己的大前提之后,现在就需要继续支持自己的小前提了:"快速食品、罐头食品和冰冻食品含有大量的盐。"你的证据包括以下内容:

人体每天只需要 230 毫克的钠便可以足够发挥作用了。但是,许多速食、罐头食品和冰冻食品里,每份所含钠含量为正常所需的好几倍。一份麦当劳巨无霸里有 1 050 毫克钠,为正常需求量的 5 倍。一份冰冻火鸡餐里面共有 2 567 毫克的钠,约为每日需求量的约 11 倍!怪不得我们的食盐摄取过量了!

现在,你必须非常有效地提出推论来。你论证了自己的大前提和小前提,那么就可以放心大胆地得出结论了:

因此,过量的快速食品、罐头食品和冰冻食品对健康不利。

你可以希望听众拿你的话当真。用得合适的话,根据原理推理是相当有说服力的。

> **因果推理**
> causal reasoning
> 在原因和结果之间寻找并建立联系的推理。

因果推理

人行道上有一大块冰,你踩上去,滑了一跤,摔倒了,手臂也骨折了。你按下面的顺序推理："因为那里有一大块冰,所以我摔倒了,并折断了手臂。"这是因果推理的例子。人们根据因果推理来建立原因与结果之间的相互关系。在这个例子里,因果推理是相当直截了当的。你可以反过来说:"如果那一大块冰不在那里,那么我就不会折断手臂了。"

与根据具体事例推理一样,我们每天利用因果关系进行推理。有些事情会发生,我们就问是什么使其发生的。我们希望知道暴力犯罪的起因,我们希望知道足球队最近几次失利的原因,我们希望知道室友奇怪习惯的原因。我们还会对后果产生好奇心。我们猜测电视暴力节目对少儿的影响,我们猜测卫星电视转播明星大腿扭伤的后果,我们猜测对需要改正错误的室友进行规劝的后果。

因果推理指南

任何一位科学家(或侦探)都会告诉你,因果推理有时候会弄巧成拙。原因与结果之间的相互关系并不像表面上看起来那么清晰。利用因果关系的时候,有两大常见错误需要避免。

虚假原因
false cause
因果推理中,演讲人错误地认定因为一个事件发生在另一个事件之前,第一个事件便成为后一个事件的起因。

第一是虚假原因的谬误。一个事件发生在另一个事件之后,这个事实并不意味着第一个事件就是第二个事件的起因。两个事件在时间上的接近也许纯粹是一个巧合。如果一只黑猫挡在你的道上,5分钟后你跌倒骨折,你不能因为骨折时间而责怪那只黑猫。

有一位同学在演讲中说,冷战一直存在于西方国家与东欧国家之间,直到1989年推翻柏林墙才宣告结束,而那次冷战的起因是美国向广岛和长崎投放原子弹。他的推理正确吗?广岛和长崎是1945年8月被轰炸的,冷战是几个月后开始的,因此,冷战是由广岛和长崎被炸引起的。同学们并不相信他的推理。他们指出,冷战在广岛和长崎被炸不久后开始,并不能证明那就是原子弹爆炸引起的后果。哪怕美国不扔原子弹到日本,冷战也可能会爆发。

运用因果关系进行推理的第二个陷阱,是假定事件只有一个起因。我们所有人往往会过分简化事件的起因,把事件的起因归咎为一个单独的孤立因素。事实上,大多数事件都有多重起因。例如,是什么决定一位总统候选人能否当选?良好的媒体宣传、经济状况、人们求变化的愿望、世界事务、支持执政党,还是在电视辩论中表现睿智?有切实有效和可靠的党纲?所有这些因素以及其他因素都会影响到一次总统选举的结果。进行因果推理的时候,一定要小心受诱惑,不要把复杂的起因归咎为一个简单的起因。

人们无法逃避因果推理。所有人每天都在运用因果推理。你差

第十六章 说服的方法

不多总可以在说服型演讲中运用因果推理,尤其是当你处理事实或政策问题演讲时。

☐ 类比推理

这些表述有什么共通点?

如果你壁球打得好,那么你乒乓球也会打得不错。

在英国,首相大选总共不到三个星期就可以完成。在美国,进行总统大选时应该也一样。

这两个陈述都是在进行类比推理。比较两个类似的事件之后,人们可以推断,对一个事件有效的事情,对另一个也有效。第一个演讲人推理时认为,因为一个人的壁球打得好,他或她打乒乓球也应该不错。第二个人推理时认为,因为英国选首相只需要三个星期,美国选总统也应该能在不到三个星期的时间内完成。

类比推理指南

类比推理最重要的问题是,拿来进行比较的两个事例是否在本质上是可以进行比较的。如果两者有本质上的一致,类推就是有效的。如果他们根本不是那么回事,那么这个类推就是无效的。

我们回头看看前面的那几个类推。壁球打得好,乒乓球就一定能打得好吗?不一定。当然,两种球都是用拍子打的。但是,壁球用的是带筋的拍子和橡胶球。乒乓球用的是结实的拍子和更小、更轻的赛璐珞球。壁球是对着一堵墙,乒乓球是在一张台子上隔着拦网来回地打。一种球的技术并不能成为另一种球的技术保障。因此这个类推是无效的。

第二个类推呢?这取决于英国与美国政治制度的相似程度。这两个国家的规模和多样性是否类似?两个国家的候选人是否有可能在不到三个星期内跑完全国?两国是否在大选之前都进行全国初选?两国的选举团是否对政治问题有着同样的知情度?政党制度是否一样?换句话说,允许英国在不到三个星期时间内完成首相选举的种种因素,在美国是否也同样存在?如果是,这个类推就是有效的,否则就无效。

根据类比进行的推理,用得最多的就是在政策问题的说服型演讲中。为一项新政策进行辩论时,你应该找出,哪些类似政策在别处应用过。你也许能宣称,你的政策之所以能够起作用,是因为它在其他类似的环境下发挥了作用。下面有个例子,一位同学利用类比来推理论证她的观点——控制手枪可减少美国暴力犯罪:

类比推理
analogical reasoning
演讲人比较两个类似的事例后认定,对某一事件有效的,对另一事件也有效。

无效类比
invalid analogy
用于类比的两个事件在本质上是不同的。

第五部分 各类公共演讲技巧

我的政策会起作用吗？国外的经验表明可以。在英国，手枪有严格的管理制度，哪怕警察也是不能带武装的，但是跟美国标准比较起来，他们的犯罪率低之又低。在日本，武器的拥有受到非常严格的限制，手枪是完全禁止携带的，它的犯罪率甚至比英国还低。在这些比较的基础上，我们可以得出结论，限制拥有枪械可以控制美国的犯罪率与谋杀率。

同样，如果你反对改变某项政策，也应该看看所提倡的主张，或者类似的某种东西是否在别处实施。在这里，你也可以通过类比论证自己的观点，这位同学反对枪支管理，他是这么说的：

提倡控制枪械的人举了一些例子来论证自己的观点。他们经常引用英国的例子，因为英国有严格的控制枪械法，犯罪率很低。但是英国和其他一些国家个人犯罪率低的关键不是因为控制枪械，而是其人民总体的和平性格。例如，瑞士有民兵制度，共60万支都带有两个弹夹的步枪平时就在瑞士的家庭里摆着。但是瑞士的凶杀案比例只有我们的15%。换句话说，在暴力犯罪的问题上，文化因素比武器控制重要得多。

这些例子说明，从类比中引出的论据，可以被辩论双方从不同立场分别加以引用。如果类比显示有真正的可比情形，那么你多半可以说服听众。

□ 谬误

谬误
fallacy
谬误是指推理错误。

谬误是指推理错误。作为演讲者，你需要在演讲中避免出现谬误。作为听众，你需要注意自己所听的演讲中可能出现的谬误。

逻辑学家找出了共125处之多的各种谬误。在本章开始的地方，我们讨论过三种最重要的谬误：仓促下结论、虚假原因和无效类比。在这里，我们看看其他五种主要的谬误，是大家应该特别加以防范的。

"红鲱鱼"

红鲱鱼
red herring
扯些不相干的话题来分散讨论的中心。

这个谬误名称来自于英国农夫玩的一则老把戏。农夫为了防止猎狐者和他们的助猎犬毁坏庄稼，就在田地边上拖动红鲱鱼，红鲱鱼的刺鼻气味会使狐狸的味道被掩盖住，因而使猎狐犬失去方向。

利用红鲱鱼的方法的演讲者会引入一些不相干的话题，以便使听众从正在讨论的问题中走神。例如：

我们正努力改进所有美国人的生活质量，但是对方却说我有政治腐败,这是多么厚颜无耻的事情啊!

演讲人对美国人生活质量的关心,与他或她在政治腐败之间有什么联系呢?没有任何联系!这是一条红鲱鱼,目的在于使听众的注意力从真正的问题上转移开。

还有一个例子:

每年有数以千计的人在交通事故中丧生,我们为什么还要来担心电视上的暴力节目有什么严重后果呢?

在交通事故中丧生的人数是一个很严重的问题,但是,它与电视上的暴力节目是否很多之间没有任何关系。这也是一条红鲱鱼。

对人不对事

转而攻击人而不是争议之中的问题。例如:

州长提出了很多有趣的经济方案,但是我们不要忘记,她来自一个非常富有的家庭。

这位演讲人非但不谈州长的经济方案,反倒去攻击她的家庭出身,因此就落入了对人不对事的谬误之中。

还有同样的一个例子:

毫无疑问,美国企业因为过去几年通过环境规定而受到很大伤害。大多数规定都是象牙塔里的知识分子、怪诞的自然保护主义者和虚伪政府官僚梦想出来的。我们可承担不起这样的规定。

这位演讲人的观点是,环境保护规定伤害了美国企业。但是,他没有提供足够的证据来论证自己的观点。反而说了一大堆"象牙塔里的知识分子、怪诞的自然保护主义者和虚伪政府官僚"之类的话。除了不合逻辑外,这样的观点在道德上也是值得怀疑的,因为他在演讲中利用辱骂来贬低支持环境保护的人。

当然,有时候一个人的性格或诚实水平会成为有效的议题。比如违法法律的警察头子、篡改数据的科学家,或者欺负股东的公司总裁。在这样的情形中,演讲者也许会提出关于人本身的问题,这不属于对人不对事的谬误。

非此即彼

有时候也被称为谬误两分法。它迫使听众在两个选择之间选一个。其实可以进行的选择不止两个,例如:

我们要么建造一所新的高中,要么让这个社区的孩子永远也上不成大学。

或者

政府必须要么提高税收,要么就降低对穷人的服务。

对人不对事
ad hominen
攻击人而不是正在讨论中的问题。

非此即彼
either-or
在有更多选择的情况下,迫使听众必须在给定的两个选择中做决定。

这两个陈述都把一个复杂的问题缩小在一个简单的非此即彼的二选一上。在第一个陈述中,建一所新的中学也许是必要的,因为当前的中学太拥挤太破旧了,但是,就算中学不能被建起也不会使社区所有的孩子都上不成大学。至于第二个陈述,要么加税,要么减少为穷人提供的服务是唯一的选择吗?仔细的听众会问:"减少国防支出或者地方建设经费,而不是削减为穷人的服务,如何?"

注意到了非此即彼的谬误,作为演讲人你会更有说服力,而作为听众,你会更有判断能力。

"赶浪头"

赶浪头
bandwagon
因某种东西流行,就认为它是好的、正确的,也是人们需要的。

大家是否听说过:"这是个了不起的主意——大家都同意吧?"这个谬误在于,如果某种东西是受欢迎的,那么它一定是最好的、正确的或者是大家都希望看到的。

很多广告都利用了这种谬误。有更多人使用泰诺而较少人使用阿德维尔,这并不能说明泰诺就是更好的药。泰诺的流行可能是更强大的广告推销的效果,而不是有更优秀的效果。哪一种药品更能有效,是一个医学上的问题,它跟受不受人欢迎没有关系。

赶时髦的谬误在政治演讲中也时常出现。考虑一下下面的说法:

总统的对外政策也许是对的,因为民意调查显示,60%的人支持他。

这个陈述是有谬误的,因为证明总统的政策正确与否的唯一办法是研究总统的政策,并与其他对外政策做比较。流行的意见不能够拿来当作正确与否的证明。请记住,以前"人人"都相信地球是平的,"人人"都认为太空飞行是不可能的,"人人"都认为女子不应该和男人一起上大学!

巨石滚坡

巨石滚坡
slippery slope
走错第一步,就毫无控制漫无目标地滑下去。

这个名称,是从巨石沿着陡坡滚下无法控制的形象得来的。一旦巨石开始滚动,除了到达坡底以外,没有任何办法可以控制住它。

犯这个错误的演讲者假定,只要走错了第一步,那就一定不可避免地发展到第二步,然后一直沿着灾难的陡坡滑下去。下面有个例子:

如果我们允许政府限制半自动武器的销售,不久之后,政府就会限制持有手枪甚至是猎枪。一旦宪法规定的持枪权利被取消,言论自由的权利也会被取消。

通过联邦法案以控制电视节目的暴力内容,这是第一步,接下来

第十六章　说服的方法

就会导致政府对媒体的绝对控制，然后是对艺术表达所有形式的查禁。

如果演讲者宣称，采取第一步就会无可避免地导致一系列的灾难性后续步骤，他或她应该提供证据或推理方式来论证这样的说法。假定所有后续步骤都会发生而又不加以论证，那么就会犯下脚踩西瓜皮，滑到哪里是哪里的毛病。

情感诉求

1992年，共和党全国大会上发表讲话的头一年，玛利·费谢尔得知自己从前夫那里感染上了艾滋病毒。她下定决心，准备尽全力与这种疾病作斗争，因此她成为一位杰出的代言人，全力倡导公众要理解艾滋病人，并呼吁拿出更多资源来对抗艾滋病。5月，作为福特总统的前助理，玛利在共和党委员会上讲了自己的故事。后来应邀在共和党全国大会上发言。

她后来说，感觉自己就像"共和党内唯一的 HIV 病毒携带者"，非常担心自己要求同情艾滋病病人和意识到艾滋病问题的看法能否被人接受。尤其是当大部分美国人对艾滋病危机的严重性并不知情的时候。

费谢尔带着深厚的感情和坚定的信念演讲，那是最近几年来最感人的演讲之一。她演讲的时候，休斯敦会堂鸦雀无声，许多代表都感动得流泪了。全国有数以万计的观众收看了电视节目，都被费谢尔的话震动了。之后，大多数听众把演讲的成功归入其情感力量。《纽约时报》认为该演讲因为"深厚的情感和警策的话语而出类拔萃"。

有效的说服经常要有情感诉求。罗马修辞学家昆特利安说过，"让我们口若悬河的是情感和想象的力量"。因为玛利在演讲的逻辑论证中加入了"感情"和"想象的力量"，因此产生了动人的力量。虽然你的话也许不会影响全国人民的意见，但是你也可以利用情感诉求使自己的说服型演讲为听众所接受。

什么是情感诉求

亚里士多德称情感诉求为"帕索斯"，指的是意在让听众感觉悲伤、愤怒、内疚、担心、快乐、自豪、同情、尊敬的因素。情感诉求一般

情感诉求
pathos
亚里士多德首创，意谓引发怜悯的因素，现指情感诉求。

是涉及价值或政策问题时产生的合适反应。听众感到无聊时,很少会被感动到改变自己的态度或采取行动的。乔治·康贝尔在《修辞哲学》一书中提到:"如果说服是目的,那么就必须有激情参与其中。"

下面列出了公共演讲者经常唤起的一些情感。在每一种情感的后面,都有一些可能引发这种感情的话题:

害怕——严重的疾病、自然灾害、性侵犯、不安全的航空标准、当面拒绝、经济困难等。

同情——有生理障碍的人、受虐待的妇女、受虐待的动物、失业者、非洲的饥饿儿童、艾滋病患者等。

自豪——为祖国、为自己的家庭、为自己的学校、为自己的种族遗产、为自己的个人成就等。

愤怒——对恐怖主义行为、对滥用公众信任的国会议员、对剥削学生租金的房东、对销售不安全产品的企业、对破坏者及小偷等。

内疚——为没有帮助比自己不幸的人、为没有考虑到别人的权利、为没有尽自己最大的努力等。

尊敬——对值得尊敬的人、对传统和制度、对一个人自己信的神等。

很明显,这个话题并不完全。还有很多其他情感和许多可以刺激这些情感的话题。但是,这个简单的样本应该能让大家明白,可以在说服型演讲中强化信息用的情感诉求的种类。

促生情感诉求

运用动人的语言

如果你希望感动听众,就要利用感动人的语言。例如,下面的内容是从一个学生演讲的结论部分抽取出来的,演讲的内容是关于在小孩子们当社区义工的难处和回报:

<u>美国的希望</u>在每个孩子眼中<u>闪耀</u>。他们的梦想就是<u>美国闪闪发光的梦想</u>。当这些<u>梦想破灭</u>,当天真的希望被<u>辜负</u>,全国的梦想与希望都会如此。这是我们的责任——对我而言,这是一项<u>神圣的职责</u>——让孩子们有机会<u>学习和成长</u>,让他们<u>平等</u>分享<u>美国的自由、公正和机遇之梦</u>!

画线部分的文字和短语都带有强烈的情感力量。演讲者希望利用<u>这</u>些词产生情感上的反馈。

但是,一次演讲中,如果有太多诉诸感情的文字,会使听众的注意力集中在这些诉诸情感的语言本身上面,从而削弱演讲的影响力。如果突然使用很多充满感情的语言、与演讲的其余部分不相配合,会使听众觉得很可笑——这显然不是所希望看到的结果。

请记住,情感在听众那边,而不是在你的文字里。触及听众的心弦,才能引发充满情感的反馈。

举出生动例子

除了依赖情感诉求的语言以外,另一个较好的办法是让自己的情感诉求从演讲的内容中自然地流露出来。最有效的办法是用生动的事例使自己的思想有血有肉,使听众的注意力带着情感回到演讲本身。

下面有一个演讲人利用生动的例子进行情感诉求。演讲主题是非法捕杀野生动物。听众是一个半农村半城市小镇上的居民和乡村委员会成员。演讲人是人道促进会的代表。如果拿掉演讲中的情感诉求内容,她的演讲内容有一部分大概是下面的样子:

在我们这个镇的管辖范围内诱捕野生动物不仅是非法的,而且是危险的。很多情况下,原本为浣熊、松鼠和海獭设的圈套,把家畜套进去了。

但她实际上是这么说的:

上个星期,迪娜被人们发现死了——它的脖子被钢制诱捕套的锯齿卡断了。我并不认识迪娜,你们大部分人也不认识。但是,约翰和拉雪尔·威联姆森和他们的孩子迪龙和瓦尼莎认识它。迪娜在过去的十年中是他们家里深受宠爱的一名成员。它是一条萨摩耶犬,非常漂亮、非常聪明的一条狗,全身雪白,眼睛是黑色的,眼神很温柔。她就在离家200码远的地方死掉了。

那天早晨,迪娜和平时一样出去玩。但是这次她发现一些不同寻常的事物——一个形状古怪的盒子里面有着闻起来十分美味的食物。它把头伸进去,想叼到食物,结果笼子关上了,迪娜被卡死了。

除非我们在镇上打击非法捕捉,否则,这样的悲剧就会重现。下次也可能是你们家的狗,或者是你们家的宠物猫,甚至有可能是你们的孩子!

听到这种演讲的听众,并不会很快忘记里面的内容。他们极可能受到震动,然后采取行动。这正是演讲者希望出现的情形。可是,第一次演讲却没有这样的说服力。听众也许会点头,自己心里想:"这是个好主意,"然后就忘掉了。迪娜和喜欢迪娜的一家人的故事,却使第二次演讲产生了情感诉求,并用有血有肉的文字使自己的意思为听众所理解。

抱着诚心和坚定的信念演讲

罗纳德·里根是美国现代史上最有影响力的演讲者之一。哪怕不同意他的政治立场的人,也经常觉得他的演讲不可抗拒。为什么呢?一部分是因为他看来是带着诚心和坚定的信念来演讲的。

对里根有用的东西,对你也应该很有用。最强烈的情感力量的来源就是演讲人的诚心和坚定信念。我们所有充满感情的文字和例子,如果不是自己首先感受到那样的情感,则都是空洞无用的陷阱。如果你自己首先感动了,那么你的情感会通过你所说所做的一切流露到听众那里去,不仅是通过你的言辞,还有你的音调、演讲速度、手势和面部表情。

道德规范与情感诉求

关于演讲人的情感诉求问题,已经有过很多著述,有些人走到了极端,认为演讲人应该坚守理智,完全避免情感诉求。为了论证这样的观点,他们指出利用情感诉求煽动种族仇恨、宗教固执和政治狂热的例子。

毫无疑问,情感诉求可以被厚颜无耻的人利用以达到其可恶的目的。但是,情感诉求也可以被值得尊敬的演讲人用来进行高尚的事业——温斯顿·丘吉尔,他利用情感诉求唤起全世界起来反对阿道夫·希特勒以及纳粹军队;马丁·路德·金用情感诉求来呼吁种族平等;修女特莉莎用情感诉求来帮助穷人和被践踏的人。这些例子中,很少有人会对情感诉求是否合乎道德产生疑问。

理智与情感诉求也不是总能够划分清楚的。想想迪娜的故事,就是那条萨摩耶犬在离家不远的地方被非法捕杀者用陷阱杀死的。那个故事显然带有很强的情感诉求力量。但是故事有没有什么不合理的地方?或者说,如果听众的反馈是支持对非法捕杀采取更强有力的防范措施,这里面有没有什么非理性的成分?同样,被路旁狩猎激怒有没有不合逻辑的地方?担心学生援助活动被削减呢?对儿童虐待案的受害人的同情呢?在许多例子中,理智与情感并不悖逆的。

合乎道德地利用情感诉求,关键是要确保它对演讲主题来说是合适的。如果你希望打动听众、让他们就一个政策问题采取行动,那么情感诉求不仅是合理的,而且也是必要的。如果你希望听众在演讲之后做点什么事情,你也许需要诉诸他们理智,也要诉诸他们情感。

当然,情感诉求在就事实问题进行的说服型演讲之中一般是不合适的。在这种演讲中,你应该只处理具体信息和逻辑。假设有个人要控告你的州领导人从事非法运动。如果你回应说:"我确信控告会失败,因为我总是很崇拜这个领导人。"或者"我确定这个控告是对的,因为我不喜欢这个领导人。"那么你就把情感标准应用在了纯粹事实的问题中。跟领导人的运动活动相关的是事实问题,因此只能就事实的立场进行讨论。

哪怕为了唤起听众采取行动,也永远不能利用情感诉求来代替证据与推理。你总应该把自己的说服型演讲建立在事实与逻辑的切实基础之上。这一点很重要,不仅出自道德原因,而且还因为实际的理由。除非你能够证明自己的论点,否则,用心的听众不会被你的情感诉求所打动。你需要在理智的基础上论证自己的思想,然后才能点燃听众的激情之火。

使用情感诉求时,应确保你的目的在道德上站得住脚,所说的话要诚实,避免辱骂和其他形式的语言滥用。利用情感诉求,就像利用其他形式的演讲技巧一样,课堂演讲提供了一个很好的测试舞台,看看你有没有道德责任心方面的问题。

演讲案例与点评

下面这则说服型演讲是在威斯康星大学的演讲班上进行的。该演讲谈论的是一个政策问题。这个例子说明,学生可以利用本章的一些办法来进行有效的说服型演讲。

校园内的自我保护
吕贝卡·汉森

演 讲	点 评
你累了,你饿了,你在学校图书馆忙了一整天、迫不及待要赶回你的房间。你朝外面看去,发现天马上就要黑了。尽管如此,你没有想得太多,收	演讲者用一个假设的例子开始演讲。这个例子生动有趣、吸引了听众的注意,并使演讲主题跟听话者产生了

拾起东西就一头扎进凛冽的风中。后来，你发现人行道上有一个黑影，听到身后有沙沙声，这时候你才意识到一个人走路是多么可怕。你加快步伐，想让自己不再想象有杀人犯或强奸犯跟在身后。只有安全回到家，你才松了一口气，才想办法让狂跳的心安静下来。

你能回忆起自己什么时候有这样的感觉吗？如果想不起来，倒奇怪了。联邦调查局去年的报告说，仅在麦迪逊大街，一共就有 3 起杀人案、近 430 起严重的攻击案、1 400 起入室盗窃案，以及 80 起强奸案。这些数字令人感到震惊，但是，与更大的都市地区的统计数字比起来，这些数字简直都不值得一提。

不管我们生活在哪里，犯罪总是影响着我们所有的人：男人和女人，学生和教师，年轻人和老人。我们要停止当受害人。解决这个问题的一个办法是报名参加自我保护课程。我记得很多次我的心都快跳出来了。但是因为参加了自卫班的学习，听过初级课程，我感到放心多了，对于处理潜在的危险情形，有了良好的心理准备。今天我想鼓励大家都去报名参加自卫班。我们从观察自己作为大学生所面临的种种犯罪危险开始吧。

大学生面临许多犯罪问题。这些罪犯有的来自社会，也有在校学生。这些犯罪行为威胁到我们的金钱、财

联系。它还包含了一个强烈的情感诉求的要素，尤其对女生，因为女生能够体会到演讲人所描述的那些感觉。

用一个假设的例子开始时，紧跟着一串统计数字来证明那并不是危言耸听，这是一个好办法。这里的统计数字特别有效果，因为它们来自作讲演所在的那个城市。

犯罪对于所有听众来说都是一件值得关心的事。强化了这个事实以后，演讲者就专心开始讲报名参加自卫班的具体问题。她引述自己参加这个班的益处，从而确立了自己的可信度。虽然她在这里强调了自己的经历，但是，随着演讲的进行，事情越来越清楚，她在这个话题上已经做过很仔细的研究工作。

这次演讲是以门罗促进序列来组织的。在这一段中，演讲人开始讨论大学生

第十六章 说服的方法

产,我们的自信心,还有我们的心理健康和生命。根据犯罪预防教育基金会的资料,暴力与犯罪有了极大的增长。今天,美国人受到武器攻击的可能性比1960年高出6倍!联邦调查局报告说,每16秒钟就有人被杀死、强奸、攻击或抢劫。这意味着,今天,在我们这堂课结束时,约有187人会成为暴力犯罪的受害人。

大学生中,很多人是第一次出远门,这些人尤其容易成为犯罪的牺牲品。大学生经常会把校园内的住处看成是安全的地方。但是,根据《女子防身术》一书,即使在宿舍也必须防范犯罪行为,就在跟别处一样。人都有很多坏习惯,你有多少次离开房间的时候忘记锁门?将门敞开多么容易成为犯罪分子的可乘之机?你有多少次睡觉的时候忘了锁门?或者有多少次开门的时候忘了看谁在外面?威克弗里斯特大学警察犯罪预防中心的网站说:"我们每个人都必须意识到必要的预防措施,以减少自己成为犯罪受害人的机会。"那些忽视这些措施的人是会引火烧身。

学生们除了必须在校园住处保护自己,他们还必须在别处采取措施。时下流行吸毒和饮酒,尤其在大学校园内,这会增加犯罪的机会。吸毒和狂饮都会使自己成为犯罪的理想对象,因为我们大家都知道,这些滥用的物质会影响你的判断力,影响你在安全方面的决定。根据太平洋暴力犯罪

有必要报名参加自卫班的事情。请注意,她说出了数据来源,并用直接与听众产生联系的用语,使统计数据与她的同学产生了联系。

从前一段总体的犯罪统计数据开始,演讲者进而集中在大学生面临的犯罪议题上面。她关于大学生的一些"坏习惯"的问题触及犯罪预防问题,因此效果特别好,而且她还用到了"你"这个词,有助于使听众更贴近演讲。

演讲者完成了演讲的需求部分,她说,毒品和酗酒增加了大学生面临的犯罪问题。在这里,如同在演讲的其他部分一样,她的统计数字表达得很清楚,而且来自可靠的资料。

这一段话最后的引语,

中心的资料,在所有暴力犯罪档案中,有42%的案件是攻击者或者被攻击者,或者双方都有饮酒的情形。尤其是在校园里,90%的暴力范围涉及毒品或酒精。这个问题十分严重,校园安全网站上贴出的执法部门的材料说明,许多大学校园也是社区的高犯罪率地区。

是演讲者从互联网上找到的多个证据之一。请注意,她说出了引语资料的准确来源,而不是简单地说一句:"据我在某网站上找到的资料所说明……"

所以,我们看到,作为大学生,我们面临很多危险。那么应该做点什么来自我保护呢?我建议大家都去报名参加大学生自卫班。你可以选择多种自卫班,麦迪逊大街这边就有很多。我们可以找到适合自己的时间安排和学费的课程。在大学校园里,本校还有一个俱乐部体育项目,称作肖林鲁空手道,这门课程主要强调自卫技能,是在下课以后就在校园里进行,而且所有大学生、教师和员工都可以报名参加。

这一段从一个过渡开始,然后进入演讲的满足部分。请注意,演讲人清楚地表达了自己的计划,并说明了学生在校园就可以参加自卫班。

另一个选择是维拉里自卫班和太极中心。这里不仅提供自卫课程,而且还有太极、空手道及功夫。维拉里自卫班设在洲际大街的训练地点,很方便,所有学生都容易前往。为了找到适合自己需要的一个自卫班,你还可以在互联网上查询,或者通过电话黄页查询。我带来了一些手册,如果大家有兴趣,请课后来找我。

现在,演讲人说明大学生在校园外面还可以参加的各种自卫班。如果像前一段中一样,她提供了具体的信息,看看这些各有什么样的长短之处。这种具体入微的信息是很关键的,因为演讲人希望说服听众立刻采取行动。

报名参加自卫班后,大家会发现自己做好了准备,可以随时应付紧急情形。帕特里克·李是女子防身班的

解释了自己的计划后,演讲者转到了演讲的形象化上面。她展示了她那个计划

第十六章 说服的方法

老师,他说,他教的那门课最重要的是,你必须从一开始就作好决定,到底是当受害人还是当幸存者。反复地对自己说:"我要当幸存者",不仅会提升自己的自信心,而且还有助于你更机智地处理困境。

我是在高中体育课上学过初级课程后才发现这一点的重要性的。经过几天的练习之后,我们大家都去接受一个臭名远扬的恶棍的替身攻击。我准备好与这个攻击者进行搏斗,于是准备大喊:"不,住手,滚回去!"而且尽量大声喊。但是,这个人的个子比我大一倍,还没等我明白是怎么回事,他就把我逼到一个死角去了,根本脱不开身。我一下子怕得要死,根本一句话都说不出来。我立即想到,如果这是真实的情景,那么我可能活不了了。

但经过几天练习,我们都能够跟这个替身搏斗一阵了。这次,我不再害怕,我只感到愤怒。我愤怒,是因为这个人感觉他可以利用我,占我便宜。这次我利用学到的手法大喊一声:"不,滚回去!"并成功逃脱了。因此,我活了下来。

说到上自卫班的好处,我可不是唯一的例子。如果你有兴趣,请看看攻击预防信息网上贴的"自卫班防范故事集"。虽然我没有时间跟大家来一一讲解那些故事,但是,我可以用辛迪的故事总结一下大意。她是一位

的益处。这是任何一个关于政策问题的说服型演讲中最为重要的一部分。

在这一段和下一段里,演讲者利用亲身经历来说明参加自卫班的益处。这个例子还提升了演讲者的可信度,表明她在这个话题上有一定的经验。

演讲者在抗击假想敌方的成功,使演讲的这一部分更具有情感诉求力。

如同在其他地方一样,演讲人明确地说出了互联网资料的来源。对于辛迪所说的话的引用属于普通人证词,她提供了进一步的证据,说明参加自卫班确有益处。

23岁的女子,利用自己学到的自卫知识吓退了一名攻击者。辛迪说:"我心里知道,而且这一点也是很重要的,如果有必要的话,我具备了保护自我的能力,而这样的感觉真让人欢喜。"大家可以看到,为自卫所花的时间和金钱都是很值得的。

这一段的最后一句话强化了引语要表达的观点,并有效地完成了演讲的主体。

因此,我鼓励大家报名参加自卫班,不管是通过体育课,通过私营机构还是在自己的家乡学习。即使你并不马上报名参加,至少我鼓励大家尽快去做这件事情。上这样的课意味着你能够保护自己的金钱、财产,保护自己的生命,保护自己的男朋友或女朋友,保护自己的丈夫或妻子。而且,它还意味着生与死之间的差别。

演讲人转到了结尾部分,并顺利进入门罗促动序列的行动阶段。注意她请大家采取的具体行动,并使这个号召与同学直接产生联系,用了"你们"和"你们的"这类词语。

不要抱着"这样的事情永远也不会发生在我身上"的态度。为什么不做好准备呢?帕特里克·李说:"问问自己,你是想当受害人还是想当幸存者?"

最后的引语再次强调了演讲人的中心思想,并以戏剧化的笔调结束了演讲。

小结

自古希腊时代以来,人类一直在寻找说服的方法。人们发现,听众之所以接受演讲者的思想,出自四个理由:因为他们觉得演讲人有很高的可信度,因为被演讲人的证据说服,因为相信演讲者的推理,因为受到演讲人情感诉求的打动。

可信度受到多种因素的影响,但是其中最重要的因素有两个:能力和性格。听众越喜欢演讲者的能力和性格,就越容易接受他们的思想。虽然演讲之前的可信度来自演讲人的声誉,但是,你可以强化自己在演讲过程中的可信度。你可以建立与听众的共同立场,可以让他们知道你为什么有资格就这一话题发言。你还可以通过流畅和富有表现力的演讲来增强自己的可信度。

如果你希望说服听众,就必须用证据来证明自己的观点。证据包括例子、统计数字和证明材料,都是用来论证或者反证某一观点的。准备演讲时,应该努力在每一关键要点上想象听众会有怎么样的反应。预测听众的怀疑,并以证据来回答他们。不管你利用的是哪一种证据,如果对听众来说是新鲜的,如果是用具体而不是笼统的语言表达出来的,如果来自可靠的来源,那么你的演讲会更有说服力。如果你把论据要说明的问题表达得更清晰一点,那也会更有说服力。

不管论证多么有力,如果听众不同意你的推理方法,那也没有说服力可言。根据特殊事例进行推理时,你是从若干特殊事实发展到普遍的结论的。反之亦可,你从一个大前提发展到一个特殊的结论。当你利用因果关系进行推理时,你会努力在原因与结果之间建立联系。在类比推理中,你将两个事件进行比较,然后推断,对一个事件是真实的,对另一个事件也应该是真实的。不管利用哪一种推理,你都希望确保自己避免诸如仓促下结论、虚假原因和无效类比等错误。演讲人和听众,大家都应该注意防止"红鲱鱼"、对人不对事、非此即彼,"赶浪头"和"脚踩西瓜皮"等谬误。

最后,你还可以通过情感诉求的方式说服听众。这些情感包括担心、愤怒、同情、悲伤和自豪等。获得情感诉求力的方法之一就是要利用饱含感情的词语。另一个方法是举出生动的例子,使自己的思想有血有肉,并使听众带着感情来听你的演讲。但是,除非你自己也能够感受到这样的诉求,并带着诚心和坚定的信念来传达这些话,否则两种办法都无法起作用。

和其他说服的方法一样,运用情感诉求法时,也应该受到道德的约束。虽然情感诉求一般在关于事实问题的演讲中不太合适,但是,在寻求立即采取行动的政策问题演讲中却是很有效的,而且是必要的。但是,哪怕是想努力感动听众使其立即采取行动,你永远也不应该用情感诉求来代替证据与推理。你需要点燃听众的情感之火,但也需要根据事实和逻辑建立一个合理的论点。

◪ 关键术语

气质	ethos
可信度	credibility

初始可信度	initial credibility
派生可信度	derived credibility
最终可信度	terminal credibility
建立共同立场	creating common ground
证据	evidence
逻各斯	logos
推理	reasoning
根据具体事例推理	reasoning from specific instances
仓促下结论	hasty generalization
根据原理推理	reasoning from principle
因果推理	causal reasoning
虚假原因	false cause
类比推理	analogical reasoning
无效类比	invalid analogy
谬误	fallacy
红鲱鱼	red herring
对人不对事	*ad hominem*
非此即彼	either-or
赶浪头	bandwagon
巨石滚坡	slippery slope
情感诉求	pathos

■ 复习题

读完本章后，请回答下面的问题：

1. 什么是可信度？最能影响听众对演讲人可信度的两大要点是什么？

2. 初始可信度、派生可信度和最终可信度的区别是什么？

3. 在演讲中增强可信度的三种方法是什么？

4. 什么是证据？为什么说服型演讲要运用证据？

5. 在说服型演讲中有效使用证据的四条注意事项是什么？

6. 什么是根据具体事例推理？利用这种推理方法时需要注意哪些问题？

7. 什么是根据原理推理？它与根据特殊事例推理有什么差别？

8. 什么是因果推理？利用因果推理时必须注意回避哪两大谬误？

9. 什么是类比推理？如何判断类比的有效性？
10. 本章讨论了哪八大谬误？
11. 情感诉求在说服型演讲中的作用是什么？

批判性思考题

1. 研究显示，演讲人的初始可信度会对听众接受演讲人的思想产生重大影响。研究还显示，演讲人的可信度对于不同话题、不同听众都有所不同。在下表左边一栏里，列有著名的演讲人，在右边一栏中列有可能的演讲话题。假定每个演讲人都要到你的班级来演讲。为每个演讲人找出会在你的班级引发最高可信度的题目来。然后解释演讲人的初始可信度如何会因为换了个话题而受到影响。

演讲人	话题
奥普拉·温佛瑞	妇女从政
杰茜·杰克逊	脱口秀节目在社会中的角色
史蒂芬·斯皮尔伯格	广播新闻的危险
希拉里·克林顿	非裔美国人：接下来的日程
彼德·詹宁斯	21世纪的电影

2. 说明下列陈述中利用的推理类型。各个推理各有什么缺点（假如有缺点的话）？

（1）根据美国医学协会的研究资料，谢顶男子患心脏病的概率比头发多的男子高3倍。听起来虽然很奇怪，但是，秃顶似乎是心脏病的起因之一。

（2）跟化学工业的观点相矛盾的是，限制杀虫剂的使用并不会威胁食物供应。瑞典已经在过去几年将杀虫剂的数量削减了一半，但其收成并没有减少。康贝尔汤品公司使用的番茄完全不用杀虫剂，但他们的收成还是和往年一样好。加利福尼亚的许多农户实行无杀虫剂耕种，但其收成反而有所增加。

（3）美国宪法保障所有的公民都有权携带枪支。枪械控制立法违反了公民的持枪权。因此，枪械控制立法与宪法相违背。

（4）除了美国以外，几乎所有工业化国家都有全国性课程设置和全国性的试卷，以保证全国各地都符合较高的教育水准。如果这样的制度在别处能够发挥作用，它在美国也应该能发挥作用。

3. 多年以来，公共演讲中的情感诉求作用一直都有大量争议。

第五部分 各类公共演讲技巧

你相信公共演讲人利用情感诉求来说服听众是符合道德的吗？你是否感觉有道德的演讲人不应该诉求某种类型的情感？为什么？准备好在课堂上阐释自己的观点。

4. 分析附录中玛利·费谢尔的演讲"艾滋病心语"。在分析中，仔细看看费谢尔如何建立自己的可信度，如何利用证据和如何推理，看看她如何进行情感诉求。另外，研究一下，看看她如何利用第十一章中讨论的语言资源使她的信息为听众所理解。

■ 运用公共演讲的力量

作为公司的市场部经理，你在几年时间内帮助该公司发展壮大，健康俱乐部从1家发展到了9家。现在，较弱的一家竞争对手举起了白旗，宣布准备卖掉7家俱乐部。公司管理层的大多数成员希望拿出方案来收购这些俱乐部。但是，有些成员，包括你在内，都相信这次购买行为会使公司规模一夜之间翻番，有可能危及公司的稳定发展。

在管理成员会议上，一位赞成购买的成员在论述他的购买理由，其论点包括以下内容：

1. 公司要么购买这些俱乐部，要么放弃任何进一步发展的计划；

2. 如果公司可以一次成功收购一家俱乐部，那么一次收购7家俱乐部也不会有问题；

3. 因为管理层大多成员赞成收购，因此，这次的收购行动是个好主意。

在你的演讲中，你会逐一指出他每一点中的错误。这些错误是什么？

第十七章

特殊场合演讲

特殊场合是日常生活的亮点,超越了日常纷纭琐碎的杂事。例如洗礼、婚礼、葬礼、毕业典礼、颁奖仪式、就职典礼、退休晚宴,所有这些都被称为特殊场合。对于参加这些活动的所有人来说都是不同寻常的。差不多所有这些场合都有演讲活动。亲朋好友会向新郎新娘祝酒;销售经理会向年度销售代表颁奖;总统发表就职演说;篮球教练发表演说表彰最佳球员;家庭成员发表催人泪下的悼词给逝去的亲人。演讲赋予了特殊场合的特殊意义。这是仪式气氛的一部分,是这些特别事件的标志。

特殊场合演讲与我们目前为止在本书中谈到的演讲不同。也可能会传递一定信息,但不是主要目的。主要目的也不是说服。相反是用来迎合特殊场合的特殊需要。在本章,我们将看看最常见的一些特殊场合及其相对应的演讲。

介绍性演讲

"尊敬的来宾,这是美国总统。"如果你处在必须由你介绍总统的场合,那你需要说的话不会超过前面的 11 个字。总统是非常知名的人物。任何多余的说明都是不必要的,甚至可以说是愚蠢的。

然而,多数情况下的介绍性演讲都不会这么简洁或仪式化。如果你介绍另外一位演讲人,那你必须在你的介绍中完成下面三个任务:

(1) 为即将上台的演讲人营造出热烈的气氛。
(2) 为演讲主题营造出热烈的气氛。
(3) 营造一个欢迎的气氛,来支持演讲人的可信度。

一个好的介绍性演讲必须使人听了高兴,也使得主讲人的任务

介绍性演讲
speech of introduction
将演讲人介绍给听众的演讲。

轻松很多。通常你需要按某种顺序谈谈演讲人和他的演讲主题。下面是关于介绍性演讲的一些原则。

简洁

一战期间，英国外交大臣巴尔富尔在美国的一次集会上演讲。但是介绍巴尔富尔的那位主持人就战争的起因发表了45分钟的演说。然后，似乎是突然才想起一样，他说："现在，巴尔富尔阁下将发表他的演说。"巴尔富尔站起身，说："我只能在剩下的时间宣布我的演讲地址如下：英国伦敦查尔顿花园10号。"

每位经历过的演讲人和听众都知道冗长的介绍型演讲是何等烦人。介绍型演说的目的是把听众的注意力集中到主要演说人身上，而不是介绍人自身。在正常情况下，介绍型演说不会超过三分钟。如果演讲人是听众熟悉的，那么时间将更短一些。

确保所说的话完全准确

许多介绍人对演讲人的基本事实胡编乱造，结果令本人和介绍人都十分难堪。应该记得提前弄清楚主讲人的情况，确保介绍准确无误。

最重要的是，应该把演讲人的名字弄准确。这是一件看似简单但仍然需要强调的事情。请记住，没有什么比一个人的名字更重要了。如果演讲人的名字容易搞错，尤其是涉及外国人的发音，应该提前加以练习。

根据场合调整自己要说的话

准备介绍的时候，也要根据当时当地的场合做出调整。正式的场合要求正式的介绍。如果是在非正式的商务会议上介绍一位客座演讲人，可以不妨随便一些。这比在正式的宴会上介绍同样的演讲人给同样的听众要随便得多。

根据主讲人的情况调整自己的话

不管介绍性演讲让听众多么喜欢，只要让主持人感到不舒服，那么，这个介绍性演讲就会失去了它的一部分目的。怎么做可能会让一位主讲人不舒服呢？一个做法就是过度吹捧主讲人，特别是主讲人的演讲技巧。绝对不要说："我们的演讲人会让你从头到尾都听得津津有味。"这等于就是在一个玩笑之前说："下面是你所听到的最可笑的笑话。"你设计了几乎不可能的期待。

另一个让主讲人难堪的做法是透露主讲人的私生活尴尬细节，或者是主讲人看来很没品味的评语。介绍人可能认为这样的话很幽默，"啊，安妮塔·佛拉特罗10岁的时候我就认识她了。她长得如此肥以至于班里所有的人都叫她大块头。"但是,对于演讲人来说,这话一点也不好笑,甚至有点痛苦。

根据听众来调整自己的话

正如你需要针对不同听众调整演讲一样,介绍性演讲也需要调整。你的目的是使听众乐意听这位演讲人讨论这个演讲主题。如果演讲人不是听众熟悉的,你需要通过介绍演讲人的主要成就来说明为什么他和她有资格来讲这个话题,以此来建立主讲人的可信度。但是如果主讲人是听众所熟悉的,再做多余的介绍就很荒唐了。

另外,你需要告诉听众的是他们希望听到的内容,即让听众中的每一个人都觉得有趣和听得懂。如果需要你把同一位演讲人介绍给两类不同的听众,介绍性的演讲中的有些信息可能是一样的,但介绍的方式则会有所不同。例如,某个城市的警察局局长将为两类听众演讲,小学生和市议会的议员。对学生听众的介绍性演讲的可能是这样的:

孩子们,我们今天请来了一位重要的客人。他是我们这个城市的头号警察,所有警察的长官,他了解我们这个城市的很多犯罪情况,还有过很多和国际刑警组织合作的经历。让我们用热烈的掌声欢迎警察局局长罗伯特·华盛顿的到来,并希望大家认真听演讲。

但是,给市议会的介绍性演讲则会是如下的样子:

市议会议员及尊敬的来宾,今天,我荣幸地为大家介绍本市警察局局长,他今天将为我们谈谈社区警务计划。大家都知道,作为我市警方的负责人,警察局局长先生在10多年的职业生涯中享有很高的声誉。但是,大家也许不知道,他本人持有刑事犯罪学的硕士学位,还出国在国际刑警组织进修了一年。

6年前,警察局局长先生介绍过社区警务计划。这个计划的目的是让警察走出警车,直接进入社区,让他们和商家、居民交谈,共同探讨促进本市活力的办法。这些警官不仅仅要做逮捕罪犯的工作,还需要经常参与市政机构提供的服务,包括学校、医院、住宅、戒毒中心等。

看来这项计划正在发挥作用,犯罪率下降了,居民感觉安全多了。今天警察局局长将更深入地讨论这项计划。请大家欢迎罗伯特·华盛顿警长。

营造期待感和戏剧性效果

大家可能注意到在两次针对警察局局长的介绍性演讲中共同的

一个细节。两次介绍性演讲都是把名字放在最后说出来。这是介绍性演讲的传统做法。虽然偶尔有充分的理由去打破这一传统，但一般你会避免在一开始提到演讲人的名字，哪怕听众都明白你到底是在说谁。这样做的目的，是形成一种戏剧性效果，使演讲者的名字成为介绍性演讲的高潮。

你会发现需要你介绍的常常会是听众十分熟悉的演讲人。例如一位同学、商务会议的一位同事、社区里的一位邻居。那你应该有创意地以新的视角来介绍演讲人，努力去提高听众的期待感。事先和演讲人谈一谈，看看能否得到一些听众不了解的有趣事实，尤其是那些跟演讲主题相关的信息。

最重要的是，如果你期望达到戏剧性和有创意的效果，必须确保在正式演讲前进行充分的练习。这样，你才能在现场发挥的时候充满激情和真诚。

颁奖演讲

颁奖演讲
speech of presentation
公共场合接受礼物、奖项或其他形式的公众赞誉时，颁奖者发表的演讲。

颁奖演讲一般是公共场合接受礼物、奖项或其他形式的公众赞誉时，颁奖者发表的演讲。通常这样的演讲相对简短。也许只是一个陈述（获奖者是……），最长也不过四五分钟。

和其他演讲一样，颁奖演讲也应该根据听众和当时情景进行调整。颁奖演讲的主题是确认获奖者的成就。你需要告诉听众，为什么获奖者接受嘉奖当之无愧。不要把他或她所做的全部事情都列出来，集中在和获奖有关的成就上，并且以和听众有关的方式来谈论此人的成就。

根据听众和场合的不同，你还需要在颁奖演讲中谈到两件事。首先，如果观众不熟悉该奖项的来由，你应该简要介绍一下，至少提到奖项的目的。其次，如果奖项是在公开的竞赛中获得的，你也许还得花点时间赞扬一下那些失败者。

下面是一个颁奖演讲的范文：克林顿在美国首都华盛顿白宫将国会纪念奖章颁发给前南非总统纳尔逊·曼德拉的典礼上发表的演讲。国会纪念奖章是由美国国会颁发的特殊奖项，它不通过公开竞争来评奖，克林顿不需要谈及失败者的任何事情。他的演讲集中在曼德拉抗争种族隔离制度和调解南非冲突的努力。

授予国会纪念奖章
比尔·克林顿

对于我的朋友曼德拉总统来说,今天是美国这个曾经在各方面都遭遇种族隔离的国家的人民对你的奋斗、你的成就、你的努力做得更好的激情做出奖励的时候。今天我们以最崇高的敬意把我们国家的礼物颁发给这位曾经获得诺贝尔和平奖的人。

我们这些感受到他的理想并以他为荣的人们将这个奖项颁发给他,因为他在建立美国与非洲有关儿童的教育、社区问题的解决、种族歧视、评判优秀的标准等各方面的持久合作做出了巨大努力。

在原谅那些监禁他的人的时候,他给我们上了最基础的一课。那就是南非种族隔离制度说到底是被心灵、思想、精神所击败的产物。这种制度并不是外在的结构和囚禁人们的监狱。它是思想和灵魂自身的分裂。我们并不是单纯地给纳尔逊·曼德拉颁奖,而是在他给我们上的一课中指导生活,击败我们自身心灵上种族隔离的最后堡垒,任何将我们彼此隔离的思想。

对于我们这些有幸认识这位知名人士的人来说,我们所能给他的任何一个奖牌、任何一个奖项、任何一笔财富都比不上他所赋予我们和这个世界的。真正的值得我们接收到的礼物是继续他的目标和在他深远而伟大的典范鼓舞下生活。

接下来,按照程序规定,由我将国会纪念奖授予纳尔逊·曼德拉总统。

受奖演讲

受奖演讲的目的是感谢一份礼物或一项奖项。发表这类演讲的时候,你应该感谢颁发奖项的人,也应该感谢帮助你获得这项奖项的人们。

应于克林顿总统的颁奖演讲,这是纳尔逊·曼德拉总统在接受国会纪念奖章时发表的受奖演讲。它是优秀受奖演讲的范例,具备了简短、谦卑和优雅的特点。

接受国会纪念奖章
纳尔逊·曼德拉

感谢克林顿总统、主持人先生、各位国会的参议员、各位先生和女士。

> 受奖演讲
> acceptance speech
> 受奖者为感谢礼物、奖项和公共荣誉而发表的演讲。

我很荣幸能够服务于为非人性的制度所束缚的人们,唤起这些热爱自由和公正的人们的团结精神,服务于战胜了种族隔离制度因而给这个世界没有仇视和歧视的新希望的人们。我意识到你们把国会纪念奖章授予我是意识到了我们共同的理想,是为了唤醒我们国家之间的纽带,是为了全南非人民的成就而授奖。

这是我很荣幸地接受这个奖项的原因。在你们授予我这个荣耀的同时,我意识到这是美国议会能够授予与种族制度斗争者的最好奖项。作为一个将终身致力于团结的人来说,我被你们国家尊重我们人民的成就的态度和舆论而感动。只有其他国家的为数不多的人才能得到的崇高荣誉,我感到非常骄傲,因为我以一个非洲人的名字加入了其中。

今天你们给我的荣誉是对我们拥有的共同人性的表达。这是一个个人与个人、国家与国家、北半球与南半球的共同人性。我自豪地接受它,因为它是我们进入新千年的和平和团结的象征。感谢大家!

纪念演讲

纪念演讲是赞扬或庆祝的演讲。祝词、国庆日演讲、推荐演讲和献辞都属于纪念演讲。在这样的演讲中,目的是赞扬一个人、一群人、一个机构或一种思想。

纪念演讲
commemorative speech
为表达对个人、群体、机构或一种思想的赞颂而做的演讲。

如同在告知性演讲中一样,你必须把主角介绍给听众,毕竟听众必须知道为什么你的主角应该受到赞扬。他们需要知道受到赞扬的那个机构的历史或者那个人的生活。和其他的演讲中一样,你也举一些例子,拿出一些证明,甚至是一些统计才来说明主角的成就。

但是,在纪念演讲中,你的基本目标不是告知听众,而是激励听众,唤起他们的热情,强化他们对你正在赞扬的那个人、那个机构或那种思想的赞扬或欣赏。例如如果你在赞扬某个人,那你不应该仅仅编一个简传,只是把这个人的一生说一说就完了。你应该做一个演讲,使其超越生平的范围,这个演讲必须有穿透力,使其接近主角的本质,并使听众形成很深的敬畏。

进行纪念演讲的时候,你不需要和倡导者一样提出忠告,也不需要和讲师一样进行解释。你需要表达出感情,要刺激人们的情绪。如果一幢新大楼落成,如果一位新总统宣誓就职,你需要唤起欢乐和希望;如果是在进行毕业典礼,你需要激起期望和良好祝愿;如果是

第十七章 特殊场合演讲

在进行一场或完成一项纪念性仪式,你需要表达出敬佩和尊敬。从某些方面来说,纪念演讲很像印象主义绘画,"是能够捕捉情绪和某一时刻的暖色和温暖质地的画。"

画家用刷子和颜色表达感情,而纪念演讲的发言人通过语言表达感情。在所有的演讲种类中,也许没有哪种比纪念演讲更多取决于对语言创造性地微妙使用。历史上让人难忘的著名演讲,包括亚伯拉罕·林肯的《葛底斯堡演讲》在内,都是纪念性的演讲。我们记得这样的演讲,感受到这些演讲的意义和启迪作用,这在很大程度上是因为这些演讲流畅地运用了语言的魅力。

现代历史最让人难忘的纪念演讲的演讲人是罗纳德·里根总统。1986年,挑战者号太空飞船爆炸后,里根发表了一篇全国电视讲话,纪念在爆炸中牺牲的宇航员。下面是里根总统演讲的最后几句话的两个版本。第一个版本是本来准备说的,但是去除了真实环境中的热烈感情和深刻的语言。

和伟大的海上探险家弗兰西斯·德雷克一样,"挑战者"号宇航员把他们的生命献给他们全身心投入的一项事业。我们因他们而得到荣誉,我们永远不会忘记他们。我们将永远铭记今天早晨看到他们准备飞行的最后时刻。

里根实际的演讲如下:

今天历史出现了重复。390年前的今天,伟大的海上探险家弗兰西斯·德雷克在巴拿马海岸的船上死去。在他的一生,辽阔的边陲就是海岸,一位历史学家后来说:"他活在海上,死在海上,埋在海底。"因此,今天我们可以对"挑战者"号全体船员说:他们的奉献是彻底的,就跟德雷克一样。

"挑战者"号太空飞船上的船员使我们感到了荣耀,他们度过自己一生的方式使我们感到荣耀。我们永远不会忘记他们,不会忘记今天早晨看见他们的最后一刻,当时,他们准备好了远行,跟我们挥手道别,"挣脱大地无情的束缚去触摸上帝的脸庞"。

最后一句"挣脱大地无情的束缚去触摸上帝的脸庞"尤其让人难忘。这是从许多飞行员带在身边的一首十四行诗《高高飞行》中摘录出来的。它使得飞行员的死亡崇高化,使演讲在流畅、感人和诗意的气氛中结束。

进行纪念演讲的时候,演讲人多半要处理的是些不可捉摸的东西。成功与否,取决于能否把适合于当时场景的情绪和思想融入语言之中的能力。在这样的时候,太容易落于老生常谈和平庸情调的俗套中。难就难在有想象力地运用语言的力量,把庄严的意义和诚实的情绪融入当时的情景。

进行纪念演讲时,大家可能想到要利用第十一章谈到的强化意想和行文韵律感的特别语言资源。暗喻、明喻、排比、重复、对照,这些都适合纪念演讲。有些广为称道的纪念演讲,包括马丁·路德·金的《我有一个梦》和约翰·肯尼迪的就职演讲在内,都是因为运用了多种语言技巧而出类拔萃的。

因为有了肯尼迪和路德·金等人的出众的纪念性演讲,你也许觉得,纪念性演讲也许远远超过自己的实际能力。但是也有学生做过很优秀的纪念演讲,同样感人和品格高尚。以下演讲是由威斯康星大学的学生基思·佛莱明思在他的演讲课上作的演讲。当时的作业是针对一个人或一个机构或一种思想发表纪念性演讲。基思谈论的是马萨诸塞第54步兵团志愿兵。这是美国内战中第一个黑人兵团。马萨诸塞第54步兵团以勇猛而著称,并被拍成了电影《荣誉》。你读这篇演讲的时候,可以注意到基思在赋予主题艺术和情感方面的语言使用是多么有效果。

马萨诸塞第54步兵团
基思·佛莱明思

美丽的峡谷现在填满了尸体,就像清晨可怕的噩梦,一个孤独的掘墓人认识到仅仅因为自己是一个黑人,就不能参加美国内战,只能去埋葬为了自由而战斗至死的战士。他想知道什么时候他才有权战斗。

在《光荣》一篇中,这个勇敢的掘墓人由摩根·佛里曼主演。他被允许作为马萨诸塞第54步兵团志愿兵成员而参战。马萨诸塞第54步兵团是美国内战的第一个黑人军团。在罗伯特·古尔德·萧伯纳上校的领导下,马萨诸塞第54步兵团显示了非凡的勇敢,爱国精神和牺牲精神。

尽管北方人反对奴隶制度,许多北方人都持歧视黑人态度。由于这种观念,马萨诸塞第54步兵团被赋予了危险的任务,而准备工作又极差,甚至是报废的设备、比布料好不了多少的靴子、不能御寒的破制服、会走火的枪和武器,但马萨诸塞第54步兵团被证明是美国内战中勇敢的军团。

除了勇敢之外,马萨诸塞第54步兵团成员也展示了最高忠诚度的爱国心。尽管面对种族主义和其他的挑战,他们仍然自豪地穿着制服,挥舞着国旗上了战场。从他们军团的退缩者为零可以最好地

第十七章　特殊场合演讲

看到他们的爱国心。尽管北方其他军团有成千上万的逃兵,但是马萨诸塞第54步兵团没有一个退缩者。

我已经谈及了他们的勇敢和爱国心,但正是他们的牺牲精神使得他们永载史册。那次牺牲发生在1863年的瓦格纳堡袭击中。强大的同盟警卫队驻扎在南加利福尼亚海岸的碉堡里。那里几乎是不可靠近。需要一次前线的袭击来削弱碉堡的力量以发动全方位的袭击。这几乎是一次自杀行为,而马萨诸塞第54步兵团也是这么做了。

他们是第一个猛攻瓦格纳堡的军团,也因此遭受到最惨重的人员伤亡。他们冲在最前面,在后续加强活力足以支持他们之前到达了碉堡。相信后续部队会跟来的马萨诸塞第54步兵团攻入了碉堡,并遭遇了敌人。当战争结束时,这个军团大约有超过250个士兵伤亡。

参加一个不信任你的部队,和仇视你的敌人打战,为一个不尊重你的部队而牺牲。这就是马萨诸塞第54步兵团。今天他们躺在南加利福尼亚海岸他们牺牲的地方。萧伯纳上校和他的战士被埋在一个被大西洋潮涌覆盖的大坟墓里。一个小型的纪念碑树立在波士顿,提醒着世人他们的牺牲。

勇敢、爱国和牺牲,这是马萨诸塞第54步兵团的品质。在他们和追随他们之后的其他黑人军团的努力下,奴隶制度最终被结束了。在《光荣》一片中,摩根·佛里曼谈到了他为自己人的自由而战斗的机会。马萨诸塞第54步兵团抓住了这次机会,他们为之战斗,甚至为之全部牺牲。美国上将杜鲁门·希摩尔说:"在瓦格纳堡的每一寸沙滩上都将永远铭记马萨诸塞第54步兵团勇敢而坚定的不可磨灭的故事。"

餐后演讲

餐后演讲最好是看作是一种娱乐性演讲。不管是在早餐、中餐还是在晚餐后进行的,不管是正式的餐厅还是在户外的野餐会上发表的,餐后演讲一般比告知型演讲或说服型演讲更轻松一点。这种语气差别会对演讲的主题产生一定的影响,艾滋病、儿童虐待、恐怖主义、酒后驾车、枪支暴力这些主题都很重要,但是听众一般不希望典型的餐后演讲的轻松气氛里还有这样沉重的话题。但是在大部

最后演讲
after-dinner speech
餐后以轻松的方式谈论。

情况下,适合于告知型或说服型的演讲的任何主题也适合于餐后演讲,只要采用轻松的口气就可以。

如果你的主题是营养。如果你就这个话题作一个告知型演讲,你的具体目标可能是:"告知听众,让他们知道人体饮食中最基本的四种营养成分。"如果你是进行说服型演讲,你的具体目标就是:"劝说听众,让他们相信应该减少牛羊肉的消费而增加鱼类制品、蔬菜和谷物。"但是,如果你是在就营养问题发表餐后演讲,则具体目标可能就是:"娱乐听众,让他们知道有些人吃了特别的营养食品后产生的极端荒唐可笑的后果"。

这些例子说明,餐后演讲不应该是技术的,也不应该是争论的。它们也许包含对听众来说属于新内容的信息,甚至可能还有说服的效果,但是,其论证材料的选择还主要取决于其娱乐性的价值。餐后演讲的听众很少乐意听一大套推理或接受一大堆统计数据。他们主要寻找温和型的演讲,用小说的轻松方式甚至搞笑的方式来谈及一个演讲主题,从而刺激他们的想象力。

这可并不是说餐后演讲就应该是东拉西扯或者纯粹是琐碎的内容。跟其他演讲一样,餐后演讲也要求进行精心的准备和组织。它们应该有一个中心主题,还应该就主题进入到有思想的深度。不管谈到的是人类本性(比如虚荣心或追求流芳百世的欲望)、大学生活(比如期末考试或寻找合适公寓),工作(比如忍受老板或刁钻的客户),旅行(比如航空公司恶劣的服务或不同寻常的海外风俗),家庭生活(比如夏令营的危险或第一次当父母的经历),甚至是目前的时事(比如如何选举总统或如何把握股市涨跌)。

不难想象,幽默是餐后演讲的重要部分。一直以来,美国最优秀的餐后演讲人都是幽默大师,比如马克·吐温、大卫·贝瑞。但你不需要首先成为一个小有名气的幽默大师才能成为成功的餐后演讲人。餐后演讲中的幽默,其目的更多是为了逗人发笑,而不是以一系列俏皮话来震撼听众。幽默也不仅仅是逗人发笑。在最优秀的演讲中,幽默是自然而然地从演讲材料中发挥出来的,通过对材料提供独特的视角来帮助演讲人明确自己的观点。

但是抓住听众的笑神经,哪怕对于经验丰富的演讲人来说也是很麻烦的事情。如果对于弄出笑料的把握不是很大,那你也不要担心。幽默虽然有助于成功的餐后演讲,但是,幽默并不是非有不可的。一般来说,最好的办法是不要故意去搞笑。如果能够创造性处理好演讲主题,那就应该选择一些本身就有趣的论证材料,并利用语言资源来形成鲜明的意象、生动的描述、丰富多彩的细节和智慧的语言,这样的话,你同样可以取得很好的效果。

所有这些特质都在下面的演讲中表现出来。这是威斯康星大学学生朱莉·达格特在演讲课上作的一次演讲。

最恐怖的事件
朱莉·达格特

他们始终没找到他的头或手。我蹲在角落里,透过指缝往外看,他在那里呻吟,发出哀嚎,没完了地寻找他失踪的器官,我吓得要死——但是,还没有吓成可怜的贝蒂·戴维斯的样子。他们将他带到疯人院去了。我只是打开灯,赶紧冲到父亲那里,坐在他身上,浑身还在发抖。父亲说了一句话,多少年以后,这句话还悬在我脑海里:"没事的,那不过是一场电影而已。"但是事情对我并没有完结。电影《嘘,嘘,可爱的夏洛蒂》只是我又喜欢又讨厌的恐怖电影的开始。

我又怕又喜欢的天性实际上是从很小的时候就表现出来了。还是小孩子的时候,我就坚持上床睡觉的时候走廊灯必须亮着——对于小孩来说,芝麻大的灯来说是不够的。我父母看过新闻后会告诉大家"关灯",然后才上楼睡觉。然后隔着几英里都可以听到我的喊声:"不,我知道关灯以后可能发生什么!"我看过唐·诺茨的《鬼影和小鸡先生》之后,我每次上床之前必须完成的仪式大概是这个样子——看看床底下,看看壁柜,关灯,然后钻进被子里。但是,随着时间的流逝,这种孩子气的胡闹慢慢就少些了。我毕竟在长大。

可是,后来发生了一件事情。电影院里上演《驱魔者》,那是我无法抵抗的诱惑。吓得半死又甜蜜的感觉又一次恢复了。我被吸引住了,但是,我还一直保持很清醒,直到看了那本书。我发现自己被恶魔附体了出现了十种症状中的六种,包括头痛、恶心和失眠。也许不是撒旦,但一定有恶魔藏在什么地方。

以后的几年里,电影业满足了我对恐怖电影的嗜好,还满足了我的偏执狂。电影《万圣节前夜》结束了我再也不敢把车停在荒野路边。我不敢趴在窗台上去,让自己成为逃跑出来的精神病人轻易袭击的对象。《星期五13号》系列电影使我再也不敢去野外露营,而《活尸之夜》也使我的车凹进去了一块。看完这部经典老片,我怕得要死,从停车场的黑处开出来的时候,一下子撞到电线杆上了,把我十分可靠的雪佛莱车撞坏了,造成了三百美元的损失。

我怕恐怖片,又自找恐怖片,结果影响到了我的日常生活。有些小伙子约我去看这样的片子后,再也不带我去看了。很明显,我在电影院里又叫又抖让他们感到难堪。我不再去找替人看孩子的工作了,因为我担心会一个人留在一个陌生的房子。我晚上不敢洗衣服,因为在这个时候洗衣服意味着我必须去地下室。

　　我的担心还不仅仅是害怕独处,一个星期五的晚上,我和妈妈一起看HBO电影。让我说明一下,我们家在一个相当封闭的林地里。小时候我就想过,这样的地方最适合逃犯躲藏或扣压人质。我们一边吃快餐,一边看。结果突然间,灯熄灭了。要知道那是一个安静的夏夜,没有下雨,没有闪电,甚至没有刮风,唯一的解释是地下室藏着一个疯子。

　　我警觉起来,转向了那个保护了我一辈子的妈妈。我妈妈看着我,说了她唯一可说的一句话:"拿好薯片。"抓起薯片和钥匙,我们直奔汽车而去。但是,我们的考验还远远没有结束,没有电,没有电动车库大门的遥控器。我看着我妈妈,说了一句自己唯一能够说出来的话:"撞吧。"妈妈头脑还算冷静,手动打开车库门,然后穿着睡衣开到了安全地带。我发现自己完全失去了控制,直到那个时候,我才痛下决心,再也不看恐怖电影了。

　　事情过去两年多了,我现在终于可以回顾这些逃亡经历,然后报以大笑。我为自己仍然活在人世间而自豪,这些日子里,唯一让我半夜不眠的事就是写演讲稿。我不会跟贝蒂·戴维斯一样,最后闹到疯人院去了。但是我也不能太过于自信了。还记得《万圣节前夜》里那些不小心的孩子们了吗?他们正在外面玩得开心,突然间,砰一声——其他人都变成了历史了。

小结

　　特殊场合包括婚礼、葬礼、献辞仪式、颁奖仪式、退休晚餐等。差不多所有特殊场合都会有演讲。

　　作介绍性演讲,你的任务是为主讲人营造出热烈的气氛,并形成欢迎的气氛,使主持人树立信息。说的话应该简单、完整、准确,并根据听众、场合和主讲人的情况做出调整。

　　颁奖演讲是有人公开接受一件礼物或奖项的时候进行的演讲。这样的演讲主题是确认接受者的成就。你需要告诉听众,为什么接受礼物或奖项的人会得到礼物或奖项。

受奖演讲的目的是要感谢某人或机构颁发给礼物或奖项。进行这种演讲的时候,你应该感谢颁发奖项的人,并确认帮助你获得这些奖项的人所作出的贡献。应该简洁、谦逊、充满感激之情。

纪念演讲是赞扬或庆祝的演讲。它们包括国庆节演讲、悼词、推荐演讲等。在这样的演讲中,你的目的是要赞扬某个人、某个团体、某个机构或某种思想。做纪念性演讲时,你希望那个给听众以启迪——唤起或激励听众对主角的赞赏。在这样的演讲中,你多半会处理一些看不见摸不着的东西,你的成功取决于如何把适合于当时当地的思想与情绪融入语言之中。

餐后演讲可以看作是一种娱乐性演讲,它们一般比告知型演讲和说服性演讲更轻松一些。这样的演讲既没有专业要求,也没有辩论的目的,而是要想办法具有新意,从而刺激听众的想象力。虽然幽默是餐后演讲的重要组成部分,但是幽默并不是必不可少的。如果你制造幽默,应该是从演讲材料当中自然流露出来的,而且是能够对演讲话题产生新的见解。

■ 关键术语

介绍性演讲	speech of introduction
颁奖演讲	speech of presentation
受奖演讲	acceptance speech
纪念演讲	commemorative speech
餐后演讲	after-dinner speech

■ 复习题

阅读本章后,请回答下列问题:

1. 介绍性演讲的三个目的是什么?准备这样的演讲时,应该遵循哪些指南?

2. 颁奖演讲的主题是什么?根据听众和演讲的场合,还有哪两个主题是你有可能包括进去的?

3. 好的受奖演讲的三大特征是什么?

4. 纪念演讲的基本目的是什么?成功的纪念性演讲为什么在很大程度上取决于对语言的创造性和微妙运用?

5. 餐后演讲与告知型演讲及说服型演讲之间的主要差别是什么?幽默在餐后演讲中的作用是什么?

▣ 批判性思考练习题

1. 参加校园的演讲活动，特别注意介绍主讲人的演讲。这些介绍性演讲是否符合本章讨论的指南。

2. 观察多种颁奖演讲和受奖演讲，比如在校园颁奖仪式上，或者在电视节目里观看学院奖、葛莱美奖、艾美奖或托尼奖。哪些奖是你觉得效果最好的？哪些是效果最差的？为什么？

3. 分析基思·佛莱明思的纪念性演讲，从本章提出的纪念性演讲的标准来评估这次演讲。

4. 分析朱莉·达格特的餐后演讲。从本章提出的餐后演讲的标准来评估这次演讲。

第十八章

小团体演讲

一家小公司的总裁决定调整管理层的办公室。她请最年轻的副总裁格瑞格·安纳保起草一个调整方案并付诸实行。

格瑞格对自己的方案十分满意,他把所有人的需要都考虑周详了。他用一个周末完成大部分调整工作,从而不使大家的工作受影响。星期一一早,格瑞格坐在办公室,等着大家来祝贺他的成功。

结果,一群愤怒的人冲进了他的办公室。"我的办公室没有电话线接口,"广告部经理说,"而且,电话公司说三个星期内都无法安装。没有电话我怎么做生意?"

紧跟着是行政助理,"您是否意识到,"她说,"我必须走多远的路才能到总裁办公室?原来只有十五英尺远,但由于那个隔板,我必须绕半个楼面!"

接着是调研部经理,"我的资料室怎么办?所有的书都被打包堆在了一起,并且没有地方去摆放它们。"

最生气的是一位副总裁,"我的老天,"她说,"你为什么不问问我的意见?上次搬家也是这样。我本来可以告诉你注意电话线接口和资料室的。"

格瑞格疲惫不堪地重拾起他的蓝图,准备再重新计划调整方案。

哪里出了错?格瑞格没有掌握足够的资料去完成一份成功的计划。如果是一个团体,而不是一个人来做调整办公室的工作,所有这些问题就会避免了。一个人可以去协调空间需求,另一个人负责行走路线,第三个人安排电话和其他设备,依此类推。最后的方案就会把所有的情况都考虑进去了。

在这一章,我们要处理的就是在一个特定的团队中演讲——解决问题的小团体。

什么是小团体

搭档
dyad
两个人组成的小团体。

顾名思义,小团体是成员人数有限的一个团队,最少的成员数为三个(只有两名成员的团队叫"搭档",明显区别于三人或更多人的团队)。关于构成小团体的最多人数,意见一直都不统一。很多专家把这个人数设定在7人或8人,有些甚至达到了12人。有一点很重要,那就是这个团队必须小到足以让所有的成员都能够自由地进行交流。在小团体中,所有的成员都是潜在的演讲人和听众,每个人都能轻松地在演讲人和听众之间切换角色。

小团体
small group
有3—12个人组成,为了某一共同目标而聚在一起。

小团体的成员因为一个特定的目标而聚在一起。他们并不是碰巧出现在一个房间的3—12人。在百货店服装柜台前转来转去的几个人并不是一个团队,哪怕他们在一起评价衣服的价格太高、服务差劲。但是,假如那些顾客决定一起开会,并且准备就这些问题去向店长投诉,那么他们就成为一个团队了,为了一个特定的目标而聚到一起了。

解决问题型小组
problem-solving small group
为解决某一特别问题而形成的小团体。

一个解决问题型小组就是为了解决一个特定的问题而组建的。这样的团队存在于生活中的许多领域。商务小组考虑提高销售额;教会小组讨论筹集资金和救助需要帮助的人;家长小组研究改善孩子日间看护问题;总统内阁班子讨论外交政策;滑雪俱乐部要对下次活动做评估。你肯定会成为日常生活中很多解决问题小组的成员。

尽管在一个小团体中演讲区别于公众演讲,但是它包括许多相似的技巧。团队中的成员通过交流来影响别人的想法。有时候他们会告知别人新的情况,有时候他们想办法去说服别人。作为一个小团体的参与者,你可以通过许多途径影响其他成员的想法,或向他们提供重要信息,或鼓励他们发表意见,或说服他们改变自己的想法,或带领他们进入新的交流渠道,甚至由你来召开和结束一次会议。所有团队的成员都有这样的机会通过有效的交流来影响别人。

小团体领袖

领袖
leadership
有能对成员施加影响以期达成团体目标的人。

我们说过,小团体通常能够比个人做出更好的决策。但是这里必须强调"通常"这个词。要做出合理的决定,团队需要有效的领导。

第十八章　小团体演讲

领导的种类

小团体有时候没有明确的领导人。在这种情况下,有效率的团队成员就显示出同等的影响力。当需要一个领导人的时候,任何成员或一个很合适的人,都可能会出来担当必要的领导。典型的例子可能是,一次你和几个同学一起讨论组织课堂活动。时不时地,你们每个人都提议在什么时间和什么地点开会,分析某个观点的长处和短处,解决成员中的分歧,等等,以此来推动团队向既定目标前进。

某些情况下,小团体里会有一个意见领袖。如果一个商务会议包括一位总裁和几名下属,那么总裁就是意见领袖。同样,假如团队里有个相关问题的专家而不是其他人,那么这个人就是意见领袖。成员们一般会听从职位更高或技术更强的人,因此,这样的人一般就成为小团体的意见领袖。

意见领袖
implied leader
因职位、专长或其他资质而受到成员拥戴,成为"隐性"的领导。

哪怕一个团队开始时缺乏领导,届时也会有一个"时势领袖"出现。这个人通过自己的能力、性格力量或仅仅因为发表意见最多而扮演了领袖的角色。领袖的出现也许是大家所希望的,也许不是。如果团队陷入僵局,演变成了对骂或者胡闹,那么这个领导人就会把团队拉回到正常的轨道上来。这样做也危险,"时势领袖"不一定是最佳人选,仅仅因为他的作风武断。可以这样说,团队中的每个成员都应该准备好在需要的时候出来承担领袖的责任。

时势领袖
emergent leader
在团队审议过程中,随情势出现的、暂时充当引导者的团队成员。

最后,还有一种指定领导人——由团队成员选举或指定作为领导。只相聚一次的小团队也应该有个负责程序、代表团队发言的人。同样,一个正式的委员会一般也会有一个指定的主席。他能发挥领导作用,或授权给他人,但是他必须掌握整个团队。

指定领袖
designated leader
小团体组成时被选出或指定的领导人。

领导的作用

一个卓有成效的领导人,他具备三个互相重叠的需求来帮助团队实现自己的目标——程序需求、任务需求和维护需求。

程序需求

它可以满足团队"家政服务"需求,包括:

- 决定团队开会的时间和地点;
- 预订房间,核实床位数,确认空调正常工作;
- 准备每次会议的议程;
- 会议开始;
- 做会议记录;
- 准备和分发会议所需的材料;

程序需求
procedural needs
小团体为高效运转所需要的"管家服务"规范。

- 会议结束时总结团队的进程。

假如有指定的领导人,那么他或她可以完成这些事情,也可以安排一个或几个团队成员去完成这些任务。否则,团队成员必须分摊完成这些程序性的工作。

任务需求

任务需求超越程序性需求,是促使团队完成正在进行的特定任务所必需的实质性行动,包括:

- 分析团队面临的课题;
- 分配团队成员的工作任务;
- 收集信息;
- 征求其他成员的意见;
- 防止讨论跑题;
- 排除不受欢迎的想法;
- 建立评判最佳方案的标准;
- 帮助团队最终达成一致意见。

> **任务需求**
> task needs
> 有助于团体完成任务而采取的实质性行动。

大多数成员会帮助团队满足其需求。当某些任务需求无法满足时,领导就显得很必要了。比如下面这个例子:

一组学生受命解决校园泊车难题。他们开了几次会,大部分任务需求解决了。成员们成功征集了学生的意见,与校方讨论了不同的解决方案,而且考虑了各种方案的利弊。然而,团队中的一个成员发现了两项没有引起足够注意的问题:新建停车场的筹资渠道,以及新建停车场对环境的影响。因此,这个成员暂时承担起领导的责任,满足这两项任务需求。

有效的领导人,不管是暂时的还是永久性的,对团队的需求必须有现实的考虑,也知道该如何去满足这样的要求。

维护需求

维持需求涉及团队成员之间的人际关系,包括:

- 成员间彼此的关系如何;
- 成员们为团队作贡献的意愿;
- 成员之间是否互相支持;
- 成员对团队的成绩是否感到满意;
- 成员对各自在团队中扮演的角色是否感觉良好。

> **维护需求**
> maintenance needs
> 维护小组成员间关系的各项交流行动。

如果人际关系问题影响到了有效的讨论,那么整个团队就会在共同工作和达成一致意见上遇到麻烦。这是团队领导人工作的另一个重要领域。一个领导者能做很多事情来增加和维持团队成员间的彼此交流：帮助团队成员处理冲突，调和不同的意见，缓和人际关系的紧张，鼓励所有成员的参与，注意到成员的个人感情，还可以增进团队内部的感情。一个领导人能够为了帮助团队达成目标而做出很大的贡献。

小团体的责任

小团体中的所有成员都必须承担一定的责任，这些责任可以分为五大类：1)对所属团队的目标负责；2)完成分配的任务；3)避免人际关系冲突；4)鼓励完全参与；5)将讨论保持在轨道上。这些责任中的有些涉及了领导的角色，所有这五条都非常重要，每一个参与其中的成员都应该将它们纳入自己的职责范围，不管他是不是这个团队的领导。

☐ 对所属团队的目标负责

对于一个想取得成功的团队来说，每个成员都必须使自己的个人目标服从于团队的目标。这听起来理所当然，其实并不简单。当你和其他学生一起完成一项学期项目时，团队目标——多半也是各个成员的目标——是为了取得好成绩，就应该确保所有成员对团队抱着积极的态度。这个目标有着强大的号召力，联合和鼓励他们去完成这个任务。

当团队中有一个或更多的成员抱着和团队目标冲突的个人目的时，问题就出现了。这里是一种可能发生的情况：

舍莉·贝尼斯是一个委员会的成员，她要为当地报纸的职工自助食堂购买新的设备。因为预算非常紧，所以委员会的目标是用最低的价格买到最好的设备。但是这个团队中其他成员不知道的是，舍莉的女婿是一家高价厨房设备经销商的业务员。出于私心，舍莉希望委员会选择这家公司，那她的女婿就可以得到一大笔佣金。她不仅没有向团队报告这个事实，相反地，她坚持说质量，而不是价格，应该是购买决策中的决定性因素。这个团队的工作因为舍莉坚持自己的个人目的而搁浅了。

这是一个极端的例子，还有一些更微妙的个人目的，比如下面所说的：

卡洛斯是与瑞秋尔是同一个团队的成员，他很希望和她保持良好的关系。为了给她留下好印象,他同意她说的每一件事,很少考虑他究竟是否真正同意她的观点。因此,他所表达的观点并不是他的真实想法。简而言之,卡洛斯在团队会议中有着自己的隐藏目标。团队的目标是解决问题,但是卡洛斯的目标是和瑞秋尔约会。

隐藏目标
hidden agenda
不为人所知的个人目标,可能会冲击小组总体目标。

团队成员会有各种类型的隐藏的目标。有人可能正在经历严重的个人问题:学习成绩下降,与朋友不和,家里有麻烦;还有人可能是与团队有利害冲突的另一个团队的成员;又有人可能为了个人权力而想利用这个团队,很少考虑团队的任务是什么。

请记住团队中某个成员的所作所为会对所有其他成员产生影响。你不应该牺牲团体利益和目标来满足自己的利益,也不应该拿这个团体作为满足自大心理需求的工具。请注意隐藏的目标,不管是你的还是其他人的,要以积极的态度参与到团队中去。如果一个团体要有效地发挥作用,那么所有的成员必须使自己的目标服从团队的目标,精诚合作去完成它。

完成分配的任务

团队合作的一个优势是可以将工作任务分摊给各个成员。当然,除非每个成员都能完成各自分配的任务,否则整个任务可能会失败,就像下面这个例子:

作为一项班级活动,一个班小组计划去当地一家医院的儿童病房送复活节花篮。任务安排好了,纳维德负责联系医院,柯琳着手筹集资金,杰茜要将鸡蛋装饰一番,勋华负责购买篮子和巧克力饼,贾斯汀安排车辆。

所有的人都完成了任务,除了贾斯汀,他正忙着写学期论文。他请一个朋友去拿了一张公共汽车时刻表,想当然地以为一切都会很顺利。到了复活节的早晨,小组在车站集合,把大批复活节花篮抬在那里等着。他们等了又等。一个小时后,贾斯汀打电话问公交公司,结果发现那条线路在节假日不运行。等贾斯汀再安排其他车辆把大家送到医院时,探视时间已经过了,他们没办法进去了。

不管别的任务是什么,所有的成员都有一个关键的任务——认真听。如果你没有与正在发言的人同步思考,如果你在集中精力思考接下来你打算说什么,那么这个团队无法取得进展。

高效率的聆听对小团体的交流非常重要。第一,它帮助你理解团队正在发生的事。不像在其他公共演讲的场合,你可以打断讲话的人,请他将你没有弄明白的事情解释清楚;第二,聆听帮助你评估一个演讲人,与你自己的观点相比他有哪些优点和缺点;第三,为演讲人提供支持,帮助小组形成积极的讨论气氛。可见,在团队讨论中,就像在其他情形中一样,倾听对于有效的交流非常重要。

避免人际关系冲突

如果团队是由机器人组成的,就不会有什么人际关系的冲突了。但是,团队是由人组成的——有喜好和厌恶,有敌意和偏见,有很大的性格差别。团队合作中很重要的一点,就是把不同意见保持在团队任务的层面,而不能变成个人间的冲突。

你如果不同意另一个成员的观点,在个人层面上听起来就像吵架:"那是我听到过的最愚蠢的想法!你有没有想到那要花多少钱啊?"在任务层面上对事不对人:"这个主意总体来说不错,但恐怕没有足够的钱去完成。"

当反对意见被允许个人化,某些成员就会开始将团队视作一种辩论赛。他们会花费远比关注任务多的时间去和其他参与者进行互相攻击,随意批驳别人的观点。另外的成员——特别是那些害羞的或者很少开口说话的——可能会想办法退出口角之争,也就不想参与团队的其他活动了。

不管是哪一种团队,个人之间的敌意会让每个人都感觉很没意思,从而对团队表现产生危害。每个人都有必要扮演领导的角色,使团队回到相关的议题上来。我们假定你们团队正在就学校食堂增加素食部的问题展开讨论:

米格尔:我觉得特地增加一个素食部是浪费时间、金钱和地方。现在的菜单上已经有很多素菜了。不想吃肉的人尽可以不去吃。

刘:你没有掌握要领。素食菜单必须与足够的植物蛋白达成平衡。只说"别吃肉"是远不够的。我们需要一个特别的部门,那里的菜单是为有营养的素食而设的。

米格尔:噢,我的天。你们这些挑食的人都一个口气。你们以为自己掌握了真理,而我们就成了罪人,仅仅因为我们经常吃汉堡包?

刘:如果你要杀害无辜的动物拿来吃,那跟我没有任何关系。你可以去摧残自己的身体,在自己的身体上堆满胆固醇,与我无关。但是也请你不要去阻止那些关心自己身体的人。

领导人:稍等一下。在我们继续进行讨论前,我们是不是先来统计一下实际需要使用素食部的学生数量呢?莉萨,我想那是你们部门的事情，你们有什么发现吗？

但这也不是说团队成员间永远也不能产生分歧。事实上，如果成员之间的关系太好、太强调和谐，都不愿意产生意见分歧，就会出现十分严重的问题。不论何时某个成员提出一个观点，所有其他人都认为那是一个极妙的主意。一旦这样的事情发生，团队就失去了成立的意义。无法从不同视角看问题，无法表达不同意见，也不能得到不同意见，因此就不容易做出最佳决定。一个只想回避分歧的团队与一个最终演变成个人冲突的团队没有什么区别。

因此，关键不在于回避冲突，而是应该保持在任务层面上，避免使冲突演变成个人纷争。一个团队在个人口角和敌意上耗费精力，一定不会有什么作为。

鼓励完全参与

一个团队要有效工作，所有的成员必须全情投入，与其他人分享他们的观点。团队的所有成员应该有鼓励其他成员参与的责任。你可以这样做：首先是认真地听。倾听是对演讲者的支持。毕竟，你会愿意在一个人人都表现得厌倦和注意力不集中的团队中讲话吗？

如果团队中有一两个安静的成员，你可以询问他们的观点，并且表现出你对他们的想法和信息感兴趣，以此把他们拉到讨论中来。举个例子，你可以这样说："我们还没有听到杰森的意见，他在这方面有些个人经验。杰森，你能向大家谈谈你对这个计划的意见吗？"

另一种鼓励参与的方法是建立一个互相支持的氛围。当一个成员说话时，你可以说，"那是个很有意思的主意"，或者"我从没听说过，你能多谈一些吗？"同样，应避免发言人话未说完就打断的行为，"啊，不，这个办法从来就行不通"或"多愚蠢的想法"。积极支持的评论会增加团队成员的良好意愿，让每个人都能自由地讨论他们的想法，不受嘲笑和尴尬的限制。

也许你很害羞，或者害怕你的想法会遭到批评，也许你一开始就不愿意参加讨论。为了克服你的困难，试想一下：你的贡献对团队来说是很需要的。那是你参与到其中的原因。至少，你可以帮助提供一个支持讨论的环境，你可以聆听、回应和鼓励大家自由交换意见。

防止讨论"跑题"

在一些团队中，讨论就像在进行意识流练习。假设一个城镇的

第十八章　小团体演讲

规划局考虑在繁忙的十字路口安装新的交通信号灯：

莎瑞芙：你们知道，就算我们安装了交通信号灯，要汽车完全停下来也是一个问题。

戴安娜：是啊！我昨天从那里经过，也踩刹车了，可车还是继续走。也许我需要调一下刹车了。

麦克：等着挨敲竹杠吧！上个星期我去做了刹车检修，价钱差不多是上一次的两倍！

瑞克：那算什么。你们看到最近剪草机的价格疯涨了没有……

吉尔：谁还剪草啊？我就在院子里种了些草皮，再把别的地方铺上砾石。

领导人：不好意思，各位，我们刚刚讨论的是信导灯吗？

每个成员有责任将讨论保持在轨道上，如果话题跑得太偏，应马上设法将它拉回来。说一些轻松的话题调节紧张气氛，那并没有错。但是不应该让话题跑得不着边际。当团队正在解决问题，请确保团队的讨论目标是一直摆在台面上的。应尽一切力量将讨论保持在秩序范围内，一个接一个地讨论问题，别在不相关的事情上分心。

另一方面，需要防止没有经过彻底讨论就过快形成解决方案。如果大家都很疲倦，或者没有得到足够的鼓励，就更应该引起注意。如果你觉得大家正在走捷径，想找一个简单的方法解决事情，就必须提醒大家。你可以提供大量的信息或想法，提议大家讨论问题中更细节的部分。下面一个班级就明白太快做出决定的危险：

这个小组的第一项工作是决定学期活动选什么主题。第一次会议刚开始的时候，有人提议去观察一个正式的团体，他们所在社区的市政委员会，是如何工作的。每个人都认为那是一个不错的主意，小组会议很快就结束了，改为庆祝他们顺利完成任务。

初看起来，那的确是个好主意，但结果证明有很大的问题。首先，其实直到学期结束，这个委员会都不可能召开会议；其次，委员会共有20个人，并不是作为小组学习的理想规模。这种快速解决方案最后什么也没有解决。

幸运的是，还有一些成体系的方法使讨论回到正常的轨道上来，避免团队草率做出结论。研究表明，如果采取科学的方法来开展讨论，那么你们团队将会有更多机会获得更令人满意的决定。我们来看看最常用的团队决策程序——互动思考法。

互动思考法

互动思考法
reflective-thinking method
解决问题型小团体运用的规范讨论的5步方法。

互动思考法来自美国哲学家约翰·杜威的著作,这种方法可以提供逐步进行的逻辑过程,用于问题解决型团队中的讨论。互动思考法有五个步骤:1)明确问题;2)分析问题;3)设立解决问题的标准;4)形成可能的解决方案;5)选择最佳解决方案。根据这些步骤,你的团队会更轻松地发挥作用。

让我们进一步看一看互动思考法。我们将通过团队解决问题的整个过程的每一个环节来对此进行分析。

明确问题

一个解决问题团队要取得进展,必须准确知道需要着手解决的是什么问题。确定问题看似很简单,其实不然。从某种意义上说,明确供团队讨论的问题和确定讲演目标是一样的,必须非常清晰明确,否则,后面的环节都会受影响。

政策问题
question of policy
有关是否要采取一项特别行动的问题。

明确问题的最好办法是以政策问题的形式来表述它。我们在第十五章中已经讨论过政策问题。在这里,我们需要注意到,政策问题就是要确定具体行动过程的必要性和可行性。政策问题大凡包括"应该"这个关键词。比如:

我们学校应该采取什么样的措施来防止运动队和校园中其他团队常有的欺负同学的现象?

立法机构应该做什么事情来保证本州公民身份证号不被盗用?

美国应该采取什么政策来打压剥削童工的问题?

当我们在讨论中陈述这些问题时,你的团队应该遵循几个指南。第一,问题要尽可能清晰和明确。例如:

效率不高的:应该对诈骗性慈善活动采取什么措施?

有效率的:联邦政府应该采取什么措施来制止诈骗性慈善活动?

第二,问题应保持开放式,允许多种答案,避免简单地用行或不行来回答。例如:

效率不高的:本市应该建一所新的小学吗?

有效率的:我市应该采取什么措施来缓解小学入学率提高带来的问题?

第三,避免带有偏见或者倾向性的问题。例如:

效率不高的:我们应该如何防止校园书店对学生的剥削?

有效率的:应该怎样改变校园书店的定价政策?

第四,确保只提出一个单独的问题。例如:

效率不高的:我校应该考虑修订哪些入学和毕业的要求?

有效率的:我校应该考虑修订哪些入学要求?

我校应该考虑修订哪些毕业要求?

作为互动思考法的第一步,我们来看看所选的样板团队是怎样界定这个讨论主题的。

作为一项课堂活动,该团队开始讨论急剧上升的大学学费问题。根据互动思考法,他们先界定问题所在。在尝试了几次之后,他们将问题做这样的表述:"我们学校应该采取哪些措施来减少大学生入学的花费?"

分析问题

明确了问题之后,团队就开始分析它了。很多时候,团队(像个人一样)在他们完全掌握问题症结所在之前就已经开始着手寻找解决方案了。就好像一个医生在还没有明确病情的情况下就给病人开药方一样。如果你的团队尽可能彻底地对问题所在进行调查分析,你会处在一个更有利的位置上设计出切实可行的解决方案。

分析问题的时候,请特别注意这样两点:第一,问题有多严重?去调查问题牵涉的范围,确定它影响到多少人,评估一下,如果问题得不到解决,会带来什么后果? 其次,引发问题的原因是什么? 分析这个问题的全过程,看看是哪些方面引发的,确定问题的首要原因。

和你所想的一样,分析问题是需要调查研究的。有效的团队决策取决于有效的信息来源。你可以像收集讲演资料一样搜寻你需要的材料。有时候你可以依靠你自身的经验和知识。更多情况下,你需要从其他来源获得信息——搜索因特网,采访某个专家,或者到图书馆查找资料(见第六章)。当和你的团队开会时,请确保你已经完成了分配给你的调查研究工作,可以提供完整和准确的信息。

让我们回到样板团队,看一看他们是怎么分析不断上涨的学费问题:

该小组首先分析了问题的严重性。学费大幅上涨,书杂费也同步攀升。一位组员提供的统计数字显示,过去十年中,学费增长了一倍。还有一些组员提出,这个问题不仅影响到学生,校区内的商家也受到牵连,因为学生花费在购物和娱乐上的钱减少了。

为了确定问题的原因,该小组去图书馆查阅了全国大学的费用上涨情况。他们还采访了一位经济学教授和校园学生援助计划负责人。在全面研究了这些情况以后,该小组归纳出几个主要原因,包括管理费用、教职员收入、教科书价格和生活费用上涨等。

☐ 设立解决问题的标准

> **标准**
> criteria
> 一项判断或决定所依据的标准。

假如你计划买一辆车,你会从哪着手?你一般不会直接走进经销商的展厅,多半会在这之前就已经决定好要买哪种车,选哪些装件,价位多少。也就是说,你会设立一个标准去引导你决定该买哪一辆车。

在团队讨论中,你需要做同样的事。一旦明确了问题,不应该立刻进入讨论解决方案的环节。取而代之,应该花些时间先来设立解决问题的标准,经过讨论总结解决方案必须达到什么效果,以及任何可能限制方案选择的因素。

最容易犯的错误之一就是,还没有就评判方案的标准达成一致就开始匆匆讨论方案。在这样的情况下,麻烦便来了。有人会根据一套标准提出方案,而有人则会根据另一套标准提出方案。你必须确保在团队开始讨论解决方案前就有了一个可以参照的评判标准,这样就可以避免此类麻烦了。

为了更好地理解互动思考法的这一环节,我们再来看看案例样板团队是怎么确立标准的:

经过讨论,该小组设立了评判可行性方案的标准:

(1)能大幅减少学费;(2)下学年初就能实施;(3)不得损害学校的地位;(4)该方案的实施费用应该是最小的,是管理层支付得起的;(5)需要学校管理层来推动方案的实施;(6)方案仅限于学校可以控制的行为,而不是外界的任何组合或个人。

☐ 形成可能的解决方案

一旦团队设立了评判标准,就可以开始讨论解决问题的方案了。这个阶段的目标是,尽可能多地列出潜在的解决方案,关键在于提出可能性,先不要去做裁决,那是以后的工作。团队必须派一名成员负责将提出的所有方案记录下来。

很多团队发现,"头脑风暴法"在这个阶段十分有用。头脑风暴允许一个团队在不预先评价的情况下产生很多方案。在第四章里,我们讨论过头脑风暴对个人选择演讲题目的作用。在这里,头脑风暴扩展到了整个团队。

最好的办法是让所有成员列出他们能想到的所有方案,由一名成员将这些意见汇总。要保证所有的方案都能讨论到。在这个阶段,团队成员经常会冒出新的点子来,一名成员要负责把这些新点子都记下来,列入汇总的清单。头脑风暴的过程可以一直持续到团队不再有更多新的点子为止。

头脑风暴法有两个优点:第一,鼓励创新。大量研究表明,把潜在解决方案以列表形式写下来再开始讨论,比起常规的小组讨论能产生数量更多、质量更高的想法;第二,鼓励平等参与。让所有成员都来参与讨论可能的解决方案,同时,由一两个成员控制整个团队讨论的进展,有些成员因为害怕和犹豫而不敢提出自己想法的现象减少了。

我们来看看案例样板团队讨论得怎么样了:

通过头脑风暴,该小组得出可行性方案如下:

(1)减少每一门课的必读书目数量;(2)精减学校管理层的"冗员";(3)增加教授的授课数量;(4)要求房东稳定租费和水电费;(5)建立食品、服饰合作社;(6)增加经济补助;(7)减少教员的研究经费;(8)抵制校园内价格最高的商家;(9)增加外州学生的学费;(10)减少集体宿舍的开支;(11)与学生会联合组织筹款;(12)从新增建设资金中抽调部分增加学生援助基金。12个扎实的建议,体现了一次头脑风暴的巨大成效。

选择最佳解决方案

列出所有可能的解决方案后,该是时候对它们逐一评估、选出最佳方案了。有秩序的讨论可以保证所有可能的解决方案都得到同样的重视。

检视了所有可能的解决方案后,团队应该努力达成共识。所谓共识是能够被所有成员所接受的方案,哪怕它并不是所有成员认为最理想的方案。换句话说,一致意见也许是全体同意,也许是"好吧,这样也行"。因为它通常是更优秀的决定,也是团队中统一程度最高的意见。因此,一致意见是团队决策中最高的理想。这要求团队成员精诚合作,通过彼此诚实地交换意见和全面考察,最后达成的一个共同的决定。

当然,达成一致意见并不容易。假如意见发生分歧,那么成员们

共识
consensus
为所有成员所接受的小组决定。

通常会设法去寻找最简单的方法来解决分歧。有时候,有人会提议投票表决,对大多数人来说是最乐意了,因为他们会获胜。但是,对于另一小部分人就不那么乐观了。投票表决可以暂时解决冲突,但是,这不一定能导致产生最佳方案。而且,它也削弱了团结,容易形成小帮派,还会使某些成员产生怨恨心理。一个团队只有在找不出令所有成员都满意的方案的情况下,才会考虑使用投票表决的办法。

样板团队达成了什么样的意见呢?让我们来看一看:

该小组共提出了12个可能的解决方案供评估。有三个被排除了,因为它们违反了一条评判标准,即"方案仅限于学校可以控制的行为"。把建设经费转到学生援助基金上来,只有州立法部门才有权做到;要求房东稳定房租和抵制校园内价格最高的商家也不是学校管理部门能够做到的。

另外三个方案也被排除了,因为它们在经济上无法行得通。增加经济补助会伤害某些学生的利益,因为这些资金是从自费生中来的。提高外州学生的学费会赶走学校将近10%的外州学生。减少宿舍开支会造成服务水平都无法保证。

"减少教员的研究经费"这一条也被否决了,因为多数研究经费是由政府、公司和基金会提供的,而且,学术研究是维护学校声誉的一个基本途径。最后,"精减学校管理层"的建议也被否决,因为不得不成立一个专门小组去检查所有管理者的工作职责,这样的代价太高了。

仔细研究之后,该小组最后达成了一致意见,包括下面这些方案:(1)任何一门课程指定的教科书费用不得超过100美元;(2)大学应当批准学生会成立食品、书籍和服饰合作社;(3)学生会应该在每个学年进行五次筹资活动;(4)每位教授每年应多教一个班的课。

解决方案达成一致后,该小组立即着手准备提交研究报告了。

陈述团队意见

完成了互动思考法的各个阶段,团队的工作并没有结束。当一个团队统一了意见后,通常都需要向某人或某些人汇报。一个商务小组会向公司总裁或总经理汇报;一个城市特别委员会要向全体委员汇报;总统顾问委员会要向总统和国会汇报;课堂项目小组要向老师和班上其他同学汇报。这些汇报的目的是清楚而有说服力地陈述团队的意见。

有时候,一个团队会准备一份正式的书面报告。但是,书面报告通常会由口头报告、研讨会或小组讨论来补充或代替的。

口头报告

口头报告的内容与书面报告一样。如果团队有一个指定的领导人,那么他或她会负责陈述。如果没有,团队必须选派一个人来完成这项工作。

如果你被挑选来做汇报,你应该像进行其他演讲一样来完成这项任务。你的目标是解释你们团队工作的目的、程序和形成的建议。和其他演讲一样,你的汇报可以分这样三个部分:开场白要说明报告的目的、提示它的要点;主体部分应该说明团队要解决的问题、为解决方案设定的评判标准,以及团队所推荐的解决方案;总结部分要概括要点,在某些情况下还要督促别人采纳你们的建议。

就像你在发表演讲,你应该使自己适应听众。用有说服力的材料来阐明和加强你的建议,还要考虑是否要利用视觉辅助物来强化信息传达。确保你的陈述流利、清晰、生动和恰当。最好将陈述排练一遍,可以确保你流畅和果断地考虑各种情况。然后,你,也可能还有团队的其他成员,会解答听众的提问。

> **口头报告**
> oral report
> 口头形式报告小组的发现、结论和决定等。

研讨会

研讨会由一位主持人主持,可以安排多名成员发言向听众陈述团队的意见和建议。主持人的工作是介绍基本概况、介绍发言人。每位发言人轮流就话题的某个方面发表意见。发言后,应该有一个与听众的问答互动。

研讨会经常用来在演讲课上进行小组汇报。一种组织的办法是让每个成员都做一段简短的发言,把团队在互动思考过程中每个阶段的工作和意见表述清楚。另一种方法就是让每个发言人主讲一个与主题相关的事项。不管你的团队采用什么方式进行研讨,所有的发言应事先精心准备。小组成员之间应该彼此协调,确保在研讨会上能把项目的各个重要方面都予以全面汇报。

> **研讨会**
> symposium
> 有多名发言人参加的,围绕同一主题的讨论会。

小组讨论

小组讨论其实就是面向听众的非正式演讲。通常有一个主持

小组讨论
panel discussion
几位发言人在听众面前就某一专题进行对话。

人,由他或她介绍发言的主题和发言人。发言一旦偏题或太冗长,主持人就插入问题和评述,以确保讨论始终落实在焦点上。每个人的发言都是简短、非正式的。发言者可以互相交谈,但必须保证所有在场听众听得清晰。像研讨会一样,小组讨论后也会有一个与观众问答互动。

由于小组讨论的自发性,发言者和听众都可能会很兴奋。但是,正是由于这种自发性,团队陈述意见的系统性可能会受到限制,问题解决类型的团队一般不采用小组发言的方式。

如果你参与小组讨论,请注意一个普遍的谬误,即小组发言不需要严肃认真的表述。虽然是即席发言,但你同样需要提前准备话题,分析主要问题,并把在发言中要表达的要点准备好。有效的小组讨论还需要主持人和发言人的提前准备,决定哪些问题需要讨论、以何种顺序进行讨论。最后,所有的发言人还必须愿意分享发言的时间。小组讨论的目的之一,就是要让所有参与其中的成员都有机会发表自己的意见。

不管你的小组使用什么方法来汇报你们的发现,你都可以从本书所给出的各种公共演讲原则与技巧中受益。有效的演讲技巧需要根据不同情况来加以完善。不论你是一个人向众多听众发表演讲,还是作为小组成员之一代表团队做陈述,抑或是参与研讨会或小组讨论,这些规则都是相同的。

小结

小团体一般由具有共同目标的3—12人组成。一个解决问题型小组,是为了解决某一特定问题而组成的。当这样一个团队有了一位有效的领导,它通常比成员各归各的可以获得更好的决定。大多数团队都会有指定领导人、意见领袖或时势领袖。有些团队可能没有明确的领导人,在这种情况下,所有成员都必须承担起领导的责任来。有效的领导人有助于一个团队实现目标,因为这样的领导人可以满足小团体的程序需求、任务需求和维护需求。当你培养自己的小组交流技巧时,你应该准备好在必要的时候承担起领导责任。

除了领导以外,所有成员有五项基本职责。你应该为实现团队的目标而努力,尽力完成各自的任务,避免团队中的人际关系冲突,鼓励所有成员积极参与,以及使团队保持在正常的轨道上。满足这些职责对取得成功至关重要。

假如你的团队采取互动思考法,则会取得更大的成功。互动思考法为解决问题型小组提供了一个富有逻辑性的解决问题的程序。这个方法包含五个步骤:(1)尽量清晰明确地定义问题;(2)分析问题,确定它的原因和严重性;(3)建立引导团队解决问题的评判标准;(4)形成广泛的潜在的解决问题的方案;(5)选择最好的解决方法。

一旦你的团队达成了共识,就需要向有关人员进行汇报。汇报有时以书面报告的形式进行,很多时候是以口头表述的形式,可以是团队的某个成员做陈述,也可以是召开研讨会或小组发言。不管是哪一种形式,都需要利用本书所介绍的公共演讲技巧。

◼ 关键术语

搭档	dyad
小团体	small group
解决问题型小组	problem-solving small group
领袖	leadership
意见领袖	implied leader
时势领袖	emergent leader
指定领袖	designated leader
程序需求	procedural needs
任务需求	task needs
维护需求	maintenance needs
隐藏目标	hidden agenda
互动思考法	reflective-thinking method
政策问题	question of policy
标准	criteria
共识	consensus
口头报告	oral report
研讨会	symposium
小组讨论	panel discussion

◼ 复习题

阅读本章后,请回答下列问题:

1. 什么是小团体?什么是解决问题型小组?
2. 小团队中可能出现的领导人有哪四种?解释小团队领导人

必须满足的三种需求。

3. 每个小团队成员都要承担的五项职责是什么？

4. 互动思考法的各阶段是哪些？解释各个阶段团队的主要任务。

5. 解决问题型小组口头汇报的方法有哪三种？

◼ 批判性思考练习题

1. 找出以下解决问题型小组讨论中的错误。重写每个问题，使其符合有效讨论问题的要求：

（1）是否应该要求所有大学生都必须学习两年外语才能毕业？

（2）必须采取什么措施来解决学校学生机房计算机数量严重不足的问题？

（3）应对闯红灯的人采取什么措施？

（4）州政府应该采取什么措施来加强税收监管和防止酒后驾车？

（5）联邦政府是否应该为所有小学生建立全国性的标准考试？

2. 如果可能的话，观察正在行动中的解决问题型小组。你可以参加市政会议、校董会议、社区委员会会议、当地商业或教堂委员会会议。那些讨论是否符合本章介绍的有效讨论的标准？这些小组有什么性质的领导人？领导人满足团队的程序需求、任务需求和维护需求的情况如何？其他成员承担责任的情况如何？会议在什么层面上得到了最有效的处理？哪些层面的效率最低？

3. 找出你最近一两年内做出的比较重要的决定。回忆你是如何做出决定的。假定你现在可以按互动思维法重新做结论，看看你在各个阶段会怎么做。你会得出同样的结论吗？如果不能，你是否相信互动思维法可以帮助你做出更好的决定？

4. 参加一次在校内举行的专题研讨或小组讨论。准备一个简单的过程分析报告。首先研究一下主持人的角色。他或她是如何介绍话题和参与者的？主持人扮演的是什么角色？他或她是否帮助引导和聚焦讨论了？他或她在最后是否总结了各阶段讨论的内容？其次，观察参与者。发言是否准备充分，表述流畅？哪位发言人给你留下的印象最深？哪位发言人的效果最差？为什么？小组讨论的参与者是否都有时间表达意见？他们的讨论看上去是否准备充分？是否涵盖了话题的各主要方面？

附录三　供分析讨论的演讲材料

文化问题

萨吉德·扎希尔·奇诺依

很少有学生在毕业典礼上的演讲让演讲嘉宾相形见绌,而且,那位演讲嘉宾是来自哈佛大学的普利策奖得主。然而,1996年5月12日,里士满大学的萨吉德·扎希尔·奇诺依就是一个。

奇诺依出生在印度孟买。因为在校园演讲比赛中崭露头角,他被选为毕业生代表在毕业典礼上发表演讲。他动情地谈到了在美国求学期间的种种感受,在里士满受到的热烈欢迎,以及通过理解别人克服文化差异。

面对约3 000名听众他没有用讲稿,结果得到了雷鸣般的掌声,演讲内容在媒体上广为转载。他的演讲给人以极大的启迪,演讲嘉宾、哈佛大学心理学家罗伯特·柯尔斯说:"我参加过很多毕业典礼,但是,我从来没有听到过这样的演讲。"

本篇演讲稿系根据录音整理,并获萨吉德·扎希尔·奇诺依和里士满大学授权。

尊敬的来宾、各位老师、教职员工、同学们、女士们、先生们,尤其是1996届的同学们:

我永远忘不了那一幕:1992年8月15日星期六晚上11点30分,在印度孟买国际机场,我即将离开祖国,到里士满大学求学来了。我和父母、家人和朋友做最后道别。我在他们眼中看到了希望,看到了期盼,也看到了一丝悲伤。登上波音747飞机,我知道,我的一生发生了永远的变化。

接下来在飞机上的36个小时,充满了疑问,充满了焦虑,充满了无尽担忧。

离家出国是不是明智的选择?离开父母、家人和自己的家,是不是明智正确的选择?离开自己的祖国、文化和背景,是不是明智的选择？选择里士满大学是不是明智的选择？

当然，还有一个没完没了的问题，一个挥之不去的疑虑：里士满大学共有3 000名学生，但一共只有三名印度学生，我能否融入这个校园？

我的祖国完全不同。我的文化完全不同。我的经验完全不同。我的背景完全不同。我的语言完全不同。我的口音完全不同。我能融入这里吗？

我就这样飞上了天，飞在高高的云层上面，思索着这些文化、交往和种族的问题。我不知道三万英尺下面，就在地面上，世界面临着同样的问题：文化的问题、交往的问题和种族的问题。

因此，不管我坐的飞机是否从孟买起飞，那里印度教徒和穆斯林在极度脆弱的和平中生活；不管我的飞机是否从非洲起飞，那里卢旺达和布隆迪的胡图族和图西族在长期敌意中生活；也不管我的飞机是否从波斯尼亚起飞，那里的塞尔维亚族、克罗地亚人、穆斯林和波斯尼亚人又一次撕毁了停火协议。问题都是一样的——不同的文化怎么才能彼此相融、取长补短？

女士们先生们，在那次颠簸不平的飞行途中，这位年轻印度学生找到了答案。他在里士满大学经历了四年非同寻常的生活。他的学习成绩不错，业余生活过得不错，毕业计划也不错。

然而，对他的思想产生了终身难忘的影响，倒不是这些，而是那些特别的时刻，难以用语言表达，是那些人类彼此交往的时刻，是人类发生相互关系的时刻。

这位印度学生的第一个感恩节是和他的辩论课老师一起度过的。那个感恩节的晚上，我第一次尝到了美国火鸡，第一次观看了美国的橄榄球比赛，而当时我连擒抱与触地得分的差别也搞不明白。但是，好像突然之间，这位格格不入的印度学生也变成了美国感恩传统不可分割的一个部分了。

我的第一个圣诞夜是和新闻系的一位教授一起度过的。在那个圣诞节的夜晚，我们之间的关系已经不是教师与学生了，而是两个在乒乓球桌上彼此厮杀的兄弟。

微积分考试的头天晚上，我和一位美国朋友聊到很晚。那天晚上，我学到的微积分并不多，但是，我的确明白了一个道理：尽管我们彼此差异很大，我们有不同的国家、不同的文化和不同的大陆，但是，我们从本质上讲还是一样的。

1992年12月，印度发生了一次暴乱。暴力冲突和流血事件就发生在离我家不到几百码的地方。我读一年级时就结识的一名要好的室友陪着我坐了一整夜,他给了我希望、力量和勇气,帮我走过艰难的每一步。

是啊,在那次颠簸的空中旅行四年后,我找到了有关文化问题的答案。

我终于发现,只需要一点点理解,只需要一点点感受力,只需要一点点思想开放,只需要多为这个社区——里士满大学的这些人着想一点点,我的人生就可以焕然一新。

我发现,不管你属于哪种文化,不管你背景如何,也不管你有什么样的经历,不管你讲什么语言,不管你带哪的口音,其实都没有任何的差别。人类彼此的联结远远超出这些表面的差异。

可是,看看今天的世界吧。还是面临着四年以前同样的问题。

看看波斯尼亚,在那儿,1992年到1996年,共有三十万人被屠杀。有塞尔维亚人,有克罗地亚人,还有穆斯林。这些人被屠杀,仅仅因为他们来自稍有些不同的遗产、文化或历史。

看看印度孟买。在1992年的那个疯狂一周,2 000名印度人死掉了,包括印度教徒和穆斯林双方。他们为一个清真寺而打斗,他们为一座用砖块和泥浆造成的建筑物而流血拼命,两千条人命。

看看非洲,1992年到1996年,一百万胡图族人和图西族人失去了生命。难以置信吗,就在我们从一年级读到四年级这段时间里,一百万人因为文化、历史或背景不同而死去。

是啊,大家来看看那种疯狂吧。世界竭力挣扎,仅仅为了突出彼此间的差异。我们已经忘记了内在的相似之处。这一切都是因为我们已经失去了对彼此的理解。我们失去了一点点感受力。仅仅需要一点点开放精神,仅仅需要一点点设身处地为别人着想。

1992年,有两个类似的文化问题。1996年,却出现了两个针锋相对的后果。

因此,面对1996届的同学们,我想说,大家努力去追求卓越吧。去找到最好的工作,去从事回报率最高的职业,去读最好的研究生班,去你们各自的社区开展真正的改造吧。

但是,千万不要忘记,哪怕一刻也不要忘记这四年的回忆,让我们都记住,只需要一点点理解,只需要一点点感受力,只需要一点点开放精神,只需要设身处地地为别人想一想,一切就会有很大变化:一个波斯尼亚青年人就不会再绝望,另一个里士满青年就会萌生极大的希望。

谢谢大家。

选择与变革

芭芭拉·布什

1990年6月1日,芭芭拉·布什在卫斯理学院毕业典礼上发表了演讲,这次演讲被公认为最近几年来最成功的演讲之一。布什应邀为四年级毕业生做演讲,因为原来选择的演讲人选爱丽丝·沃克——《紫色》的作者无法到场。但是,毕业班有四分之一的学生提出抗议,150名同学签署请愿书,认为布什夫人并不是一所女子大学中准备投身职业的学生的良好楷模。之所以请她来,仅仅因为她是美国总统夫人,而不是因为她本人有什么成就。

这次请愿活动引起很大争议。在布什演讲前的一个多月时间里,教育家、报纸专栏作家和其他一些人就此展开辩论,也就妇女在美国社会中的作用问题展开讨论。在卫斯理女子学院毕业典礼的头一天,戈尔巴乔夫到美国参加高峰会议,夫人莱莎·戈尔巴乔夫陪同前往美国,并受到布什夫人邀请,一起去卫斯理学院发表演说。这下,媒体更是闹得沸沸扬扬。

在演讲中,布什夫人谈到了现代妇女面临的最重要的难题之一,那就是如何平衡职业生涯与对亲朋好友的责任。她请听众尊重男女之间的差异,参与社会活动,并珍惜人与人之间的关系,把它们当作一辈子最大的投资。最后,她说,听众当中有人也许会踏着她的脚步成为总统夫人。如果是这样,"我祝愿她一切顺利"。对此,听众报以热烈的掌声。

布什夫人说话谦逊,也很幽默,赢得了人们的称赞。NBC新闻播报员汤姆·布罗柯称她的演讲是"我听过的最好的毕业典礼演讲之一",而《纽约时报》也说这次演讲是一次巨大的成功。卫斯理学院的许多学生一开始对布什夫人的到来表示怀疑,但她们也说,她们为她的演讲感到十分意外。"她很不错,也很幽默,"其中一位说,"我觉得她本可以谈到更多妇女问题的。但是,她很诚实,她触动了我们的心。"

本次演讲系根据卫斯理学院的录音整理:

非常非常感谢基海因校长、戈尔巴乔夫夫人,各位校董、教师和各位父母。还要感谢朱莉娅·波特、毕业班级学生会主席,当然还有我最好的新朋友克里斯汀·比克耐尔,还有1990届的所有同学。今天能够到这里来真是太激动、太兴奋了,我知道大家一定也有同感,因为戈尔巴乔夫夫人也到场了。这是激动人心的时刻——在华盛顿我就感受到了这样的激动,我也一直在盼望能够来到卫斯理学院。这会是一次很好的旅行,我没有想到会有这么令人开心。因此,谢谢各位。

十多年前,我曾来这里讲过话,那次是谈我们在中华人民共和国的经历。当时,校园的天然之美令人惊讶,校园的充满活力令人感叹。

大家知道,卫斯理不仅仅只是一个校园,她是一个思想,是一场杰出的实验,在这里,多样性不仅仅广为宽容,而且大受欢迎。

这种精神的本质,被去年一次关于宽容精神的演讲捕捉到了,那是邻校一个学生组织的主席做的演讲。她谈到了罗伯特·富尔甘的故事,是说有位年轻的牧师在教一群精力充沛的孩子玩一种名为"巨人、蜥蜴和矮人"的游戏。"你们现在必须决定,"牧师告诉孩子们说,"你得扮演谁,是巨人、是蜥蜴还是矮人?"听了这话以后,一个小姑娘扯着他的衣服问:"但是,美人鱼在哪呢?"

牧师告诉她说,没有美人鱼。小姑娘坚持:"啊,有的,我就是美人鱼。"

那位小姑娘知道自己是谁,她既不打算放弃自己的身份,也不打算放弃那场游戏。她希望坚持自己的意愿,看看美人鱼到底适合安插在游戏的哪个地方。美人鱼放在哪里?因为美人鱼是不一样的东西,它们无法装进盒子,也不能摁到鸽子棚里。"回答了这个问题,"富尔甘写道,"那你就可以创立一所学校,缔造一个国家,或者创造整个世界。"

那位聪明的女同学说:"多样化,就和任何值得拥有的东西一样,都需要人们付出努力。"我们需要努力才能理解差异,才能对别人抱有同情心,才能倍加珍惜自己的个性,才能无条件接受别人的个性。你们大家一定非常自豪,因为这就是卫斯理学院的精神。

我当然知道你们今天的首选是爱丽丝·沃克,猜猜我是怎么知道的?因为她是通过《紫色》而闻名的。结果你们找来了我,而我仅仅因为我的头发的颜色而出名!爱丽丝·沃克的著作在这里引起特别的共鸣。在卫斯理,每一个班级都因为其特别的颜色而闻名。在四年时间里,90级的学生都赢得了自己的紫色。今天,你们在草坪上举行告别集会,要对所有这些说再见,要开始自己全新的旅程,要去寻找你们自己真正的颜色。

在等待你们去探索的那个世界里，超越了韦班湖的另外一个世界里，没有人能够说出自己真正的颜色是什么。但是，我知道有一点是肯定的：你们在一流的学校接受过一流的教育。因此，你们不必，也不应该过上"照数字填色"的生活。决策并不是不可撤回的。选择也会再次来临。当你们离开卫斯理学院的时候，我希望你们当中会有很多人会考虑作出三个非常特别的选择。

第一个选择是，要相信有比自己更伟大的东西存在，要融入我们这个时代更伟大的思想中。我们选择了读书识字，是因为我真诚相信，如果有更多的人会读书写字，能够理解很多事情，那么，我们在解决影响我们国家和社会的诸多问题时会容易得多。

我早先还做出了另外一个选择，也是我希望你们一样也能做出的选择。不管你们谈到的是教育、职业还是服务，你们其实都在谈生活，而生活真的必须有欢乐。生活本来就应该是充满快乐的！

我做出了自己一生中最重要的一个决定，嫁给乔治·布什，就是因为他让我发笑。这是真的，有时候，我们会笑得眼泪汪汪的。但是，这共同的大笑就是我们最牢固的纽带。应该在生活中找到欢乐，因为正如弗里斯·布艾勒在他决定休息的那一天所说的一样："生活跑得太快了。如果不时常停下来四处看看，那你就会错过它！"（你们为弗里斯的话鼓掌，超过了为乔治的话鼓掌，但我不会告诉乔治的！）

不能错过的第三个选择是珍惜人与人的关系：你们与家人和朋友之间的关系。多年以来，人们把职业奉献和艰苦工作的重要性铭记在心，这当然是正确的。你们当医生，当律师，当商界领袖的责任很重要，但是，你们首先是一个人，而所有这些人际联系，就是与自己的配偶、与孩子、与朋友之间的联系，却是你们能够做出的最为重要的投入。

当你们迎来生命的末尾时，你们不会因为一次考试不及格、输了一场官司、少做一笔交易而遗憾。你们会遗憾自己花在丈夫身上、孩子身上、朋友身上和父母身上的时间太少了。

我们正处在一个转折时期，是一个激动人心和让人兴奋的时期。我们学会了根据社会变革和我们作为男人和女人面对的种种选择而调整自己。我想起一个例子，我记得一位朋友说过，她听到丈夫在跟他的兄弟发牢骚，抱怨自己必须得带孩子。我的朋友很快纠正了他的想法，她告诉他说，如果是带你自己的孩子，那就不叫带孩子！

现在，也许我们必须尽快调整，也许我们应该做稍慢的调整。但是，不管是什么时代，不管是什么年代，有一件事情是永远也不会变的:父亲和母亲,如果你们有孩子,孩子必须放在第一位。你们必须为孩子念故事,你们必须拥抱孩子,你们必须爱自己的孩子。你们作为一个家庭的成功,我们整个社会的成功,并不取决于白宫发生了些什么,而是取决于你们自己家里都在发生了些什么。

在五十多年的时间里,据说卫斯理学院的年度铁环赛的得奖者将会是第一个结婚的人。现在,有人说,得奖者应该是第一个成为CEO的人。这些都是过时的概念,说明对那些想知道美人鱼放哪的人没有宽容心。因此,我想在此提供一个新的建议:铁环赛的得主应该是第一个实现梦想的人。不是社会的梦想,而是她个人的梦想。谁知道呢? 就在你们这群听众中,有朝一日或许有人会踏着我的脚印,也以第一夫人的身份入主白宫。我祝愿她一切顺利!

嗯,争议就到这里结束吧。但是,我们的谈话才刚刚开始。而且是非常有价值的一次谈话。那么,当你们今天离开卫斯理学院的时候,带上你们包括同戈尔巴乔夫夫人与我曾共同分享的礼遇和荣誉的深深谢意吧。谢谢你们。上帝保佑你们。但愿你们的未来美好如梦。

我有一个梦

马丁·路德·金

马丁·路德·金的《我有一个梦想》被公认为一篇杰作。1963年8月28日,路德·金站在林肯纪念堂的台阶上,面对来到华盛顿特区参加和平示威的20万群众发表演说,示威的目的是要为非裔美国人争取平等权利。马丁·路德·金站在亚伯拉罕·林肯塑像的阴影下,听众挤满了林肯纪念堂与华盛顿纪念碑之间的一片广场上。数以百万计的美国人通过电视观看演讲,通过无线电广播收听演讲。

和许多正式演讲一样,《我有一个梦想》比较短。虽然金博士只花了16分钟完成了演说,但是,他为这次演讲做了非常认真的准备,超过了他一生中的任何一次演说。他的目的是要尽可能明确和流畅地表达民权运动的原则,并强化听众对这些原则的责任心。

这篇演说最鲜明的一个特征是,金用自己的语言能力,把自由、和平等这些抽象概念说得非常清晰和动人。全篇演讲都依靠通俗和具体的字眼来营造清晰生动的形象。他利用了比大多数演讲人还要多的暗喻,但是,这些暗喻很适合当时的情景,也有助于使金的思想戏剧化。最后,金还广泛使用了重复和排比,以强化他的思想,并使他的演讲具备了极大的冲击力。

如果大家听过《我有一个梦想》的录音,就一定会感受到金的强烈的表达方式。他浑厚的男中音充满了一个斗士的激情,同时又因为南方浸礼会牧师的韵律感,使听众完全沉浸在演讲之中。威廉·罗伯特·米勒说:"听众不仅仅是在听他演讲,听众还参与其中。"金的演讲还没有最后说完,潮水般的掌声就已经淹没了他的声音。

本篇演讲系根据录音整理,并获琼恩·戴夫斯授权(版权持有人为小马丁·路德·金):

今天,我很高兴能和大家一起参加为争取自由而举行的示威游行,这次盛大的集会将写入历史。

一百年前,一位美国伟人签署了《解放宣言》。此刻,我们就站在他的纪念堂前,接受他的庇护。这篇重要的文献为千千万万在邪恶之火中备受煎熬的黑奴竖起了希望的灯塔,有如驱散漫漫长夜的一片曙光。

然而,一百年后,黑人依然没有获得自由。一百年后,黑人依然套着种族隔离和歧视的枷锁悲惨地生活。一百年后,在物质富裕的大海中,黑人依然生活在贫穷的孤岛上。一百年后,黑人依然在美国社会的角落里挣扎,他们被放逐在自己的国土上。所以,我们今天是来这里揭露这个丑恶的事实。

从某种意义来说,我们是到我们国家的首都兑现一张支票来了。我们共和国的奠基人写下宪法和独立宣言的庄严词句时,就是签署了一张支票,许诺每一个美国人都能成为国家的继承人。这张支票保证所有人具有不可剥夺的生存权、自由权以及追求幸福的权利。

显然,对有色公民来说,美国并没有兑现这张支票。美国不但没有履行这项神圣义务,反而给了黑人一张无效票,一张打着"现金不足"记号的退票。

我们不相信正义的银行已经破产。我们不相信这个仓廪充盈、机会良多的国家里,会发生现金不足的情况。因此,我们来要求兑现这张支票——这张能够付给我们所要求的自由财富与正义保障的支票。

我们到这神圣的地方来,还为了要提醒美国:现在已经到了万分急迫的时候。现在不是侈谈冷静或以渐进改革为麻醉剂的时候;现在是实现民主诺言的时候;现在是从种族隔离的黑暗幽谷中走上种族平等的阳关大道的时候;现在是使我们国家从种族不平等的泥潭拔足到博爱的坚固岩石上来的时候；现在是让正义成为所有上帝之子面前的一个事实的时候。

忽视此刻的急迫程度，会对我们的国家造成致命后果。在这个酷热的夏天，黑人以合法形式表达出自己的不满，除非自由和平等的秋天到来，让人欢欣鼓舞，否则这个夏天永远不会过去。1963年不会是一个终点，而是一个起点。有人以为，黑人有太多能量需要发泄，现在应该知足了，这样想的人会大失所望。除非黑人得到了他的公民权利，否则美国不会有安宁与平静。反抗的旋风会继续摇撼国家的基石，直到公正到来、光明显现。

但是，我还有一句话要对站在温暖的门槛上，准备进入正义之宫的同胞们说清楚：在争取合法地位的进程中，我们不要用错误的行动使自己犯罪。我们不要用仇恨的苦酒来缓解热望自由的干渴。

我们必须永远站在高处，使我们的抗争保持尊严、坚守纪律。我们坚决不能让富有创造性的抗争沦为低下的暴力行为。我们必须坚持不懈地站在一个神圣的高度，以灵魂力量来对付肉体力量。

已经席卷黑人社会的战斗气氛，决不能导致我们对一切白种人的不信任。今天，我们许多白人兄弟来这里集会，就是明证。他们已经认识到他们的命运和我们的命运紧紧联结在一起，我们的自由和他们的自由完全分不开。我们站在共同的立场上，向不公正的堡垒发动猛烈的进攻，这场战斗必须由两个种族组成的军队共同打响。我们不能单独行动。

当我们迈步前进时，我们必须许下这样的诺言：我们将永远前进，决不退缩。有人问献身于民权运动的人说："你们什么时候才算得到满足？"只要黑人还是野蛮警察恐怖行径的受害者，我们就不会满足；经过艰难的旅途跋涉我们筋疲力尽，却没有权利在高速公路旁的汽车旅店和城市酒店中找到歇息之地，只要事情还是这样，我们就不会满足；只要黑人最基本的活动区域还是局限在从小贫民窟到大一点的贫民窟，我们就不会满足；只要我们的孩子被"仅供白人使用"的标牌剥夺了他们的自我和尊严，我们就不会满足；只要密西西比的黑人无权投票，只要纽约的黑人不相信投票赞成和他们有任何干系，那我们就永远都不会满足。不，不，我们没有满足，我们永远都不会满足，除非公平如大水滚滚，除非公义如江河滔滔。

我非常清楚，你们当中的很多人今天之所以来到这里，是因为你们饱受拷问、历经磨难。你们当中有很多人刚刚从狭窄的囚室里出来，你们当中有很多人来自遭受蹂躏之地，在那里，你们对自由的渴望让你们饱受虐待,你们被狂风一样的警察暴行所震慑。你们已经习惯了挨打受骂,你们默默忍受花样百出的虐待行为。请不要放弃,要相信飞来横祸和不期厄运总有赎回的一天。

回到密西西比去吧,回到阿拉巴马去吧,回到南卡罗莱那,回到佐治亚,回到路易斯安娜,回到北方城市的贫民窟与少数民族居住区,让我们记住,这样的痛苦终会解脱,终会有解脱的一天。我们不能永远困在绝望的深谷中。

朋友们,今天我要告诉你们:尽管当前还有许多困难和挫折,我仍然怀有一个梦想,深深扎根于美国人心中的梦想。

我梦想有一天,这个国家能够站立起来,实现她信条中的真谛:"我们把这些看作是不证自明的真理:人人生而平等。"

我梦想有一天,在佐治亚州的褐红色山冈上,以前的奴隶和奴隶主的子孙能在兄弟之爱的桌前一同坐下。

我梦想有一天,在密西西比州,不公正的毒焰和压迫人的热浪被自由和正义的绿洲取而代之。

我梦想有一天,我的四个小孩子将能生活在这样的一个国度,他们不是因为自己的肤色,而是根据自己的人格接受判断。我今天就有这样的梦想!

我梦想有一天,在南方的阿拉巴马,虽然那里还有品行不端的种族主义分子,虽然它的州长还在空谈干预和废除种族主义,但就在那里,黑人的儿女和白人的儿女将像兄弟姐妹情同手足。我今天就有这样的梦想!

我梦想有一天,每一道沟壑都会抬升,每一座山冈将被夷平,弯曲小道拉得笔直,崎岖之路变为坦途。主的荣耀将昭示天下,所有人将共沐主恩。

这就是我们的希望。这就是我带回南方的信念。怀着这个信念,我们能够把绝望的大山凿成希望的磐石;怀着这个信念,我们能够将种族不和的喧嚣变为一曲友爱的和弦;怀着这个信念,我们能够一同工作、一同祈祷、一同奋斗、一同入狱,一同为争取自由而斗争,因为我们知道我们终将得到自由。

到了那一天,上帝所有的孩子齐来同声高歌——"是你,我的祖国,你的家园,自由美丽,我为你高唱赞歌;这是我祖先安息之地,这是朝圣者庄严国土;让自由的钟声响起,响彻群山旷野"——如果美国要成为伟大的国家,那就必须要实现这样的梦想。

让自由的钟声响彻新罕布什尔巍峨的山顶;让自由的钟声响彻

纽约的高楼大厦；让自由的钟声响彻宾夕法尼亚挺拔的阿勒格尼群山。

让自由的钟声响彻科罗拉多白雪皑皑的洛基山脉；让自由的钟声响彻加利福尼亚婀娜多姿的山坡。

不仅如此。让自由的钟声响彻佐治亚的大石山。

让自由的钟声响彻田纳西州的卢考特山。

让自由的钟声响彻密西西比的高山小丘。响彻每一道山岭，让自由的钟声敲响吧。

当自由之音响彻千家万户，响彻每个州县和每座城市，这一天就快到来了。到了这一天，所有的上帝儿女，无论黑人、白人、犹太人、新教徒、基督徒和天主教徒，都将携手同唱那首古老的黑人圣歌："终于自由了！终于自由了！感谢全能的主啊，我们终于自由了！"

(本篇参考石幼珊译文)

死 为 瘦 身

詹尼弗·布鲁尔

尽管近年来厌食症得到了医学界的高度关注，但是，它仍然是美国的一个严重问题。根据《纽约时报》的报道，厌食症的患病率每年增长5％，40％以上的厌食症患者为青年妇女。

下面这篇告知型演讲是威斯康星大学的学生詹尼弗·布鲁尔关于厌食症的症状、起因和治疗等方面情况的说明。请注意她在演讲中是如何理清思路，并利用她的朋友朱莉的经历来说明厌食症的灾难性后果的。

朱莉是我最要好的朋友。我看着她从一个小姑娘长大成人。父母溺爱她，把她惯成一个顽皮姑娘，她口袋里时常装青蛙玩。我看着她长成一个大姑娘，第一次约会前，把头发梳来梳去，换了衣柜里的所有衣服。我总想着变成和她一样的姑娘。

但后来，发生了一件可怕的事。朱莉闪闪发亮的头发失去了光泽，而且很容易断。她的眼睛失去了光芒，再也不像以前那样开心微笑了。我现在看到，她一天要称七次体重，穿的衣服好像一个布袋，挂在已经发枯的骨架上，还不停地念叨着要减去最后那两磅顽固不化的赘肉。朱莉得了厌食症。

在美国，每一百个十几岁的姑娘中就有一个得厌食症，《纽约时报》报道，这个数字每年递增1％。该报指出，虽然男子也患这种病，但90％的受害者是女性。而这些受害人中，44％为上大学年龄的女孩。

根据查阅到的资料和我与朱莉相处的经验，我发现厌食症是一种极其严重的病症，影响到很多美国人。今天，我要告诉大家什么是厌食症，为什么会得这种病，以及有哪些治疗方法。我们先看看什么是厌食症。

精神性食欲缺乏症是一系列饮食疾病中的一种，主要就是指自愿挨饿。说得简单一些，得了厌食症的人拒绝摄取正常需要的食物。《麦克里恩》杂志的一篇文章说，厌食症共有四大特征：1）拒绝保持正常的体重；2）失去了原来体重的15％；3）对自己的身体形象产生了扭曲的看法；4）极怕长胖。

厌食症患者拒绝进食有产生很多生理上的恶果。头发和皮肤会干燥和变脆，浑身会长满细毛，以弥补体温降低。随着厌食症病情加剧，钙质缺乏引起骨质疏松，且容易断裂。《体育画报》中的一篇文章称，"得厌食症五六年以后，年轻人的 X 光片和70岁的老人的 X 光片是一样的。"因为缺乏营养，结果可引起脑损伤、晕厥和脉搏减缓。在最严重的案例中，厌食症有生命危险。

拿朱莉来说，她有多重厌食症症状。我看到她五英尺七英寸的身高体重下降到了86磅。她变得虚弱和苍白。哪怕在夏天的正午，她也总是很冷。我只想对她说："朱莉，看看你都对自己干了些什么事！"但是，跟大多数厌食症患者一样，她就是看不到自己身上的变化。

是什么引起跟朱莉一样的人成为厌食症患者的？科学家找到了造成厌食症的三大原因。《新闻周刊》的一篇文章认为，厌食症的兴起是我们社会对瘦身的压力引起的。媒体不停地以理想标准的瘦身者形象轰炸我们。无脂肪食品和特种食法成为数百万美元的产业。这些形象和这些工业告诉我们说，身体要是不瘦下来，那是最可怕的事了。

引起厌食症的第二大原因是受害人的性格和他或她对社会压力的反应。《死为瘦身》一书说，大部分厌食症都可归结为一个基本的想法。许多人眼光太高，或者是完美主义者。他们在学校成绩不错，参与过很多校外活动。他们希望让父母、教师和朋友开心。厌食症患者认为，瘦身是让别人高兴的方法。事实上，大多数人会限制自己的摄取量以满足来自家人或朋友的完美要求的期盼。

厌食症的第三大可能起因是去年才发现的。匹茨堡医学院的医生发现,厌食症者不进食的时候,他们会体验到鸦片酸水平上升,而鸦片酸是能产生欣快感的化学物质。研究人员还发现,厌食症者不进食的时候,其体内会产生超过正常水平的复合胺,也就是引起焦虑感的一种大脑化学物质。根据这些医生的意见,这些化学变化也许会使厌食症者形成厌食型生理依赖,使厌食者跟嗜酒者和有毒瘾的人一样。

朱莉总希望成为完美的人。她是舞会皇后,是优秀学生,是每一种小组、俱乐部和可以想象出来的其他组织的成员。但后来,朱莉决定自己需要继续进行特种食法。她开始不停地拿自己跟杂志里面的模特进行比较。她相当肯定,如果她长得像模特,她的生活一定会是完美的。但是,减去体重从来都不能使朱莉的生活完美起来。

怎样的治疗办法能够帮助朱莉等人?对厌食症的治疗是终生不能停的一个过程。根据纽约市立医院门诊部饮食异常科主任凯萨琳·哈尔米的意见,人们觉得饮食异常只是"轻微病症,只需要有一点点意志力稍加努力便可治好,但是,厌食症是相当严重和一般人无法自行治疗的病症,需要医护人员参与方可奏效"。

厌食症的治疗方法包括集体疗法、药物治疗和个人咨询。在严重的情况下,住院和强迫进食用来为厌食症者提供营养,直到他或她自愿摄取足够量的食物。大多数厌食症患者从来都没有完全治好,他们每天都必须跟自己的疾病作斗争。《纽约时报》上的另一篇文章说,八成以上的厌食症患者在治好之前会经历数次反复。14岁的安吉·麦尔尼克患厌食症两年以上,她说:"如果能够在三十天内治好厌食症,那麻烦就会小得多。"

我前面说过,对某些厌食症患者来说,任何一种疗法都难以奏效。诊断出厌食症的病人中,有18%的人无药可治,只能等死。

我们大家已经明白,厌食症是严重的疾病,有很深的起因和灾难性的、致命的后果。朱莉就属于没有能够战胜厌食症的人之一。她才十七岁就死了。我们再也不能一起上大学,再也不能合住一间寝室了。她永远也无法实现当护士的梦想了。我们永远也没有办法一起长大,不能一起看着我们的孩子长大成人。厌食症害死了我最漂亮、最有活力的朋友。

艾滋病心语

玛丽·费舍尔

　　玛丽·费舍尔已经成为艾滋病活动家,说明公众演讲总会在一个人一生的某个时候触动他或她。一年前,费舍尔在得克萨斯州休斯敦市的共和党全国代表大会上发表了下述演讲,她得知自己已经从前夫那里感染了HIV病毒。她尽一切努力与疾病作斗争,并成为与艾滋病作斗争的杰出代言人,她提出,与艾滋病的斗争需要公众的理解和支持。

　　费舍尔以前是福特总统工作班子的成员,1992年5月,她在共和党政纲起草委员会上讲了自己的故事,当年夏天,她应邀在共和党全国代表大会上发表演说。她原来感觉好像自己是唯一感染了HIV病毒的共和党人,因此很担心,不知道她要求人们同情和意识到艾滋病问题的看法能否为人们所接受。

　　但是,演讲开始后不久,费舍尔的听众就意识到,他们听到的是非常特别的一次演讲。几分钟之内,阿斯特罗多姆会议厅就安静下来了,一点声音都没有,代表们都停止聊天一心听她演讲。有些人感动得流下了眼泪。美国数以百万计的人看了电视节目,人们都被费舍尔深沉的话语所吸引,她的演讲方式的确催人泪下。《纽约时报》认为这次演讲深沉的感情和振聋发聩的言论非同寻常。

　　费舍尔是近年来最受赞扬的公众演讲人之一,这次演讲在很多地方都有转载。本篇演讲内容是从费舍尔的书《与天使同眠:一位与艾滋病作斗争的母亲》中选出来的,并获罗得岛莫耶贝尔出版公司的授权(版权:家庭艾滋病网公司,1994年):

　　两个多月前,在盐湖城的政纲听证会上,我请共和党揭开一直以来笼罩在HIV或艾滋病问题上的沉默面纱。今天晚上,我来这里,是要彻底打破沉默。

　　我要在此提出的,是一个大难题,而不是暗自庆幸。我需要的是大家的注意,而不是掌声。我从来都没有自愿感染上HIV病毒。但是,我相信,凡事总要有个好的目的,因此,我今天来这里,站在大家面前,站在全国人民面前,而且高高兴兴地站在这里。

　　艾滋病的现实再清楚不过了。二十多万美国人已经死亡和正在死亡；一百多万人感染艾滋病。未来几年，全球范围将有四千万、六千万或一亿多人会感染。尽管有了科学，尽管做了许多研究，尽管白宫召开了很多次会议，尽管国会举行了很多次听证会，尽管有很多好心和大胆的举措，尽管有很多宣传口号和充满希望的承诺，尽管尽了一切努力，但是，今天晚上，这种传染病还在肆虐。

今年是选举年，我请求在这里，在这个大厅里，或者在家里安静地收听电视的人，请大家认识到，艾滋病病毒不是一个政治动物，不管你是民主党还是共和党人，不管你是黑人还是白人，不管你是男性还是女性，不管你是不是同性恋，也不管你是年轻人还是年老者。

今天晚上，我代表一个艾滋病群体，这个群体的成员来自美国社会的各个阶层。虽然我是白人，也是一个母亲，但我跟一个黑人婴儿站在一起，他正在费城一家医院里插着管子挣扎。虽然我是女性，因为婚姻而感染上了这种病，也得到了家人的热情支持，但是，我理解那个孤独的同性恋男子，他被家人所抛弃，在冷风中蹒跚。

这并不是遥不可及的威胁，而是近在咫尺的危险。感染率正在妇女和儿童中猛增。十多年前，这种病还不太为人所知，但现在，艾滋病已经是美国青壮年的第三大死因了，而且，在不久的未来，这个病因将不再是第三位了。因为，和其他疾病一样，这种病会到处传染。少年不会把癌症或心脏病传染给彼此，因为他们相信大家彼此相爱。但 HIV 不同，我们一直在帮助这种病症传播，我们杀了对方，因为我们无知，因为我们有偏见，因为我们默不出声。

我们也许可以拿老一套的说辞好让自己逃避，但是，我们不可能永远等下去。因为 HIV 只对攻击对象提一个问题：你是人类吗？这是一个正确的问题：你是人类吗？因为感染了 HIV 的病人并不是异类，他们是人类。他们并没有做错什么而应该受到这样的残酷对待，人们不应该对他们冷若冰霜。他们每一个人都是上帝造就的：是一个人，不是恶魔，不应该接受最后的审判。他们不是罪犯，不是渴望得到我们的怜悯。他们准备好接受支持，他们值得人们拿出同情心来。

共和党，请听听我的呼吁，我们应该拿出公开的态度，毫不逊色于布什总统夫妇表现出来的同情心。他们以各种难以忘怀的方式关心我和我的家人。他们没有审判，他们拿出了爱心，他们还赞扬了我们的精神。在最黑暗的时候，我看到他们不仅伸手来帮助我，他们还伸手帮助我的父母，因为我的父母深怀悲伤，他们在一个垂死孩子的病床前看护太久，那是父母才会给予的特别恩情。

总统带头已经做了很多事情,还有很多善事做了都没有宣传。总统本人也曾说过:"还需要做更多的事。"

但是,如果我们赞扬美国人的家庭,但无视侵害美国人家庭的这种病毒,那总统的话也就白说了。如果要人们相信我们,那我们就必须前后一致。我们不能在无视偏见的前提下追求公正,我们不该害怕教育自己的孩子去说爱他们。不管我们的作用如何,不管我们是作为父母还是政策制定者,都必须采取行动,怎么说就怎么做,否则,我们还有什么诚信可言。

我要向全国呼吁,请大家认识到问题的严重性。如果你认为自己是安全的,那你就处于危险中了。我不是血友病患者,所以我就不在风险之中。因为我不是同性恋者,所以我就不在风险之中。因为我不注射毒品,所以我就没有风险。

我父亲的一生都献给了防止大屠杀再次发生的崇高使命。他那一代人都听过尼莫艾拉牧师从纳粹集中营逃出来后所说的话,"他们追杀犹太人,可我不是犹太人,所以我没有抗议;他们追杀工团主义者,可我不是工团主义者,所以我没有抗议;他们追杀罗马天主教徒,而我不是罗马天主教徒,所以我没有抗议;然后,他们来追杀我,那么,再没有人来为我抗议了。"

历史给我们的教训是,如果你认为自己很安全,那你就处在风险之中了。如果你看不到这个凶手悄悄地跟在你的孩子身后,那你应该再仔细看一看。在美国,已经没有哪一个家庭或社区,没有哪一种民族或宗教,没有哪一个地方是安全的了。除非我们坦诚地接受这个信息,否则,全美国都会处在危险中。

今天晚上,HIV 正在上百万美国家庭里大步朝着艾滋病走去,一路扔下年轻人的尸体,年轻男子、年轻女子、年轻父母和年轻孩子。其中一个家庭就是我自己的家庭。如果 HIV 最终都将不可避免地演变成艾滋病,那么,我的孩子们一定会不可避免地成为孤儿。

我的家庭给我的支持坚如磐石。我 84 岁的父亲,他一辈子都致力于治疗一个国家,他不会接受这样的假定,认为他治不好自己的女儿。我母亲拒绝绝望,她半夜三更还打来电话,对我说一些有趣的玩笑故事,让我不停地大笑。姐妹们,朋友们,还有我兄弟菲利浦(今天是他的生日),都来帮助我走出最困难的地方。我是有福之人,很多人来关心我,很多人给了我很多帮助,因为我有一个好家庭。

但是,并非所有人都有这样的福分。你已经诊断出 HIV,但还不敢说出来。你失去了亲人,但还不敢把艾滋病这个字眼说出来。你们默不出声,你们独自悲哀。

我有话要告诉大家:应该感到羞耻的不是自己,是我们,才应该感到羞耻。我们容忍自己无知,我们怀抱偏见,我们告诉你们应该感到害怕。我们必须揭开沉默的面纱,我们应该让他们伸手求助,而且伸出手来的时候是安全的。为孩子们寻求安全是我们的职责,不是在那里默默地否认,而是要采取积极的行动。

我们的孩子终有长大的一天。我的大儿子麦克斯今年四岁,他长大后会继承母亲的事业。我的小儿子萨切里才两岁,他长大后会理清自己的回忆。也许到时候我听不到他们的评判,但我知道自己希望他们怎样评判。

我希望我的孩子明白,他们的母亲不是受害人,是一位信使。我不想让他们觉得,不害怕就算是勇敢了,我过去也是这样的。我希望他们知道,勇敢是在我们感到害怕的时候有力量采取行动。我希望他们有勇气在国家或他们的党发出召唤的时候站出来,领导人们前进,不管这需要个人付出多大的代价。我并不要求大家做出的事情比我更多些,我也并不要求大家做出比我的孩子们将来做的还多些。

那些仍然陷于悲伤中的人们,那些害怕、那些受到艾滋病侵害的人们,勇敢一些,你们会找到安慰的。

那些仍然身体健康的人们,请你们听我说:抛弃偏见吧,抛弃政治吧,腾出空间来给同情,给予可靠的政策。

对我的孩子们,我做这样的保证:我不会放弃,萨切里,因为我的勇气来自你的身上。你傻傻的笑声给了我希望。你轻声的祝愿给了我力量。麦克斯,我的孩子,你给了我理由,去对美国说,"您正处于危险中。"除非我已经尽了一切力量让你们生活的世界安全可靠,否则我不会停顿下来。我会找到这样一个地方,在那里,个人隐私再也不会是受难的序曲。

我的孩子们,我不会急着离开你们。但是,当我非走不可的时候,我祝愿你们不会因为我的缘故而蒙受羞耻。

所以听得见我说话的人们,我请求你们:跟我一起吸取历史和光荣的教训吧,唯有如此,我的孩子们在我死后才不会害怕说出艾滋病这几个字。他们的孩子,还有你们的孩子,再也不必小声说出这几个字了。

上帝保佑孩子们,上帝保佑我们所有人。

终 极 礼 物

詹尼弗·康纳德

红十字会说,血就像降落伞。如果你需要的时候没有血,你也许就不再需要它了。美国人想当然地觉得,需要输血的时候自然会有血,其实,献血在最近几年已经锐减,因此会造成严重的全国性血液短缺。"当你需要做外科手术的时候,当你需要进行癌症手术的时候,当一位妇女生产的时候,我们都假设血就在那等着呢,"宾夕法尼亚大学的亚瑟·卡普兰医生说,"大家再也不能做这样的假设了。"

在下面的演讲中,威斯康星大学的学生简尼弗·康纳德敦促同学们经常去献血。和许多寻求立即采取行动的演讲一样,这次演讲按照门罗的促动法组织。大家听这次演讲的时候,应该注意她如何一步一步建立起这个促动过程。她如何引起听众注意的?她如何拿出一个令人信服的例子,说明的确有献血的必要的?她的计划是否得到了详细解释?她如何描述自己的计划会带来的益处?她呼吁行动的号召是否有足够的说服力?

本篇演讲稿得到简尼弗·康纳德的授权。

你满17岁了?你体重有110磅吗?你是否觉得自己身体很健康?

如果你对上述问题的回答是肯定的,那你每两个月就应该献一次血。根据我对全班的调查,我发现,只有一半人献过血,13位同学中只有一个人定期献血。近来适合献血者积极献血的人数少了,已经造成了较严重的问题,需要我们立即采取行动。我查阅了大量资料,参加献血前后也有两年多时间,我逐渐意识到这个问题的严重性,而且,同时也明白其实问题很容易解决。

今天,我想向大家说明,为什么现在参加献血的人少了,同时,鼓励大家积极采取行动,满足这一需求。我们首先来看看当前对献血者的紧迫需求。

如果缺乏合格的献血者,许多美国人的生命安全就会受到威胁。我在美国红十字会网站查到很多资料,仅在美国一个国家,每三秒钟就有人经历一次输血。不管白天黑夜,每小时需要3 000加仑的血液。因献血而受益的人包括癌症患者、器官移植病人和外科手术病人。还有新生儿和创伤受害者,都从献血中受益。对血液的需求从来都没有间断过,因此,献血者也不能间断。

让我们来听听布鲁克的故事吧,她是一个三岁小女孩,有一头漂亮的金发和蓝色的眼睛。布鲁克得了癌症,做了很大的外科手术取掉腹部的肿瘤。她出生后有一半时间都是在医院里接受化疗和其他治疗。因为每次化疗之后,她体内的白细胞都会减少,因此极易导致感染。

根据得克萨斯儿童医院的说法,布鲁克的治疗需要血制品,共需要血液更换约508个血单位,而到目前,她只更换了250个血单位。还需要250多个血单位才能继续她的治疗。如果她得不到这些血液,她就没有办法活着去幼儿园,也不能参加学校的舞会,更不能结婚,而所有这些奢侈品都是我们健康人想当然就能拥有的。

近年来,像布鲁克这样的病例出现增多的趋势。但因为20名适合献血者中只有1名去献血,献血率在逐年下降,每年下降2%。考虑到平均差不多有一半人一生中的某些时候会接受一次输血,献血率下降的事实就更让人着急了。

大家现在明白了缺少献血者的问题的严重性了。所幸,这是个很容易就能解决的问题。我们在座的每个人都可以成为这个解决方案的一部分。要拯救宝贵的生命,我们需要做的一切就是,到最近的红十字会去献血。

对于以前从来没有献过血的人来说,这个过程非常简单。首先,你填一张献血者信息表,里面会问到关于你的健康等问题。然后,你会接受最低水平体检。他们会从你的手指上采一点点血,看看你血液中的细胞百分比。然后,量血压、测体温和脉搏。因此,你不仅仅能够通过献血拯救别人的生命,而且还能够检查你自己的身体状况。

体检过后,有人会问你喜欢用哪支胳膊献血。然后,请你躺在献血椅上。工作人员会在你的胳膊上插入一根消过毒的一次性针管,这样,保证你不会通过献血感染艾滋病。抽出一品脱血液需要大概十分钟,之后,你会休息10到15分钟,可以喝饮料、吃饼干。这个过程完成后,等八个星期之后你又可以献血了。

许多人可能会害怕疼痛,还怕针头。我承认第一次献血时也很紧张,但后来我发现根本没有什么值得害怕的。扎针头时的疼痛就和有人抓了你胳膊一下一样,一秒钟就完了,虽然针头还在你胳膊里面,但再也感觉不到疼了。我刚才说过,不可能因为献血而感染上艾滋病。

大家已经明白献血不足的问题很容易解决,解决起来也很安全。

我们现在来看看,献血之后,会有多少变化。你献出来的每一份血浆就可以帮助救活三条人命。你献出的血会分离成三种血制品:血红细胞、白细胞和血小板。这些血制品分开存放,用于不同类型的治疗。红细胞用来治疗血友病,白细胞用来抗感染,因为血小板可以帮助控制出血,而用在有白血病和其他类型的癌症病人身上。

你献一次血便有可能拯救三条人命,而且这个数字还可以翻几倍,使你更感欣慰。大家看,你一年可以献六次血。这六次献血可以帮助多达18个人。想一想,如果你献血十年,那你能够拯救的生命就达到180人。谁知道呢,这么多生命当中,完全可能有一位是你朋友,有一位是你家人,甚至是你自己。你现在就可以提前为你自己的外科手术献血了。

我们现在知道了,献一次血的意义有这么大,希望大家快点采取行动。我请大家表明态度,成为一名定期献血者。极小的一个代价,有可能拯救一条生命。如果你以前从来没有献过血,那你应该认真思忖,看看有没有勇气成为一名"头次献血者"。如果你以前献过血,再想想你从帮助别人中得到的快乐吧。

最后,我请你们所有人想一想你们心中挚爱的一位亲人。假设他们需要输血,但此时血制品短缺,结果他们得不到急需的治疗,就像布鲁克一样,我们前面谈到的那个三岁的小姑娘。去麦迪逊大街上最近的一家红十字会,也可以等下次进校园来的采血车。这些车可以开到校园各处,包括宿舍门口。下一次采血车可能两个星期后就会来学校。

请抓住这次机会拯救生命,你会感觉自己超级富有。献血是我们可以拿出的终极礼物,那是生命的礼物。献血吧!

多文化,多语言

雷内·沃希士

1804年,华盛顿·欧文描写了一大批怪里怪气的美国人,他们在世界各地到处跑,根本没有想到事先学一学当地的语言。200年后的今天仍然是这样。美国的外语教育远远落后于世界其他国家,很少有在美国本土出生的美国成年人能够用除英语以外的任何语言交谈。

在这篇劝说型演讲中,威斯康星大学的学生雷内·沃希士说,掌握一门外语对一个依赖全球经济、越来越成为多样文化的国家来说是最基本的要求。她引述了很多资料,说明儿童阶段学习外语效果良好。因此,倡导在所有小学开展外语教学。

请注意看演讲人是如何利用统计数字、例子和证词来论证自己的思想的。她是否让你相信,掌握一门外语在今天的世界是必要的?她是否拿出了可行的方案,可以在教育过程的早期就进行外语教学?她如何说明计划的可行性?她是怎样使这次演讲更有说服力的?

本篇演讲稿得到了雷内·沃希士的授权。

Perdóneme señor; me perdí. Podría decirme cómo ir al Hotel del Sol?

可能有人懂我的意思:"对不起,先生。我迷路了?能否告诉我去太阳旅馆怎么走?"但是,许多同学听不懂,哪怕你们在高中时学过三四年西班牙语。我有一个问题要问大家:你能在你学过语言的这个国家应付自如吗?

我在我们班做了一项调查,大家都说自己在高中学过一门外语,大部分人还学了三到四年。但是,大多数人都没有足够的语言知识可以正确使用这门语言。92%的同学说,如果早点学外语,效果可能会好得多。

今天,我想说服大家,掌握一门外语很重要,而且从启蒙教育阶段就开始外语学习更有好处。世界经济不断全球化,我们的国家也越来越多的语言并存,因此,掌握外语现在是一件必须的事。根据我自己的经验和查到的资料,我发现,从小学开始学外语是最有利的,因为我们的语言获得技能大多是在那个时候培育成的。我们先说说为什么掌握第二语言对于今天的世界来说非常重要。

第一个原因是,它对于全球范围的交流来说是必不可少的。根据《潮流》杂志的一篇文章,美国政府内外的人士都认为新一轮经济全球化是我们这个时代确凿无疑的现实。技术的增长速度越来越快,我们比以往任何时候都离不开自己的"邻居"。政府和企业需要更多能够与拉丁美洲、非洲和欧洲的国际伙伴交流的工作人员。

根据《外语年鉴》上的一篇文章,"在美国的外国企业的数量过去十年里翻了三番,而美国在海外的企业数量也翻了一倍。"《职业世界》最近一期说,大通银行和花旗银行的财会人员必须有很好的外语基础,因为这些银行都在海外开办了很多分行。《企业教育报》上进行的一项研究表明,51%的美国和外国公司,在调查中都表示会优先录用外语基础好的会计和商务人士。

掌握一门外语不仅对于企业交流是重要的，而且，美国本身也是一个有着混合文化、民族和语言的国家，而且每天都在朝着多语种国家迈进。

根据《美国统计摘要》中的表57，美国人口中，出生在外国的美国人占美国人口9%。《人口简报》的一期文章说，上次向美国人口统计局递交报告的3 200万人表示，他们在家里讲另外一门语言。这个数字比纽约、宾夕法尼亚和科罗拉多的人口加起来还多，比生活在威斯康星的人口多出六倍。

根据人口统计局的数据，美国有1 700万人主要讲西班牙语。在这个国家的很多地方，掌握西班牙语已经成为现实的生活需要。阿肯色州法耶特维尔高中外语部主任凯茜·莱蒙斯说："当我跟医生谈话时，他们希望自己学过西班牙语就好了；当我跟律师和企业界人士打交道时，他们也这样说。"

但是，不管是西班牙语、日本语、德语、意大利语还是中文或波兰语，熟练掌握一门外语显然是非常重要的。为了达到这个目标，我建议出台一个方案，政府强制要求在所有小学开展外语教育。我倡导的这个计划称为FLES计划，也就是小学生外语教学计划。这个计划着重外语口语训练，并在尽可能低的年级开始，最好是从幼儿园阶段就开始。

重要的是，根据这个计划进行的外语教学必须是最基本的。奥尔温·贝尔是一位法语教师，他所在阿肯色州的这所小学已经实施了该计划，他建议可以用"有很多的角色扮演、唱歌和念儿歌的办法。"培训教师并不难，他们应该更多了解如何教育孩子们，以及怎样教育。教师没有必要重新回到学校去拿一个外国语学位。但是，教师应该得到必要的教学训练，使他们就有机会继续职业发展。

这个计划正在阿肯色州和其他一些州进行。北卡罗来纳州、俄克拉何马州、蒙大拿州和亚里桑那州都已经或正在起草类似计划。美国其他地方现在也到了尽快跟进的时候了。这将会在美国教育界形成巨大的影响，而学生如果要为自己将来身处的这个新世界做好准备的话，那就必须要完成这一件意义重大的任务。

多年以前，欧洲和亚洲国家早就开始了规定在小学低年级进行外语教学。另外一些讲英语的国家，如澳大利亚也在学校低年级就开展了广泛的外语培训。外语教学既然在这些国家可行，在美国也应该行得通。

事实上，有大量证据证明，学习外国语的最佳时机是十岁以前，因为大脑在这个时期接受能力最强。根据《幼儿外语教学》一书的介绍,区分外国语音并模仿这些声音的特别技能,在十岁之前是最有效的。同一本书还说,十岁之后,发音能力就开始快速下降了。

波士顿大学教务长和马萨诸塞州教学委员会的主任约翰·西尔伯说,"很明显,杰出的语言能力可在三年时间内培养完成,如果是在三岁、四岁和五岁的话。毫无疑问,对于普通的孩子来说,要想成为双语儿童,开始的年龄越早越好。"

有人会纳闷,怀疑早期外语教学会妨碍儿童学习其他课程,但根据《外语及小学儿童》一书介绍,在明尼苏达州、宾夕法尼亚州和纽约州的公立学校进行的实验表明,学习外语对学习数学和社会科学等领域的课程并不会造成干扰。在某些情况下,接受外语教学的孩子在诸如拼写、阅读、算术和语言利用等方面的成绩更好。

另外,学习一门语言可以帮助学生更好理解自己文化之外的东西,帮助他们更有宽容心。

Cuándo visitamos un país extranjero, estamos suponiendo que alguien habla Inglés? Depende de un diccionario? 我再用英语说一遍:"当我们去国外时,我们是不是指望那里的人会讲英语?我们依靠一本外语字典吗?"

来自其他国家的人都知道,如果谈到语言,不要指望美国人。无论如何到了让人们改变看法的时候了。

我们已经看到了,有明确的证据说明,掌握第二语言对于在美国之内和世界范围内的交流来说都非常重要。我们可以通过在小学规定外语教学来提供这样的知识。证据表明,这是开始外语学习的最佳时机,而且第二语言的教学还有助于学习其他功课。

有朝一日,当我们的孩子在外国迷路时,他们不会和自己的父母一样一筹莫展,他们一定知道该说什么,该做什么。

译后记

其实,接下翻译这本书的任务时,我还真一点没读过这本书。

见到作者史迪芬·卢卡斯教授是在上海的金茂凯悦。应麦格劳-希尔教育出版集团和复旦大学出版社的编辑之邀来和作者碰头。握手、寒暄。温文细致,且自然得体;思维敏捷,又谦和包容。这样的教授在中美一流大学的课堂都不容易找到,讲授"演讲的艺术"肯定不会差。尚未读书,先识作者。不假思索,我便爽快答应了下来。第一次见面,主要谈及翻译的技术细节,卢卡斯教授思路清晰,对于翻译者和出版社的尊重,尤其给人印象深刻。

多年以前,我在美国大学的课堂里上课,当时好羡慕美国同学的"演讲艺术"。不论是课堂发言,还是小组项目做陈述,撇开具体内容和思想不谈,仅就演说技巧来说,美国学生乐于又善于表达,有声有色、生动感人,水平确实在我们中国学生之上。这主要得益于美国大学历史悠久的人文教育传统(目前国内许多大学正在推广的通识教育)。许多一流大学至今仍然保留着言语传播(Speech Communication)系科的建制,提供修辞学和公共演讲等一系列课程,向各专业的学生提供演讲和思维能力的严格训练。这种训练对学生日后培养团队合作精神,提高沟通技巧,乃至职业进步和人格的全面发展,都会起到持续性的推动作用。

等到我自己当老师教书了,我也就格外重视学生的演讲或陈述的训练。每学期根据课程内容,请同学分小组完成项目时,特别重视最后的陈述环节。每个组员要分工上台演说,台下听众即其他小组的同学们给每个小组陈述打分。仅是很简单的训练,同学们在演讲和陈述技巧上的进步还是很明显,包括文理各专业的学生。但是,一直苦于找不到相关的教科书可以提供给学生,以帮助他们获得更全面的训练。相信国内其他许多高校老师会有同样的感受。

待我仔细读了卢卡斯教授的书,便格外欣喜。有了,就是这本

译后记

《演讲的艺术》,可以有效地帮助学生提高演讲和思维的整体能力。

首先,卢卡斯教授的《演讲的艺术》洋洋数十万言,最迷人之处是,始终以第二人称与学生平等对话,目光与学生平视,娓娓道来、循循善诱。这样的教科书写法,是作者和这本书历经二十多年仍吸引力和影响力依旧的奥秘所在。所有的教授和所有的学生都知道,尽管有那么多的好书,但要找一本有魅力的书却有多难。

其次,该书自1983年第一版问世以来,直至最新的第8版,每一版作者都毫不懈怠,老老实实做认真的增删更新工作。每一新版,作者都尽力跟上急速变化的社会环境,力求把有效演讲的理论、原理和技巧与学科背景、理想和个性各异的学生结合起来。特别可喜的是,作者近年来尤其强调把演讲放到更广阔的全球化和跨文化的环境中,突出文化的差异性和世界的多样性,鼓励学生采取兼收并蓄的学习态度。正是作者的老老实实使这本"老"教科书具备了与时俱进的先进性。

再次,卢卡斯教授还有一种魅力,就是他努力要求自己,尽可能用课堂上的实例,直接与学生的课堂学习、课后作业或个人体验有联系的实例,来说明或深或浅或枯燥的理论和观点。书中大量的案例来自学生的作业和学生毕业以后在职业发展中的演讲经验。他把课堂变成了演讲台,他请了学生和他一起来编写教科书。任何有教学经验的老师都知道,这看起来轻松似信手拈来,其实要花巨大的心力。

最后,也是最重要的,可以这样说,这是一本严肃的、有效又有用的书。作者从头到尾在叮嘱,演讲的核心是思考,而不是花哨的技巧。"能否严肃地思考,在一个很多时候名气与形象替代了思想与实质的年代里,至关重要!"在书中,作者不厌其烦地强调,就如老师在课堂里对学生"啰唆":"要成为更有能力、更负责任的演讲人,首先必须成为更有能力、更负责任的思考者。"

这些就是我们如此着迷和推荐卢卡斯教授的《演讲的艺术》的原因。

这本书已经成为全美乃至全球许多国家大学演讲课程的首选教材,具有很高的权威性和经典性。很佩服编辑的眼光,愿意花力气再出一个新的中文译本,而且附上英文原著的光盘。可以让各个层面、各种需求的读者全面把握这部经典教材的真谛。

你是在读的大学生,你一定要读这本《演讲的艺术》。

你已经毕业工作正渴求职业发展,你也一定要读这本《演讲的艺术》。

你是教授,正致力于通识教育的探索,那你一定要推荐更多的老师和同学们来读这本《演讲的艺术》。

幸好有海南出版社2002年11月的中文译本《演讲的艺术》。因为已有一本高质量的译本在先,不仅使我们的翻译工作变得轻松不少,而且,也督促我们要在已有的基础上做得更好一些。

特别感谢的是我的几位学生:章文峰、崔越男、马德永等,他们帮我做了大量的粗译工作,工作出色,在此再次表示感谢。

限于译者的水平,差错和不足之处在所难免,敬请读者,特别是"用"这本书的老师和同学们批评指正。

俞振伟
2007年10月于上海复旦大学新闻学院

图书在版编目(CIP)数据

演讲的艺术(第8版)/〔美〕史迪芬·E·卢卡斯著;俞振伟译.
—上海:复旦大学出版社,2007.11(2013.7 重印)
(现代沟通力系列)
书名原文:The Art of Public Speaking(8e)
ISBN 978-7-309-05692-1

Ⅰ.演… Ⅱ.①卢…②俞… Ⅲ.演讲学-高等学校-教材 Ⅳ.H019

中国版本图书馆 CIP 数据核字(2007)第 124012 号

Lucas, Stephen E.
The Art of Public Speaking eighth edition
ISBN:0-07-256296-X
Copyright © 2004 by The McGraw-Hill Companies, Inc.
Original language published by The McGraw-Hill Companies, Inc. All Rights reserved. No part of this publication may be reproduced or distributed by any means, or stored in a database or retrieval system, without the prior written permission of the publisher.
Simplified Chinese translation edition jointly published by McGraw-Hill Education (Asia) Co. and Fudan University Press

简体字翻译版由复旦大学出版社和美国麦格劳-希尔教育(亚洲)出版公司合作出版。未经出版者预先书面许可,不得以任何方式复制或抄袭本书的任何部分。

本书封面贴有 McGraw-Hill 公司防伪标签,无标签者不得销售。

上海市版权局著作权合同登记号:09-2005-576

演讲的艺术(第8版)
〔美〕史迪芬·E·卢卡斯 著 俞振伟 译
责任编辑/章永宏

复旦大学出版社有限公司出版发行
上海市国权路 579 号 邮编:200433
网址:fupnet@fudanpress.com   http://www.fudanpress.com
门市零售:86-21-65642857   团体订购:86-21-65118853
外埠邮购:86-21-65109143
上海浦东北联印刷厂

开本 787×1092 1/16 印张 31.25 字数 647 千
2013 年 7 月第 1 版第 7 次印刷
印数 26 601—30 700

ISBN 978-7-309-05692-1/H·1142
定价:59.80 元

如有印装质量问题,请向复旦大学出版社有限公司发行部调换。
版权所有 侵权必究

教师服务沟通表

尊敬的老师：

  您好！

  感谢您对麦格劳-希尔教育出版公司的关注和支持！为使您更多的了解我们出版的国外优秀教材，便捷地选择合适的教材以及获得相应的免费教学课件，请您协助填写此表，以便我们更好地为您服务。同时，欢迎您对我们工作提供宝贵的建议和意见，谢谢！

姓名：_____ 性别：_____ 学校：_____ 院系：_____
电话:(办) _____ (家)_____ (手机)_____
传真：_____ Email：_____
通信地址：_____ 邮编：_____

★ 授课情况及采用教材

主讲课程-1：_____ 课程性质：□基础课 □专业必修 □专业选修
学生年级：___ 学生人数：___ 课时：___ 学期数：___ 开课日期：___ 教材决策日期：___
共同授课教师：□无 □有(　) 教材版本：□中文版 □英文影印版 □进口原版
现用教材：(请注明 作者/书名/出版社)_____

主讲课程-2：_____ 课程性质：□基础课 □专业必修 □专业选修
学生年级：___ 学生人数：___ 课时：___ 学期数：___ 开课日期：___ 教材决策日期：___
共同授课教师：□无 □有(　) 教材版本：□中文版 □英文影印版 □进口原版
现用教材：(请注明 作者/书名/出版社)_____

主讲课程-3：_____ 课程性质：□基础课 □专业必修 □专业选修
学生年级：___ 学生人数：___ 课时：___ 学期数：___ 开课日期：___ 教材决策日期：___
共同授课教师：□无 □有(　) 教材版本：□中文版 □英文影印版 □进口原版
现用教材：(请注明 作者/书名/出版社)_____

主讲课程-4：_____ 课程性质：□基础课 □专业必修 □专业选修
学生年级：___ 学生人数：___ 课时：___ 学期数：___ 开课日期：___ 教材决策日期：___
共同授课教师：□无 □有(　) 教材版本：□中文版 □英文影印版 □进口原版
现用教材：(请注明 作者/书名/出版社)_____

★ 您希望教师服务中心为您：

□提供教辅(作者/书名/出版社)：_____
□推荐教材：_____
□其他要求或建议：_____

填妥后请选择一下任何一种方式将此表返回：(若方便请赐名片)
地址：北京市海淀区清华科技园科技大厦 A 座 906 室 教师服务中心 100084
电话：010-62790299　教师热线：800-810-1936　传真：010-62790292
邮箱：instructorchina@mcgraw-hill.com
网址：www.mcgraw-hill.com.cn，www.mhhe.com